U0358438

二十五史藝文經籍志
考補萃編續刊

第十一卷

《宋史·藝文志》史部著錄暨未收宋代著述考

王承略　劉心明　主編

劉兆祐　著

清華大學
出版社
北京

（第二册）

五、故事類

邇英要覽二○卷　宋蘇頌等撰　佚

頌,字子容,紳子,泉州南安人,父葬潤州丹陽,因徙居之。第進士,累遷集賢校理,奉祖母及母,養姑姐妹與外族數十人,甘旨融洽,昏嫁以時,妻子衣食常不及,而處之晏如,富弼稱爲古君子。英宗時遷度支判官,元祐七年(1092)拜右僕射,兼中書門下侍郎。紹聖四年(1097)以太子少師致仕,靖國元年(1101)卒,年八十二。著有《華戎魯衛信録》《渾天儀象銘》《本草圖經》、文集等。事迹具《宋史》卷三四○、《宋史新編》卷一一四、《東都事略》卷八九、《名臣碑傳琬琰集》中集卷三○、《三朝名臣言行録》卷一一《京口耆舊傳》卷四等書。

此書《宋史・藝文志》故事類著録。

《玉海》卷五四"元祐邇英要覽"條云:"慶曆元年(1041)八月乙酉,詔兩制檢閲《唐書》紀傳,君臣事迹近於治道者,日録一兩條上之。以學士蘇紳言唐憲宗令近臣具前代得失之迹,繪圖以備觀覽也。"

又云:"元祐二年(1087)十一月壬申,詔講讀官遇不開講日,具漢唐故事有益政體者二條進入,從蘇頌之請也。頌每進可爲規戒有補時政者,述以己意,反覆言之。四年(1089)三月甲戌(三日),吏部尚書兼侍讀蘇頌等奏:"臣等撰進漢唐故事,得旨分門編修成册進呈。"詔以邇英要覽爲名。六月六日,頌等進呈凡二十卷,自修身至禦戎六十門。元祐三年(1088)十月,講讀官顏復、范祖禹、趙彥若、孫免、李常、蘇軾、蘇頌、孫固等奉旨撰。"

是慶曆中,頌父紳已有建言,惟當時未編撰成書。與撰此書者多人,今《宋志》題蘇頌者,以其所進呈也。

考《宋史·蘇頌傳》,述其兼侍讀時奏請采錄唐代君臣之行事甚詳,云:"元祐初,拜刑部尚書,遷吏部兼侍讀。奏國朝典章,沿襲唐舊,乞詔史官採《新》《舊唐書》中君臣所行,日進數事以備聖覽。遂詔經筵官遇非講讀日,進漢唐故事二條。頌每進可爲規戒有補時事者,必述己意,反覆言之。又謂人主聰明,不可有所嚮、有所偏,偏則爲患大矣。今守成之際,應之以無心,則無不治。每進讀至彌兵息民,必援引古今,以動人主之意。"

又檢《蘇魏公集》卷二十載《請詔儒臣討論唐朝故事上備聖覽》一文,云:"伏見陛下,祗紹先烈,勤勞萬機,治理之間,多用仁宗故事,外則邇英講讀經史,内則臣寮進獻封事,古今得失之迹,忠賢治安之策,固已溢黈聰而積淵深矣。而臣愚管之見,猶有所陳者。誠見陛下稽古奉先之心,孳孳不怠,故敢復僭越而盡言也。臣聞之荀卿之言曰:道不過三代,道過三代謂之蕩言。其遠爾難信也。本朝去唐正同三代,其事近而易考,所宜宸衷之留聽也。臣欲望聖慈特舉慶曆故事,詔史官學士採錄《新》《舊唐書》中列帝所行之事,與夫群臣獻替之言,每日上奏數事,請燕之間,特賜覽觀。所冀螢燭末光,輝增日月,臣不勝惓惓之願。"

按,此書《宋志》云一部,又注云:"卷亡。"茲據《玉海》知其本二十卷也。

續翰林志二卷　　宋蘇易簡撰　　存

易簡,字太簡,梓州銅山人。少聰悟好學,風度奇秀,太平興國五年(980),逾弱冠,舉進士第一,以文章知名。累官翰林學士承旨,眷遇甚隆。歷參知政事,以禮部侍郎出知鄧州,移陳州,至道二年(996)卒。有《淳化編敕》《文房四譜》《文選菁英》《禁林宴會集》等。事迹具《宋史》卷二六六、《宋史新編》卷七四、《東都事略》卷三五、《隆平集》卷六、《名臣碑傳琬琰集》下集卷七及《宋大臣年表》等書。

此書《宋史·藝文志》故事類著録。

按，此編乃易簡官翰林學士承旨時，録元和以後至宋朝翰林故事，以續李肇《翰林志》者也。卷末有淳化二年（991）夷簡跋，曰：“丙戌歲，易簡始自祠曹外郎知制誥，蒙恩召入院，逮今六載，略無塵露以益山海。今歲驟自祠曹正郎改授中書舍人充承旨之職，非才非望，益負愧惕。因視草之暇，集成此書，以繼李公之作。餘後之制置新規，俟他日別加編纂焉。”

又按，宋乾道年間，洪遵以家藏李肇《翰林志》，元積《承旨學士院記》，韋處厚《翰林學士記》，韋執誼《翰林院故事》，楊鉅《翰林學士院舊規》，丁居晦《重修承旨學士壁記》，李昉《禁林宴會集》，蘇易簡《續翰林志》，蘇耆《次續翰林志》，沈該《學士年表》《翰苑題名》及自著《翰苑遺事》等，彙爲一編，題爲《翰苑群書》二卷，此編遂罕單行。清乾隆年間，長塘鮑廷博輯刊《知不足齋叢書》，收有《翰苑群書》；同治中，番禺李光廷輯編《反約篇》，所收此書，爲自《知不足齋叢書》本《翰苑群書》摘出者。曾慥《類説》嘗删節十五條，今各《説郛》本所載，均自《類説》摘出，爲不完之本。[①]

次續翰林志一卷　宋蘇耆撰　存

耆，字國老，銅山人，易簡子。初以父任爲宣節校尉，左千牛備身，俄加振武副尉，八歲，恩授通直郎秘書省正字。既冠，賜及第進士，知湖州烏程，充判官，改殿中丞，知開封縣。除三司判官，轉尚書祠部員外郎，知明州。後使契丹，歸爲京西

---

① 説見昌瑞卿（彼得）先生《説郛考》頁一二九。

轉運使,遷工部郎中。嘉祐中,洛陽大旱,百姓飢殍,京東轉運司無以爲賑,洛陽留守移書求粟二十萬斛,耆移文陝府,如數與之,仍奏于朝。時同官謂陝西沿邊之地,屯軍甚多,若有餘止可以實邊郡,耆曰:"天災流行,春秋有恤憐之義,生民皆繫於君,無内外之别,奈何知其垂亡不以奇贏賑恤耶?"景祐二年(1035)正月卒,年四十九。著有《計録》《開談録》《續文房四譜》、文集等。事迹具《宋史》卷二六六、《東都事略》卷三五、《隆平集》卷六、《宋史翼》卷二等書。

此書《宋史·藝文志》故事類著録。

按,此編乃耆以其父遭遇榮寵之盛,續於其父《續翰林志》之後。卷首序云:

先公自太平興國庚辰歲首登上第,不由館殿,直升綸閣,從釋褐凡七年,召入翰苑,先帝睠注隆厚,垂欲大用者數矣。以尚少,但加承旨之號以榮之,凡八换炎涼,方參預政事。有唐以爲榮滯相半,不虚矣。在玉堂日,書詔之暇,集近朝故事,號《續翰林志》,其末云:'後之制置新規,俟他日别加編纂焉。'尋以中樞務繁,晨趨夕返,旋又出鎮穰下,故未遂周序其事。嗚呼! 先公遭時遇主,騰拔雲漢,才名振赫,非不大矣! 職位隆顯,非不達矣! 而壽不登於强仕,志未展於一時,莫報寵光,旋悲朝露,豈使君臣盛美之事,禁林榮耀之迹,不傳於後世邪。次子耆,出宰烏程,居多暇日,因泣血編録,附於《志》後,目之曰《次續翰林志》云耳。"

又按,此書罕見單刻本,多附載洪遵所輯《翰林群書》中。

嘉祐時政記一卷　宋吳奎撰　佚

奎,字長文,北海人,舉五經。仁宗時奉使契丹,嘉祐七年(1062),拜樞密副使,權參知政事,以議王安石新法,黜知青州,卒謐文肅。有《嘉祐録令》《驛令》《審官院編敕》等書。事迹具

《宋史》卷三一六、《宋史新編》卷一〇〇、《東都事略》卷七三、《三朝名臣言行録》卷三、《宋大臣年表》及《學士年表》等書。

此書《宋史·藝文志》不著録，見《山東通志》卷三四經籍史部。

按，宋制，委請宰相及參政，凡事經聖斷可書簡策者，録付史館，密院亦令副使一人撰集，初題"送史館事件"，景德元年（1004），改題曰"時政記"。[①] 此編蓋奎於嘉祐年間，拜樞密副使，權參政知事時所編也。

御史臺三院因話録一卷　宋盧駢撰　佚

駢，生平待考。

此書《宋史·藝文志》故事類著録。

按，《通志·藝文略》職官著録《御史臺三院因話》一卷，不著撰人，疑即此書，《通志》偶疏也。《通志》著録唐宋人記御史臺之書多種，此書置宋張知白《御史臺儀制》六卷之後，蓋宋時人也。

起居注故事三卷　宋鄭向撰　佚

向，字公明，開封陳留人，舉進士甲科，爲大理評事，遷尚書屯田員外郎，知濠州，徙蔡州，召試集賢院，未幾，除三司户部判官，修起居注，累遷龍圖閣直學士，知杭州卒。著有《五代開皇記》《兩朝實録大事》等。事迹具《宋史》卷三〇一、《宋史新編》卷九四、《史質》卷四六及《北宋經撫年表》等書。

此書《宋史·藝文志》故事類著録。

按，《宋史·鄭向傳》云："舉進士甲科爲大理評事，通判蔡州，

---

① 《玉海》卷四八"景德時政記"條云："開寶七年（974）閏十月庚申，史館修撰扈蒙請委宰相及參政，凡事經聖斷可書簡册者，録付史館。乃命參政盧多遜纂録，未成書。太平興國中，直史館胡旦，復以爲言。八年（983）八月辛亥，詔中書門下，凡國家之事，宣諭之言，令參政李昉纂録，每季送史館，密院亦令副使一人撰集。昉上言：'請每月先奏御，後付所司。'從之。昉爲相，參政蘇易簡代之，自是中書皆參政編録，惟吕蒙正常以宰相領。時雖有時政記之名，但題云送史館事件，至景德元年（1004），始題云時政記。"

累遷尚書屯田員外郎知濠州,徙蔡州,召試集賢院,未幾除三司户部判官,修起居注,遷度支員外郎。"此編蓋其修起居注時所爲也。

貢舉故事二〇卷目一卷　宋樂史撰　佚

史,字子正,撫州宜黄人,齊王景達鎮臨川,召奏牋,授秘書郎。太平興國五年(980),以見任官舉進士。上書言事,擢佐著作郎,知陵州,獻《金明池賦》,召爲三館編修。雍熙中獻所著書四百餘卷,悉藏之秘府。後出當西京磨勘司,車駕幸洛,召對賜金紫,未幾卒,年七十八。有《登科記》《孝悌録並贊》《廣孝新書》《唐滕王外傳》《李白外傳》《坐知天下記》《太平寰宇記》《總仙秘録》《廣卓異記》《唐登科文選》《登科記解題》等。事迹具《宋史》卷三〇六、《宋史新編》卷八四、《東都事略》卷一一五、《隆平集》卷一四等書。

此書《宋史·藝文志》故事類著録。

按,《宋史·樂史傳》謂雍熙三年(986),獻所著四百餘卷,詔秘閣寫本進內,此篇即其一也。

汾陰后土故事三卷　宋不著撰人　佚

此書《宋史·藝文志》故事類著録。

按,汾陰后土之制,始於漢。漢武帝元狩二年(前121)天子郊雍,曰:"今上帝親郊而后土無祀,責禮不答也。"於是天子東幸汾陰汾陽。①　其後,歷代行其儀制。《宋志》此書下注云:"自漢至唐。"殆五代以後人所編,姑厠之於此。

紹興中興備覽三卷　宋張浚撰　存

浚,字德遠,世稱紫巖先生,綿竹人。登政和八年(1118)進士第,爲太常寺簿。時金粘罕入汴京,欲立張邦昌,浚逃入太

---

① 説見《文獻通考》。

學,不肯署狀。高宗時,拜右僕射中書門下平章事,兼都督諸路軍馬。尋知樞密院,會秦檜力主和議,貶徙永州。孝宗即位,封魏國公,除樞密使,都督江淮軍馬。隆興二年(1164)卒,年六十八,謚忠獻,贈太師。著有《紫巖易傳》。事迹具《宋史》卷三六一、《宋史新編》卷一二六、《史質》卷三一、南宋書卷一四、《宋詩紀事》卷三九等書。

此書《宋史·藝文志》不著録,見《四川通志》卷一八四史部。

考《玉海》卷五四“紹興中興備覽條云:“(紹興)五年(1135)十月庚戌,右僕射張浚入見,上嘗召對便殿問所宜爲,且命以所聞見置策來上。浚承命條列以進,號《中興備覽》,凡四十一篇,莫不備具。自議征伐,至議聽言之難。上深嘉歎,置之坐隅。諸臣奏議云:五年十二月上。”

按,此編卷首自序云:“左宣奉大夫守尚書右僕射同中書門下平章事兼知樞密院事都督諸路軍馬臣張浚上進。臣恭被聖訓,令臣以所見聞,置册來上,用備乙夜觀覽。顧惟遭逢之盛,無愧古人,謹齋戒沐浴,條列大綱,百拜以進,目之曰‘中興備覽第一’,臣之繼此,又將有所獻也。易曰:‘君不密,則失臣;臣不密,則失身;機事不密,則害成。’願陛下尚戒之焉。臣頓首謹序。”知此三卷者,非一時所進也。卷一篇目:《議征伐》《議用兵》《議姑息》《議間諜》《議指揮諸軍》《議固結人心》《議駕馭將帥》《議親近之人》《議君子小人》《議名器》《議分別邪正》《議彈擊》《議任人》《議撫恤侍衛之人》《議堂吏》《議軍器》《議民兵》《議諸州兵官》《議宣政人才》《議刑罰》;卷二篇目:《議大勢》《議將帥之情》《議假竊權威》《議道理》《議讒間》《議進取》《議太原》《議朋友》《議大軍屯駐》《議出使》;卷三篇目:《議均節》《議練兵》《議任事》《議禄廩之制》《議行師》《議親民之官》《議堅忍立事》《議忠臣良臣》《議皇極之道》《議進退人才》《議聽言之難》。都四十一篇。卷末載其孫忠恕嘉定甲戌七年(1214)跋，云：“先大父忠獻，紹興初嘗進《中興備覽》三帙，凡修德立政之本，聽言用人之道，選將用兵之策，與夫古今成敗之鑑，概見於此。高廟已覽之餘，玉音嘉歎。雖已鋟木宛陵郡齋，以廣其傳，亦恐有志於國者所欲見也。”

又按，今此書善本罕見，彙刻於叢書者有《涉聞梓舊》《叢書集成初編》諸本。

中興要覽不著卷數　宋李昌言撰　佚

昌言，字里待考，紹興年間官夔州教授。宋有李昌言二人，另一人爲北宋太平興國間宋州楚丘人，累官至太子中舍。

此書《宋史·藝文志》不著録，見《四川通志》卷一八四史部。

考《玉海》卷五四“中興要覽”條云：“(紹興)八年(1138)二月戊午，夔州教授李昌言應詔撰成《中興要覽》十篇，自始至終行之，將永享治安，不止恢復而已。詔投進。”

按，在此之前，紹興五年(1135)十月庚戌，右僕射張浚入見，上嘗召對便殿問所宜爲，且命以所聞見置策來上。浚承命條列以進，號《中興備覽》，凡四十一篇，自《議征伐》至《議聽言》之難，莫不備具[1]。此書之旨，蓋與浚書相近也。

武成王配饗事迹二〇卷　宋不著撰人　佚

此書《宋史·藝文志》故事類著録。

按，《書·盤庚》曰：“王若曰：古我先王，暨乃祖乃父，胥及逸勤；予敢動用非罰？世選爾勞，予不掩爾善。兹予大享於先王，爾祖其從與享之。”《周禮·夏官司勳》曰：“王功曰勳，國功曰功，民功曰庸，事功曰勞，治功曰力，戰功曰多。凡有功

---

[1]　見《玉海》卷五及本編“紹興中興備覽”條。

者銘書於王之太常,祭於太烝,司勳詔之。"知功臣配享之制,殷時已有。

又按,此書宋以前書目未見,殆宋人所爲。

國朝典要雜編一卷　宋林勤撰　佚

勤,始末無考。

此書《宋史·藝文志》故事類著録。

典故辨疑二〇卷　宋李大性撰　佚

大性,字伯和,端州四會人。少力學,習本朝典故,以父任入官,累遷工部郎。陳傅良以言事去國,彭龜年、黄度、楊方相繼皆去,大性抗疏。開禧間將用兵於金,大性條陳利害,主不宜輕舉之説,忤韓侂胄,出知平江,移知福州。後以端明殿學士再知平江府,引疾丐祠,卒於家,年七十七。事迹具《宋史》卷三九五、《宋史新編》卷一五〇、南宋書卷四一、《淳熙薦士録》及《南宋制撫年表》等書。

此書《宋史·藝文志》故事類著録。

考《宋史·李大性傳》云:"少力學,尤習本朝典故,以父任入官,因參選進《藝祖廟謨》百篇及公私利害百疏……爲湖北提刑司幹官,未幾,入爲主管吏部架閣文字,丁母艱,服闋,進《典故辨疑》百篇,皆本朝故實,蓋網羅百氏野史,訂以日曆實録,核其正舛,率有據依,孝宗讀而褒嘉之,擢大理司直遷敕令所删定官。"

《文獻通考》卷二〇〇著録《典故辨疑》二十卷,馬氏曰:儒林郎主管尚書吏部架閣文字李大性撰,淳熙十三年(1186)投進,自爲序曰:"仰惟皇朝,聖明相紹,明良之懿,著在青史,坦然明白,信以傳信,而縉紳相屬,佔畢益繁,私史薦興,説今邇午,朱紫苗秀,混爲一區……請略舉數端言之:如梅堯臣《碧雲騢》,非堯臣所撰;孔平仲《雜録》非平仲所述;《建隆遺事》,以王禹偁名,而實非禹偁;《志怪集》《括異志》《倦游録》以張師正名,而實非師正;《涑水記聞》雖出於司馬光,而多所增益;《談叢》雖出於陳師道,而多所誤謬;以至王安石《日録》,蔡絛《國史後補》,又皆不足以取信。儒者俱嘗言之,而未之詳辯也,矧其言者乎? ……雖云爝火之衆,於大明何傷;而微塵纖埃,非全鏡所宜有也。然則丹鉛點勘,癥疑辯惑,匪書生職歟?臣大懼私史踦駁,或爲正史之蠹,輒擷其事而正之。伏自忖念,衡茅之下,多未見之書;樸樕之材,無奇特之見。固不當自實於五不韙之域,以奸嚴誅而孤忠拳拳,所欲辯明,懷不能已。非敢遠慕昔人作指瑕糾謬之書,以詬攻訶之誚。獨取熙朝美事,及名卿才大夫之卓卓可稱,而其事爲野史語録所翳者,辯而明之,參其歲月,質其名氏爵位而考證焉。其或傳聞異詞,難以示信,以意逆志,雖知其非,而未有曉然依據,則姑置弗辯,其所辯者,必得所證而後爲之説焉。所辯凡二百條,釐爲二十卷,名之曰《典故辯疑》。"然則,大性撰斯編之旨,皎然可知矣。

五朝寶訓六○卷　宋吕夷簡、林希等撰　佚

夷簡,字坦夫,先世華州人。祖龜祥知壽州,子孫遂爲壽州人。進士及第,補絳州軍事推官,稍遷大理寺丞,仁宗時官至同平章事。以太尉致仕,卒贈太師中書令,謚文靖。著有《宋三朝國史》《三朝寶訓》《三朝太平寶訓》《一司一務敕》《天聖令文》《天聖編敕》及文集等。事迹具《宋史》卷三一一、《宋史新編》卷九七、《東都事略》卷五二、《隆平集》卷五等書。

希,字子中,福州人,舉進士,調涇縣主簿,爲館閣校勘,集賢校理。神宗朝同知太常禮院。紹聖初知成都府,道闕下,章惇留爲中書舍人,修《神宗實録》。時方推明紹述,盡黜元祐群臣,希皆密預其議,自司馬光、吕公著、吕大防、劉摯、蘇軾、

蘇轍等數十人之制，皆希爲之，極其醜詆，至以老奸擅國之
語，陰斥宣仁，讀者無不憤歎。徽宗立，徙大名，朝廷以其詞
命醜正之罪奪職，知揚州，徙舒州，未幾卒，年六十七，諡文
節。有《五朝寶訓》《三朝太平寶訓》《三朝訓鑑圖》等書。事
迹具《宋史》卷三四三、《宋史新編》卷一一六、《東都事略》卷
九七、《宋史翼》卷四〇、《宋大臣年表》《北宋經撫年表》等書。
此書《宋史·藝文志》故事類著録。

按，天聖五年（1027）十月乙酉，王曾言：“唐史官吳兢於正史
實録外，録太宗與郡臣間對之語爲《貞觀政要》，今欲採太祖、
太宗、真宗《實録》《日曆》《時政記》《起居注》其間事迹不入正
史者，別爲一書，與正史並行。”從之。六年（1028）五月，曾奏
委李淑修纂，宋綬、馮元看詳。九年（1031）二月，淑又奏直集
賢院王舉正同修。十年（即明道元年，1032）正月，敕以三朝
寶訓爲名，二月癸卯，書成，凡三十卷。監修國史吕夷簡詣承
明殿上進，賜編修官王舉正、李淑章服，參詳馮元、夏竦，監修
吕夷簡，第賜器幣。[1]　元豐間，用天聖故事，修仁宗、英宗《兩

---

① 詳見《玉海》卷四九“天聖三朝寶訓”條。又兹編之成書年代，《直齋書録解題》
卷五“三朝寶訓條”及《玉海》並云在天聖十年（1032），王明清《揮麈録》則謂在天聖初年，
其言曰：“仁宗即位，方十歲，章獻明肅太后臨朝，章獻素多知謀，分命儒臣馮章靖（元）、
孫宣公（奭）、宋宣獻（綬）等，採摭歷代君臣事迹，爲《觀文覽古》一書，祖宗故事爲《三朝
寶訓》十卷，每卷十事。又纂郊祀儀仗爲《鹵簿書》三十卷，詔翰林待詔高克明等繪畫之，
極爲精妙，叙事於左，令傅母董日夕侍上展玩之，解釋誘進，鏤版於禁中。元豐末哲宗以
九歲登極，或有以其事啓於宣仁聖烈皇后者，亦命取板摹印，倣此爲帝學之權輿，分賜近
臣及館殿。時大父亦預其賜，明清加因有之。紹興中爲秦伯陽所取。”馬端臨於此亦有
説，《文獻通考》卷二〇一經籍二十八云：“按《三朝寶訓》一書，《直齋書録解題》以爲宰
相王曾奏請編修，成於天聖十年，凡三十卷，《揮麈録》以爲章獻命儒臣所修，成於天聖初
年，凡十卷，殊不相吻合。然《揮麈録》所言禁中刻本，具有繪圖，則似即此《三朝訓鑑圖》
十卷之書，然直齋以此書爲慶曆皇祐時所修纂，則又與《揮麈録》所謂仁皇初年傅母董侍
上展玩之語深不合矣！當俟考訂精者質之。”

朝寶訓》,詔禮部郎中林希編進,凡二十卷。① 此或取三朝、兩朝粹爲一編也。惟三朝三十卷,兩朝二十卷,今此書則六十卷,或後人復有所分析增益也歟。

三朝太平寶訓二〇卷　宋王洙等撰　佚

洙,字原叔,宋城人。少聰悟博學,記問過人,舉進士,累官侍講學士。著有《周易言象外傳》《皇祐方域圖記並要覽》《地理新書》《三朝經武聖略》《青囊括》《昌元集》《杜詩注》《談録》等。事迹具《宋史》卷二九四、《宋史新編》《隆平集》《名臣碑傳琬琰集》中集卷三七等書。

此書《宋史·藝文志》故事類著録。

《玉海》卷四九"慶曆三朝太平寶訓"亦曰祖宗故事,亦曰太平故事。條引《中興書目》云:《三朝太平寶訓》二十卷,《三朝政要》,釋明策備。門類始於賞罰,終於延諫臣,一云納直諫。其間典法深大,今世不能遵守者,於逐事之後,各釋其意,意相類者,止釋一事,明白者不復釋。紹興八年(1138)七月,吕源爲增釋,上之。慶曆三年(1043)九月,樞密副使富弼請考祖宗故事可行者爲書,言欲選官置局,將三朝典故及未來諸司所行可用文字,分門類聚,編成一書。置載二府,俾爲模範,得以遵守。上嘉其奏。丙戌,命史館檢討王洙,集賢校理余靖、歐陽修,秘閣校理孫甫等同編,命弼領之,名曰《太平故事》。四年(1044)九月上之,凡九十六門,二十卷,弼爲序。凡三朝賞罰之權,威德之本,責任將帥之術,升黜官吏之法,息費強兵之制,禦戎平寇之略,寬民恤災之惠,睦親立教之本,御臣防患之機,察納諫諍之道,率編録焉。

按,《宋志》此書不著撰人,今據《玉海》署王洙等。《宋志》故

---

① 《直齋書録解題》卷五典故類著録《兩朝寶訓》二十卷,陳氏曰:"禮部郎中長樂林希(子中)編進,用天聖故事也。元豐六年(1083)表上。"《宋史》卷三四三《林希傳》云:"元豐六年,詔篇(希)修《兩朝寶訓》上之。"

事類又著録王洙《祖宗故事》二十卷，所題不同，實爲一書，《宋志》誤以爲二書也。

三朝訓鑑圖一〇卷　宋李淑、楊億等撰　佚

淑，字獻臣，若谷子，年十二，真宗幸亳，獻文行在所，真宗奇之，命賦詩，賜童子試秘書省校書郎，寇準薦之，授校書郎館閣校勘。乾興初遷大理評事，修《真宗實録》爲檢討官，書成，改光禄寺丞集賢校理爲國史院編修官。博習諸書，詳練朝廷典故，凡有沿革，帝多咨訪，制作誥命，爲時所稱。初，宋郊有學行，淑恐其先用，因密言曰："宋，國姓，而郊者交，非善應也。"其性傾側險陂類此。有《國朝會要》(編)、《閤門儀制》(編)、《耕籍類事》《六賢傳》《王后儀范》《邯鄲書目》《書殿集》《筆語》《語苑類格》等書。事迹具《宋史》卷二九一、《宋史新編》卷九〇、《東都事略》卷五七、《隆平集》卷七、《宋學士年表》及《北宋經撫年表》等書。

億，字大年，浦城人。七歲能屬文，年十一，太宗聞其名，詔送闕下試詩賦，授秘書省正字，淳化中，賜進士第，遷光禄寺丞。真宗時，兩爲翰林學士，官終工部侍郎，兼史館修撰。天禧四年(1020)卒，年四十七，謚文。與王欽若等同纂《册府元龜》一千卷。事迹具《宋史》卷三〇五《宋史新編》卷八四、《東都事略》卷四七等書。

此書《宋史·藝文志》別史類及故事類並著録。

《直齋書録解題》卷五典故類著録《三朝訓鑑圖》十卷，陳氏曰：學士李淑、楊億等修纂。慶曆八年(1048)，億初奉旨檢討三朝事迹，乞與淑共編，且乞製序。皇祐元年(1049)書成。頃在莆田有售此書者，亟求觀之，則已爲好事者所得，蓋當時御府刻本也。卷爲一册，凡十事，事爲一圖，飾以青赤，亟命工傳録，凡字大小、行廣狹、設色、規模，一切從其舊。歆祉鋪

觀,如生慶曆、皇祐間,目覩聖作明述之盛也。按《館閣書目》
載此書云:"繪采皆闕",至《續書目》乃云:"得其全",未知果
當時刻本乎? 抑亦摹傳也?

《玉海》卷五六"慶曆三朝訓鑑圖"條云:"慶曆八年(1048)八
月庚辰,知制誥楊億被旨檢討三朝事迹,乞與內翰李淑同編
纂,凡得祖宗故實事大體重者百條爲十通,命待制高克明等
設色其上。十月庚辰,御製序賜名。其序略曰:'太祖以神武
肇基,太宗以英文紹後,思皇真考,對越靈明;莫不兢業以臨
朝機,憂勤而靖王略,總御臣之威柄,謹制世之令謨。朕明發
聳慕,夕惕嚴祇,申詔信史,論次舊聞,得祖宗之故實事大體
重者百條,繪綵綴語,釐爲十通,設色在上,各載綱源,執簡嗣
書,兼資義解,几杖勒銘。'"

又云:"圖取正,酌古垂範,保邦守成。然而稽之先民,孰若稽
之往訓? 皇祐元年(1049)二月纂成進呈,十一月庚寅朔,御
崇政殿,召近臣及臺諫館閣宗室觀之。一云詔觀於迎陽門,當於崇政
者爲是。又鏤板印染,賜大臣宗室,其圖始於親征,下澤潞,平
惟揚,終於真宗禁中觀稼,飛山觀礮,凡百條。"

又云:書曰:"皇祖有訓,鑑于先王成憲。"命名之義,允協于
此。舊目缺其圖,又誤以仁宗御製後序冠於卷首,《續書目》
彩繪俱全。

又引《書目》云:《三朝訓鑑圖》十卷,李淑撰,仁宗御製序,今
繪彩皆闕。光掩鑑古,輝映無逸。

按,茲編書名當作《三朝訓鑑圖》,《宋志》別史類所著錄者鑑
作覽,二字義可通。

又按,陳《錄》《玉海》並謂《書目》繪彩皆闕,《續書目》則云得
其全。此當指《中興館閣書目》七十卷及《中興館閣續書目》
三十卷也。《書目》成於淳熙五年(1178),《續書目》成於嘉定

十三年(1210),然則,兹編原本至南宋已殘缺不完,《續書目》所著録,殆後世所摹刻者也。

神宗寶訓一〇〇卷　宋沈該撰　佚

該,字約文,歸安人,紹興十八年(1148)三月,以權禮部侍郎兼直院,八月除敷文閣待制知潼川府,召還,除參知政事。著有《易小傳》《翰林學士年表》《江行圖志》《陰符經注》等。事迹具《宋大臣年表》《宋中興學士院題名録》《南宋館閣録》《南宋制撫年表》等書。

此書《宋史·藝文志》故事類著録。

《玉海》卷四九"元祐修神宗寶訓"條云:六年(1091)八月二十三日,吕大防言:"乞令史院修進先朝寶訓,以備邇英進讀。"從之。紹興二十八年(1158)三月七日丁卯,監修沈該、秘書少監曾幾,著作佐郎陳俊卿、正字林之奇,上《神宗寶訓》一百卷。先是,十三年(1143)詔張闡專修,至二十六年(1156)二月癸巳,著作佐郎周麟之復請纂修神、哲兩朝,至是成書。

考周麟之《海陵周公文集》卷三載論乞修神宗以後寶訓,云:臣聞書曰:"監于先王成憲,其永無愆。"詩亦言:"酌先祖之道,以義養天下。"然則,前聖典謨,布在方册,後代纂之,寶爲大訓,顧可後哉?昔唐史臣吴兢,曾採太宗與群臣對問之語,爲《貞觀政要》,三百年治亂之龜鑑,舉不出乎此。洪惟國朝以聖繼聖,傳襲一道,故亦有寶訓之書,追仿前制,發揚光烈。陛下紹隆丕緒,祇適燕謀,立政立事,未嘗不以祖宗爲法。臣職在東觀,修纂日曆之暇,竊覩祖宗寶訓,自太祖皇帝,至英宗皇帝五朝,並已成書,惟神宗皇帝以後,修纂未備,喪亂以來,舊本不存,將何以昭示萬世?自陛下中興,屢降睿旨,委官纂次,因循迄今,未應明詔,憲章祖述,庸有闕焉。臣愚欲望聖慈申命史館,速加研考,以次條類,續爲成書,庶以彰累朝重規疊矩之懿,明陛下繼志述事之美。

又考宋劉才邵《檆溪居士集》卷七載賜沈該之三通口宣,第一通:此尚書左僕射沈該告口宣,四庫館館臣注云:“案,該於紹興二十六年(1156)監修國史,集前有賜該辭免監修不允詔,此下口宣三通,當因國史告成加恩,復有表辭而答之者,附識於此。”其文曰:有敕卿等調元碩輔,命世宏才,茲提領於盛儀,以光昭於大典,肆推異數,用示渙恩,今賜卿告,相宜知悉。第二通賜沈該辭免恩命不允批答口宣,曰:有敕卿位居元宰,望重宗臣,茲舉盛儀,允資使範,肆加褒典,用示殊私。第三通賜沈該再辭免恩命不允批答口宣,曰:有敕卿克就成書,允爲大典,爰推異數,式表榮恩,宜體至懷,欽承隆數。

又檢林之奇《拙齋文集》卷四載《實錄院進神宗皇帝寶訓表》,云:皇祖有訓,誕垂奕葉之光;王言如綸,俾就汗青之載。仰窺謨烈之罔缺,退慚才識之非長,願因孫謀,冀達聰覽。……孰如我宋之勃興,代有斯文之永寶。繇乾興上接乎肇造,既首編摩;自天聖下逮乎治平,隨亦修纂。莫非垂統,爲可繼也。……恭惟神宗皇帝,纂五世盈成之業,因多方富庶之資,丹腹增光於梓材,薪樵旁求於棫樸,酌民言而更張其化,稽古道以董正厥官。內修外攘,兢兢然而時保;大綱小紀,郁郁乎其日新。蓋首尾凡十九年,所記注逾數十指,雖布在方冊之甚備,抑撮其機要之未遑。肆惟皇帝陛下,繇愛親之仁,致奉先之孝,有懷燕翼,見乎羹墻,爰命司存,寫諸琬琰,苟善政善教之所繫,皆聚此書……臣添以宰司,領茲史職,雖述故事而不作,曾微金匱之功;惟監成憲以無忒,願託傳巖之義。

神宗寶訓五○卷　宋不著撰人　佚

此書《宋史·藝文志》故事類著録。

《宋志》注云："不知集者姓名。"

《玉海》卷四九"三朝聖政録"條云："《神宗寶訓》五十卷，不知集者，載聖政凡七十三門。"

按，曾肇採神宗謨訓事迹，分四十六門編輯，曰《德音寶訓》三卷，此書蓋後人增益者。

哲宗寶訓六○卷　宋洪邁等撰　佚

邁，字景盧，江西鄱陽人，晧季子。[1] 高宗紹興十五年（1145）中博學鴻詞科。官至端明殿學士，卒謚文敏。邁，博極載籍，與适、遵先後試鴻詞科，拜中書舍人，時論榮之。著有《紹興以來所見記》《宋四朝國史》（與李燾同編）、《漢苑群書》《會稽和買事宜録》《容齋五筆》《夷堅志》《經子法語》《史記法語》《南史精語》《野處類稿》《容齋題跋》《夷堅支志》等。事迹具《宋史》卷三七三、《宋史新編》卷一三五等書。

此書《宋史·藝文志》故事類著録。

按，神宗哲宗寶訓於宣和中始行修撰，乾道三年（1167）三月二十二日，同修史洪邁言：修纂《哲宗寶訓》已成，五月戊戌上之，凡一百門六十卷，并目録二卷。[2] 當時與修者尚有許翰等人。《翰襄陵文集》卷三載《謝修哲宗寶訓成書轉官回授表》，云："史奏成書，名不參於後列；寵疏茂典，恩尚録於前勞。翰動玉宸，光流蔀屋，臣中謝。竊以天扶景祚，世有聖明；言如六經，誦於四海。紬彤墀之記注，儲延閣之典謨。蓋自歷朝，具有故事，惟泰陵之御極，紹寧考之圖休，澹然天淵之藏，發爲金玉之振。是修大訓，用詔萬年。而臣以備官，繆分汗

---

　　① 晧，各本《宋史》作皓，以白以告，而《四部叢刊》本影宋刊《盤州文集》附録《洪适行狀》及《神道碑銘》，皆書父晧，以日以告。考邁之諸父，名皆從日，清洪汝奎編《洪忠宣公年譜》及今人王德毅先生《洪容齋先生年譜》並謂作晧爲是，今從之。

　　② 見《玉海》卷四十九"乾道哲宗寶訓"條。

簡,但仰蕩蕩巍巍之盛,莫如灝灝噩噩之宜,僅於六七年,與定二三策,弗圖序績,亦至薄躬,此蓋伏遇皇帝陛下,孝弟通乎神明,化育參互天地,克篤保邦之慶,方重奕世之光。惇重典章,嚴恭宗廟,不愛褒嘉之數,以旌編削之臣,顧雖引疾而離朝,猶使蒙榮於衰緒,條章蠡舉,莫窺微婉於獲麟;利澤衡加,端愧支離之受粟。"

按,翰,字崧老,襄邑人。元祐三年(1088)進士。紹興初累官資政殿大學士。通經術,正直不撓,歷仕三朝,致位政府,議論剴切,以斥逐而去,紹興三年(1133)五月卒。著有《論語解》《春秋傳》《襄陵集》等。事迹具《宋史》卷三六三、《宋史新編》卷一二八、《南宋書》卷一九等書。

欽宗寶訓四〇卷　　宋國史實錄院撰　　佚

高宗聖政六〇卷　　宋國史實錄院撰　　佚

高宗寶訓七〇卷　　宋國史實錄院撰　　佚

孝宗寶訓六〇卷　　宋國史實錄院撰　　佚

右四編,《宋史·藝文志》故事類著錄。

《宋志》注云:"並國史實錄院進。"

《玉海》卷四九"嘉定高宗寶訓孝宗寶訓"條云:"嘉泰二年(1202)二月十二日,學士陳宗召請用天聖、元豐故事輯《高宗寶訓》。七月,命史院修纂。嘉定六年(1213)閏九月二十七日上七十卷,十一月三日進讀,十四年(1221)終篇。至十四年五月九日壬辰,又上《孝宗寶訓》六十卷并目錄二卷,繇聖孝至方技。先是,十一年(1218)三月壬辰,任希夷等奏修,七月乙酉命袁燮編類。"

《高宗聖政》係乾道、淳熙中所修,陳《錄》有編要二十卷,係書坊節鈔之本。

《孝宗寶訓》,《宋志》兩見,一題史彌遠修。

孝宗寶訓六○卷　　宋史彌遠撰　　佚

彌遠,字同叔,淳熙六年(1179)補承事郎,十四年(1187)舉進士,紹熙元年(1190)授大理司直。開禧二年(1206),韓侂胄與金人開釁,既敗,彌遠倡議誅之,尋代其位。寧宗崩,矯詔廢太子竑,立理宗,拜太師,六辭不拜。寶慶二年(1226),拜少師,紹定五年(1232)上疏乞謝事,拜太傅,未幾拜太師左丞相兼樞密使,進封會稽郡王卒)。事迹具《宋史》卷四一四、《宋史新編》卷一五一、《南宋書》卷三二等書。

此書《宋史·藝文志》故事類著録。

按,此書《宋志》已著録,云國史實録院進,此重出也。

紹興中興統論不著卷數　　宋陳靖撰　　佚

宋有二陳靖者,一爲北宋人,字道卿,著有《勸農奏議》二十篇。撰此編之陳靖,爲南宋漢州人,本爲布衣,以獻此書,詔補右廸功郎。王洋《東牟集》卷七載陳靖加官制,張擴《東窗集》卷七載陳靖轉閤門宣贊舍人制,張孝祥《于湖居士文集》卷一九載陳靖轉遥郡承宣使制,並可藉考其事迹。

此書《宋史·藝文志》不著録,見《四川通志》卷一八四經籍史部。

考《玉海》卷六三"紹興中興統論"條云:"紹興十二年(1142)五月十七日辛亥,給事中程克俊言:'漢州布衣所獻《中興統論》,其三始、五要、八實之説,深明治體。論事之外,自爲文章。'詔補右廸功郎。"

紹興求賢手詔一卷　　宋不著撰人　　佚

此書《宋史·藝文志》故事類著録。

按,此編疑自《高宗聖政》所鈔出別行也。《高宗聖政》六○卷,本編已著録。

孝和中興故事三卷　　宋張齊賢撰　　佚

齊賢,字師亮,曹州人,徙居洛陽。太平興國二年(977)進士,

官至同中書省門下平章事,以司空致仕。大中祥符七年
(1014)卒,年七十二。著有《洛陽搢紳舊聞記》《太平雜編》
《同歸小說》等。事迹具《宋史》卷二六五、《宋史新編》卷七
三、《史質》卷三〇、《名臣碑傳琬琰集》下集、《宋詩紀事》卷三
等書。

此書《宋史·藝文志》不著録,見《河南通志》(卷四二)藝文。

按,齊賢應舉前十數年中,多與洛城搢紳舊老游,多聞唐梁已
還五代事。迨真宗景德間,以兵部尚書知青州,乃摭舊老所
説爲《洛陽搢紳舊聞記》五卷,是齊賢多詳故事者也。兹編所
載,殆亦所聞故事歟。

高宗聖政編要二〇卷　宋不著撰人　佚

此書《宋史·藝文志》故事類著録。

《宋志》注云:"宋乾道、淳熙中修。"

《直齋書録解題》卷五典故類著録《高宗》《孝宗聖政編要》二
十卷,陳氏曰:"《高宗聖政》五十卷,《孝宗聖政》五十卷,乾
道、淳熙中所修,皆有御製序。此二帙書坊鈔節,以便舉子應
用之儲者也。"

按,《高宗聖政》,《宋志》所著録者作六十卷,陳氏所見,殆非
完本。

高宗聖政典章一〇卷　宋不著撰人　佚

此書《宋史·藝文志》故事類著録。

按,此編蓋自《高宗聖政》六〇卷鈔節者也。

國史大事記一〇卷　宋莊夏撰　佚

夏,字子禮,號藻齋,泉州永春人。淳熙八年(1181)進士,慶
元六年(1200)大旱求言,夏知興國縣,上封事曰:"積陰之極,
陽氣散亂而不收,其弊爲火災,爲旱蝗,願陛下體陽剛之德,
使後宮戚里内省黄門,思不出位,此抑陰助陽之術也。"召爲

太學博士。累官兵部侍郎，煥章閣待制，以顯謨閣待制奉祠
歸。嘉定間卒，贈少師。著有《禮記解》及遺文二十卷。事迹
具《宋史》卷三九五、《宋史新編》卷一四九、《史質》卷三六、
《南宋書》卷四二、《閩中理學淵源考》卷三一等書。《平齋文
集》卷三二載《祭莊侍郎文》，《後村大全集》卷一一載《跋莊侍
郎行實》，並可考見其事。

此書《宋史·藝文志》不著錄，見《福建通志》卷六八著述永春
州條。

按，史言夏屢上書言事，皆切時政，此蓋記其所言之事者也。

典故備志五卷　宋莊夏撰　佚

夏有《國史大事記》一〇卷已著錄。

此書《宋史·藝文志》不著錄，見《福建通志》卷六八著述永春
州條。

宋朝大詔令二四〇卷　題宋宋綬編　殘

綬，字公垂，趙州平棘人。父皋直集賢，父子同在館閣，世以
爲榮。綬幼聰警，額有奇骨，博通經史百家，家藏書萬餘卷，
親自校讎。四入翰林，仁宗朝參知政事，朝廷大議論，多所裁
定。卒諡宣獻。有《內東門儀制》《歲時雜咏》《常山秘殿集》
《託車集》《常山遺札》等。事迹具《宋史》卷二九一、《東都事
略》卷五七、《名臣碑傳琬琰集》下集卷八、《宋季忠義錄》卷九
〇、《皇宋書錄》卷九《宋大臣年表》等書。

此書《宋史·藝文志》故事類著錄。

趙希弁《讀書附志》卷五上類書類著錄此書，曰：《皇朝大詔令
集》二百四十卷，右宋宣獻公家所編也，皆中興以前之典故。
嘉定三年（1210）李大異刻於建寧。

《直齋書錄解題》卷五詔令類著錄《本朝大詔令》二百四十卷，
陳氏曰：寶謨閣直學士（原本誤作實錄閣，今據《文獻通考》改

正）豫章李大異（伯珍）刻於建寧，云紹興間宋宣獻家子孫所編纂也，而不著其名姓。自國初迄於宣和，分門別類，凡目至爲詳也。

《玉海》卷六四"詔令"條云：《本朝大詔令》，二百四十卷，建隆至宣和。此集紹興中出於宋綬之家。

按，此書之編者，《宋志》《玉海》云紹興中出於宋綬家，趙希弁則云宋綬家所編。綬子敏求嘗編定《唐大詔令》一百三十卷，[①]則此書蓋成於敏求編定《唐大詔令》之後。今依《宋志》，署題宋綬編。

此書分類編次：曰帝統，曰太皇太后，曰皇太后，曰皇太妃，曰皇后，曰嬪妃，曰皇太子，曰皇子，曰親王，曰皇女，曰宗室，曰宰相，曰將帥，曰軍職，曰武臣，曰典禮，曰政事，存十七類，每類又各分子目，如帝統分即位、誕節、改元、名諱、尊號批答、尊號冊、尊號敕、違豫康復、内禪、遺制、謚儀、謚冊、哀冊等十三日，衷集建隆至靖康間詔令，[②]甚爲完備，惟已不完。缺卷七十一至九十三，又一百六至一百十五，一百六十七至一百七十七，共四十四卷。

清張鑑《冬青館乙集》卷六載《宋大詔令跋》，述此書與《宋史》異同者甚詳，略云：……至於一代典章，所存實多：如元祐三年（1088）呂公著制出蘇軾手，見《避暑録話》；四年（1089）太皇太后元日不御殿詔出蘇頌手，見《石林燕語》；皇祐六年（1054）溫成皇后哀冊出胡宿手，見《青箱雜記》；慶曆四年（1044）晏殊罷相制出宋祁手，見《東軒筆録》；此其尤彰彰者

---

①　《宋史·藝文志》總集類著録《唐大詔令》一百三十卷，目録三卷，題宋綬編。然《玉海》卷六四"唐大詔令"條云："宋綬輯《唐大詔令》，未次甲乙，敏求用十三（當作三十）類離爲一百三十卷，目録三卷。"此據《玉海》。

②　此書所收詔令之起訖年代，《直齋書録解題》《玉海》《皕宋樓藏書志》等並云迄於宣和（1119—1125），今詳檢此書，録載靖康元年（1126）詔令兩篇。

也。其他典禮之繁，可以參核本史者：如神宗紀熙寧二年（1069）四月癸丑，命曾公亮爲西京奉安仁宗、英宗御容禮儀，使讀詔令，則知皇太后、太皇太后皆有冊文；又紀十月丙申，曾公亮、陳升之並同中書門下平章事，讀詔令，則知公亮進昭文，升之拜集賢；又紀三年（1070）十二月丁卯，以韓絳、王安石並同中書門下平章事，讀詔令則知絳進昭文，安石則僅曰相而無殿閣之名。蓋史於是年十年書陳升之以母憂去任，而詔令於下四年正月載升之方有起復集賢之制，則安石之不書集賢事，固相統貫矣。又真宗紀咸平六年（1003）以呂蒙正爲太子太師萊國公，讀詔令則知蒙正因罷相除太子太師，故曰入既賴於嘉猷，退亦全其素志。若刪去罷相一節，全與本事不符。始知修《宋史》時，通刪詔令駢儷，以爲溺於辭藻；不知仍有曲折，一經指斥，自蹈覆轍矣。

1966 年，正中書局據臺北"國家圖書館"所藏海虞瞿氏鐵琴銅劍樓鈔本《宋朝大詔令集》影印行世，先師屈翼鵬先生嘗撰《正中書局影印本〈宋朝大詔令集〉》一文，就本書與《宋史》、李燾《續資治通鑑長編》相較，知《詔令》較兩書爲詳，如卷一百五十八政事門求遺書三詔，《宋史》僅數字及之，《長編》雖較詳，然亦不及此書之完備；又如卷一百五十政事門經史文籍行雍熙廣韻詔，凡一百餘言，於參預其事者之銜名，一一表出，而《宋史》隻字未及，《長編》則僅載"《廣韻》成一百卷，詔書嘉獎焉"二句而已。同卷頒校定切韻詔及卷二百三十七政事門四裔高麗依大遼例隸密院御筆手詔，《宋史》及《長編》並一字未及。再如卷二百三十八政事門四裔討交趾敕，此書作熙寧八年（1075）十二月壬子，《長編》作癸丑。然則，本書頗有足資參稽者。

又按，此書宋本已罕見。明《文淵閣書目》著錄一部二十四册,闕,《內閣藏書目録》則未著録,是明萬曆年間已罕流傳。
清陸心源《皕宋樓藏書志》卷二五著録舊鈔本一部,陸氏之
書,後售日本靜嘉堂文庫,今《靜嘉堂文庫漢籍分類目録》有
寫本《宋大詔令集》二四〇卷,即陸氏之書也。瞿鏞《鐵琴銅
劍樓藏書目録》卷九著録舊鈔本,云:《宋大詔令集》一百九十
五卷,舊鈔本。不著撰人姓名,據陳氏《書録解題》、趙氏《讀
書後志》,皆云紹興間宋宣獻家子孫所編纂,《玉海》亦云出於
宋綬之家。案《唐大詔令》爲宋宣獻子敏求所編,此書殆出敏
求之後歟。原書二百四十卷,今闕宰相類卷七十一至九十
三,武臣類卷一百六至一百十五,政事類卷一百六十七至一
百七十七,凡四十四卷。雖已殘佚,而北宋典章所存實多,其
可據以參校《宋史》者,不勝數也。

按,今臺北"國家圖書館"藏有清常熟瞿氏鐵琴銅劍樓鈔本
《宋朝大詔令集》三十二册,存一百九十六卷,即瞿《目》所著
録者。瞿《目》云一百九十五卷,偶疏也。又陸、瞿二鈔本所
闕卷數並同,所據祖本當同也。

唐大詔令一三〇卷　宋宋敏求編　殘

敏求,字次道,趙州平棘人,綬子。賜進士及第。嘗預修唐
書,治平中爲仁宗實録檢討官,累遷龍圖閣直學士,元豐初
卒。敏求家藏書三萬卷,皆略誦習,熟於朝廷典故,士大夫疑
議,必就正焉。補唐武宗以下六世實録百四十八卷。又著
《春明退朝録》《朝貢録》《長安志》等。事迹具《宋史》卷二九
一、《宋史新編》卷九〇、《東都事略》卷五七、《名臣碑傳琬琰
集》中集卷一六等書。

此書《宋史・藝文志》總集類著録。

《四庫全書總目》史部詔令奏議類著録此書,《提要》云:"敏求
嘗預修《唐書》,又私撰唐武宗以下實録一百四十八卷,於唐

代史事，最爲諳悉。此集乃本其父綏手輯之本，重加緒正爲三十類，熙寧三年（1070）自爲之序。稱繕寫成編，會忤權解職，顧翰墨無所事，第取唐詔令目其集而弄藏之云云，蓋其以封還李定詞頭，由知制誥罷奉朝請時也。其書世無刊本，輾轉鈔傳，訛誤頗甚，中闕卷第十四至二十四、八十七至九十八，凡二十三卷，參校諸本皆同，其脱佚蓋已久矣。唐有天下三百年，號令文章，粲然明備，敏求父子，復爲哀輯編類，使一代高文典册，眉列掌示，頗足以資考據。其中不盡可解者，如裴度門下侍郎，彰義軍節度使，宣慰等使制，據《舊唐書》，其文乃令狐楚所草，制出後，度請改制内薄其類爲革其制，改更張琴瑟爲近輟樞衡，改煩我台席爲授以成算，憲宗從之，楚亦因此罷内職，是當時宣布者，即度奏改之辭。今此集所載，尚仍楚原文，不從改本，未詳何故。又寶曆元年（825）册尊號赦書，據《敬宗本紀》，時李紳貶官，李逢吉等不欲紳量移，乃於赦書節文内但言左降官已經量移者量移近處，不言未量移者宜與量移，翰林學士上疏論列，帝命追赦書添改之。今此集所載，祇及赦罪一條，而無左降官量移之文，疑亦有所佚脱。又《舊唐書》所載詔旨最多，今取以相較，其大半已入此集，而亦有遺落未載者，如紀號則改元天祐詔；詔除則尹思貞御史大夫，李光弼兵馬副元帥諸制；追贈則張説贈太師，楊綰、顔真卿、李絳贈司徒，郭暖贈太傅，鄭朗贈司空，田布贈僕射諸詔；優禮則杜佑、蕭俛致仕諸詔；獎勸則勞解琬、獎李朝隱、褒美令狐、彰獎伊西北庭二鎮諸詔；謫降則王毛仲、韓皋、吕謂、張又新、李續之、熊望貶官諸詔；誅竄則決殺長孫昕、流裴景仙、裴茂諸敕；皆關朝廷舉措之大者，而此集竝闕而不登。以敏求博洽，不應疏於蒐採，或即在散佚之中，亦未可定也。然唐朝實録，今既無存，其詔誥命令之得以考見者，實藉有是書,亦可稱典故之淵海矣。"

按,《四庫提要》謂此書世無刊本,今所見之善本,亦皆鈔本。臺北"國家圖書館"藏有舊鈔本三部;鈔本一部;清蕭山王氏十萬卷樓鈔本配補光緒丙午(三十二年,1906)虞山周氏鵑峰草堂鈔本一部,有清光緒間周大輔過録吳焯校語;清不不通閣鈔本一部,並爲不全之本。"中央研究院"歷史語言研究所藏有藝海樓藍欄鈔本一部,又有寶米齋烏絲欄鈔本一部,則僅存卷六十二至六十五而已。臺北"故宫博物院"有清文淵閣《四庫全書》本一部。民國三年(1914),烏程張鈞衡輯刊《適園叢書》,第四集收録此書,爲惟一之刊本。

永熙寶訓二卷　宋李宗諤撰　佚

宗諤,字昌武,昉子。七歲能屬文,恥以父任得官,獨由鄉舉第進士,授校書郎。真宗時拜起居舍人,預重修《太祖實録》。景德二年(1005)召爲翰林學士,大中祥符出從封泰山,考工部郎中,三年(1010)知審官院,屬祀汾陰后土,命爲經度制置副使,五年(1012)迎真宗聖像,副丁謂爲迎奉使,五月以疾卒,年四十九。著有《樂纂》《翰林雜記》《李昉談録》《圖經》《越州圖經》《陽明洞天圖經》等。事迹具《宋史》卷二六五、《宋史新編》卷七三、《東都事略》卷三二、《隆平集》卷四、《名臣碑傳琬琰集》下集卷三、《皇宋書録》《學士年表》等書。

此書《宋史·藝文志》故事類著録。

按,《玉海》卷四九載《永熙寶訓》二卷,云:李昉相太宗,修《時政記》,其子宗諤録遺稿,纂出五十六事,進于仁宗朝。

觀文鑑古圖一〇卷　宋仁宗撰　佚

仁宗,名禎,真宗第六子。母李宸妃,章獻太后養爲己子,遂嗣位,年僅十三。太后稱制凡十一年,太后崩,始親政。恭儉仁恕,慎刑愛民,爲有宋第一仁主,在位四十一年崩。廟號仁宗,紀元九：天聖、明道、景祐、寶元、康定、慶曆、皇祐、至和、嘉祐。

此書《宋史·藝文志》別史類及故事類分別著録。

《玉海》卷五六"慶曆觀文鑑古圖"條云："慶曆元年(1041)七月戊申朔,出御製《觀文鑑古圖記》,以示輔臣。初,康定二年(1041,是年十一月丙寅改元)七月乙卯,令圖畫前代帝王美惡之述,可爲規戒者,號曰《觀文鑑古圖》,上自爲記,凡十二卷,百二十事,每事帝自爲一篇,始黃帝夢風后力牧,終長孫皇后賞魏元成諫。慶曆四年(1044)二月丙辰,御迎陽門,召輔臣觀之。"

又引《書目》云：《觀文鑑古圖》十卷,康定二年(1041),仁宗親述,并爲之序。先是,學士蘇紳言：唐憲宗令近臣具前代得失之迹,繪圖以觀。

又引《會要》云：慶曆四年(1044)二月二十三日丙辰,御崇政殿西閤,四壁各張畫圖,前代帝王美惡可爲規戒者,命兩府觀之。元祐五年(1090)五月,范祖禹請哲宗覽此二圖,可以見美惡之迹,知創業之難。紹興五年(1135)三月十九日,毛剛中上《鑑古圖記》十卷。

按,兹編書名或題"覽古圖",或題"鑑古圖",或題"監古圖",覽、鑑、監三字,義一也。又其卷數,或十二卷,或十卷。以"百二十事"之言觀之,初或爲十二卷,後有所删減,遂止十卷。

耕籍類事五卷　宋李淑撰　佚

淑有《三朝訓鑑圖》一〇卷已著録。

此書《宋史·藝文志》故事類著録。

按,歷代皆有天子躬耕籍田之事,籍,借也,所以借人力以理之,勸天下使務農也。《文獻通考·郊社考》曰："周制：天子孟春之月，乃擇元辰，親載耒耜，置之車右，帥公卿諸侯大夫，躬耕籍田千畝於南郊，冕而朱紘，躬秉耒，天子三推，反執爵於太寢，三公九卿諸侯大夫皆御命曰勞酒，内宰上春詔王后帥六宫之人，而生穜稑之種，而獻之於王，甸師掌帥其屬而耕耨王籍以時入之。"迨趙宋，仍遵典故。考《皇朝事實類苑》卷十八典禮音律篇籍田條云：元豐二年（1079）七月，詳定禮文所言："……自漢迄唐，皆有帝籍神倉今久廢不設凡祭祀之所用皆索諸市所，非以致潔誠也。乞於京城東南度田千畝，置籍田，仍徙先農壇于其中，立神倉於東南，五穀之外，並植菓蔬，冬則藏冰，一歲祠祭之用取具焉。"並從之。

又宋王闢之《澠水燕談録》載仁宗明道二年二月十一日行籍田禮之事，云："明道二年（1033）二月十一日，仁宗行籍田禮，上就耕位，侍中奉耒進，上摺圭三推，禮儀使奏禮成，上曰：'朕既躬耕，不必泥古，願終畝以勸天下。'禮儀使復奏，上遂耕十有二畦，翊日作《籍田禮畢詩》，賜宰臣已下。此編殆淑輯當時籍田之事成編也。"

東封西祀朝謁太清宫慶賜總例二六卷　宋林特撰　佚

特，字士奇，順昌人，少穎悟，十歲謁江南李璟，獻所爲文，璟奇之，命作賦，有頃而成，授蘭臺校書郎。江南平，袖文以進太宗，太宗以爲長葛尉。仁宗即位，進刑部尚書翰林侍讀學士。特體素羸，然未嘗一日謁告，及得疾，纔五日而卒。有《會稽録》三十卷，事迹具《宋史》卷二八三、《宋史新編》卷八六、《宋史翼》卷四〇及《北宋經撫年表》等書。

此書《宋史·藝文志》故事類著録。

按，《宋史·林特傳》云："以右諫議大夫權三司使，修玉清昭應宫副使，將祀太清宫，遣特儲供具爲行在三司使，禮成，進給事中。"此書蓋其權行在三司使時所編也。

治平會計録六卷　宋韓絳等撰　佚

絳，字子華，第進士甲科。神宗朝韓琦薦絳有公輔器，拜樞密副使，尋參知政事。夏人犯塞，絳請行邊，乃以爲陝西宣撫使，即軍中拜同中書門下平章事昭文館大學士。哲宗立，更鎮江軍節度使，開封府儀同三司，封康國公，元祐二年（1087）請老，以司空檢校太尉致仕，明年（1088）卒，年七十七。有《宣撫經制録》《樞密院時政記》《韓絳内外制集》、奏議、文集等。事迹具《宋史》（卷三一五）本傳。

此書《宋史·藝文志》故事類著録。

《玉海》卷一八五"治平會計録"條云：治平四年（1067）九月五日庚辰，<small>神宗已立。</small>三司使韓絳上《治平會計録》六卷，詔獎諭。内外歲入一億一千餘萬，出一億二千餘萬，諸路積一億萬，而京師不與。時兵數少損，隸籍者猶百十六萬，而宗室吏員視皇祐亡慮增十之三。

按，趙士煒《宋國史藝文志輯本》地理類有蔡襄《治平會計録》六卷。是此書之修撰，襄亦與焉，以韓絳所進，故《宋志》署其名。

元祐會計録三〇卷　宋李常撰　佚

常，字公擇，南康建昌人。皇祐進士。熙寧初爲秘閣校理，後爲右正言，王安石與之善，時安石立新法，常極言其不便，安石遣所親密諭意，常不爲止。哲宗時累拜御史中丞。卒年六十四。有《詩傳》《續廬山記》、奏議、文集等。事迹具《宋史》卷三四四、《宋史新編》卷一一七、《東都事略》卷九二、《名臣碑傳琬琰集》中集卷五三及《北宋經撫年表》等書。

此書《宋史·藝文志》故事類著録。

《玉海》卷一八五"元祐會計録"條云：元祐元年（1086）四月十八日，左正言朱光庭請置局，取户部天下一歲出入與三年郊費，四夷歲賜，凡百經費，會計可省者省之，量入爲出，著爲令式，詔戶部相度。二年(1087)七月，戶部言："三司即今戶部之職，自景德皇祐治平熙寧，並修《會計録》，事目類分，出納具見，宜復講修，以備觀覽。"詔可。三年(1088)閏十二月庚戌，戶部尚書韓忠彦，侍郎蘇轍韓宗道等言："編成《元祐會計録》，大氐一歲天下所收錢穀金帛等物，未足以支一歲之出，欲取費用詳加裁節，多不傷財，少不害事。"詔浮費並行裁省，仲彦等請仰法寶元慶曆，節用裕民，自宮禁始，前後裁減浮費約及二十餘萬貫。

此書蘇轍爲之序。考《欒城集・後集》卷一五載《元祐會計録序》，云：臣聞漢祖入關，蕭何收秦圖籍，周知四方盈虛強弱之實，漢祖賴之，以并天下。……由此觀之，古之人所以運籌帷幄之中，制勝千里之外者，圖籍之功也。……唐李吉甫始簿録元和國計，并包巨細，無所不具，國朝三司使丁謂等因之，爲景德皇祐治平熙寧四書，網羅一時出内之計，首尾八十餘年，本末相授，有司得以居今爾知昔，參酌同異，因時施宜，此前人作書之本意也。……臣歷觀前世，持盈守成，艱於創業之君，蓋盈之必溢，而成之必毀，物理之至，有不可逃者。盈成之間，非有德者不安，非有法者不久，昔秦隋之盛，非無法也：内建百官，外列郡縣，至於漢唐，因而行之，卒不能改。然皆二世而亡，何者？無德以爲安也。漢文帝恭儉寡欲，專務以德化民，民富而國治，後世莫及。然身没之後，七國作難，幾於亂亡。……今三聖之治，安而靜，仁而恕，德積於世，秦隋之憂，臣無所措心矣。然而空價之極，法度不立，雖無漢晋強臣敵國之患，而數年之後，國用曠竭，臣恐未可安枕而臥也。故臣願得終言之厄，計會之實，取元豐之八年，而其爲別有五：一曰收支，二曰民賦，三曰課入，四曰儲運，五曰經費。

五者既具，然後著之以見在，列之以通表，而天下之大計，可以畫地而談也。若夫内藏右曹之積，與天下封椿之實，非昔三司所領，則不入會計，將著之它書，以備覽觀焉。臣謹叙。

按，《宋史·李常傳》云："哲宗立，改吏部進户部尚書，或疑其少幹局，慮不勝任，質于司馬光，光曰：'用常主邦計，則人知朝廷不急于征利，聚斂少息矣。'"又云："有《元祐會計録》三十卷。"《宋志》本作三卷，疑傳寫誤，兹據本傳正。

須知三卷　宋彭仲剛撰　佚

仲剛，字子復，平陽人。乾道進士，初任婺州金華主簿，清理簿書。衢州水災，憲司檄下金華，令仲剛往賑，民賴以活。移台州臨海令，均其民之力役，圖縣鄉之地，幾都幾保，合爲一圖，而物數其地之所有，民愛信之。歷國子監丞，知亳州，减郡費，寬商税，輸租得自概量，擇學師教其子弟，親執經講説。丁父憂，民泣送至境外數十里。紹熙五年（1194）服除，知濠州，未行，特令提舉浙東常平，命下而卒，年五十二。著有《監丞集》《廣諭俗》五篇。事迹具《宋元學案》卷七三、《宋元學案補遺》卷七三等書。《水心先生文集》卷一五有《彭子復墓誌銘》。

此書《宋史·藝文志》不著録，見嘉定《赤城志》卷一一。

《温州經籍志》卷一三政書類著録此書，孫氏曰：案彭提舉仲剛，雍正《浙江通志·循吏傳》、萬曆《温州府志》、乾隆《平陽縣志·宦績傳》並有傳。所著《須知》三卷，見陳箕窗《赤城志》，不詳其著書之旨。據《晦庵大全集》八十四《彭監丞集跋》云："以按事至台，聞臨海士民稱彭君之政不容口，既又得其所爲户口財賦之書，讀之益知彭君之志，不但爲百里規模而已也。"然則箕窗所稱，殆即朱子所見户口財賦之書。以其爲邦計所關，郡縣守令所宜知，故題曰須知也。

故事稽疑一〇卷　宋崔立撰　佚

立,字本之,鄢陵人。中進士第,累遷太常少卿,歷知袞鄆涇諸州。後以右諫議大夫知耀州,改知濠州,遷給事中,告老進尚書工部侍郎,致仕卒。事迹具《宋史》卷四二六、《宋史新編》卷一六八、《東都事略》卷一一二及《北宋經撫年表》等書。此書《宋史·藝文志》故事類著録。

考《宋史》本傳云:"立性淳謹,尤喜論事,大中祥符間,帝既封禪,士大夫爭奏上符瑞獻贊頌,立獨言:'水發徐州,旱連江淮,無爲烈風,金陵火天,所以警驕惰戒淫洗也,區區符瑞,尚何足爲治道言哉。'前後上四十餘事。"此書蓋即其論事之言也。

孝宗聖政五〇卷　宋陳傅良等撰　佚

傅良,字君舉,號止齋,溫州瑞安人。孝宗乾道八年(1172)進士,官至中書舍人,寶謨閣待制,謚文節。傅良師鄭伯熊、薛季宣,而友吕祖謙、張栻,講求經制之學,不事空談,文章能自成一家。著有《周禮説》《春秋後傳》《左氏章指》《西漢史鈔》《建隆篇》《漢兵制》《備邊十策》《歷代兵制》《永嘉八面鋒》《止齋奥論》《止齋文集》等。事迹具《宋史》卷四三四、《宋史新編》卷一六五、《南宋書》卷三九、《慶元黨禁》《宋詩鈔》《宋中興學士院題名録》等書。

此書《宋史·藝文志》故事類著録。

《建炎以來朝野雜記甲集》卷四"兩朝聖政録"條云:"……紹興三十二年(1162)九月,以敕令所爲編類聖政所……紹熙中,又爲《壽皇聖政録》上之,其書亦三十卷。御製序文,實秘書少監陳傅良視草。"

考陳傅良《直齋先生文集》卷四〇有《奉詔擬進御進至尊壽皇聖帝聖政序》,云:"臣聞乾坤之文不著,無以見太極,而太極非有待于文也;虞夏之書不作,無以見堯舜,而堯舜非有斬於書也。恭惟至尊壽皇聖帝,以妙道治身,參之三才而無間;以篤行事親,質之六藝而無缺。以深仁厚澤幸斯世,極之根荄鱗羽而無不被,宜配雅頌,宜襲春秋。而臨御二十八年之間,凡施凡設,歸美高廟,金石之刻無傳,名山大川之藏未睹也。……是用申命大臣,總領衆作,起初潛,至于内禪,掇其最凡得六百四十一條,爲五十卷。一言一動,皆足以經天緯地,垂裕無極,猗歟盛哉。昔者文王演易,周公繫辭,父作子述。臣慕焉,於是親序此書之意,以附篇首,上之慈庭,副在禁中。紹熙三年十二月二日嗣皇帝臣謹序。"

同書卷四十一又載《宰臣以下跋御制至尊壽皇聖帝聖政序記》,云:"臣上言:臣聞前聖之德業,莫盛於堯舜,後聖之述作,莫盛於孔子,然二者相須,而不能以同時。恭惟至尊壽皇聖帝,道本於稽古,功成於協帝,臨御二十有八年,仁恩塞穹壤,威聞儋蠻貃,潤邑中興之烈,而增光揖遜之美,薄海内外,萬口同辭,以爲自舜以來,一人而已。陛下奉若慈訓,克昌丕緒,見之行事,緝熙光明,而且欲以欽承允蹈之餘,布在方册,昭示無極。爰命史臣裒輯聖政,鋪張表出,作宋一經,於是書成來上,親灑宸翰,擄發睿藻,冠之篇端。……陛下之序此書,尤足以垂百王之範,補六藝之缺矣。"

按,《宋志》及御製序並云此書五十卷,《朝野雜記》則謂止三十卷,殆非完本。

内治聖鑑二〇卷　宋彭龜年撰　佚

龜年,字子壽,清江人。孝宗乾道五年(1169)進士,以薦除太學博士,官終湖北安撫使,以寶謨閣待制致仕。侂胄誅,賜謚忠肅。龜年立朝侃直,其叩額請光宗過宫,至於血漬氍毹;奏劾侂胄,與俱罷,有古直臣風。著有《止堂訓蒙》《止堂集》等。事迹具《宋史》卷三九三、《宋史新編》卷一四八、《南宋書》卷

四一、《慶元黨禁》《南宋館閣續録》《宋中興東宮官僚題名》
等書。

此書《宋史·藝文志》故事類著録。

《直齋書録解題》卷五典故類著録《内治聖鑑》二十卷,陳氏
曰:起居舍人兼嘉王府贊讀清江彭龜年(子壽)撰。取列聖修
身齊家教子訓齊宗室防制外戚宦官贅御等事,以紹熙五年
(1194)表上之,光宗稱善,且曰:"祖宗家法最善,漢唐所不
及也。"

《玉海》卷一三〇"紹熙内治聖鑑"條云:五年(1194)正月,
右史彭龜年直前奏事,且進《内治聖鑑》二十卷,奏以祖宗家
法,集爲此書。光宗曰:"不至是。"其目則略循《會要》之
舊,其事則多本《長編》之書,名臣奏議亦録,間其所見又爲
論著。

考《止堂集》卷十乃《内治聖鑑序》,云:臣聞《大學》曰:"古之
欲明明德於天下者,先治其國;欲治其國者,先齊其家;欲齊
其家者,先修其身;欲修其身者,先正其心;欲正其心者,先
誠其意;欲誠其意者,先致其知;致知在格物。"其道自源徂
流,具有始終。三代以後,此學不傳,然世之治亂,鮮不由之。
三代既遠,帝王家法,質諸經傳,惟周最爲較著。……臣自得
官成均,成均舊有《國朝會要》,及李燾所進《續資治通鑑長
編》録本,因得竊讀,乃摭祖宗正家等事,萃爲一編,因《會要》
所次之目,實之以《長編》記載之事,一時名臣奏請,有足裨補
内治者,亦復採録。間有愚見,輒復論著,凡二十卷,名之曰
《内治聖鑑》。雖分比次序,不無逸謬,不能如文王世子及大
明等詩;然其事則無愧于周,而《大學》不傳之學,世世萬萬子
孫,庶乎其可驗諸此矣。紹熙五年正月十一日,承議郎守起
居舍人兼皇子嘉王府直講,臣彭龜年謹序。

《周書》卷三又載《進内治聖鑑疏》，兹不具録。

光宗聖政三〇卷　宋不著撰人　佚

此書《宋史·藝文志》故事類著録。

按，光宗在位僅五年（1190—1194），此書蓋慶元以後所編。

契丹議盟別録五卷　宋富弼撰　佚

弼，字彦國，河南人。少篤學有大度，范仲淹以爲王佐才。仁宗復制科，舉茂材異等，授將作監丞。慶曆中知制誥，再使契丹，力拒割地，辨和戰之利害，使北之民，不見兵革者數十年。還拜樞密副使，至和中拜同中書門下平章事，與文彦博並相，天下稱富文。以母憂去位。英宗立，召爲樞密使，封鄭國公。熙寧中再入相，會王安石用事，弼度不能爭，稱疾求退。後以僕射判汝州，弼言：“新法臣所不曉，不可以治郡，願歸洛養疾。”加拜司空，進封韓國公致仕。元豐六年（1083）八月卒，年八十。著有《前漢書綱目》《救濟流民經畫事件》《奉使語録》《奉使別録》《富鄭公詩集》等。事迹具《宋史》卷三一三、《宋史新編》卷九六、《東都事略》卷六八、《名臣碑傳琬琰集》上集卷五等書。

此書《宋史·藝文志》故事類著録。

按，《宋史·富弼傳》謂慶曆二年（1042），弼爲知制誥，會契丹屯兵境上，遣其臣蕭英、劉六符來求關南地，朝廷擇報聘者，皆以其情叵測，莫敢行，夷簡存弼，弼往見契丹主，此書蓋記其報聘始末也。

紫微雜記不著卷數　宋吕本中撰　存

本中，初名大中，字居仁，壽州人，徙居京師，好問子。紹興六年（1136）賜進士，以蔭補承務郎，累遷中書舍人兼直學士院。本中初與秦檜同爲郎，相得甚歡，檜既相，私有引用，本中封還除目。趙鼎素主元祐之學，謂本中公著後，故深相知。檜怒，風御史蕭振劾罷之，提舉太平觀。紹興十五年(1145)卒，年六十二。諡文清。學者稱東萊先生。著有《春秋集解》《童蒙訓》《師友淵源録》《東萊詩集》《紫微詩話》等。事迹具《宋史》卷三七六、《宋史新編》卷一四〇、《史質》卷三五、《南宋書》、《宋詩紀事》卷三三等書。

此書《宋史·藝文志》故事類著録。

按，此書或題吕祖謙撰，《四庫提要》辨之甚詳，曰："紫微雜説一卷，舊題宋吕祖謙撰。又有别本，則但題《東萊吕紫微雜説》，而不著其名。今考趙希弁《讀書志》載'《東萊吕紫微雜説》一卷，《師友雜志》一卷，《詩話》一卷，皆吕本中居仁之説，鄭寅刻之廬陵'云云，據此則當爲吕本中所撰。蓋吕氏祖孫，當時皆稱爲東萊先生，傳寫是書者遂誤以爲出祖謙之手，不知本中嘗官中書舍人，故稱曰紫微；若祖謙僅終於著作郎，不得有紫微之稱。"又書中有自嶺外歸之語，而本中《東萊集》有《避地過嶺詩》，於事迹亦適相合，其爲本中所撰無疑也。其書分條臚列，於六經疑義，諸史事迹，皆有所辨論，往往醇實可取。如謂經書中致字有取之義，又有納之義，先儒但以至極立解爲未盡。又謂檀弓'齊穀王姬之喪'句，穀當爲告；'使必知其反也'句，知當爲如；皆于經訓有合。又爲論語'四體不勤，五穀不分'句，爲荷蓧丈人自謂，亦頗有所見。其他大抵平正通達，切中理道之言，非諸家説部所能方駕。其書首論衡門之詩一條所云哀時君之無立志者，祖謙後作《讀書記》，實祖是説，亦可見其家學之淵源也。"

又按，趙希弁《讀書志》謂此書鄭寅刻之廬陵，今則宋本已不可得。今所藏善本，僅臺北"故宮博物院"所藏清文淵閣《四庫全書》本。收之於叢書者，有《指海》《十萬卷樓叢書》及《叢書集成》本。《説郛》各本所收，則並爲節録之本。

太后回鑾事實一〇卷　宋万俟卨撰　未見

卨，字元忠，一作元中，開封陽武人，登政和二年（1112）上舍第。紹興初提點湖北刑獄。岳飛宣撫荊湖，遇卨不以禮，卨憾之。入覲，希秦檜意，譖飛，構陷成獄，飛父子與張憲俱死。官至尚書右僕射，同中書門下平章事。紹興二十七年（1157）致仕卒，年七十五，謚忠靖。著有《貢舉敕令格式》。事迹具《宋史》卷四七四、《宋史新編》卷一八七、《史質》卷八一、《南宋書》卷三一等書。

此書《宋史·藝文志》故事類著録。

《四庫全書總目》雜史類存目著録此書一卷，《提要》云：“紹興十二年（1142），宣和太后至自金，卨新爲參知政事，紀事獻頌，稱爲千載一時之榮遇。蓋貢諛之詞，非其事實也。”

按，今檢劉才邵《檆溪居士集》卷六載《賜万俟卨辭免恩命不允詔》，曰：“省奏具悉。朕獲纘丕基，欽承眷命，賴高穹之垂祐，致母后之回鑾，備申孝養之懷，實篤邦家之慶，宜垂光於典册，悉紀載於殊休。卿以輔臣，永資提領，成書來上，編次有倫，遂與日月，粲然久照，爰推寵數，用示至懷，乃抗封章，欲回成命。揚庭發號，群聽俱孚，義豈容辭。亟其欽受，所請宜不允，仍斷來章。”四庫館館臣注云：“案史載紹興二十五年（1155），卨由歸州召還，尋拜尚書右僕射同中書門下平章事，纂次《太后回鑾事實》上之，詔有致母后之回鑾成書來上，編次有倫及俾提宏綱之語，當即卨提舉實録院時上此書也。然史未載進書恩命，此亦可與互證。”是集又有賜沈該辭免恩命不允詔，云：“省表具悉。朕荷天明命，無斁孝誠，頃蒙鑾駕之還，獲奉東朝之養，乃纂修於事實，以昭示於無窮。大典既成，盛儀斯舉。卿以輔弼，實領總提之任。典章嚴飭，視聽增輝，既深副於朕心，宜務隆於恩數，載加顯册，用表眷懷。兹

覽遜章,欲祈懇避,非予所望,其勿重陳,所請宜不允,仍斷來
章。"四庫館館臣注云:"案是詔亦以上《太后回鑾事實》而得
恩命者,當即該監修國史時與万俟卨同上是書,乃有命耳。"
今檢《宋史全文續通鑑》,沈該監修國史在紹興二十六年
(1156),是年万俟卨提舉實錄院。

又按,是書傳本罕見,《四庫全書總目·存目》據編修程晋芳
家藏本著録,作一卷,今則未見。

塞北紀實三卷　宋大惟簡撰　佚

惟簡生平待考。

此書《宋史·藝文志》故事類著録。

按,此書承《太后回鑾事實》《永祐陵迎奉録》之後,蓋紀徽欽
二帝北去之事。

朝貢録二〇卷　宋宋敏求撰　佚

敏求有《唐大詔令集》一三〇卷已著録

此書《宋史·藝文志》故事類著録。

按,《玉海》卷一五三朝貢云:"熙寧四年(1071)十月六日,樞
密都承旨李評請諸國朝貢,別置一司領之。取索文字,預爲
法式。詔頒于各省。七年(1074)九月丁未,史臣宋敏求等上
《蕃夷朝貢録》二十一卷。即李評所請也。"《玉海》所載書名、卷
數,與《宋志》小異。

又按,唐高少逸與會昌中,纂四夷之本末爲《四夷朝貢録》十
卷[1],敏求之書,蓋亦此類也。

永祐陵迎奉録一〇卷　宋湯思退等撰　佚

思退,字進之,處州人,紹興十五年(1145)以右從政郎授進州
政和縣令。試博學宏詞科,除秘書省正字,以附秦檜,累官參

---

[1]　見《玉海》卷一五三"四夷朝貢録"條。

知政事。拜右僕射，尋罷。隆興初復相，金人索四郡，思退許之，且令孫造諭敵以重兵脅和，爲言者所論，遂罷相。太學生張觀等上書請斬思退，思退憂悸死。著有《哲宗實錄》。事迹具《宋史》卷三七一本傳。

此書《宋史·藝文志》故事類著錄。

按，此書記奉迎徽宗梓宮還歸之事也。徽宗北去，紹興五年(1135)崩於五國城，七年(1137)，北人乃以梓宮還行，十二年(1142)始至境。《建炎以來繫年要錄》卷一四六載此事之始末云："(十二年九月)己丑，徽宗皇帝顯肅皇后及懿節皇后梓宮皆至行在，寓於龍德別宮，以故待漏院爲之。在行宮南門外之東，帝后異殿，始議奉安梓宮之禮，或請姑寓僧坊。太常少卿王賞曰：'孝子之事親，思其居處。宣和内禪，退居龍德。今宜綿蕝仿行殿以治喪儀。'又議百官制服，賞曰：'訃告始至，已成服矣。復服之，非是。特上與執事者常服，改葬總而已。'朝廷用之。時梓宮既入境，即承之以槨，命有司預製衮冕翬衣以往，及是納槨中不改斂，用安陵故事也。"

又按，紹興二十八年(1158)重修《徽宗實錄》、湯思退監修，此書或亦當時所編進也。

六朝事迹一四卷　宋張敦頤撰　存

敦頤，字養正，婺源人。紹興八年(1138)進士，爲南劍州教授，升宣城倅，攝郡事。先是，郡奉朝旨，汰養老之卒七百人，一日以不給麥，群譟廷下，敦頤好論之，即敕吏曰："州倉無麥，以常平麥代之。"衆謝而退。因密疏爲首者七人姓名，白之省，悉從軍令。歷知舒、衡二州致仕。著有《柳集音辯》《韓柳文音注》《衡陽圖志》等事迹具《宋史翼》卷二一、《宋元學案補遺》卷三九、《宋詩紀事補遺》卷四二、弘治《徽州府志》卷八等書。

此書《宋史·藝文志》故事類著録，題張養正撰。

茲編卷首有張氏紹興庚辰(三十年，1160)自序，略云："余因覽(金陵)圖經實録，疑所在《六朝事迹》，尚有脱誤，乃取《吴志》《晋書》及宋、齊而下史傳與夫當時之碑記，參訂而考之，分門編類，綴爲篇目，凡十有四卷，雖猥陋無益於治道，然展卷三百餘年興衰之迹，若身履乎其間，非徒得之于傳聞而已。"首總序，次形勢，次城闕，次樓臺，次江河，次山岡，次宅舍，次讖記，次靈異，次神仙，次寺院，次廟宇，次墳陵，次碑刻，凡十四門。《四庫全書總目提要》云："引據頗爲詳核，而碑刻一門，尤有資於考據。惟書以六朝爲名，而古迹之中，自南唐以逮於北宋，如丁謂、王安石所建，亦具載之，殊失斷限。又總叙門内，六朝保守一篇，歷數自吴以來南朝不可北伐，北伐必敗，即倖勝亦不能守，蓋亦南渡之初，力主和議之説者，其識見未免卑懦。然核諸情事，其説亦不爲無因，固與《江東十鑑》之虚張形勢者，較爲切實矣。"

按，此書之卷數，《宋志》作十四卷，蓋以一門爲一卷，今所見諸本，皆據明刊本，分上下兩卷，復改書名曰《六朝事迹類編》。今宋本已罕見，《四庫簡明目録標注·附録》云瞿氏有舊鈔，用宋本校，每半葉十行，行十八字；又云某氏有光緒丁亥上元李濱仿宋紹興建康府學本，十四卷。《續録》著録宋刊本，七行十六字，每門分卷，佳；又有仿宋四卷本及道光二十年張氏覆宋本，十四卷。此道光二十年覆宋本，當即指張寶德重刊宋本也。張氏重刊本，今不得寓目，胡玉縉《四庫提要補正》嘗節録其跋文，以訂正《四庫提要》殊失斷限之論，其言曰："上元張寶德重刊宋本十四卷，跋云：'雖附以南唐、北宋之事，然其大旨以六朝爲主，分門類引，體例頗佳。各條下多係宋楊修之詩，修之名備，官虞部員外郎，宋景文稱其書訊刺字皆用古文者。嘗著《金陵覽古百題詩》，每題下注其故事，其書久逸，幸附此以傳。末爲碑刻門，多爲南宋金石家所未獲見，如陳江總《棲霞寺碑》，唐《玉清觀四等碑》，李白《貞義女碑》，此陳思《寶刻叢編》未録者也。晋《竺使君銘》及《頌》，宋《謝濤夫人墓記》，齊《巴東獻武公碑》，梁《諸王碑》，唐《明徵君碑》，此王象之《輿地碑記目》未録者也。《景定志》引之而未備，元《至正金陵新志》亦援此立碑碣一門，近嚴上舍觀撰《江寧金石記》，所載多古人未見，而較此目不及十之二三，其未見者，據此書編待訪目，尤足以資考核。但載吳《封禪碑》云在常州，自非金陵物，不應録耳。是書凡十四門，每門爲一卷，《宋史·藝文志》載之，卷數亦同。署張養正撰，養正乃敦頤字，宋陳振孫《直齋書録解題》作二卷，不著撰人名氏，《金陵新志》列舊志書目，引此爲《六朝事類》，省文也。然十四卷本頗難得，即二卷本亦僅存，《四庫提要》亦作二卷。《四庫全書考證》云：東晋恭帝元熙二年，二訛作元。梁總叙天監中有州二十有三，脱三字。《六朝郡國志》江陽，陽訛譜。汶山，汶訛江。是亦非善本。明吳琯《古今逸史》本，分上下二卷，固非專書，且多訛舛，今從同邑朱述之大令借得手鈔本十四卷，據云原本亦係舊鈔，向爲曹棟亭家藏，以中多闕宋諱末筆，定爲影宋。每葉十四行，行十六字，《景定志》載其書二百三十版，此鈔二百三十葉，恰與之合。予因録副重粹，即與吳本校對一過，兹本序題次行列敦頤銜名，每卷大題下同，書後列韓仲通序一篇，末葉首題"建康府學開鏤"劉六字，次有"紹興三十年"等字一行，又題衆官結銜十一行，皆吳本所闕，餘吳本訛脱，不可殫述。然此本亦尚有誤字，如總叙門吳大帝注云："即位在魏太和七年壬寅歲"，案太和乃魏明帝年號，無七年，《三國志》魏文帝黃初二年己亥，權納趙咨之言，謂宜改年號,正服色,十一月即吳王位,大赦,改明年壬寅爲黄武元年。後七年至魏明帝太和三年己酉,改元黄龍之年,公卿百司皆勸權正尊號,丙申,即皇帝位,此誤以壬寅與太和合爲一時,又誤三爲七也。其載吳之興地云:"據江南盡海置交、廣、荆、郢四州",案孫權有揚州,治建業,宜曰五州,陽湖洪稚存《補三國疆域》作四州者,無郢州也。又云:"有郡四十二",《通典》作四十三,洪作四十六是也。齊州凡二十有三,此誤作二十有二。梁注中夏侯道,道下脱"遷"字。縣瓠下脱"彭"字,當作縣瓠,彭城漢川,蜀下當有"川"字。其他同異虛,述之爲考證數事,附識於後,兹並刊之。'"

今所藏善本,有臺北"故宫博物院"藏清文淵閣《四庫全書》本及明萬曆刊《古今逸史》本各一部,臺北"國家圖書館"有明鈔本及明萬曆刊《古今逸史》本各一部,並作二卷;臺北"國家圖書館"、"中央研究院"歷史語言研究所所藏明末刊《五朝小説》本及臺北"國家圖書館"、臺灣大學所藏清順治刊《説郛》本,均作一卷,非完本也。

六朝事迹別集一四卷　宋吳彦夔撰　佚

彦夔,字節夫,登紹興十八年(1148)進士。事迹見《紹興十八年同年小録》。

此書《宋史·藝文志》故事類著録。

按,張養正嘗於紹興二十二年(1152)撰《六朝事迹》十四卷,記六朝故都事迹頗詳,首總叙,次形勢,次城闕,次樓臺,次江河,次山岡,次宅舍,次讖記,次靈異,次神仙,次寺院,次廟宇,次墳陵,次碑刻,凡十四門,已見前條。吳書殆廣張書者也。今養正之書尚存,吳書則亡佚矣。

全國生辰語録一卷　宋韓元吉撰　佚

元吉,字无咎,宰相維之玄孫,以蔭補官,仕至龍圖閣學士,吏部尚書。嘗居廣信溪南，自號南澗居士。元吉爲尹焞弟子，又與朱子交，學問具有淵源，呂祖謙其壻也。詩文皆卓犖可傳，著有《桐陰舊話》《南澗甲乙藁》《愚戇録》等。事迹具《宋史翼》卷一四。

此書《宋史·藝文志》故事類著録。

按，元吉嘗奉使赴金賀其生辰，《南澗甲乙稿》卷九載《辭免奉使回轉官狀》，此書蓋記其使金之事也。

江東救荒録五卷　題宋劉珙撰　佚

珙，字共父，登進士乙科，杜門力學，不急仕進。紹興中遷禮部郎官，秦檜欲追諡其父，召禮官會問，珙不至，檜怒，逐之。孝宗朝拜參知政事，奏除福建鈔鹽歲額，罷江西和糴，廣西折米鹽錢，及蠲諸路積年逋欠，官終觀文殿學士，卒年五十七。贈光禄大夫，諡忠肅。有集九十卷附録四卷。事迹具《宋史》卷三八六、《宋史新編》卷一四二、南宋書卷三三、《名臣碑傳琬琰集》下集卷二二、《宋史翼》卷三一及《宋大臣年表》等書。

此書《宋史·藝文志》故事類著録。

《直齋書録解題》故事類著録《劉忠肅救荒録》五卷，陳氏曰：王居仁撰。淳熙乙未（二年，1175）樞密劉珙（共父）帥江東救荒本末。嘉定乙亥（八年，1215）真景元刻之漕司，以配富韓公青社之編，而以劉公行狀諡議附於後。考《珙本傳》云：“淳熙二年（1175）移知建康府江東安撫使，行宮留守，會水且旱，首奏蠲夏稅錢六十萬緡，秋苗米十六萬六千斛，禁止上流米遏，又運米村落置場，平價振糶，貸者不敢償，起是年九月，盡明年四月，闔境數十萬人無一人損瘠流徙者。”

按，振孫謂此書王居仁撰，居仁生平無考，殆幕府中人也。陳《録》又謂此書真景元所刻，今檢德秀真《文忠公文集》，中載《紹定江東荒政録序》及《跋江西趙漕救荒録》，而無此書序

跋。青社之編,即富弼慶曆中鎮青州時《救濟流民經畫事件
也》。

執禮集二卷　宋宋介撰　佚

介,生平無考。

此書《宋史·藝文志》故事類著録。

按,《直齋書録解題》著録鄭僑《奉使執禮録》一卷,載鄭僑淳
熙間使虜賀正之事,此書殆亦此類也。

通州鸞海録一卷　宋陳曄撰　佚

曄,襄五世侄孫,官將仕郎。

此書《宋史·藝文志》故事類著録。

按,曄有《種師道事迹》一卷。

續稽古録一卷　宋龔頤正撰　佚

頤正,原名敦頤,字養正,以避諱改名頤正。光宗時爲國史檢
討官,歷宗正丞。著有《宋特命録》《符祐本末》《清江三孔先
生列傳譜述》《芥隱筆記》等。事迹具《南宋館閣續録》及《宋
中興東宮官僚題名》等書。

此書《宋史·藝文志》故事類著録。

《直齋書録解題》卷四編年類著録《續稽古録》一卷,陳氏曰:
秘書丞歷陽龔頤正(養正)撰,以續司馬光前録,而序述繁釀。
其記紹熙甲寅(五年,1194)事,歸功于韓侂胄。頤正本名敦
頤,避崇陵諱改焉。嘗撰《元祐黨籍譜傳》得官。韓氏用事時
賜出身入館,非端士也,此書正以右韓也。

考《建炎以來朝野雜記》乙集卷一二"龔頤正《續稽古録》"條
云:龔頤正字養正,和州歷陽人,曾祖原,尚書兵部侍郎。頤
正本名敦頤,少舉進士不第……光宗受禪,改今名……頤正
著《續稽古録》,盛言侂胄定策之勳,由是擢兼資善堂小學教
授,遷樞密院編修官。嘉泰元年(1201)秋,詔以頤正學問該

博，賜進士出身，兼實錄院檢討官，付以三朝史事，是冬遷秘書丞，未逾月卒，及侂胄死，有詔毀其《續稽古録》焉。

按，司馬光所撰《稽古録》二十卷，起自三皇，止宋英宗治平末，龔書殆起神宗熙寧也。紹熙甲寅之事，即立寧宗之事也。考《續資治通鑑·宋紀》載此事殆末甚詳，云："（紹熙五年）六月戊戌夜，壽皇聖帝崩，年六十八。……辛丑，丞相率百官拜表，請就喪次成服。壬寅，壽皇大斂，嘉王復入奏，詔俟病愈，過官成禮。留正與趙汝愚議，介少傅吳琚請壽聖皇太后垂簾，暫主喪事，太后不許。正等附奏云：'臣等連日造南内請對不獲，累上疏不得報，今當率百官恭請，若皇帝不出，百官相與慟哭於宮門，恐人心騷動，爲社稷憂，請依唐肅宗故事，群臣發喪太極殿，皇帝成服禁中，然喪不可以無主，祝文稱孝子嗣皇帝，宰臣不敢代行，太皇太后壽皇之母也，請代行祭奠禮。'太后許之。……丁未，葉適言於留正曰：'帝疾而不執喪，將何辭以謝天下？令嘉王長若預建參決，則疑謗釋矣。'正從之，率宰執入奏曰：'皇子嘉王仁孝夙成，宜早正儲位，以安人心。'不報。越六日，又請，帝批云：甚好。明日宰執同擬旨以進，乞帝親批，付學士院降詔。是夕，御劄付丞相云：'歷事歲久，念欲退閑。'正得之大懼……秋七月辛酉，留正因朝臨，佯仆於庭，即出國門上表請老。且云：'願陛下速回淵鑑，追悟前非，漸收人心，庶保國祚。'初，正始議帝以疾未克主喪，宜立皇太子監國，若未倦勤，當復明辟，設議内禪，太子可即位，而趙汝愚請以太皇后太后旨禪位嘉王，正謂建儲詔未下，遽及此，他日必難處，與汝愚異，遂以肩輿五鼓遁。甲子，太皇太后詔嘉王擴成服，即位，尊帝爲太上皇帝，皇后爲太上皇后。時留正既去，人心益搖，會帝臨朝，忽仆於地，趙汝愚憂危不知所出，徐誼以書譙汝愚曰：'自古人臣爲忠則忠，爲奸則奸，忠奸雜而能濟者，未之有也。公內雖心惕，外欲坐觀，非雜之謂歟？國家安危，在此一舉。’汝愚問策安出，誼曰：‘此大事，非太皇太后命不可。知閤門事韓侂冑，與同里蔡必勝，同在閤門，可因必勝招之。’侂冑至，汝愚以內禪議，遣侂冑請於太皇太后，侂冑因所善內侍張宗尹以奏，兩日不獲命，逡巡將退，內侍關禮見而問之，侂冑具述汝愚意，禮命少候。入見太皇太后而泣，問其故，禮對曰：‘聖人讀書萬卷，亦嘗見有如此時而保無亂者乎？’太皇太后曰：‘此非汝所知。’禮曰：‘此事人人知之，今丞相已出，所賴者趙知院，旦夕亦去矣。’言與淚俱下。太皇太后驚曰：‘知院同姓，事體與它人異，乃欲去乎？’禮曰：‘知院未去，非但以同姓故，以太皇太后爲可恃耳。今定大計而不獲命，勢不得不去，去將如天下何？願聖人三思。’太皇太后問侂冑安在？禮曰：‘已留其俟命。’太皇太后曰：‘事順則可，命諭好爲之。’禮報侂冑，且云：來早太皇太后於壽皇梓宮前，垂簾引對。侂冑復命，日已向夕，汝愚始以其事語陳騤、余端禮，亟命殿帥郭杲等，夜以兵分衛南北內，關禮使傅昌期密製黃袍，是日，嘉王謁告不入臨。時將禫祭，汝愚曰：‘禫祭重事，王不可不出。’翌日，群臣入，王亦入，汝愚率百官詣梓宮前，太皇太后垂簾，汝愚率同列言曰：‘皇帝疾，未能執喪，臣等乞立皇子嘉王爲太子，以係人心，皇帝批出有甚好兩字，繼有念欲退閑之旨，取太皇太后處分。’太皇太后曰：‘既有御筆，相公當奉行。’汝愚曰：‘茲事重大，播之天下，書之史冊，須議一指揮，’太皇太后允諾，汝愚袖出所擬指揮以進，云：‘皇帝以疾至今，未能執喪，曾有御筆，欲自退閑，皇子嘉王擴，可即皇帝位，尊皇帝爲太上皇帝，皇后爲太上皇后，移御泰安宮。’太皇太后覽畢，曰：‘甚善！’汝愚曰：‘自今臣等有合奏事，當取嗣君處分，然恐兩宮父子間，有難處者，須太皇太后主張。'又言：'上皇疾未平，驟聞其事，不無驚疑，乞令都知楊舜卿，提舉本官任其責。'遂召舜卿至簾前，面諭之。太皇太后乃命汝愚以旨諭皇子即位，皇子固辭曰：'恐負不孝名。'汝愚言天子當以安社稷定國家爲孝，今中外人人憂亂，萬一變生，置太上皇何地？衆扶皇子入素幄，被黄袍，方卻立未坐。汝愚率同列再拜，皇子詣几筵殿，哭盡哀，須臾立仗訖，催百官班，皇子衰服出就重華殿東廡素幄立，内侍扶掖登御座，百官起居訖，行禫祭禮，命舜卿往南内請八寶，初猶靳與，舜卿傳奏皇太子即位，乃出寶與之。汝愚即喪次，召還留正，尋詔：秋暑上皇未須移御，即寢殿爲泰安宫，以奉上皇，中外晏然。"據此，知未盡爲韓氏之功。頤正以之歸功於韓氏，宜乎振孫譏其非端士也。

翰苑群書三卷　宋洪遵撰　存

遵，字景嚴，鄱陽人，與兄适同中高宗紹興十二年（1142）博學宏詞科，賜進士出身，爲秘書省正字，歷官徽猷閣直學士。卒諡文安。著《小隱集》《東陽志》《泉志》等。事迹具《宋史》卷三七三、《宋史新編》卷一三五、《南宋書》卷三七、《宋大臣年表》《宋中興學士院題名録》及《南宋館閣續録》等書。

此書《宋史·藝文志》故事類著録。

兹編末有乾道九年（1173）遵所撰題記，述其撰此書之旨趣，云："翰苑，秩清地禁，沿唐迄今，爲薦紳榮，遵世蒙國恩，父子兄弟，接武而進，實爲千載幸遇。曩嘗粹《遺事》一編，徧來建鄴，以家舊藏李肇、元稹、韋處厚、韋執誼、楊鉅、丁居晦，泊我宋數公，凡有紀於此者，併刊之木，仍以《國朝年表》《中興題名》附。"

按，陳振孫《直齋書録解題》著録此書，云："《翰林群書》三卷，《翰林遺事》一卷，學士承旨番陽洪遵（景嚴）自李肇而下十一家及《年表》《中興後題名》，共爲一書，而以其所錄遺事附其末，總爲三卷。《遺事》錄諸書所未及者。洪氏父子兄弟四人入翰苑。"今所見各本並作上下二卷，上卷爲李肇《翰林志》、元稹《承旨學士院記》、韋處厚《翰林學士記》、韋執誼《翰林院故事》、楊鉅《翰林學士院舊規》、丁居晦《重修承旨學士壁記》、李昉《禁林宴會集》等七種，下卷爲蘇易簡《續翰林志》、蘇耆《次續翰林志》、沈該《學士年表》《翰苑題名》及遵自著《翰苑遺事》五種。除去《年表》《題名》及《遺事》外，實得九家，不足陳振孫所説十一家之數，《四庫全書總目提要》疑其有缺，云："考《宋史·藝文志》載是書本三卷，此本止上下二卷。又《文獻通考》所載尚有唐張著《翰林盛事》一卷，宋李宗諤《翰苑雜記》一卷，若合此二家，正足十一家之數，豈原本有之，而今本佚其一卷耶？"

翰林學士年表一卷　宋沈該撰　存

該有《神宗寶訓》一〇〇卷已著錄。

此書《宋史·藝文志》故事類著錄。

按，乾道年間，洪遵彙李肇《翰林志》以下十一家及《學士年表》及《翰苑題名》共爲一書，曰《翰苑群書》三卷，本編已著錄，其中《學士年表》，即此書也。起建隆元年陶穀，迄治平四年王安石。考《中興百官學士院題名》謂該於紹興十八年（1148）三月，以權禮部侍郎兼直院，八月除敷文閣待制知潼川府。此書蓋其在翰林學士院時所纂也。

又按，此書單行本罕見，並附見於《翰苑群書》中。

會稽和買事宜錄七卷　宋洪邁撰　佚

邁有《哲宗寶訓》六〇卷已著錄。

此書《宋史·藝文志》故事類著錄。

《直齋書錄解題》卷五典故類著錄《會稽和買事宜錄》七卷，陳氏曰：“浙東帥鄱陽洪邁（景盧）提舉，常平三山鄭湜（補之）集。初，承平時預買令下，守越者無遠慮，凡一路州縣所不受之數悉受之，故越之額特重，以匹計者十四萬六千九百，居浙東之半，人戸百計規免皆詭爲第五等戸，而四等以上戸之害日益甚，於是有爲畆頭均科之説者，帥鄭丙（少嘉）、憲丘崈（宗卿）、張詔（君卿）、頗主之，由淳熙十一年（1184）以後略施行，而議者多以剏科五等戸爲不便，參政李彦穎（秀叔）、尚書王希呂（仲行）先後帥越皆言之，而王畫八事尤力，會光廟亦以爲貽貧弱之害，戸部尚書葉翥（叔羽）奏乞先減四萬四千餘匹，止以十萬爲額，而後議均敷，詔從之。仍令侍從集議，皆乞闕併詭挾，①遂詔邁湜措置即畢，以施行次第類成此書，時紹熙元年（1190）也。”

按，宋行預買之制，謂之和買。考《能改齋漫録》云：“本朝預買紬絹，謂之和買絹。”其制或謂始於祥符初，王旭知潁州，時大饑，出府錢十萬緡與民，約曰來年蠶熟，每貫輸一縑，謂之和買，自爾爲例。② 或謂太宗時馬元方爲三司判官，建言方春之絶時，預給庫錢貸之，至夏秋令輸絹於官，預買紬絹。③ 此制行之日久，弊端漸生，《文獻通考》引直齋陳（傅良）氏曰：“和預員始於太平興國七年（982），然折錢未有定數……今之困民，末甚於折帛，而預和市尤爲無名之歛。然建炎初行折帛亦止二貫，戸部每歲奏乞指揮，未爲常率，四年爲三貫省，紹興二年爲三貫五百省，四年爲五貫二百省，五年七貫省，七年八貫省，至十七年有旨稍損，其價兩浙紬絹每匹七貫文，内和買六貫五百文，綿每兩四百文，江東路紬絹每匹六貫文，則

---

① 《文獻通考》闕誤作闗。
② 説見《玉壺清話》集《澠水燕談》。
③ 説見《東齋記事》。

科折之重,至此極矣! 不可不務寬之也。"

北邊備對六卷　宋程大昌撰　殘

大昌,字泰之,休寧人。紹興二十一年(1151)進士,獻《十論言當世事》,連擢太學正試館職,爲秘書省正字。孝宗時累官吏部尚書,出知泉汀等州,遷知建寧府。紹熙五年(1194)請老,以龍圖閣學士致仕。慶元元年(1195)卒,年七十三。謚文簡。大昌篤學,於古今事靡不考究,著《禹貢論》《詩論》《易原》《雍録》《易老通言》《考古編》《演繁露》《書譜》等書。事迹具《宋史》卷四三三、《史質》卷三九、《宋史新編》卷一六四、《南宋書》卷三五、六三等書。

此書《宋史・藝文志》故事類著録。

按,此書乃淳熙二年(1175)大昌爲講官時,因進講禹貢,孝宗問以塞外山川,未能相對。紹熙中奉祠家居,乃追采古來中華北狄樞紐相關者條列而推言之,紹熙二年(1191)八月成書。以此書之著,緣起於講筵顧問,故仍以備對爲名。凡二十一則:四海、漢緣邊九郡、秦漢河南、虜名號、契丹、回紇、匈奴庭、北狄無城郭、突厥建牙、黄河四大折、長城、大漠、玉門陽關、居庸關、天山、陰山、燕然山、焉支山、浚稽山、金山、賀蘭山。《四庫全書總目提要》以之入地理類存目,謂其皆摭史傳舊文,無所考正。

又按,《直齋書録解題》《文獻通考》及《宋史・藝文志》所著録者並作六卷,今傳《古今説海》《歷代小史》《古今逸史》《説郛》《景印元明善本叢書》十種諸本所載,係節録之本。

慶曆邊議三卷　宋不著撰人　佚

此書《宋史・藝文志》故事類著録。

按,《玉海》卷二七"慶曆西北邊議"條云:七年(1047)五月二十七日,詔西北邊有大事,令中書樞密院召兩制以上同議之。

此書蓋印編纂其事也。

開禧通和録一卷　宋不著撰人　佚

開禧持書録二卷　宋不著撰人　佚

開禧通問本末一卷　宋不著撰人　佚

右三編《宋史·藝文志》故事類著録。

按,右三書殆載開禧間韓侂胄對金用兵戰敗議和之事。

金陵叛盟記一〇卷　宋不著撰人　佚

此書《宋史·藝文志》故事類著録。

按,《郡齋讀書志》有《金人背盟録》七卷,記金人叛契丹,迄于宣和乙巳(七年,1125)。疑《宋志》人字誤作陵,然終不敢定,俟更詳考。

尊號録一卷　宋宋庠撰　佚

庠,字公序,安州安陸人,後徙雍丘。初名郊,與弟祁俱以文學名,人稱二宋,以大小別之。天聖初舉進士,開封試禮部皆第一,擢大理評事,遷太子中允直史館,官至兵部尚書,同平章事。英宗時封鄭國公,出判亳州,以老乞致仕,贈太尉,卒諡元獻。有《國語補音》《紀年通譜》《楊文功談苑》(重訂)、《掖垣叢志》《宋元憲集》等。事迹具《宋史》卷二八四、《宋史新編》卷八六、《東都事略》卷六五、《隆平集》卷五、《名臣碑傳琬琰集》上集卷七及《北宋經撫年表》等書。

此書《宋史·藝文志》故事類著録。

《直齋書録解題》卷五典故類著録《尊號録》一卷,陳氏曰:“丞相安陸宋庠(公序)撰。大意以爲徽號夸詡非古,而我祖宗往往謙遜不居,猶願超然遠覽,盡屏前號,其愛君以德者歟! 至神宗遂卻不受,至於今行之。”

今檢周南《山房集》卷五載《尊號録題跋》,云:“《尊號録》,宋莒公庠撰。取陸贄封演之說,述歷代帝號之稱謂當否,頌仁宗慶曆以后不稱尊號之美。欲存實去華,盡屏前號,專帝皇之稱。”

掖垣叢志二卷　宋宋庠撰　佚

庠有《尊號録》一卷已著録。

此書《宋史·藝文志》故事類著録。

《郡齋讀書志》卷七職官類著録《掖垣叢志》二卷,晁氏曰:“右皇朝宋庠撰。景祐中,李宗諤始取國初掌誥名氏,刻之於石,自爲紀序,庠因之成此書。王禹玉頗譏其疏略。裴廷裕載舍人上事知印宰相壓角,至今傳之爲故事,而庠書闕焉。”

《直齋書録解題》卷六職官類著録《掖垣叢志》三卷,陳氏曰:“丞相安陸宋庠(公序)撰。時爲正字。”

按,李宗諤刻之於石之題名記,紹興中已不存。[①]

掖垣續志一卷　宋不著撰人　佚

此書《宋史·藝文志》不著録,見《郡齋讀書志》職官類。

晁氏曰:“右不詳撰人。續宋庠書,迄元祐六年(1091)十一月陳軒試中書舍人。”

翰林雜記一卷　宋李宗諤撰　佚

宗諤有《永熙寶訓》二卷已著録。

此書《宋史·藝文志》故事類著録。

《直齋書録解題》卷六職官類著録《翰苑雜記》一卷,陳氏曰:“學士饒陽李宗諤(昌武)撰。”

《玉海》卷五七著録《翰林雜記》一卷,云:“學士李宗諤集翰苑觀制恩例著爲定式,祥符中上之。”

按,《郡齋讀書志》著録不著撰人之《翰林雜志》一卷,乃輯唐

---

① 沈該紹興十八年(1148)《翰苑題名序》云:“景德初,趙安仁、晁迥、李宗諤始復置壁記,起國初,自承旨陶穀以下至直院,用除授次第刊列,後居職者皆得以流芳久遠,中遭變故,今不復存。”

韋執誼《故事》，元積《承旨壁記》、韋來微《新樓記》、杜元穎《監院使記》、鄭璘《視草亭記并詩》、李宗諤《題名記》爲一編。

活民書三卷拾遺一卷　宋董煟撰　存

煟，字季興，一作繼興，自號南隱，或作尚隱，德興人。紹興四年（1134）進士，授筠州新昌尉，歷知應城、瑞安，改辰溪。值饑饉，荒政備舉，進所撰《救荒活民書》，寧宗詔襃之。著有《南隱集》。事迹具《宋元學案補遺》卷二五、《宋詩紀事補遺》卷五九等書。程珌《洺水集》卷一〇有《董知縣墓誌銘》。

此書《宋史·藝文志》故事類著錄。

董氏自序曰：“臣聞水旱霜蝗之變，何世無之。然救荒無術，則民有流離餓莩，轉死溝壑之患。臣不才，幼嘗竊慕先朝富弼活河朔飢民五十餘萬，私心以爲賢於中書二十四考遠矣。困處閭閻，熟視民間利病與夫州縣施行之善否，心口相誓，異時獲預從政，願少攄活民之志，於是編次歷代荒政，釐爲三卷。上卷考古以證今；中卷條陳今日救荒之策；下卷則備述本朝名臣賢士之所議論施行，可鑑可戒，可爲矜式者，以備緩急觀覽，名曰《救荒活民書》。然半生奇塞，晚叨一第，而憂患熏心，齒髮疎落。深恐蒲柳之姿，不任風雪，則臣之素志，無由獲伸。謹繕寫進呈，伏望聖慈，萬機餘閒，俯賜乙夜之覽。倘或可備採擇，乞賜睿旨頒行州縣，庶幾上助九重惠澤黎元之萬一云。”《拾遺》一卷，則續三卷之未盡者也。

《四庫全書》政書類著錄此書三卷，不錄《拾遺》，《提要》載此書之價值甚詳，云：“書中所叙，如以常平爲始自隋，義倉爲始自唐太宗，皆不能遠考本原。然其載常平粟米之數，固《隋書》所未及志也。其宋代蠲免侵蚏之典，載在《宋史》紀志及《文獻通考》《續通鑑長編》者，此撮其大要，不過得十之二三，而當時利弊，言之頗悉，寔足補《宋志》之闕。勸分亦宋之政令,史所失載,而此書有焉。他若減租貸種,淳熙卹災令格,皆可爲史氏拾遺。而宋代名臣救荒善政,亦多堪與本傳相參證,猶古書中之有裨實用者也。"

按,今所藏此書之善本,臺北"故宮博物院"有清文淵閣《四庫全書》本,但收三卷,不録《拾遺》;臺北"國家圖書館"有明鈔本一部,有《拾遺》一卷。諸叢刻本,如《墨海金壺》《珠叢別録》《長思書室叢書》《半畝園叢書》《叢書集成初編》等,均收有《拾遺》。

五國故事二卷　宋不著撰人　存

此書《宋史·藝文志》故事類著録。

按,兹編記吳、蜀、閩、漢諸國事。《四庫全書》入載記類,《提要》云:"不著撰人名氏。南漢條下稱'劉晟本二名,上一字犯宣祖諱,去之。'則北宋人;又南唐條下稱嘗以其事質於江南一朝士,則猶在宋初,得見李氏舊臣也。中於南漢稱彭城氏,於留從効姓稱婁,錢塘厲鶚跋以爲吳越國人入宋所作。避武肅王諱,然閩王延翰條下稱其妻爲博陵氏,則又何爲而諱崔乎? 年代綿邈,蓋不可考矣。其書紀吳楊氏,南唐李氏,蜀王氏、孟氏,南漢劉氏,閩王氏之事,稱曰五國。然以其地而論,當爲四國;若以其人而論,當爲六國,未審其楊李併爲一,抑孟王併爲一也。鄭樵《通志略》列之霸史類中,實則小說之體。記録頗爲繁碎,中如徐知誥斥進黃袍諸事,爲史所不載。又李煜爲李璟第六子,而此云璟之次子,與史亦小有異同。然考古在於博徵,固未可以瑣雜廢也。前有萬曆中太常寺少卿余寅題詞,譏其四國俱加僞字,於蜀獨否。今考書中明書僞蜀王建,又書孟知祥以長興五年(934)遂僭大號,何嘗不著其僞。卷首總綱既以前蜀後蜀爲分,再加僞字,則或曰前僞蜀、後僞蜀,或曰僞前蜀、僞後蜀,詞句皆嫌於贅,是以省之,

《公羊傳》所謂避不成文是也。謂不偏諱，殊失其旨。至南漢條下稱偽漢先主名巖，後名俊，又名龑。龑之字曰儼，本無此字，龑欲自大，乃以龍天合成其字，以其不典，故不書之。寅援唐史書武后名曌以駁之，則其説當矣。"《提要》疑其未審其楊李併爲一抑孟王併爲一，胡玉縉《四庫提要補正》云："當是孟王併爲一。《十七史商榷》九十八云：'末附朱文進諸人，曰五國者，合前、後蜀爲一。'其説是也。"

又按，今所藏此書之善本，臺北"國家圖書館"有清乾隆三十八年（1773）浙江巡撫進呈舊鈔本，上有清吴焯手批；又有清活字本《學海類編》本。臺北"故宫博物院"有清文淵閣《四庫全書》本。清乾隆間，長塘鮑氏輯刊《知不足齋叢書》，據仁和吴長元所藏明劍光閣鈔本收録，吴氏乾隆癸巳（三十八年，1773）跋云："右《五國故事》上下卷，分紀楊行密、李昇、王建、孟知祥、劉巖、王審知六國事，而末附以朱文進諸人。其曰五國者，合前、後蜀爲一國也。鄭氏《通志》，列之霸史，不著撰人姓氏。按卷中以留從效作婁從效，徵之《楓窗小牘》云：'錢武肅辟羅昭諫書曰：仲宣遠託婁荆州。以婁代劉，避武肅嫌名也。'則此書蓋吴越間人所著，故於諸國皆書姓，而漢獨稱彭城氏，與林坰等撰吴樾備史同例，又其證也。向無刊本，傳鈔多謬。如下卷漢先主名巖，後名龑，注云：'後又名龑。'傳本脱去龑字，又誤注文後字爲俊。康熙間，吾宗任臣先生撰《十國春秋》，據其本遂云一名俊，復注云：'無考。'不知爲後字之譌也。又任臣採録此書最詳，獨遺徐知誥取知客綃巾及王延羲褰幃整花二事，細案之，亦他本所佚也。此册爲明代劍光閣舊鈔，較他本爲勝，江南藏書家多從借録，題名具存，有足徵者。鮑君以文，喜刊異書，以家所藏爲未善，請以付梓，固予素志也。喜綴數語輗而贈之。"

金華講義一三卷　宋孔武仲撰　佚

武仲，字常父，臨江新喻人，文仲弟也。舉進士中甲科，元祐間歷官國子司業，嘗論科舉之弊，詆王氏學，請復詩賦，又欲罷大義而益以諸經策，累遷禮部侍郎，以寶文閣待制知洪州，坐元祐黨奪職，居池州卒，年五十七。著有《書説》《詩説》《論語説》《芍藥譜》、奏議等。事迹具《宋史》卷三四四、《宋史新編》卷一一七、《东都事略》卷九四、《宋詩鈔》《北宋經撫年表》等書。

此書《宋史·藝文志》故事類著録。

考《宋史·孔武仲傳》云："元祐初，歷秘書省正字校書集賢校理著作郎國子司業，進起居郎兼侍講邇英殿。"此書蓋纂集其侍講之稿也。

按，孔氏三兄弟文仲、武仲、平仲，爲先聖四十八世孫，嘉祐六年（1061）八年（1063）治平二年（1065）連三科兄弟以次登第。文仲舉賢良對策，切直忤時寵，舉官范鎮因求致仕，而制科亦自此廢。武仲爲禮部第一人，中甲科，平仲亦嘗舉制科。文仲有文集五十卷，武仲有《詩》《書》《論語》《金華講義》内外制雜文共百餘卷，平仲長史學，工文詞，著《續世説》《繹解》《稗詩戲》諸書，兄弟三人以文肇起江西，時號三孔，然其著述多散逸弗傳。慶元中王遘守臨江，始爲之衷輯刊行，得文仲二卷，武仲十七卷，平仲二十一卷，曰《清江三孔集》，凡四十卷，今《豫章叢書》收之。

建隆遺事一卷　題宋王禹偁撰　佚

禹偁，字元之，濟州鉅野人，世爲農家，九歲能文，太平興國八年（983）進士，爲右拾遺，累遷翰林學士，卒年四十八。著有《五代史闕文》《小畜集》《小畜外集》《承明集》《承明別集》《制誥集》等。事迹具《宋史》卷二九三、《宋史新編》卷八二、《東都事略》卷三九、《隆平集》卷一三、《名臣碑傳琬琰集》下集卷七、《五朝名臣言行錄》卷一三、《宋詩鈔》及《南宋館閣錄》等書。

此書《宋史·藝文志》故事類著錄。

《郡齋讀書志》卷六雜史類著錄《建隆遺事》一卷，晁氏曰：“右皇朝王禹偁記太祖事十（《通考》無十字）。按太祖開寶九年（976）十月癸丑崩於萬歲殿，先是，趙普以六年（973）罷爲河南節度史，盧多遜至太平興國元年（即開寶九年，十二月改元，976。）始除平章事，太祖崩時，宰相薛居正、沈倫也。今此云：‘上將晏駕前一日，召宰臣趙普、盧多遜入宮。’其謬甚矣！世多以其所記爲然，恐不足信也。”

《直齋書錄解題》卷五雜史類著錄《建隆遺事》一卷，陳氏曰：“王禹偁撰，其記陳橋驛前戒誓諸將事，元出熙陵，而序文云：‘近取實錄入禁中親自筆削。’然則此書之作，誠有謂也。《邵氏聞見錄》亦嘗表而出之，而或者亦辨此書之僞，是見於王明清《揮塵錄》者，尤有據，當考。”

按，此書至北宋末，傳本已不多見，邵伯溫嘗得其私書，遂取可傳者錄諸《聞見前錄》卷七，今移錄於後，猶可據以見兹編之大要也。云：王内翰禹偁字元之，濟州鉅野人。世農家，九歲爲歌詩，畢士安作州從事，亟稱之。長益能文，有場屋聲，登太平興國八年（983）進士第，召試相府，擢右拾遺，直史館。因北戎犯邊，獻書建和議，太宗賞之，宰相趙普尤加器重；至景德間，卒用其議與戎通好。又與夏侯嘉正、羅處約、杜鎬、周校三史，多所是正。進左司諫知制誥，因論徐鉉，爲人誣告，内翰辨其非罪，責商州團練副使。尋召入翰林爲學士。孝章皇后上仙，詔遷梓宮於故燕國長公主第，群臣不爲服，内翰言后嘗母儀天下，當遵用舊禮，罪以謗讟知滁州。真宗即位,以直言應詔,召爲知制誥。咸平初,修《太祖實録》,與宰相論不合,又以謗謫知黄州,移蘄州,死於官,其平生大節如此。故所著《建隆遺事》,一月《篋中記》,自叙甚秘,蓋曰:"吾太祖皇帝諸生也,一代之事,皆目所見者,考於國史,或有不同,一曰上性嚴重少言,酷好看書,雖在軍中,手不釋卷,若聞人間有奇書,不惜千金以求之,顯德初從世宗南征,初平淮甸,有纖人譖上於世宗,曰:'趙某自下壽州,私有重車數乘。'世宗遣人伺察之,果有籠篋數車,遽令引入行在,面開之,無他物,惟書數千卷,世宗異之,召上諭之曰:'卿方爲朕作將帥,辟土疆,當堅甲利兵,何用書爲?'上頓首謝曰:'臣無奇謀,上贊聖德,濫膺寄任,嘗恐不逮,所以聚書觀覽,欲廣見聞,增智慮也。'世宗曰:'善!'"又曰:"上北征之夕,次陳橋驛,羅彦環等獻中央之服,立上爲天子,請登馬南歸。才出驛門,上勒馬不前,謂諸將校曰:'我有號令,能稟之乎?'諸將皆伏地聽命。上曰:'爾輩自貪爵賞,逼我爲君,今入京師,不得輒恣刼掠,依吾令,即當有重賞,不然,則連群撥隊,有斧鉞之誅。'諸將皆再稟命,戎馬遂行。既入國門,兵至如賓,秋毫不犯,先是,京師居人聞上至,皆大恐,將謂循五代之弊,縱士卒剽掠。既見上號令兵士,即將解甲歸營,市井不動,略無騷擾,衆皆大喜。又聞上驛前誠約之事,滿城父老,皆相賀曰:'五代天子,皆以兵威强制天下,未有德信黎庶者。今上踐阼未終日,而有愛民之心,吾輩老矣,何幸見真天子之御世乎!'自唐末至五代,藩方節制,皆不稟朝命,上踐阼,豁達大度,推赤心以待之,繇是諸路節將,懷德畏威,不敢跋扈,歲時貢奉無闕,朝廷亟召亟至,皆執藩臣之節甚恭,識者知主威之行矣,太平之基立矣。又曰:"杜太后度量恢廓,有才智,國初内助爲多。上初自陳橋即帝位,進兵入城,人先報曰:'點檢上時官爲點檢。已作天子歸矣！'時后寢未興，聞報，安臥不答。晋王輩皆警躍奔走出迎，晋王後受命，是爲太宗。斯須有上親信人至，入白后，后乃徐徐而起曰：'吾兒素有大志，果有今日矣！'俄頃，上至，見后於堂上，衆皆賀之，惟后愀然不樂，上甚訝之。左右進白后曰：'臣聞母以子貴，自古如此，后子今作天子，胡爲不樂？'后謂上曰：'吾聞爲君不易，且天子者，致身於兆庶之上，若治得其道，則此位可尊；或失馭，則欲爲匹夫不得，是吾所以憂也，子宜勉之！'上再拜曰：'謹受教。'"又曰："乾德開寶間，天下將大定，惟河東未遵王化，而疆土實廣，國用豐羨，上愈節儉，宮人不及二百，猶以爲多。又宮殿内惟掛青布緣簾，緋絹帳紫紬褥，御衣止赭袍，以綾羅爲之，其餘皆用絁絹。晋王以下，因侍宴禁中，從容言服用太草草。上正色曰：'爾不記居甲馬營中時耶？'上雖貴爲萬乘，其不忘布衣時事，皆如此。"又曰："開寶末，議遷都於洛。晋王言京師屯兵百萬，全藉汴渠漕運東南之物贍養之，若遷都於洛，恐水運艱阻，闕於軍儲。上省表不報，命留中而已。異日，晋王宴見，從容又言遷都非便，上曰：'遷洛未已久當遷雍。'晋王叩其旨，上曰：'吾將西遷者，無他，欲據山河之勝，而去冗兵，循周漢之故事，以安天下也。'晋王又言在德不在險，上不答。晋王出，上謂侍臣曰：'晋王之言固善，姑從之。不出百年，天下民力殫矣。'"又曰："上享天下十七年，左右内臣，有五十餘員，止令掌宮掖中事，未嘗令預政事。或有不得已，而差出外方，止令幹一事，不得妄採聽他事奏陳，天下以爲幸。開寶末，差内臣禱名山大川，俄有黄門於洞穴採得怪石，有類羊形，以爲異同而獻之。上曰'此是墳墓中物，何用獻爲？'命碎其石，仍杖其黄門逐之，不受内臣所媚皆如此。"又曰："乾德初，浙西錢俶來朝，上待之甚厚。俶方到闕，自晋王丞相及中外臣僚，有表章五十餘封，請留俶。上曰：'錢俶在本國，歲修職貢無闕，今又委質來朝，若利其土宇而留之，殆非人主之用心，何以示信於天下也。'奏俱不納，俶辭歸國，賜與金幣名馬之外，別以黃絹封署文書一角付俶，曰：'候至本國開之。'仍諭俶曰：'朕知卿忠勤，若朕常安健，公則常有東南，它人即不可也。'俶感泣拜謝而去。俶至錢塘，開柙中文字，乃是晋王丞相已下請留賤章五十餘封。俶大驚，以表稱謝，上存心仁信類如此。"烏呼！王内翰前輩諸公，識與不識，皆尊師之曰古之遺直也。伯溫晚生得其私書於海内兵火之餘，取可傳者列之。

又按，公武謂此書"其謬甚矣"，所記"恐不足信"，然當時未疑其僞。振孫則謂王明清致其疑。考最先疑此書之僞者爲李燾，《文獻通考》載巽巖之言曰：世傳王禹偁所記《建隆遺事》十三章，考其章句，大抵不類禹偁平日之文。其七章、十三章，鄙悖益可駭，幸而史官弗信，然學士大夫，不习朝廷之故者，猶以禹偁所作，私信之。余嘗反復證驗，力排其誣，決知其不出於禹偁矣。蓋禹偁所謂名賢者，而數以直道廢，故群不逞輒假借竄寄，謂世可欺，殊不知普實愛重禹偁，而禹偁於普，尤拳拳也。普遺稿四六表狀往往見禹偁集，蓋禹偁代作也，彼小人烏得識之。其後，王明清亦疑之。《揮塵前錄》卷三云：《建隆遺事》，世稱王元之所述，其間率多誣謗之詞，至於稱趙普盧多遜受遺昌陵，尤爲舛繆。案《國史》韓王以開寶六年八月免相，至太平興國六年九月始再秉衡鈞，當太祖升遐時，政在外，何緣前一日與盧丞相同見于寢耶？稱太祖長子德昭爲南陽王，又誤矣！初未嘗有此封，元之當時近臣，又秉史筆，豈不詳知？且載《秦王傳》中云云，安有淳化三年而見《三朝國史·秦王傳》邪？可謂亂道，此特人託名爲之。又案，元之自有《小畜集》序及《三黜賦》，與《國史》本傳俱云淳化二年自知制誥舍人貶商州，至道二年自翰林學士黜守滁上，咸平二年守本官，知齊安郡，而此序年月次序悉皆顛錯，其爲也明矣。

考《宋史·王禹偁傳》謂其詞學敏贍，又謂其有《小畜集》二十卷，《承明集》十卷，《集議》十卷，詩三卷，而不及此書。此書叙事既多乖謬，文詞又鄙悖，其爲僞書，殆可信也。

三朝奏議五卷　宋田錫撰　輯

錫，字表聖，嘉州洪雅人，太平興國三年(978)進士，累官諫議大夫，史館修撰。咸平六年(1003)病卒，年六十四。著有《麴本草》《咸平集》等。事迹具《宋史》卷二九三、《宋史新編》卷八二、《東都事略》卷三九、《隆平集》卷一三、《名臣碑傳琬琰集》中集卷二及《五朝名臣言行録》卷九等書。

此書《宋史·藝文志》故事類著録。

按，史稱表聖遇事敢言，不避權貴，此編蓋其歷事三朝之章奏也。《文獻通考》載錫《咸平集》五十卷，今所見者僅三十卷，[①]中有奏議一卷，《四庫全書總目提要》以爲乃後人重輯之本，非其舊也。[②] 明安磐嘗搜輯錫奏疏，共得十四篇，附以錫所作箴序二篇，本傳及墓志銘二篇，彙爲一卷，曰《田表聖奏議》。

---

　　① 臺北"故宫博物院"有清文淵閣《四庫全書》本一部。臺北"國家圖書館"有鈔本及民國丁巳(六年，1917)南城李氏宜秋館鈔校本各一部，又有前國立北平圖書館所藏清平江陳氏西畇草堂傳抄《四庫全書》本一部。有陳墫手書題記。

　　② 《四庫全書總目提要》曰："《咸平集》三十卷，宋田錫撰。錫有《奏議》已著録。考《奏議》乃明安磐所輯，其文已全載此集中。然《宋史·藝文志》載錫《奏議》二卷，《文獻通考》載錫《咸平集》五十卷。此本載奏議一卷，書三卷，賦五卷，論三卷，箴銘二卷，詩六卷，頌策笏記表狀七卷，制誥考詞三卷，以奏議與詩文集合爲一編，僅三十卷，則亦後人重輯之本，非其舊也。"

然安氏所輯者，今《咸平集》並載之，磐蓋未見其書，故爲袞輯。[1]

又按，此書之善本，臺北"國家圖書館"有前國立北平圖書館所藏明朱絲欄抄本一部，一卷一册，題《田表聖先生奏議集》。

清邊前要五〇卷　宋曾致堯撰　佚

致堯，字心臣，撫州南豐人，太平興國八年(983)進士，官秘書丞，出爲兩浙轉運使。真宗即位，遷主客員外郎，判鹽鐵勾院，祥符初，累遷禮部郎中，坐知揚州日，冒請一月俸，降掌昇州搉酤，轉户部郎中，五年(1012)卒，年六十六。著有《廣中台記》《綠珠傳》《仙鳧羽翼》《直言集》等。事迹具《宋史》卷四四一、《宋史新編》卷一七〇、《東都事略》卷四八、《名臣碑傳琬琰集》及《北宋經撫年表》等書。

此書《宋史·藝文志》故事類著録。

按，《通志·藝文略》兵家邊策著録《清邊備要》五十二卷，注云："宋朝曾致光撰。"當是一書，《通志》堯誤作光，以形相似也。此書與郭元振《定邊安遠策》三卷、李德裕《西南備邊録》一三卷等，並爲載禦邊之事也。又《宋史·曾致堯傳》謂此書三十卷，《通志》作五十二卷，《宋志》則作五十卷，疑分合不同故也。

皇親故事一卷　宋李至撰　佚

至，字言幾，真定人，七歲而孤，鞠於飛龍使李知審家。幼沈靜好學，能屬文，及長，辭華典贍，舉進士，累拜右諫議大夫，

---

[1]　《四庫全書總目》史部詔令奏議類存目著録《田表聖奏議》一卷，《提要》曰："其奏議見於《宋史·藝文志》者二卷，已久散佚，此本乃明給事中安磐所搜輯，共得奏疏十四篇，附以錫所作箋序二篇，本傳及墓誌銘二篇，世所傳《咸平集》今尚有傳本，凡是編所録者，已具在集中，磐蓋未見其書，故復爲袞輯。焦竑《國史經籍志》載錫奏議一卷，與《宋史》不合，蓋亦僅據此本也。"

參知政事。淳化五年（994）兼判國子監，至上言："五經書疏已版行，惟二《傳》二《禮》《孝經》《論語》《爾雅》七經疏未備，豈副仁君垂訓之意？今直講崔頤正、孫奭、崔偓佺皆屬精强學，博通經義，望令重加讎校，以備刊刻。"從之。咸平元年（998）以目疾求解政柄，四年（1001）卒，年五十五。著有《正辭録》、文集等。事迹具《宋史》卷二六六、《宋史新編》卷七四、《東都事略》卷三六、《隆平集》卷六、《宋大臣年表》《學士年表》等書。

此書《宋史·藝文志》故事類著録。

按，《通志·藝文略》譜系皇族著録《皇親故事》二卷，注云："宋朝李至撰。"此書蓋載宗室族譜也。《通志》云二卷，疑《宋志》作一卷者非完本也。

鑄錢故事一卷　宋杜鎬撰　佚

鎬，字文周，常州無錫人，幼好學，博貫經史，舉明經，太宗時累官直秘閣，大中祥符中進秩禮部侍郎，六年（1013）冬卒，年七十六。著有《龍圖閣書目》《十九代史目》《太清樓書目》《玉宸殿書目》《君臣賡載集》等。事迹具《宋史》卷二九六、《宋史新編》卷八三、《東都事略》卷四六、《隆平集》卷一三及《宋人軼事彙編》等書。

此書《宋史·藝文志》故事類著録。

按，《通志·藝文略》食貨貨寶著録《鑄錢故事》一卷，注云："宋朝杜鎬撰。"此編蓋載歷朝鑄錢之事也。

景德會計録六卷　宋丁謂撰　佚

謂，字謂之，後更字公言，長洲人。淳化三年（992）登進士科。少與孫何友善，同袖文謁王禹偁，禹偁大驚，重之，以爲自唐韓愈柳宗元後三百年，始有此作，世謂之孫丁。累官同中書門下平章事，昭文館大學士，封晉國公。真宗朝營造宮觀，奏

祥異之事，多謂與王欽若發之。寇準爲相，尤惡謂，謂媒糱其
過，遂罷準相。仁宗立，知謂前後欺罔，貶崖州司户參軍，逾
三年徙雷州，又五年徙道州，明道中授秘書監致仕，居光州
卒。著有《大中祥符奉祀記》《大中祥符封禪記》《大中祥符祀
汾陰記》《田農敕》《降聖記》《北苑茶録》《天香傳》《虎丘録》
《刀筆集》《青衿集》《知命集》《大中祥符祀汾陰祥瑞贊》《丁謂
集》《丁謂談録》等，事迹具《宋史》卷二八三本傳。

此書《宋史·藝文志》故事類著録。

《郡齋讀書志》卷五典故類著録《景德會計録》六卷。晁氏曰：
右皇朝丁謂（謂之）撰。謂景德中纂三司户口税賦之人及兵
食吏禄之費，會計天下每歲出納盈虧之數。李吉甫《元祐國
計圖》之類是也。書成奏御。

《直齋書録解題》卷五典故類著録《景德會計録》六卷，陳氏
曰：丞相吳郡丁謂（謂之）撰，時爲三司使。序言歲收兩京十
七路帳籍四萬四百有七，日入疾徐事一千五百，文移倍之，仿
李吉甫《國計簿》，賈耽《國要圖》，總其目等四十，列爲六卷，
一户賦，二郡縣，三課入，四歲用，五禄食，六雜記。大抵取景
德中一年爲準。

《玉海》卷一八五“會計録”條云：景德四年（1007）七月丙子，
權三司使丁謂言：“户部狀景德三年（1006）户口數，惣户七百
四十一萬七千五百七十，口一千六百二十八萬二百五十四，
比咸平六年（1003）計增五十五萬三千四百一十户，二百萬二
千二百一十四口，賦入之數，惣六千三百七十三萬一千二百
二十九貫石匹斤，比咸平六年計增三百四十六萬五千二百
九，切以版圖之設，生齒必登，所以一其租庸，辨其衆寡，前朝
丁黃之數，悉載縑緗，國家幅員萬里，阜成兆民，惟國用之缺
書，由有司之曠職，至今以景德三年民賦户口之籍，較咸平六

年,具上史館,望歲較其數以聞。"從之。又引《中興書目》云:
共六門,惣四十目,集户賦郡縣課入歲用禄食出納之數,以一
歲爲準。

按,《會計録》之作,所以知中外錢穀大數者也。然亦有其弊,
吕中《宋大事記講義》卷六曰:皇祐之録,不上於田況,則所出
多於所入,其誰知之。元祐之録,不作於蘇轍,則一歲之入,
不足計一歲之出,其誰知之。真宗欲知中外錢穀之數,而陳
恕諾而不進,何耶? 蓋時方多事,公私殫竭,使人君知此,則
必知節浮費,崇儉德,一役不妄興,一賞不妄增,至於時方承
平,府庫充溢,則易以動人君之侈心,故丁謂上《景德會計
録》,而封禪定。林特上《祥符會計録》,而天書成矣。至此而
後知陳晋公之遠慮也。丁謂林特上《會計録》,所以動人君之侈心。

群牧故事三卷　宋王曙撰　佚

曙,字晦叔,河南人。第進士,咸平中舉賢良方正科策入等,
遷秘書省著作佐郎,知定海縣,還爲郡牧判官,考集古今馬政
爲《群牧故事》六卷上之。累官樞密使,同中書門下平章事,
卒謚文康。著有《戴斗奉使録》一卷。事迹具《宋史》卷二八
六、《宋史新編》卷八七、《東都事略》卷五三、《隆平集》卷一
〇、《五朝名臣言行録》卷四、《宋大臣年表》及《北宋經撫年
表》等書。

此書《宋史·藝文志》故事類著録。

按,《通志·藝文略》職官著録《群牧故事》三卷,云王曉撰,曉
當作曙。又《宋史·王曙傳》云此書六卷,《通志》及《宋志》並
作三卷。

兩朝誓書一卷　宋不著撰人　佚

此書《宋史·藝文志》故事類著録。

《宋志》注云:"景德中與契丹往復書。"

考宋莊季裕《雞肋篇》卷中云：《兩朝誓言》，景德二年(1005)二月一日，奉聖旨令上石於天章閣，其詞曰：“維景德元年，歲次甲辰，十二月庚辰朔，七日丙戌，大宋皇帝謹致誓書於大契丹皇帝闕下：共遵誠信，虔守歡盟，以風土之宜，助軍旅之費，每歲以絹二十萬匹，銀一十萬兩，更不差使臣專往北朝，只令三司差人般送至雄州交割，沿邊州軍，各守疆界，兩地人户，不得交侵，或有盜賊逋逃，彼此無令停匿，至於壠畝稼穡，南北勿縱繹騷，所有兩朝城池，並可依舊存守，溝濠完葺，一切如常，即不得剏築城隍，開拔河道。誓書之外，各無所求，必務協同，庶存悠久。自此保安黎獻，慎守封陲，質於天地神祇，告於宗廟社稷，子孫共守，傳之無窮，有渝此盟，不克享國，昭昭天鑑，當共殛之。遠具披陳，專俟報復不宣，謹白。”報書云：“維統和二十二年歲次甲辰，十二月庚辰朔，十二日辛卯，大契丹皇帝謹致誓書於大宋皇帝闕下，共議戢兵，復論通好，兼承惠顧，特下誓書，云：‘以風土之宜，其下文同前。至共當殛之。’孤雖不才，敢遵此約，謹當告於天地，誓之子孫，苟渝此盟，明神是殛。專具諮述不宣，謹白。”自是兩國百有餘年，堅守盟書，民獲休息。而宣和中興大金結好，亦有不克享國之言，後先渝之，至以失信爲責，改立僞楚，四海之人，肝膽塗地，孔子以兵食爲可去，可見矣。

知所謂誓書者，大旨以和議爲主也。

雲南録三卷　宋辛怡顯撰　佚

怡顯，淳化間人，官監虔州商稅，爵里待考。

此書《宋史·藝文志》故事類著録。

《郡齋讀書志》卷七僞史類著録《至道雲南録》三卷，晁氏曰：“右皇朝辛怡顯撰。蜀賊李順既平，餘黨竄入雲南，雷有終募怡顯招出之，至道初歸，因書其所歷成此書。”

《玉海》卷一五引《國史志》云：“辛怡顯《至道雲南録》三卷。皇朝至道初書所歷。”

又卷五八“天禧雲南録”條引《中興書目》云：“三卷，天禧元年（1017），監虔州商税辛怡顯撰。淳化五年（994），以西蜀順賊與南蠻結連，詔募命官士庶通邊事者招撫，時怡顯自荐請行。至道元年（995），訖事而歸，是書備載始末云。”

按，《宋志》地理類又載辛怡顯《至道雲南録》三卷，一書複出也。

言行録一卷　宋王曙撰　佚

曙，字熙仲，一字子融，元昊反，請以字爲名。祥符進士，遷太常丞，同知禮院，嘗論次宋代以來典禮因革，爲《禮閣新編》上之。知河陽，又集五代事爲《唐餘録》以獻。英宗時，累進兵部侍郎卒。著有文集。事迹具《宋史》卷三一〇本傳。

此書《宋史·藝文志》故事類著録。

《郡齋讀書志》卷九傳記類著録《王文正公言行録》三卷，晁氏曰：“右皇朝王文正公（曾）相仁宗，其弟曙録其平生言行凡六十七事，李清臣爲之序。”

《直齋書録解題》卷七傳記類著録《沂公言行録》一卷，陳氏曰：“天章閣待制王曙（子融）撰，沂公之弟也。前有葉清臣序文，後有晏殊、杜杞答書。”

按，曾字孝先，青州益都人，少孤，鞠於仲父宗元，從學於里人張震，善爲文辭。咸平中由鄉貢試禮部，廷對皆第一，以將作監丞通判濟州，授秘書省著作郎直史館三司户部判官。仁宗立，遷禮部尚書，旋拜中書侍郎兼本官，同中書門下平章事，集賢殿大學士。景祐元年（1034）爲樞密使，明年（1035）拜右僕射兼門下侍郎平章事，集賢殿大學士，封沂國公。寶元元年（1038）卒，年六十一，贈侍中，謚文正。曾資質端厚，眉目如畫,在朝廷進止皆有常處,平居寡言笑,人莫敢干以私。平生自奉甚檢。皇祐中,仁宗爲篆其碑曰旌賢之碑,後又改其鄉曰旌賢鄉,大臣賜碑篆自曾始。仁宗即祔廟,詔擇將相配享,以曾爲第一。事迹具《宋史》卷三一〇本傳。曾有《筆錄》一書,今猶行世,錄朝廷舊聞,凡三十餘條,皆太祖太宗真宗及仁宗朝事,亦可據以知曾之言行。

又按,晁《志》謂李清臣爲之序,陳《錄》則謂葉清臣。考李清臣神宗時人。葉清臣天聖進士,仁宗御天章閣,召公卿問當世急務,清臣爲條對,擢翰林學士,然則,爲此書之序者,當是葉氏,公武誤記也。

别書金坡遺事一卷　宋晁迥撰　佚

迥,字昭遠,澶州清豐人,太平興國進士,真宗時累官工部尚書,集賢院學士。仁宗即位,遷禮部尚書,累請老,以太子少保致仕,卒年八十四,諡文元。著有《禮部考試進士敕》《昭德新編》《法藏碎金錄》《耄智餘書》《晁文元公道院集要》等。事迹具《宋史》卷三〇五、《宋史新編》卷八四、《東都事略》卷四六、《皇宋書錄》卷中、《宋學士年表》等書。

此書《宋史·藝文志》史部故事類著錄。

《直齋書錄解題》卷六職官類著錄《别書金坡遺事》一卷,陳氏曰:"學士澶淵晁迥(昭遠)撰。因錢惟演寄示《遺事》,别書《真宗待遇恩禮》三則於後。"

按,天聖四年,(1026),錢惟演撰《金坡遺事》三卷,[①]載宋朝翰林雜事儀式及學士名氏,題名自建隆至天聖四年凡四十七

---

①　《金坡遺事》,《郡齋讀書志》《直齋書錄解題》《文獻通考》《宋史·藝文志》並作三卷,《玉海》則作二卷。

人,自開元以下合三百一十五人。① 今《紺珠集》、舊抄本《類說》及舊鈔本《説郛》尚可見錢書遺文,而此書則不存矣。

名賢遺範録一四卷　宋王旦撰　佚

旦,字子明,大明莘人。幼沉默好學,父器之,太平興國五年(980)進士及第,爲大理評事,知平江縣。真宗時累擢知樞密院,進太保。旦當國最久,事至不膠,有謗不校,軍國重事,皆預參決,薦引朝士,不令其人自知。旦没后,史官修《真宗實録》,得内出奏章,始知朝士多旦所薦。卒年六十一,贈太師尚書令魏國公,謚文正。著有國史及文集。事迹具《宋史》卷二八二、《宋史新編》卷八二、《東都事略》卷四○、《隆平集》卷四等書。

此書《宋史・藝文志》史部故事類著録。

按,旦於景德三年(1006)拜工部尚書同中書門下平章事集賢殿大學士,監修兩朝國史。史謂其當國最久,事至不膠,有謗不校,軍國重事,皆預參決,薦引朝士,不令其人自知。然則,旦不惟深於史事,亦名賢之士也。此書殆纂名賢事迹成編也。

近事會元五卷　宋李上交撰　存

上交,贊皇人,皇祐二年(1050),以職方員外知福州,著有《豫章西山記》。事迹具《北宋經撫年表》。又勞格《讀書雜識》卷一一"李上交"條云:"《續通鑑長編》百七十三,皇祐四年(1052)八月乙未,降提點廣南西路刑獄職方員外郎李上交爲太常博士,坐失禦賊也。又百五十八,慶曆六年(1046)三月丙午,荆湖南路轉運判官李上交知筠州,以在部苛察也。《容齋三筆》十五,嘉祐二年(1057),雒陽人職方員外郎李上交來

---

① 説見《郡齋讀書志》卷二下職官類"金坡遺事三卷"條及《直齋書録解題》卷六職官類"金坡遺事三卷"條。

豫章東湖，有辨總持寺牒，後列銜事。《直齋書録解題》八，《豫章西山記》一卷，贊皇李上交（交誤作文）撰，嘉祐丁酉（二年，1057）歲。"余嘉錫《四庫提要辨證》云："上交，雒陽人，而自署贊皇者，題其郡望也。"

此書《宋史·藝文志》史部故事類著録。

自序曰："儒家者流，誠資博洽，天下之事，故有本原，苟道聽之未詳，則賓圍而奚解，實繁廣記，以避無稽。嘗謂經籍之淵，頗易探討；耳目之接，或難固知。上交以退寓鍾陵，靜尋近史及諸小説雜記之類，起唐武德而下，盡周顯德之前，擷細務之所因，摭閒談之引據，如曰小不足講，憚則包羞，聊此篇聯，無誚叢脞。凡五百事，釐爲五卷，曰'近事會元'爾。時丙申嘉祐改元長至日也。"

《四庫全書總目》此書列諸子部雜家，《提要》曰："《近事會元》五卷，宋李上交撰。上交，贊皇人，始末未詳。是書成於嘉祐元年（1056），前有上交自序。陳振孫《書録解題》曰：'《近事會元》五卷，李上交撰。自唐武德至周顯德，雜事細務皆紀之。'錢曾《讀書敏求記》曰：'上交退寓鍾陵，尋近史及小説雜記之類，凡五百事，釐爲五卷，目曰《近事會元》，《唐史》所失記者，此多載焉。'此本末題萬曆壬辰（二十年，1592）元素齋録副本，猶明人舊鈔，卷數與二家所記合；其紀事起訖年月，與振孫所言合；條數及自序之文，亦與曾所言合，蓋即原本。惟振孫以爲皆記雜事細務，今觀其書，自一卷至三卷，首載宮殿之制；次載輿服之制；次載官制軍制；其次亦皆六曹之掌故；四卷爲樂曲，爲州郡沿革；惟五卷頗載瑣聞，然如婦人檐子、兜籠、線鞵線鞋、親迎舉樂、障車、公主事姑舅、公主賜謚、山川岳瀆封號、國忌行香、上元點燈、散從親事官、處士謚先生、律格、赦書、投匭、刑統、律令、死罪覆奏、斷獄禁樂、逐旬

問罪人、表狀書奏、制敕及始流沙門島、始配衙前安置、始貶
崖州諸條，亦皆有關於典制。大抵體例在崔豹《古今註》、高
承《事物紀原》之間。其中如'霓裳羽衣曲'，考證亦極精核，
不可徒以雜事細務目之，振孫殆未詳核其書，但見其標題列
說如《雲仙雜記》《清異錄》之式，遂漫以爲小說歟？"

按，《提要》辨振孫以爲皆記雜事細務一節，胡玉縉《四庫提要
補正》曰："自序云：'上交以退寓鍾陵，靜尋近史及諸小說雜
記之類，起唐武德而下，盡周人顯德之前，撷細務之所因，摭
閒談之引據，凡五百事'云云，是陳《錄》、錢《記》多本自序，何
必泛引。'細務'二字，明見自序，又何得以振孫爲未詳核其
書。"余嘉錫《四庫提要辨證》亦曰："案上交自序云：'交以退
寓鍾陵，靜尋近史及諸小說雜記之類，起唐武德而下，盡周顯
德之前，撷細務之所因，摭閒談之引據。'是振孫目爲雜事細
務，正用其自序之詞，不可以此議振孫。且《書錄解題》於《雲
仙散錄》《清異錄》均著錄於小說家，而此書則在雜家，是振孫
亦未嘗漫以爲小說也。"

又按，此書明以前刊本罕見。《四庫全書》據明萬曆壬辰《元
素齋鈔》本著錄。胡玉縉謂瞿氏《目錄》有舊鈔本，即從《元素
齋錄》本傳錄者，①胡氏曰："瞿氏云：'此本卷三中，依《目錄》
'復舊茶法'後，脫去'改正茶稅法''社會義倉''貸義倉支用'
'賒糶常平法''稅屋間架'五條，蓋舊闕也。'據此，則《提要》
本亦當闕，不應不言，俟考。"《四庫簡明目錄標注》謂張氏有
鈔本。今所見善本：臺北"故宮博物院"有清文淵閣《四庫全
書》本。臺北"國家圖書館"有鈔本一部，又有清嘉慶間陸奎
手鈔本一部，有馮舒、吳翌鳳、陸奎題記及黃丕烈手跋五則。

---

① 說見《四庫提要補正》。

馮氏題記云："太歲乙酉,避亂於洋蕩之村居,是年閏六月,憂悶無聊,遂手書此本,二十日而畢。是書爲秦季公所藏,予從孫岷自借抄之。七月初六日,屠守老人記。"吳氏題記云:"右係薄丈啓源原本,余從余君蕭客抄得之,雖甚小碎,然可補唐五代典故之闕也。屠守老人姓馮氏,名舒,字巳蒼,號癸巳老人、虞山人。丙申七夕,延陵吳翌鳳書。"右二則並陸氏所過錄。陸氏手書題記云:"今年春,黃丈蕘圃以是書屬抄其副,緣此書甚秘,外間絕少流傳,且可考唐一代掌故之遺,有裨正史,非泛常類書比也。顧前人以二十日畢之,而余衣食奔走,日不暇給,書此幾及半載,即此可見古人讀書精敏爲不可及,而余懶惰無匹,是可慨已!,嘉慶十八年(1813)癸酉六月三十日書畢識愧。陸奎拙生甫書。"黃氏手跋五則,其一云:"'上交退寓鍾陵,尋近史及小説雜記之類,凡五百事,輦爲五卷,目曰《近事會元》,《唐史》所失記者,此多載焉。'右錄《讀書敏求記》一則。乙亥夏五,蕘翁。"其二云:"余蓄雜家書多舊本,大半出諸《讀書敏求記》所載者,唯李上交《近事會元》五卷,聞名而已,未見其書也。客歲吳枚菴先生自楚歸,行篋中留得古籍數十種,余次第借校,獲益甚多。中有未蓄者,擬錄其副,《近事會元》,其一種也。因屬余友陸拙生錄之。時枚菴將爲浙中之游,思急還之,故促迫拙生甚至,然卒賴友人力,得遂錄副之願。拙生並爲余云:屠守本在紹興蕭山李柯溪所,亦考索古書源流之一助也。並記,復翁。"其三云:"是册裝池,尚出良工錢半巖手,近日已作古人,惜哉!其子雖亦世其業,而其裝池卻未之見,不知能傳父之手段否?甲戌閏春,復翁偶記。"其四云:"蕭山李柯溪僑居吳市,頗收古書,余友吳枚菴與之往還。枚菴云:柯溪回家,屬其以原本帶出,俟其假到時,當更以原本勘之。乙亥端午後一日,復翁記。"其五云："柯溪去官業賈，人本粗豪，余雖於枚菴座中一識其面，未敢與訂交矣。其所收書，大概爲轉鬻計，蓋蕭山有陸姓，豪於財而喜收書。今日能收書者，大半能蓄財者，可慨也夫！戊寅初冬，復翁識。"①清錢熙祚嘗得元素齋鈔本，以之與文瀾閣鈔本核校，撰《校勘記》一卷，載諸卷前，後收入《守山閣叢書》中。光緒間王灝以錢熙祚所爲《校勘記》，第識兩本之異同，其中訛脱，多未訂正，乃與王晋卿、步笏峯逐一校勘，撰《考證》一卷，今《畿輔叢書》所收此書，即附載之。

國信語録一卷　宋余靖撰　佚

靖，本名希古，字安道，韶州曲江人。少不羈檢，以文學稱鄉里。天聖初登第，起家爲贛縣尉，試遷秘書丞。建言班固《漢書》舛謬，命與王洙並校司馬遷、范曄二史，書奏，擢集賢校理。以論范仲淹謫官事，與尹洙、歐陽修相繼貶逐，縣是益知名。慶曆中擢右正言，議論得失，與修、王素、蔡襄，稱爲四諫，時論重之。三使契丹，習外國語，嘗爲番語詩。儂智高叛，經制南事，爲帥十年，不載南海一物。廣州有八賢堂，靖其一也。官至工部尚書，卒謚襄。著有《漢書刊誤》《武溪集》《武溪詩鈔》《余靖訓草》等。事迹具《宋史》卷三三〇、《宋史新編》卷一〇二、《東都事略》卷七五、《隆平集》卷一四、《名臣碑傳琬琰集》上集卷二三、《五朝名臣言行録》卷九、《宋詩鈔》等書。

此書《宋史·藝文志》史部故事類著録。

《直齋書録解題》卷七傳記類著録《慶曆正旦國信語録》一卷，陳氏曰：余靖慶曆三年(1043)使遼所記。

按，《宋史·余靖傳》謂靖慶曆間三使契丹，習爲外國語，嘗爲

①　右五則，亦見《菦圃藏書題識》卷五。

番語詩。

三朝逸史一卷　宋陳湜撰　佚

湜，仁宗間人，官太常丞。胡宿《文恭集》卷一四有陳湜可太常丞制。

此書《宋史・藝文志》史部故事類著録。

按，《通志・藝文略》雜史宋朝著録此書，與石介《三朝聖政録》一二卷、李淑《三朝訓鑑圖》一〇卷、吕夷簡《三朝寶訓》三〇卷等書並列，然則，此編殆載太祖、太宗、真宗三朝不入正史之事爲一書也。

河防通議一卷　宋沈立撰　佚

立，字立之，歷陽人，舉進士，僉書益州判官，遷兩浙轉運使，累判都水監，徙宣州，提舉崇禧觀卒，年七十二。著有《稽正辨譌》《都水記》《名山記》《奉使二浙雜記》《新修審官西院條貫》並《總例》《蜀江志》《香譜》《錦譜》《茶法易覽》等。事迹具《宋史》卷三三三、《宋史新編》卷一一〇、《蘇祠從祀議》及《北宋經撫年表》等書。

此書《宋史・藝文志》史部故事類著録。

按，《宋史・沈立傳》謂其采摭大河事迹，古今利病，爲書曰《河防通議》，治河者悉守爲法。又謂都水方興六塔河，召與議，立請止修五股等河及漳河，分殺水勢以省役，從之。是知其善治水者也。

救濟流民經畫事件一卷　宋富弼撰　佚

弼有《契丹議盟别録》五卷，已著録。

此書《宋史・藝文志》史部故事類著録。

《直齋書録解題》卷五典故類著録《青社賑濟録》一卷，陳氏曰："丞相富文忠公弼青州救荒施行文牘也。"

按，《宋史・富弼傳》云："慶曆中，弼加給事中，移青州，兼京東路安撫使。河朔大水，民流就食，弼勸所部民出粟，益以官廩得公私廬舍十餘萬區，散處其人以便薪水，官吏自前資待缺寄居者，皆賦以禄，使即民所聚，選老弱病瘠者廩之，仍書其勞，約他日爲奏請受賞，率五日輒遣人持酒肉飯糗慰藉，出於至誠，人人爲盡力。山林陂澤之利可資以生者，聽流民擅取，死者爲大，葬之，目曰叢冢。明年，麥大熟，民各以遠近受糧歸，凡活五十餘萬人，募爲兵者萬計。帝聞之，遣使褒勞，拜禮部侍郎。弼曰：‘此守臣職也。’辭不受。前此救災者，皆聚民城郭中爲粥食之，蒸爲疾疫，及相蹈藉，或待哺數日不得粥而仆，名爲救之，而實殺之。自弼立法簡便周盡，天下傳以爲式。”此書或題《青社賑濟録》，蓋載青州救荒之始末也。

皇祐會計録六卷　宋田況撰　佚

況，字元均，其先冀州信都人，少卓犖有大志，好讀書，舉進士甲科，補江陵推官。夏竦經略陝西，辟爲判官，言治邊十四事，遷右正言。累擢觀文殿學士，卒無子，以兄子爲後。有文集及奏議二十卷，已佚，存者惟《儒林公議》二卷。事迹具《宋史》卷二九二、《宋史新編》卷九〇、《東都事略》卷七〇、《隆平集》卷一一、《名臣碑傳琬琰集》中集卷三、《宋大臣年表》及《北宋經撫年表》等書。

此書《宋史·藝文志》史部故事類著録。

《郡齋讀書志》卷八儀注類著録《皇祐會計録》六卷，晁氏曰：“右皇朝田況（元均）撰。況兩爲三司使，謂夏戎阻命之後，增兵比之景德幾一倍，加之吏員益繁，經費日侈，民力甚疲，乃約丁謂《會計録》，以皇祐財賦所入多於景德，而其出又多於所入，著成此書上之，庶幾朝廷稽祖宗之舊，省浮費以裕斯民云。”

《直齋書録解題》卷五典故類著録《皇祐會計録》六卷，陳氏曰："樞密信都田況(元均)權三司使時所撰,仿景德之舊,取一歲最中者爲準,又爲《儲運》一篇,以補其闕。"

《玉海》卷一八五"皇祐會計録"條引《書目》云："田況撰,六卷。每卷別爲題辭。皇祐二年(1050)田況爲三司使約《景德會計録》以今財賦所入多於景德,其歲所出又多於所入,因撰《皇祐會計録》,略依丁謂所述集成六卷,一户賦,二課入,三經費,四儲運,五禄賜,六雜記。其出入之數,取一年最中者爲準,如謂所録郡縣疆理,復以宫館祠宇附焉,此皆不取,至於糧芻運餽,國之大計,特爲儲運一篇,補其缺,上嘉之。況爲三司使,金穀利害,窮悉備舉,議者謂三司使自陳恕李士衡之後,惟況稱職。"

又引崔伯易曰："以皇祐之書校景德之録,雖增田三十四萬餘頃,反減賦七十一萬餘斛。"

考歐陽修《歐陽文忠公文集》卷六八有《與天元均論財計書》,曰："……承有國計之命,朝野忻然引首西望,近審已至闕下。……建利害,更法制甚易;若欲其必行耳無沮改則實難。裁冗長,塞僥倖,非難;然欲其能久而無怨謗,則不易。爲大計既遲久而莫待,收細碎又無益而徒勞,凡相知爲元均慮者,多如此説,不審以爲如何? 但日冀公私蒙福爾。春暄千萬,爲國自厚。"

修書作於皇祐二年,知三司使掌天下財賦之不易。《中興館閣書目》稱其稱職,然則,田氏善理財者也。

安南議不著卷數　宋陳次公撰　佚

次公,皇祐間人,爵里事迹待考。

此書《宋史·藝文志》史部故事類著録。

《玉海》卷二七"皇祐安南議"條引《中興書目》云："皇祐四年(1052),陳次公撰《安南議》十篇。初嶺外用兵,次公上十議,其序云：'廣南安則天下無不安，故曰安南。'"

按，《宋志》此書不著卷數，但云十篇，殆不分卷也。

宋遵堯録八卷　宋羅從彦撰　存

從彦，字仲素，南劍人。從學楊時於蕭山，建炎間授博羅主簿，官滿，入羅浮山靜坐，絶意仕進。朱熹謂龜山倡道東南，士之游其門者甚衆，然潛思力行，任重指極，惟仲素一人而已。紹興五年（1135）卒，年六十四，學者稱豫章先生，淳祐間諡文質。著有《春秋毛詩語解》《中庸説》《春秋指歸》《豫章文集》等。事迹具《宋史》卷四二八、《宋史新編》卷一六一、《史質》卷九八、《南宋書》卷二二等書。

此書《宋史·藝文志》史部故事類著録。

按，此編乃採太祖、太宗、真宗、仁宗四朝之故事足以闚今傳後者，以事類纂之，每朝各一卷。卷五至卷七則録宰相李沆及先儒程顥等十人言行之可考者。末卷則載司馬光論王安石、陳瓘論蔡京及二程語録。靖康丙午（元年，1126）自序曰："堯舜三代之君，不作也久矣。自獲麟以來訖五代，千五百餘年，惟漢唐頗有足稱道。漢大綱正，唐萬目舉，然皆雜以霸道而已。有宋龍興，一祖開基，三宗紹述，其精神之運，心術之動，見於紀綱法度者，沛乎大醇，皆足以追配前王之盛，故其規模亦無所愧焉。在太平興國初，太宗嘗謂宰相曰：'朕嗣守基業，邊防事大，萬機至重，當悉依先朝舊規，無得改易。'仁廟見東封西祀及修五清宮等過侈，曰：'如此之事，朕當戒之！'若二聖者，其所知以紹述者邪！故終太宗之世，無復改張；終仁宗之世，一於恭儉。至熙寧、元豐中不然，管心執法，甲倡乙和，功利之説，雜然並陳。宣和之末，遂招金人犯闕之變，蓋其源流非一日也。今皇帝受禪，遭時之難，憫生民之重困也。發德音，下明詔，悉刬熙豐弊法，一以遵祖宗故事爲言,四方企踵以望太平矣。議者猶謂金陵之焰勢未能熄,天下皆其徒,是抱薪而救之者也。臣懼其然也。竊語諸心曰:昔唐吳兢作《貞觀政要錄》,本朝石介亦有《聖政錄》,豈苟然哉。因采祖宗故事,四聖所行,可以闇今傳後者,以事相比類纂錄之,歷三季而書成,名曰《聖宋遵堯錄》。其間事之至當而理之可久者,則衍而新之;善在可久而意或未明者,則釋以發之。以今準古,有少不合者,作辨微以著其事。又自章聖以來,得宰相李沆等及先儒程顥共十人,擇其言行可考者,附於其後。若乃創始開基之事,廟謨雄斷,仁心仁聞,則於其君見之;襲太平之基業,守格法,行故事,竭盡公忠,則於其臣見之。爰及熙、豐之弊,卒歸於道。分七卷,添別錄一卷,合四萬餘言。欲進之黼座,力未暇及,而秋毫之間,已爽忽矣。然事固有始暌而終合,失之於前而得之於後者,古人有之,若周成王、楚文王、秦穆公是也。不久朝廷清明,金人賓伏,且當有以來天下之言,輒紀歲月,以俟採擇。”

又按,此書單行本已罕見,今多載《豫章文集》中。

朝制要覽一五卷　宋宋咸撰　佚

咸,字貫之,建陽人,天聖進士,知邵武軍,立學置田以養士,移守韶州,奏除悍卒,境內肅然。狄青經制廣西,移咸為漕,以功轉職方員外郎,奏乞于瓊管立學,賜經史以變夷風,官至都官郎中。著有《易訓》《易補注》《劉牧王弼易解》《毛詩正紀》《詩外義》《論語增注》《揚子法言補注》《過文中子》《太玄音》等。事迹具《宋史翼》卷二三。

此書《宋史·藝文志》史部故事類著錄。

《直齋書錄解題》卷五典故類著錄《朝制要覽》五十卷,陳氏曰:“屯田郎中宋咸撰,此書傳於陸放翁氏,放翁書其後曰:‘先君會稽公晚歲喜觀,間為子弟講論因革,率至夜分。’會稽公者其父宰（元均）也。其書作於嘉祐中，皆國初故實，觀之使人有感焉。"

考《渭南文集》卷二七載跋《朝制要覽》，云：先君會稽公晚歲喜觀此書，間爲子弟講論因革，率至夜分。先君捐館舍三十有四年，統得此於故盧，伏讀悲哽，敬識卷末。此跋書於淳熙八年（1181），然則此書殆亡于宋元之際。

按，此書《宋志》作十五卷，陳《録》云五十卷，未知孰是。

國朝事始一卷　宋范鎮撰　佚

鎮，字景仁，華陽人，舉進士第一，仁宗時知諫院，嘗請建儲，面陳懇切，至泣下。後爲翰林學士，論新法，與王安石不合，遂致仕。哲宗即位，起爲端明殿學士，固辭不拜，類封蜀郡公，卒諡忠文。著有《新定樂法》《東齋記事》《正書》《宋朝蒙求》《諫垣集》《送僧符游南昌集序》、奏議等。事迹具《宋史》卷三三七、《宋史新編》卷一一二、《東都事略》卷七七、《名臣碑傳琬琰集》中集卷一八下集卷九、《三朝名臣言行録》卷五、《宋學士年表》及《修唐書史臣表》等書。

此書《宋史·藝文志》史部故事類著録。

《玉海》卷五五"國朝事始"條引《書目》云："一卷。范鎮記皇朝政事典禮所出，共二百餘條。"

按，鎮於元豐中，記昔在館閣中及在侍從時交游語言與夫里俗傳説，纂爲《東齋記事》一二卷一書，知其深於當代故實也。

東齋記事一二卷　宋范鎮撰　輯

鎮有《國朝事始》一卷已著録。

此書《宋史·藝文志》史部故事類著録。

按，此書自序云："予既謝事，日於所居之東齋，燕坐多暇，追憶館閣中及在侍從時交游語言與夫里俗傳説，因纂集之，目爲《東齋記事》。"惟所記諸事，皆與熙寧新法，隱然相反，故崇

觀間遭禁。① 迨南渡後,黨禁既解,其書復行。此書早佚,惟
《永樂大典》、江少虞《事實類苑》及曾慥《類説》等書頗引之。
清四庫館臣輯《永樂大典》所收,以類編次,釐爲五卷,又採
《事實類苑》及《類説》所引,删除重複,爲補遺一卷,凡六卷,
雖未必鎮之完書,然以《宋志》所載卷數計之,幾於得其強半
矣。② 清嘉慶中海虞張海鵬輯刊《墨海金壺叢書》,道光中錢
熙祚輯刊《守山閣叢書》及《叢書集成》並收錄此書,皆據四庫
輯本也。

太平盛典三六卷　宋不著撰人　佚

此書《宋史・藝文志》史部故事類著錄。

按,《通志・藝文略》雜史宋朝著錄《太平盛典》五卷,不著撰
人,疑爲一書,惟卷數不同。《通志》又載《太平紀要》二十卷。

國朝寶訓二○卷　宋不著撰人　佚

此書《宋史・藝文志》史部故事類著錄。

按,《宋志》已著錄《五朝寶訓》六○卷、《三朝太平寶訓》二○
卷、《神宗寶訓》一○○卷、《哲宗寶訓》六○卷、《欽宗寶訓》四
○卷、《高宗寶訓》七○卷、《孝宗寶訓》六○卷等書。《通志》
又有《寶訓要言》十五卷,疑此書與之相類,殆纂諸書之精華
成編也。

慶曆會計録二卷　宋不著撰人　佚

此書《宋史・藝文志》史部故事類著錄。

按,《通志・藝文略》職官載《慶曆會計録》二卷,不著撰人。
考《玉海》卷一八五"慶曆會計録"條引《書目》云:"二卷,慶曆
三年(1043)三司具在京出納及十九路錢帛芻糧之數。景德
中,鹽課收三百五十五萬緡,慶曆五年(1045)七百十五萬緡。

---

① 説見《郡齋讀書志》。
② 説詳《四庫全書總目提要》。

景德中,商税收四百五十萬緡,慶曆五年收一千九百七十五萬。景德中酒課收四百二十八萬緡,慶曆五年收一千七百一十萬。慶曆元年(1001)八月戊子,詔御藥院内東門司取先帝時及天聖初帳籍比較近年内中用度增損之數以聞。"

經費節要八卷　宋不著撰人　佚

此書《宋史·藝文志》史部故事類著録。

按,《通志·藝文略》雜史宋朝著録《治平經費節要》三卷,疑即此書,惟卷數不同,《通志》所載或非完本。

君臣政要四〇卷　宋張唐英編　佚

唐英,字次功,新津人,自號黄松子。少攻苦讀書,至經歲不知肉味。及進士第,薦試賢良方正,不就,調穀城令。神宗即位,知其人,擢殿中侍御史,未幾卒。著有《仁宗政要》《唐史發潛》《宋名臣傳》《九國志補》《蜀檮杌》等。事迹具《宋史》卷三五一、《宋史新編》卷一二一、《東都事略》卷一〇二、《名臣碑傳琬琰集》中集卷一四及《皇宋書録》等書。

此書《宋史·藝文志》史部故事類著録。

《郡齋讀書志》卷六雜史類著録《仁宗政要》四十卷,晁氏曰:"右皇朝張唐英撰。"

又《附志》卷上著録《仁宗君臣政要》四十卷,趙氏曰:"右文林郎守秘書丞監閬州商税院市買税鹽臣張唐英編進。起天聖,終嘉祐,詔令刑政之要,禮樂選舉之法,郊廟祭祀,邊鄙備禦,罔不備録。其間名臣得其家世之詳者,爲之立傳,否則闕之。唐英字次功,自號黄松子。"

《玉海》卷四九"仁宗君臣政要"條云:"張唐英編進。自天聖初至嘉祐八年(1063)三月,凡二百八十有五條,分四十卷,隨事立題。"

按,《宋志》正史類著録唐英《宋名臣傳》五卷,中載仁宗朝賢臣五十餘人,王明清謂《名臣傳》特政要中一門耳。[1] 蓋《名臣傳》後單行,故《宋志》別行著録也。

日記一卷　宋趙槩撰　佚

槩,字叔平,南京虞城人。少篤學自力,器識宏遠,爲一時名輩稱許。舉進士第,通判海州爲集賢校理,歷官知制誥,蘇舜欽等以群飲逐,槩言預會者皆館閣名士,舉而棄之,非國之福。終母喪,入爲翰林學士,聘契丹,契丹王會獵,請槩賦信誓如山河詩,詩成,甚見禮重。仁宗時累官樞密使,參知政事,以太子少保致仕,元豐六年(1183)卒,年八十八,謚康靖。有《諫林》《見聞録》《嘉祐時政記》等。事迹具《宋史》卷三一八、《宋史新編》卷一〇一、《東都事略》卷一七、《名臣碑傳琬琰集》上集卷二〇、《三朝名臣言行録》卷三、《宋大臣年表》及《學士年表》等書。

此書《宋史‧藝文志》史部故事類著録。

《直齋書録解題》卷七傳記類著録《趙康靖日記》一卷,陳氏口:"參政睢陽趙槩(叔平)所記,治平乙巳(二年,1065)丙午(三年,1066)間在政府事。"

按,槩有《嘉祐時政記》一卷,此書雖曰日記,殆與《嘉祐時政記》相類,載在朝之見聞也。

日録三卷　宋司馬光撰　佚

光,字君實,陝州夏縣人。七歲凜然如成人,聞講《左氏春秋》,愛之,退爲家人講,即了其大旨,自是手不釋書,至不知寒暑飢渴。寶元初進士甲科,除奉禮郎,歷同知諫院。仁宗時請定國嗣。神宗時爲御史中丞,以議王安石新法,不合,去。居洛十五年,絶口不論時事。哲宗初起爲門下侍郎,拜

---

[1] 説見《揮塵後録》卷二"張唐英述仁宗政要與嘉祐名臣傳"條。

尚書左僕射，悉去新法之爲民害者，在相位八月，卒，年六十
八，贈太師溫國公，謚文正。居涑水鄉，世稱涑水先生。著有
《易説》《繫辭説》《中庸大學廣義》《古文孝經指解》《切韻指掌
圖》《切韻類編》《資治通鑑》《通鑑前例》《資治通鑑舉要曆》
《稽古録》《歷年圖》《通鑑節要》《帝統編年紀事珠璣》《歷代累
年》《涑水記聞》《百官公卿表》《官制遺稿》《書儀》《涑水祭儀》
《居家雜説》《家範》《宗室世表》《潛虛》《文中子傳》《揚子四家
集注》《太玄經集注》《老子道德經注》《游山行記》《投壺新格》
《醫問》《詩話》《三家冠婚喪祭禮》《紹聖三公詩》、文集等。事
迹具《宋史》卷三三六、《宋史新編》卷一一二、《東都事略》卷
八七上、《名臣碑傳琬琰集》上編卷六、《三朝名臣言行録》卷
七、《元祐黨人傳》卷一等書。

此書《宋史·藝文志》史部故事類著録。

《直齋書録解題》卷七傳記類著録《溫公日記》一卷，陳氏曰：
"司馬光熙寧在朝所記。凡朝廷政事，臣僚差除及前後奏對，
上所宣諭之語，以及聞見雜事皆記之。起熙寧元年（1068）正
月，至三年（1070）十月出知永興軍而止。"

按，《宋史·司馬光傳》云："神宗即位，擢爲翰林學士，嘗上疏
論修心之要，又嘗與安石爭議青苗法之害，安石退，光乃拜樞
密副使，及安石起視事，光乃得請遂求去，以端明殿學士知永
興軍。"又李燾《長編》多引《日録》，今光此書雖佚，然此期間
事，猶可得詳也。

又按，此書《宋志》云三卷，振孫所見僅一卷，殆非完本也。

吴門水利十卷　宋鄭亶撰　佚

亶，字正夫，崑山人，嘉祐進士，熙寧初爲廣東安撫使機宜，上
《吴中水利論》，六失六得，條具甚悉。除司農丞，令提舉興
修，吕惠卿言其措置乖方，遂罷歸。治所居之西水田，如所陳

之説,爲圩岸溝澮場圃,仿井田制,歲入甚厚,因圖狀以獻,且明前法可用,復爲司農丞。元祐初出知溫州,以比部郎中召,未至卒。事迹具《宋史翼》卷二。

此書《宋史·藝文志》史部故事類著録。

按,《通志·藝文略》地理載:"《姑蘇水利》一卷,刺正甫撰。"疑即此書,刺郏形近,正甫即正夫之誤也。此書南宋初已殘闕矣。

熙寧奏對七八卷　宋王安石撰　佚

安石,字介甫,號半山,撫州臨川人,少好讀書,一過目終身不忘。其屬文,動筆如飛。擢進士第。嘉祐中歷度支判官。安石議論高奇,果於自用,能以辨博濟其説,上萬言書,以變法爲言。俄直集賢院,知制誥。神宗時爲相,帝深倚之,謀改革政治,興青苗水利均輸保甲免役市易保馬方田諸法,物議騰沸。時名臣皆被斥,而新法卒無效,罷爲鎮南軍節度使。元豐中復拜左僕射,封荊國公。哲宗立,加司空,卒。著有《易解》《新經書義》《洪範傳》《新經毛詩義》《舒王詩義外傳》《三十家毛詩合解義》《新經周禮義》《左氏解》《論語通類》《字説》《舒王日録》《南郊式》《熙寧詳定編敕》《維摩詰經注》《建康酬唱詩》《唐百家詩選》《四家詩選》、文集等。事迹具《宋史》卷三二七、《宋史新編》卷一〇六、《東都事略》卷七九、《名臣碑傳琬琰集》下集卷一四、《三朝名臣言行録》卷六、《皇宋書録》卷中及《宋詩鈔》等書。

此書《宋史·藝文志》史部故事類著録。

按,《宋史》本傳謂安石于熙寧元年(1068)四月始造朝日對,此書殆纂集當時奏對之言也。

奏録一卷　宋程師孟撰　佚

師孟,字公闢,吳人,進士甲科,判三司都磨勘司,接伴契丹,蕭惟輔使爭白溝之地，師孟折之，惟輔愧謝。出爲江西轉運使，盜發袁州，師孟擒之，加直昭文館，知福州，治行爲東南最。後累知廣州、越州，以光禄大夫卒，年七十八。著有《長樂集》《續會稽掇英集》、奏議、文集等。事迹具《宋史》卷三三一、《宋史新編》卷一〇九及《北宋經撫年表》等書。

此書《宋史·藝文志》史部故事類著録。

按，《宋志》別集類又有《程氏奏議》十五卷，疑此爲其中一部分。

歷代備覽二卷　宋何澹撰　佚

澹，字自然，處州龍泉人。乾道二年（1166）進士，累官至國子司業，遷祭酒，除兵部侍郎。光宗内禪，拜右諫議大夫，兼侍講。寧宗時除知樞密院事參知政事，遷知樞密院，後移知隆興府，復移使湖北，兼知江陵奉祠卒。事迹具《宋史》卷三九四、《宋史新編》卷一四六、南宋書卷四九、《慶元黨禁》《宋大臣年表》《南宋館閣録》及《南宋館閣續録》等書。

此書《宋史·藝文志》史部故事類著録。

按，此書殆其爲侍講時纂歷代故事成編也。

王家三世書誥一卷　宋王禹撰　佚

禹，生平待考。此書《宋志》始見著録，蓋宋時人也。

此書《宋史·藝文志》史部故事類著録。

涑水記聞三二卷　題宋司馬光撰　存

司馬光有《日録》三卷已著録。

此書《宋史·藝文志》史部故事類著録。

此編乃司馬温公雜採三朝聖政録，訓鑑録，當時名賢神道碑墓誌及事關國政而異聞可採者成書，每條皆註明其述説之人，以明其皆有證驗也。《四庫全書總目提要》曰："其中所記國家大政爲多，而亦間涉瑣事。案《文獻通考》温公日記條下因李燾之言曰：'文正公初與劉道原共議，取實錄國史，旁採異聞，作《資治通鑑後紀》，今所傳《記聞》及《日記》《朔記》，皆《後記》之具也。光集有《與范祖禹論修長編書》，稱妖異有所警戒，詼諧有所補益，並告存之。大抵《長編》寧失于繁，無失於略'云云，此書殆亦是志歟？至于記太祖時宋白知舉一事，自註云：'疑作陶穀。'記李迪、丁謂鬭鬩一事，前一條稱上命翰林學士錢惟演草制罷謂政事，惟演乃出迪而留謂；後一條稱詔二人俱罷相，迪知鄆州，明日謂復留爲相。种世衡遣王嵩反間一事，前一條云：間旺榮，後一條云間剛朗凌。招撫保州亂兵一事，前一條云田況，後一條云郭逵。聞見異詞，即兩存其説，亦仍通鑑考異之義也。"

按，溫公此書，以多記當時見聞，頗涉當時人物政事，有爲當時所諱，至辨其書非溫公所著者。《直齋書錄解題》曰："此書行于世久矣，其間記呂文靖數事，呂氏子孫頗以爲諱，蓋嘗辨之以爲非溫公全書，而公之曾孫侍郎伋（季思）遂從而實之，上章乞毀板，識者以爲譏。"惟當時人多以爲乃光所自著，《朱子大全》書張氏所刻《潛虛圖》後曰："洛人范忠彪（炳文），自信安來客崇安，予得從之游。炳文親唐鑑公諸孫，嘗娶溫國司馬氏。逮聞文正公事，且多藏文正公遺墨。嘗問炳文：'或謂《涑水記聞》，非溫公書者，信乎？'炳文曰：'是何言也！溫公《日錄》月別爲卷，面記行事，皆述見聞，手筆細書，今可覆視，豈他人所得爲哉？ 特其間善惡雜書，無所隱避，使所書之家，或諱之而不欲傳耳。"《朱子語類》卷一三〇又云："《涑水記聞》，呂家子弟力辨以爲非溫公書。蓋其中有記呂文靖公數事，如殺郭后等。某嘗見范太史之孫，某説親收溫公手寫稿本，安得爲非溫公書。某編《八朝言行錄》，呂伯恭兄弟亦來辨。爲子孫者只得分雪，然必欲天下之人從己，則不能也。"《建炎以來繫年要録》卷一○四云："初，光孫植既死，立其再從孫積爲嗣，而積不肖，其書籍生産，皆蕩覆之。有得光《記聞》者，上命趙鼎諭沖，令編類進入。沖言光平生紀録，文字甚多，自兵興以來，所存無幾，當時朝庭政事公卿士大夫議論，賓客游從，道路傳聞之語，莫不記録。有身見者，有得於人者。得於人者，注其名字，皆細書連粘，綴集成卷，即未暇照據年月先後是非虚實，姑記之而已，非成書也。故自光至其子康，其孫植，皆不以示人，誠未可傳也。臣既奉詔旨，即欲略加删修以進，又念此書已散落於世，今士大夫多有之，删之適足以增疑，臣雖不敢私，其能必人以爲無意哉。不若不删之爲愈也。輒據所録，疑者傳疑，可正者正之，闕者從闕，可補者補之，事雖叠書。而文有不同者，兩存之。要之，此書雖不可盡信，其有補治道亦多矣。於是沖裒爲十册上之。其書今行於世，上因覽沖奏，謂鼎曰：'光字畫端勁，如其爲人，朕恨生太晚，不及識其風采耳。'"近人余嘉錫《四庫提要辨證》亦曰："范沖爲祖禹之子，而朱子所見之范炳文，爲祖禹諸孫，皆嘗親見光之手稿者。炳文言《温公日録》月別爲卷，面記行事，皆述見聞，手筆細書，與沖所言光平生紀録文字，有身見者，有得於人者，皆細書連粘，綴集成卷者，無一不合。然則，此書爲光所作，更無疑義。其書出於光之曾孫家中，而爲高宗所得，觀高宗言光字畫端勁，如其爲人，則范沖之所編類者，皆據光之親筆。高宗留心翰墨，喜收書畫，自具精鑑。"惟光之書，當時未完稿，後人多所增删，今所見者，已不盡爲光之原書。《四庫全書總目提要》曰："王明清《玉照新志》曰：'元祐初，修《神宗實録》，秉筆者極天下之文人，如黄、秦、晁、張是也。紹聖初，鄧聖求、蔡元長上章指爲謗史，乞行重修。蓋舊文多取司馬文正公《涑水記聞》，如韓、富、歐陽諸公傳，及敘劉永年家世，載徐德占母事，王文公之詆永年，常山呂正獻之評曾南豐，安簡借書多不還，陳秀公母賤之類，取引甚多。於是《裕陵實錄》皆以朱筆抹之，盡取《王荊公日錄》以删修焉，號朱墨本。'是光此書，實當日是非之所繫，故紹述之黨，務欲排之。然明清所舉之條，今乃不見于書中，殆避而刊除歟?"近人梁啓超曰："《涑水記聞》向稱宋時司馬光作，原書雖是真的，許是未定稿。後代的人因爲司馬光聲名大，易於欺世駭俗，於是抽些出來，加些進去，以爲攻擊造謠的工具。其中對王安石造謠特別多，攻擊得特別利害。平常人罵王安石無足輕重，若是司馬光罵王安石，那就很有力量了。實則光書雖有，亦非原物，光之孫司馬伋曾上奏書稱非其祖父所作，其故可想見。現存的《涑水記聞》攻擊陰私之處頗多，司馬光與王安石政見雖不合，最少他的人格不會攻擊人陰私，這是我們可以當保的。"①

又按，此書當時未之刊行，迨紹興十五年(1145)間，始有刻本，②是卷數多寡不同。《直齋書錄解題》作十卷，《宋史·藝文志》作三十二卷。今所傳諸刻，或作二卷，或作十六卷，又補遺一卷，實則諸本文字大致相同。清嘉慶年間，虞山張海鵬輯刊《學津討源》及民國二十四年(1935)上海商務印書館所輯刊之《叢書集成初編》，並據武英殿本著錄。今所藏善本：臺北"故宮博物院"有清文淵閣《四庫全書》本十六卷；臺北"國家圖書館"有清活字排印《學海類編》本十六卷，補遺一卷；舊鈔本，二卷，朱筆手校；又一部舊鈔本，係前國立北平

---

① 説見《古書真僞及其年代》。

② 《建炎以來繫年要録》卷一五四曰："紹興十五年七月，右承務郎新添差浙江安撫司幹辦公事司馬伋言：'建安近刊行一書，曰《司馬温公記聞》，其間頗關前朝故事。緣曾祖平日論著，即無上件文字，顯是妄借名字，售其私説。伏望降旨禁絶，庶幾不惑群聽。'"

圖書館寄存者,有清繆荃孫朱筆手校。臺北"國家圖書館"所藏藍格舊鈔本《説郛》但録五條,清順治四年兩浙督學李際期刊陶珽重編《説郛》,則收録九條,並爲不完之本。[①]

鑾坡録一卷　宋周必大撰　佚

必大,字子充,一字宏道,廬陵人。高宗紹興二十一年(1151)進士,中宏詞科,權中書舍人。孝宗朝歷左丞相,光宗拜少傅,進益國公。寧宗朝以少傅致仕,卒,贈太師,謚文忠。寧宗篆其墓曰忠文耆德之碑。必大歷仕四朝,爲南渡名臣。著有《淳熙玉堂雜記》《詞科舊稿》《掖垣類稿》《玉堂類稿》《政府應制稿》《歷官表奏》《省齋文稿》又《別稿》《平園續稿》《承明集》《續中興玉堂制草》《周必大奏議》《周必大書稿並附録》《周必大雜著述》等。事迹具《宋史》卷三九一、《宋史新編》卷一四五、《南宋書》卷四〇、《慶元黨禁》《宋詩鈔》《宋大臣年表》及《宋中興學士院題名録》等書。事迹具《宋史》卷三一九本傳。

此書《宋史·藝文志》史部故事類著録。

按,《唐故事》:"翰林院亦稱鑾坡"。《宋史》本傳謂必大在翰林幾六年,制命温雅,周盡事情,爲一時詞臣之冠。此編殆纂當時見聞之事也。

三朝政録一二卷　宋不著撰人　佚

此書《宋史·藝文志》史部故事類著録。

按,《宋志》注云:"不知作者。"考《郡齋讀書志》卷六雜史類有《三朝政録》(按,此據袁本,衢本政上有聖字)十卷,晁氏曰:右皇朝富弼上言,乞選官置局,將三朝典故編成書,即命王洙、余靖、孫甫、歐陽修編修,分別事類成九十六門。未審是

---

①　説見昌瑞卿(彼得)先生《説郛考書目考》。

否一書？又石介亦嘗編《三朝聖政録》,惟其書僅三卷,[1]今石
書尚殘存一卷行世,石介《石徂徠集》及韓琦《韓魏公集》並載
石書之序。

廣東西城録一卷　　宋不著撰人　　佚

此書《宋史‧藝文志》史部故事類著録。

按,此書《宋志》始著録,殆宋時人所爲。《通志‧藝文略》地
理有不著撰人之《番禺建立城池》一卷,未知是否一書也。

交廣圖一卷　　宋不著撰人　　佚

此書《宋史‧藝文志》史部故事類著録。

《玉海》卷一五引《書目》云：《交廣圖》一卷,熙寧中上,以二廣
邊機利害二十五條及邕州溪洞交洞圖三本並交趾迹狀上之,
圖今缺,不知作者。

按,《通志‧藝文略》地理有《交趾事迹》一卷,不著撰人。

宋朝政要策一卷　　宋曾鞏撰　　佚

鞏,字子固,建昌南豐人。生而警敏,讀書數百言,脱口輒誦。
年十二試作《六論》,援筆而成,歐陽修一見奇之。登嘉祐二
年(1057)進士,復拜中書舍人卒。著有《德音寶訓》《元豐類
稿》又《續稿》及《隆平集》等。事迹具《宋史》卷三一九本傳。

此書《宋史‧藝文志》史部故事類著録。

按,此書蓋類聚歷朝政要中之制策奏議爲一編也。

中書備對一〇卷　　宋畢仲衍撰　　佚

仲衍,字夷仲,士安曾孫。以蔭爲陽翟主簿,舉進士第,調沈
邱令,歐陽修、呂公著薦之,入司農爲主簿,吳充引爲中書檢
正。奉使契丹,宴射連破的,衆驚異之。後以秘閣校理同知
太常禮院,爲官制局檢討。高麗使入貢,上元夕,仲衍與使者

---

① 　此據《通志‧藝文略》。

宴東闕下，作詩頌聖德，神宗次韻賜焉，當時以爲榮。未幾暴得疾，一夕卒，年四十三。事迹具《宋史》卷二八一、《宋史新編》卷八一及《東都事略》卷四一等書。

此書《宋史·藝文志》史部故事類著録。

《郡齋讀書志》卷七職官類著録《中書備對》十卷，晁氏曰：“右皇朝元豐三年（1080）畢仲衍承詔編次。序曰：‘周官所謂會要者，正今日中書所宜有。自漢迄唐，莫知議此。今編成十卷，凡一百二十五門，附五十八事。’李清臣嘗與許將書云：“備對乃吳正憲公居宰路，以聖問多出意表，故令中書椽畢君爲之，其時預有畫旨，諸司遇取會，不許濡滯，如此尚歷數年乃就，后雖有改革，然事亦可概見也。”

《直齋書録解題》卷五典故類著録《中書備對》十卷，陳氏曰：“太常丞檢正户房公事管城畢仲衍（夷仲）撰。凡一百二十五門，附五十八事。”

《玉海》卷五一“元豐中書備對”條云：“元豐三年（1080）八月戊子，檢正畢仲衍奏：‘周官冢宰，歲終令百官府正其治受其會而詔王廢置，小宰受群吏之要，宰夫以八職待王之詔令，可謂約而詳，漢唐莫克議此，故有錢穀法獄不克對者，創自睿意，俾加纂集，凡爲一百二十五門，附五十八事，分爲六卷，事目多者分上中下，共爲十卷。八月十二日（庚子）詔寫一本納執政，分令諸房揭貼。上以此書乃臣備君問，不當奏御，詔納執政。大觀四年（1110）六月二十日，命左右司仿前制修書，十一月，右僕射張商英請編熙豐政事，號《皇宋政典》，戊寅，置局尚書省。’”

又引《書目》云：“《中書備對》十卷，畢仲衍承詔編次國家内外官制，諸道賦入禮儀法律等，凡一百二十五門，宰相吳充以聖問多出意表，請爲此書。”

按,此書晁《志》、陳《録》《宋志》並作十卷,《宋史·畢仲衍傳》云:"撰《中書備對》三十卷,士大夫家爭傳其書。"考《玉海》既云"事目多者分上中下",然則本傳云三十卷者,殆一本或每卷析上中下數之也。

淳熙玉堂雜記一卷　宋周必大撰　存

必大有《鑾坡録》一卷已著録。

此書《宋史·藝文志》史部故事類著録。

兹編採群書之記翰林故事者及當時見聞,編纂成書。《四庫全書總目提要》曰:"宋代掌制,最號重職,往往由此致位二府。必大受知孝宗,兩入翰苑,自權直院至學士承旨,皆編爲之。凡鑾坡制度沿革及一時宣召奏對之事,隨筆記録,集爲此編。所紀如奉表德壽署名賜安,南國王子詔書之類,皆能援引古義,合於典禮。其他瑣聞遺事,亦多可資談柄。洪遵《翰苑群書》所録,皆唐代及汴都故帙;程俱《麟臺故事》,亦成於紹興間,其隆興以後翰林故實,惟稍見於《館閣續録》及洪邁《容齋隨筆》中,得必大此書互相稽考,南渡後玉堂舊典,亦庶幾乎釐然具矣。"

按,此書今多收在《文忠集》中,單行之善本,臺北"國家圖書館"有明弘治辛酉(十四年,1501)錫山華氏刊《百川學海》本及明末刊本;臺北"故宫博物院"有《百川學海》本及清文淵閣《四庫全書》本。收在叢書者,尚有《津逮秘書》本、《學津討源》本、《叢書集成》本、《歷代小史》本及《説郛》本,其中《歷代小史》本不分卷,舊鈔本《説郛》鈔録十六條外,餘均爲三卷之完本。

元豐土貢録二卷　宋李清臣、張誠一等撰　佚

清臣,字邦直,魏人。七歲知讀書,日數千言,舉進士,應才識兼茂科,歐陽修壯其文,以比蘇軾。哲宗朝范純仁去位,獨顓

中書，亟復青苗免役諸法，激帝怒，罷蘇轍官。徽宗立，爲門下侍郎，尋爲曾布所陷，出知大名府卒，年七十一。著有《平南事覽》《重修都城記》《李清臣進策》、奏議、文集等。事迹具《宋史》卷三二八本傳。

誠一，官樞密副都承旨，爵里始末待考。

此書《宋史·藝文志》史部故事類著録。

《玉海》卷一五"元豐土貢録"條引《中興書目》云："二卷，元豐中，翰林學士李清臣同樞密副都承旨張誠一撰。先是，清臣詳定朝會儀注所承詔，稽案圖誌，推原物產，凡輕重多寡爲條次，開列上之。"

按，明本《宋史·藝文志》此書"土"誤作"士"，兹據清乾隆武英殿本正。

樞密院時政記一五卷　宋韓絳、吳充等撰　佚

絳有《治平會計録》六卷本文上編已著録。

充，字沖卿，建州浦城人，未冠，舉進士高第，爲吳王宫教授，以嚴見憚，作《六箴》以獻。熙寧中代王安石爲同中書門下平章事，因乞召還司馬光等十餘人。蔡確預政，元豐三年（1080）三月，罷爲觀文殿大學士，西太一宫使，逾月卒，年六十，謚正憲。事迹具《宋史》卷三一五、《宋史新編》卷一〇〇、《東都事略》卷五八、《名臣碑傳琬琰集》上集卷一〇、《三朝名臣言行録》卷一〇及《桐陰話舊》等書。

此書《宋史·藝文志》史部故事類著録。

按，充本傳云："熙寧三年（1070），拜樞密副使。"又云："（熙寧）八年（1075）進檢校太傅樞密使。"此書殆當時所記。

邊説一卷　宋蘇安静撰　佚

安静，嘉祐間官太原府代州兵馬鈐轄。《王華陽集》卷三〇載《西京左藏庫使蘇安静可供備庫使制》《供備庫使蘇安静可忠

州刺使制》。爵里不詳。

此書《宋史・藝文志》史部故事類著録。

考《宋史》卷四八五《夏國列傳》云：“嘉祐二年(1057)，(夏國訛龐)遂團兵宿境上，逮三月，增至數萬人，守將斂兵弗與戰，知麟州武戩築堡于河西，以爲保障。役既興，戩率將吏往按視，遇夏人于沙鼠浪，戩與管勾郭恩等欲止，而走馬承受黃道元以言脅之，遂夜進至臥牛峰。見烽舉，且鼓聲，道元猶不信。比明至忽里堆，與夏人相去纔數十步，遂合戰，自旦至食時，夏人四面合擊，衆大潰，戩走，恩與道元及兵馬監押劉慶等被執。安撫司遣李思道孫兆往議疆事，而訛龐驚不聽。久之，太原府代州兵馬鈐轄蘇安靜得夏國呂寧拽浪撩黎來合議，乃築堠九，更新邊禁，要以違約，則罷和市，自此始定。”然則，此書殆其鎮邊時所立説也。

德安守禦録三卷　宋劉旬子撰　佚

旬子，東平州人，事迹待考。

此書《宋史・藝文志》不著録，見《山東通志》卷三十四經籍史部。

按，《宋史》卷三八《寧宗本紀》曰：“(開禧)二年(1206)十二月戊申，金人圍德安府，宋將李師尹拒之。”兹編蓋記其始末也。

邊陲利害三卷　宋薛向撰　佚

向，字師正，顔孫，以蔭爲太廟齋郎，爲永壽主簿，元豐元年(1078)累官同知樞密院事。後知隨州，卒，年六十六，謚恭敏。著有《陝西建明》。事迹具《宋史》卷三二八、《宋史新編》卷一〇七、《東都事略》卷八二、《宋大臣年表》及《北宋經撫年表》等書。

此書《宋史・藝文志》史部故事類著録。

按，《宋史・薛向傳》云：“熙寧中，進龍圖閣直學士，遼人求代

北地北邊擇牧，加樞密直學士，給事中，知定州。高陽關募
兵，敵陰遣人應選，向諜知之，主者覺，縱使亡去，向遣邏捕取
之，械送瀛州，戮於市。北使久留都亭，數出不遜語，而雲應
點兵，涿易治道，僉謂必渝盟。向曰：‘彼欲強議速成，故多張
虚勢以撼我，使者懼，不如其請，故肆嫚言以儌倖取成，兵來
不除道，其亦無能爲也。’已後皆如向言。”向又有《陝西建明》
一卷，見《宋志》兵書類。然則，向乃知兵及詳於邊事者也。

安邊三策並説史不著卷數　宋王樵撰　佚

樵，字肩望，淄州淄川人，自稱贅世翁，事迹略具《濟南府志·
人物》。

此書《宋史·藝文志》不著録，見《濟南府志》卷六十四經籍，
云十篇，不著卷數。

仁宗君臣政要二〇卷　宋不著撰人　佚

此書《宋史·藝文志》史部故事類著録。

按，張唐英撰有《仁宗君臣政要》四十卷，已著録，此書殆據唐
英之書删節也。

仁皇訓典六卷　宋范祖禹撰　佚

祖禹，字淳甫，一字夢得，第進士，從司馬光編修《資治通鑑》，
在洛十五年，不事進取。書成，薦除秘書正字。哲宗立，遷給
事中。宣仁太后崩，祖禹慮小人乘間害政，諫章累上，不報。
時紹述之論已興，有相章惇意，祖禹力沮之，不從，遂請外，又
爲論者所誣，連貶昭州別駕而卒，年五十八。著有《詩解》《古
文孝經説》《論語説》《唐鑑》《帝學》《祭儀》、文集等。事迹具
《宋史》卷三三七本傳。

此書《宋史·藝文志》史部故事類著録。

《直齋書録解題》卷五典故類著録（仁皇訓典）六卷，陳氏曰：
“翰林侍講范祖禹撰。元祐八年（1093）經筵所上，凡三百十七

條,大略亦用實訓體。"

《玉海》卷四九"元祐仁皇訓典"條引《書目》云:"六卷,凡三百一十七事,國史修撰范祖禹採仁宗聖政數百事,編録成書,名《仁宗訓典》,元祐七年(1092)進,凡六卷。"

按,此書爲祖禹任講官時所編進,蘇軾稱其爲講官第一。《宋史·范祖禹傳》云:"哲宗立,擢右正言,吕公著執政,祖禹以婿嫌辭,改祠部員外郎,又辭,除著作佐郎,修神宗實録檢討,遷著作郎兼侍講。多所獻疏。"又云:"祖禹平居恂恂,口不言人過,至遇事則别白是非,不少借隱,在邇英守經,據正獻納尤多,嘗講尚書至内作色荒外作禽荒六語,拱手再誦卻立云:'願陛下留聽。'帝首肯再三乃退,每當講前夕,必正衣冠,儼如在上側,命子弟侍,先按講其説,開列古義,參之時事,言簡而當,無一長語,義理明白,粲然成文,蘇軾稱爲講官第一。"

考范祖禹《范太史集》卷三六載《仁皇訓典》序曰:"臣竊以語聖人之德,必以甚盛者爲稱。觀先王之治,必以所多者爲尚。堯以仁,舜以孝,禹以功,文王以文,皆其盛者也。夏之政忠,商之政質,周之政文,皆其所多者也。三代以後,其德不極,其治不純,然而亦必有盛多者焉。漢孝文之恭儉,唐太宗之功烈,考之三王,抑其次也。惟我有宋,受天眷命,太祖無心於有天下,而神器歸之;至仁如天,神武不殺,終捨其子,以授大聖,堯舜傳賢,不是過也。太宗繼文,海内爲一。真宗守成,治致太平。至於仁宗,當勝殘去殺之運,制禮作樂之會,光有天下,四十二年,宋興以來,享國最久,修身於一堂之上,而置天下於太山之安;端拱於法宮之中,而躋一世於仁壽之域。舟車所通,日月所照,無思不服,威靈在天,既三十年,仁深澤厚,淪浹海寓,流風未息,故老猶存,窮山窟穴之民言之

則流涕，被髮左袵之俗聞之則稽首，用能光大累聖無前之烈，
恢建後嗣無窮之基。……昔漢自高祖至於肅宗，非無賢君，
而漢世之治，獨稱孝文。唐自高祖至於宣宗，亦非無令主，而
唐世之治獨稱太宗。皆取其子孫可守以爲成憲也。洪惟本
朝祖宗，以聖繼聖，其治尚任，而仁宗得其粹焉。古者史爲書
以勸戒人君，唐史官吳兢作《貞觀政要》，仁宗時命史臣編《三
朝寶訓》，神宗時亦論次兩朝之事，陛下又命臣以神宗之訓上
繼五朝，以備邇英進讀日陳於前。考自三代以來，未有六聖
相承，其德克類者也。恭惟仁宗言爲謨訓，動爲典則，實守成
之規矩，致治之準繩。臣謹録天禧以來訖於嘉祐五十年之
事，凡三百十有七篇，爲六卷，名其書曰《仁皇訓典》，以助睿
覽，庶有萬一之補焉。元祐八年正月日臣祖禹昧死謹上。”
又卷二十四載元祐八年正月十九日《進仁皇訓典劄子》，曰：
“昨具劄子，乞撰集仁宗聖政，面奉聖旨，令進入，臣已編録成
書，名曰《仁皇訓典》，凡六卷，並目録一卷，繕寫爲七册，謹具
進呈。伏惟清閒之燕，特賜省覽，干冒宸嚴，臣無任惶懼激切
屏營之至。”

德音寶訓三卷　宋曾肇撰　佚

肇，字子開，治平進士，元祐中歷中書舍人，吏部侍郎。徽宗
即位，累遷翰林學士。崇寧初元祐士大夫再被降黜，肇請與
俱貶，言者繼之，遂落職，安置汀州，卒。著有《書講義》《曾鞏
行述》《將作監式》《曾氏譜圖》《元祐制集》《曲埠外集》《西垣
集》《庚辰外制集》《滁陽慶曆前集》《内制集》、奏議等。事迹
具《宋史》卷三一九、《宋史新編》卷一〇二、《東都事略》卷四
八《名臣碑傳琬琰集》下集卷二〇、《三朝名臣言行録》卷九、
《元祐黨人傳》及《京口耆舊傳》等書。
此書《宋史・藝文志》史部故事類著録。

《玉海》卷四九云：“《德音寶訓》三卷，中書舍人曾肇採神宗謨訓事迹，分四十六門編輯上之。”

按，此書《宋志》誤題曾鞏編，今據《玉海》正。

榮觀集五卷　宋汪浹撰　佚

浹，爵里不詳，元祐間官左朝奉大夫權太學正。

此書《宋史·藝文志》史部故事類著録。

《直齋書録解題》卷五典故類著録《元祐榮觀集》五卷，陳氏曰：左朝奉大夫權太學正汪浹撰。記元祐六年(1091)視學本末並群臣所上詩賦頌表之類。張舜民(芸叟)爲之序。

《玉海》卷一一三“元祐幸太學、榮觀集”條云：“元祐六年十月十五日庚午，朝獻景靈宮，退幸國子監，詣文宣王殿行釋奠禮，一獻再拜。幸太學，御崇化堂，召宰臣執政官親王賜座，監官侍立，學生坐東西廡，侍講吳安詩執經，祭酒豐稷講《無逸》終篇，國子監進書籍凡十七部軸，上命留《論語》《孟子》各一部，遂幸武成王廟，肅揖酌獻，賜稷三品服，學官賜帛。先是，八月戊子朔，學士范百禄請視學，故有是舉。《書目》有《元祐幸太學儀》一卷。”

又引《書目》云：“元祐六年十月庚午，釋奠太學，禮成，學正汪浹記視學始末，及以詩章賦頌奏記，類爲《榮觀集》五卷。”

按，《宋志》總集類此書複見，題《元祐榮觀集》。

又按，陳《録》謂張舜民爲之序。舜民有《畫墁集》一百卷，後因坐元祐黨禁，其書遂禁，自明以來，久佚不傳，四庫館臣據《永樂大典》輯得八卷。今檢其集中，此書之序已不之見矣。

使邊録一卷　宋張舜民撰　佚

舜民，字芸叟，邠州人，自號浮休居士，又號石丁齋。第進士，爲襄崇令，元祐初以司馬光薦，召爲監察御史，累擢吏部侍郎，坐元祐黨，謫楚州團練副使，商州安置，復集賢殿修撰卒。

著有《彬行録》《南還録》《畫墁録》《畫墁集》等。事迹具《宋史》卷三四七、《宋史新編》卷一一七、《東都事略》卷九四、《元祐黨人傳》卷三及《北宋經撫年表》等書。

此書《宋史·藝文志》史部故事類著録。

《郡齋讀書志》卷七偽史類著録張浮休《使遼録》二卷，晁氏曰：“右皇朝元祐甲戌（九年，1094）春，張舜民被命爲回謝大遼弔祭使，鄭价爲副，録其往返地里及話言也。舜民字芸叟，浮休居士，其自號云。”

按，《宋史》本傳云：“（舜民）拜殿中侍御史，固辭，改金部員外郎，進秘書少監，使遼，加直秘閣陝西轉運使。”又云：“其使遼也，見其太孫禧好音樂美姝名茶古畫，以爲他日必有如唐張義潮挈十三州來歸者，不四十年當見之，後如其言。”舜民有《畫墁集》百卷，後坐元祐黨遭禁，明以后不傳，四庫館臣輯《永樂大典》本得八卷，卷六載投進《使遼録》《長城賦》札子，云：“臣近伏蒙聖慈，差奉使大遼，尋其辭免，不獲俞允，勘會昨於元祐九年（1094），差充回謝大遼弔祭宣仁聖烈皇后禮信使，出疆往來，經涉彼土，嘗取其耳目所得，排日記録，因著爲《甲戌使遼録》，其始以備私居賓友燕言之助，今偶塵聖選，辭不免行，因檢括舊牘，此書尚在，其間所載山川井邑道路風俗，至於主客之語言，龍庭之禮數，亦可以備清閒之覽觀，并《長城賦》一篇，出獵古今，兼之風戒，謹繕寫成册，副以縑幭，隨狀進呈。雖塵瀆睿明，雅無誦訓之學，僅得乘輅之略，亦所以見臣子區區原隰，‘王事靡盬，不遑啓處’之意。”

又同書卷五有《長城賦》，其引曰：“甲戌之歲，予奉詔出使，馳驅王路，行次懷柔之北，得古長城焉，因感而賦之，因以涉獵古今，亦兼風戒之意云。”

按，晁《志》著録此書二卷，《宋志》但作一卷，疑非完本。

館閣録一一卷　宋宋匪躬撰　佚

匪躬，官秘閣校理。

此書《宋史·藝文志》史部故事類著録

按，《玉海》卷一六五引《書目》云："《館閣録》十一卷，秘閣校理宋匪躬載興國訖元祐中館閣故事。共八門，元十五卷，今存十一卷。"

章獻事迹一卷　宋劉永壽撰　佚

永壽，事迹待考。

此書《宋史·藝文志》史部故事類著録。

按，章獻即章獻明肅皇后劉氏也。

東宮備覽一卷　宋陳模撰　存

模，一作謨，舊名極，字中行，號可軒，泉州永春人，樸弟。慶元二年(1196)進士，宰執以學行薦，除國子正。開禧初召試館職，時議開邊，模對策謂王恢首謀之戮，不足以贖僵尸百萬之冤，參政李壁讀之歎曰："真館職也。"除秘書省正字，歷知汀州卒。著有《經史管窺》等。事迹具《閩中理學淵源考》卷一二、《宋詩紀事補遺》卷六〇、《清源志》(在《永樂大典》卷三一五五)、乾隆《泉州府志》卷四一等書。《後樂集》卷一有《特授秘書省正字制》。

此書《宋史·藝文志》史部故事類著録。

按，此編爲模嘉泰間爲秘書省正字時所上。取經史舊文有關於訓儲者爲一編。進《東宮備覽叙》曰："臣嘗讀易，觀乾之潛龍，有儲君之義，二爻之既潛而見，則必存學聚問辨之誠；三爻居潛見飛躍之間，則必有進德居業之志。今儲位既正矣，學問德業，其可已乎？雖然，物有本末，事有終始，學不可以凌節而施也。臣之愚慮，竊謂世子之生，天命之攸屬也。天

命不可以不重，故首之以始生；生既長，則必學，故繼之以入
學；學不可以無教，故繼之以立教；教不可以不資諸人，則曰
師傅，曰講讀，曰宫僚次之；然不能日資諸人也，而術不可以
不擇，誨不可以不廣，習不可以不謹，則擇乃術，廣乃誨，謹乃
習又次之；夫如是學成而德修，則可以承宗祧立國本矣，則又
以主器、正本次之；本既正矣，尤當以奉親爲心，以廣愛爲念，
故次問安，又次以友悌；欲慰其親之心者，當盡乎己之心，則
逸在所當戒，儉在所當崇，分在所當辨，故必次以戒逸，次以
崇儉，又次以辨分；分既辨矣，然後有男女，然後有君臣，家
不可以不正也，故正家次之；凡是數者，猶恐其未能無過
也，過則必諫，故規諫又次之；惟能去其己之過，然後可以
納其親于無過，人非堯舜，安能每事盡善，故幾諫又次之；
至於撫軍監國，衰世之事，而後世以爲當然，故以是爲戒焉。
繇'始生'以至'監國'，析爲二十條，釐爲六卷，因以《東宫備
覽》，僭越投進。伏惟陛下聽政之餘，賜以一覽，宣示儲闈，
以見微臣區區之誠，庶幾爲學日益，厥德日新，以副君父教
育之意，以貽宗教綿延之休，實臣之至願，臣不勝惓惓，臣謹
序。"《四庫全書總目提要》以其中擇嬪妃、簡宫僚、謹游習三
條，最爲切務。又冠以改官省劄及誥詞，以温嶠侍臣箴比
之，蓋爲當時所重。

又按，此書明以前刊本已罕見，今所見善本，惟清文淵閣《四
庫全書》本。《四庫全書》據浙江吴玉墀家藏本鈔録，其第二
卷"講讀"條闕一頁，"宫僚條"闕一頁；第六卷"監國條"闕
一頁。丁丙《善本書室藏書志》卷一五著録精鈔本六卷，云：
"……末有後記云：'益於公有先世舊，且辱公之知，近出别
稿以示，因請授木以衍其傳。'益不知姓氏，豈吴郡王耶？
《皕宋樓藏書》記缺《進備覽序》及《上宰相劄子》兩篇，彌見

此帙之全。"是丁氏所藏不闕也。今《學海類編》《淡生堂餘苑》及《叢書集成初編》諸叢刻所收,並據《四庫》本著録。

又按,此書序及今傳諸本并六卷,《宋史·藝文志》則作一卷,或係析併不同故也。

三朝正論二卷　宋曾布撰　佚

布,字子宣,鞏弟,與鞏同登進士。熙寧爲集賢校理,與吕惠卿共創青苗助役保甲農田之法,進翰林學士,兼三司使,後以事忤王安石,出知翰州。哲宗時知樞密院,時章惇爲相,布贊惇紹述甚力,冀引爲執政,惇忌之,布復攻惇罷之。徽宗立,拜布爲右僕射,獨當國,漸進紹述之説,復與蔡京不相能,爲京所構,則授舒州司户,大觀元年(1107)卒于潤州,年七十二。謚文肅。著有《熙寧新編常平敕》《曾公遺録》等。事迹具《宋史》卷四七一、《宋史新編》卷一八六、《東都事略》卷九五等書。

此書《宋史·藝文志》史部故事類著録。

按,布於神宗朝累官至户部尚書,哲宗朝拜同知樞密院進知院事,徽宗朝爲右僕射。此編殆纂曾氏在此三朝之奏對也。

又按,此書雖佚,然尚可從布其他著述,考見曾氏當時在政府之奏對及行事。《直齋書録解題》傳記類著録《紹聖甲戌日録》一卷、《元符庚辰日録》一卷,記其紹聖甲戌元年(1094)同知樞密院事,元符庚辰三年(1100)入相時,在政府事。《郡齋讀書志》雜史類又有布《曾相手記》三卷,晁氏曰:"紹聖初元祐黨禍起,曾布知公論所載,故對上之語,多持兩端,又輒增損,以著此書云。"又《永樂大典·録字韻》中,有《曾公遺録》,止存七、八、九三卷,亦記元符二年至三年(1099—1100)在政府奏對之事,繆荃孫鈔出別行,收在其所輯刊《藕香零拾》中,並爲之跋云："按曾子宣,《宋史》在《奸臣傳》。子宣於哲宗元祐八年(1093)六月同知樞密院事,元符三年(1100)十月入相,崇寧元年(1102)六月罷相,先後在政府九年。此録記在政府奏對之事,世無傳本,於《永樂大典》録字韻中鈔出,止存七、八、九三卷,實元符二年(1099)三月起,至元符三年(1100)七月止,一年四月中事,不知原書幾卷? 按晁氏《讀書記》有《曾相手記》三卷,紹聖初元祐黨禍起,曾布知公論所在,故對上之語,多持兩端,又輒增損,以著此書。陳氏《書目》有《紹聖甲戌日録》一卷,《庚辰日録》一卷,南豐曾布(子宣)撰在政府奏對施行及宮禁朝廷,均非九卷。此後至罷相,尚有兩年,恐不止三卷。布權譎自喜,議論多偏,然時以元祐、紹聖,均有所失,欲以大公至正,消釋黨禍,較之惇、卞之徒,究屬天良未昧。李仁甫《長編》,每據以刪潤。錢潛研謂《宋史·奸臣傳》,宜進史彌遠、史嵩之,而出曾布,其論至公。所載多當時語氣,'夔'指章惇,'朴'指韓忠彦,'左轄'指蔡卞,'右轄'指黄履,'鳳'指許將,文筆亦爾雅。《長編》盡於元符三年(1100)二月,以後五閲月,皆《長編》所無,浙局補《長編》,未見此書,不詳者多。雖零璣斷璧,亦天壤内罕見之書也。宣統庚戌(二年,1910)天貺節江陰繆荃孫跋。"

元豐聖訓二○卷　宋林虙撰　佚

虙,字德祖,自號大雲翁,希之侄也,官起居舍人。編有《西漢詔令》十二卷。事迹具《宋史翼》卷二六。

此書《宋史·藝文志》史部故事類著録。

《郡齋讀書志》卷六雜史類著録《神宗寶訓》二十卷,"晁氏曰:右皇朝林虙撰。虙,希之侄也。剽聞《神宗聖政》,輒私記録,分一百門,以續《五朝寶訓》,崇寧上於朝。"

《玉海》卷四九云：起居舍人林虙編集神宗大猷丕訓爲一百門二十卷上之，名《元豐聖訓》。

平蠻録三卷　宋家安國撰　佚

安國，字復禮，初任教授，晚監郡。與從弟愿，弟定國同從劉巨游，與蘇軾兄弟爲同門友。著有《春秋通義》。事迹具《宋史》卷三九〇本傳。

此書《宋史·藝文志》史部故事類著録。

《直齋書録解題》卷七傳記類著録《元豐平蠻録》三卷，陳氏曰：金部員外郎知鳳翔府家安國撰。記乞弟、韓存寶事。

按，烏蠻有二酋領，曰晏子，曰斧望箇恕，常入漢地鬻馬，晏子所居直長寧寧遠以南，斧望箇恕所珣直居溪江安以東，皆僰夜諸部也。熙寧七年(1074)，僰夜知姚州，以箇恕之子乞弟，晏子之子沙取禄路，竝爲把截將西南夷部巡檢，八年(1075)俞州獠寇南州，獠酋阿訛率其黨奔箇恕，熊本重賞檄斬訛，訛桀黠，習知邊境虚實，箇恕匿不殺，詭降于納溪，訛得不死，甚德箇恕，爲伺邊隙，會箇恕老，厭兵，以事屬乞弟，遂與訛侵諸部。十年(1077)羅苟夷犯納溪砦，初，砦民與羅苟夷競魚，苟誤毆殺之，吏爲按驗，夷已忿，謂漢殺吾人，官不償我骨價，反暴露之，遂叛，提點刑獄穆納言，納溪去瀘一舍，羅苟去納溪數里，今託事起端，若不加誅，則烏蠻觀望爲害不細，乃詔涇原副總管韓存寶擊之，存寶召乞弟等犄角討蕩五十六村十三囤，蠻乞降，願納土承賦租，乃詔罷兵。其事迹具《宋史》卷四九六《瀘州蠻列傳》。

蓬山記五卷　宋羅畸撰　佚

畸，字疇老，沙縣人，熙寧進士，坐忤使者投檄歸，紹聖間歷兵部郎中，秘書少監，崇寧中辟雍成，命詞臣賦詩頌，畸頌居第一，以又文殿修撰出知廬州福州卒，著有《文海》《道山集》《秘閣秘録》等。事迹具《北宋經撫年表》。

此書《宋史·藝文志》史部故事類著録。

《直齋書録解題》卷六職官類著録《蓬山志》五卷，陳氏曰："秘書少監劍川羅畸(疇老)撰，凡十五門，崇寧四年(1105)序。"

《玉海》卷一六五引《書目》云："《蓬山志》五卷，崇寧四年，秘書少監羅畸撰。編次館閣故實近事爲十五門，上之。"

按，蓬山即翰林學士院，説見《職官分紀》。

明堂詔書一卷　宋不著撰人　佚

此書《宋史·藝文志》史部故事類始見著録，殆宋時人所爲。

按，明堂者，古有之也，淮南子言："神農之世，祀於明堂，明堂有蓋四方。"又漢武帝時有獻《皇帝明堂圖》者，或始於此。其制歷代不一，然其地所以爲祀上帝、祭先祖、朝諸侯、養老尊賢、行一國之大典之所則一也。今檢《文獻通考》卷七十三至七十五，即詳明堂之制。卷七十三爲皇帝至唐高宗，卷七十四爲唐武后至宋高宗，卷七十五爲宋孝宗至寧宗。備載有關各項典禮詔書。

鹽池録一卷　宋高聿撰　佚

聿，生平待考。此書《宋志》始見著録。

此書《宋史·藝文志》史部故事類著録。

按，此書殆載鹽事也。《通志·藝文略·食貨》有不著撰人之《鹽筴總類》二十卷，《解鹽須知》一卷、《鹽池利害》一卷等書。

崇聖恢儒集三卷　宋莫若撰　佚

若，學諭。

此書《宋史·藝文志》史部故事類著録。

《玉海》卷一一三云："宣和中幸太學，學諭莫若紀奉安宣聖訖于臨幸三十四條爲《崇聖恢儒集》三卷。"

按，此書纂人《宋志》誤題吳若虛，兹據《玉海》正。

創業故事一二卷　宋洪楡撰　佚

楡,興祖父,始末待考。

此書《宋史·藝文志》史部故事類著録。

《玉海》卷五一云:"洪楡纂《太祖創業故事》十二卷,凡二百三十七條,不克上,子興祖隨事著論訓釋,又後録一卷附。"

按,《宋史》卷四三三《洪興祖傳》云:"興祖始召試授秘書省正字,後爲太常博士,上疏乞收人心,納謀策,安民情,壯國威,又論國家再造,一宜以藝祖爲法。"是興祖亦熟知太祖朝事者也。

又按,《宋志》楡作楡,今據《玉海》正。

建炎中興記一卷　宋耿延禧撰　佚

延禧,南仲子,高宗建炎初由詞垣擢龍圖閣直學士,嘗使金國。事迹附見《宋史》卷三五二及《宋史新編》卷一二二《耿南仲傳》。

此書《宋史·藝文志》史部故事類著録。

《直齋書録解題》卷五雜史類著録《建炎中興記》一卷,陳氏曰:耿延禧撰。

《玉海》卷一五七"建炎中興記"條云:龍圖閣直學士耿延禧承詔著建炎初繼統事迹一卷。

按,延禧奉詔撰《中興記事》,《宋史·高宗本紀》不載。李綱亦嘗奉詔編建炎元年(1127)五月一日以後至八月十八日事爲《建炎時政記》三卷,今李書猶行世,耿書則未見也。

麟臺故事五卷　宋程俱撰　殘

俱,字致道,號北山,開化人。以外祖鄧潤甫恩補官,宣和二年(1120)進頌賜上舍出身。高宗時爲秘書少監,上《麟臺故事》,擢中書舍人,兼侍講,後除徽猷閣待制。紹興十四年(1144)卒,年六十七。所著有《北山小集》《韓文公歷官記》等。事迹具《宋史》卷四四五本傳。

此書《宋史·藝文志》史部故事類著錄。

秘書省，唐時嘗改爲“麟臺”，北山遂以名其書。《北山集》載《麟臺故事後序》，述其撰著之旨趣甚詳，云：“右《麟臺故事》五卷，紹興元年（1131）二月丙戌，丞相臣宗尹，參知政事臣守，參知政事臣某言：祖宗以來，館閣之職，所以養人才，備任使，一時名公卿，皆由此塗出。崇寧以後，選授寖輕，自軍興時，巡務冗官，秘省隨罷，今多難未弭，人才爲急，四方俊傑，號召日至，而職事官員闕太少，殆無以處事。固有若緩而急者，此類是也。謂宜量復館職，以待天下之士，制曰：其復秘書省，置監若少監一人，丞著作郎、佐郎各一人，校書郎、正字各二人，其省事所應行除官到條具上尚書省。三月甲辰，詔以朝請郎直秘閣臣程俱試秘書少監。臣愚無似，初以編修國朝會要檢閱官，節寓館下，又再佐著作；今兹修廢官以舉令典，又以人乏，首被久虛之選，跂踏懼不稱。受職之始，按求簡牘，皆無有。竊念惟昔三入秘書省，皆以薄技隸太史氏，頗記祖宗三館故事與耳目所見聞。老史奔散死亡之餘，亦尚有存者，或取故牘煨燼泥塗中，參考裁定，條上尚書，請置孔目官一人，楷書吏十有二人，專知吏一人，其誰何繕治守藏防閤庖滌之徒卒不過八人，其案典文書法式期會廩稍人從，皆如舊格，參以近制從事，尚書以聞。制曰：可。於是士庶始有以家藏國史實錄寶訓會要等書來獻者，國有大禮大事，於兹有考焉，而校書郎正字又雜以祖宗之制，召試學士院而後命之。臣俱謹按，周官外史掌四方之志，掌三皇五帝之書，太史正歲年以序事，頒之于官府及都鄙，頒告朔于邦國，與夫所謂左史書言，右史書動者，今秘書省實兼有之。漢魏以降，名稱不一，要爲史官，故唐龍朔中，以秘書監爲太史，少監爲蘭臺侍郎，今有司文書散缺尚衆，例從省記。按以從事蠹敝或生，而典籍之府，憲章所由，顧可漫無記述，以備一司之守乎。昔孫伯厴司晉之典籍，及辛有之二子董之，故伯厴之後，在晉爲籍氏，辛有之後，在晉爲董氏，則談狐是也。臣衷緒寒遠，雖非世官，然身出入麟臺者，十四年於此矣。則其纂故事裨闕文者，亦臣之職也。因採摭三館舊聞，簡册所識，比次纘緝，事以類從，法令略存，因革咸載，爲書十有二篇，列爲五卷，錄上尚書，副在省閣，以備有司之討論。臣俱昧死謹上。”

按，據卷首所載尚書省進書奏，俱進書在紹興元年(1131)，時初復秘書省，首以俱爲秘書少監，俱爲是書，得諸官府舊章，最爲詳備，於宋代掌故，足資稽考。《四庫全書總目提要》曰：“……如《東都事略·邢昺傳》載由侍讀學士遷工部侍郎，不著加中散大夫；《宋綬傳》載召試中書，不著遷大理評事；《宋史·韓琦傳》載由通判淄州入直集賢院，不著爲太常寺丞及太子中允；《王陶傳》載爲太子中允，不著編校昭文館書籍；《孫洙傳》亦不著洙嘗爲於潛令及編校秘閣書籍，而皆見於是書。又如《玉海》引《謝泌傳》，泌上言請分四庫書籍，人掌一庫，事在端拱初，而其一百六十八卷又載此書於天聖五年(1027)，前後自相刺謬，據此書所載，則在咸平(998—1003)之初。又《續通鑑長編》載咸平二年(999)七月甲寅幸國子監，還幸崇文院，而此日之後，又有癸丑，則是月之內，不容先有甲寅，顯然牴牾，據是書乃是七月甲辰。如此之類，凡百餘條，皆足以考證異同，補綴疏略，於掌故深爲有裨。”

又按，此書《郡齋讀書志》《直齋書錄解題》《文獻通考》並著錄，均五卷，惟自明以來即不見全本，僅《說郛》摘錄六條而已。四庫館臣自《永樂大典》中輯得官聯、職掌、廩禄三門，而此三門皆與陳騤《南宋館閣錄》標題相合，遂誤以騤書即因程俱舊目修之，乃以騤之篇目分隸諸條，凡分九篇，曰沿革、省舍、儲藏、修纂、職掌、選任、官職、恩榮、廩禄，仍分五卷著録，並以聚珍版印行，《提要》自詡“莫不一一條貫，無所齟齬，亦可謂神明焕然，頓還舊觀矣。”考《郡齋讀書志》云：“俱，紹興初復館職，首入館纂舊聞成十二篇”，據此，四庫輯本之篇目，已有不符。清嘉慶間，黄丕烈獲影宋殘鈔本三卷，闕四五兩卷，其目卷一曰關聯，曰選任，卷二曰書籍御製御書，附曰校讐，卷三曰修纂，曰國史，凡六篇，其中書籍、校讐、國史三篇，四庫輯本所無，兩本合之，恰十有二篇，與晁《志》所稱之數符合。陸氏《儀顧堂題跋》亦著録此殘鈔本，陸氏云：“此本有而《大典》本無者四十條，此本無而《大典》本有者：沿革、省舍、儲藏、職掌、恩榮、禄廩六門，又修纂門兩條，選任門四條，官聯七條。”胡玉縉《四庫提要補正》據此，譏提要“一一條貫”等語爲“癡人説夢”也。

又按，此書今所見善本：臺北“國家圖書館”有清琴川張氏小瑯嬛福地影宋鈔本，存卷一至卷三，有清黄丕烈、張金吾跋及近人張鈞衡手書題記。黄氏跋云：“是書爲影宋舊鈔，惜止三卷，蓋未全本也，然實世間希有之書，與聚珍本不同，其中命篇叙次多異。初書賈携來，手校一過，乃知其佳，旋因議價未諧，復携去。後知歸於西昀草堂，遂倩余友胡葦洲轉假影録一册，積想頓慰。還書之日，敬志數語，以拜嘉惠。是書陳《録》云五卷，爲書十有二篇，今劃云三卷，就不全本影寫時改五爲三也，於每卷填上中下字，欲泯不全之迹爲之耳。隆慶云云一行，的係叔寶手迹，尤可寶貴。書之可珍者在真本，此種是已，毋以不全忽之。嘉慶甲戌（十九年，1814）六月十有一日，復翁。”[1]張金吾云：“伏讀《欽定四庫全書總目》云：‘是

---

① 此跋亦見黄丕烈《藏書題記》。

書自明以來,自《説郛》所載數條外,別無傳本,惟《永樂大典》
所載,頗爲繁夥,排比條貫,猶可成書。原本五卷,十有二篇,
今篇名散見于《永樂大典》中者,曰沿革,曰省舍,曰儲藏,曰
修纂,曰職掌,曰選任,曰官聯,曰恩榮,曰禄廪,祇存其九,謹
依類裒輯,仍爲五卷'云云。此本凡三卷,闕四五兩卷,蓋不
完本也。卷一曰官聯,曰選任,卷二曰書籍御書,附曰校讎,
卷三曰修纂,曰國史,凡六篇,與武英殿聚珍本命篇叙次多有
異同。又篇名見《永樂大典》者凡九,而此本所載書籍、校讎、
國史不與焉,合之恰十有二篇,俱足以資參考。前有紹興元
年(1131)尚書省劄一通,中如'凡十有二篇'及'繕寫成二册'
等字俱缺,又改分爲五卷爲三卷,併與每卷填上中下字,蓋影
寫者欲泯其不全之迹。故不惜多方作僞耳。原本末頁有錢
叔寶題識云:'隆慶元年(1567)八月十日,蘇州府前杜氏書鋪
收。'後附郡城黄蕘圃丕烈先生跋,余蓋從之傳録云。昭文張
金吾識。"[1]張鈞衡題識云:"壬子仲夏,適園得於滬上。"臺北
"故宮博物院"有清文淵閣《四庫全書》本。清光緒中,陸心源
以三卷殘鈔本合四庫所輯六篇爲四卷,並自《中興館閣録》輯
佚文二條及校覈四庫輯本與原文有異同者爲補遺一卷,收録
在其所輯之《十萬卷樓叢書》中。光緒二十五年(1899),廣雅
書局繙刻武英殿聚珍版叢書,孫星華輯原本有而《四庫》輯本
無者,編爲《拾遺》二卷,並撰《考異》一卷,賦之以行。民國二
十三年(1934),張元濟等輯刊《四部叢刊續編》所收此書係據
三卷殘本影印,張元濟撰《校勘記》一卷,附載卷末。

續史館故事録一卷　宋洪興祖撰　佚

興祖,字慶善,鎮江丹陽人。少讀禮至中庸,頓悟性命之理,

---

[1]　此跋亦見於《愛日精廬藏書志》,惟文字略異。

續文日進。紹興中與孔端明、張炳、周林四人俱召試，帝覽策曰："興祖讜直當第一。"遂除秘書省正字，出典州郡，興學闢荒，所至有治績。忤秦檜，編管昭州卒，年六十六。興祖好古博學，自少至老，未嘗一日去書，著有《易古經考異釋疑》《尚書口義發題》《論語説》《韓子年譜》《聖賢眼目》《語林》《楚辭補注》《楚辭考異》《韓文年譜》《韓文辨證》《杜詩辨證》等。事迹具《宋史》卷四三三、《宋史新編》卷一六四、《南宋書》卷六三、《京口耆舊傳》卷四及《南宋館閣續録》等書。

此書《宋史·藝文志》史部故事類著録。

《直齋書録解題》卷六職官類著録《續史館故事》一卷，陳氏曰："著作佐郎曲阿洪興祖（慶善）撰。記國朝史館事迹，以續舊編。"

《玉海》卷一六五因《書目》云："《續史館故事録》一卷，著作佐郎洪興祖編次開寶訖建炎中，史館職任廢置恩賜事迹。"續周代之書。

按，所謂舊編者，當指五代周史官所撰《史館故事録》三卷一書也，《宋志》已著録。

政要一卷　宋張戒撰　佚

戒，字定復，解州人，登進士第，紹興間以趙鼎薦授國子監丞，累官司農少卿。羅汝楫劾其主和議，以佐宣教郎主管台州崇道觀。著有《楞伽集注》《歲寒堂詩話》按，錢曾《讀書敏求記》作趙戒，誤。等。事迹具南宋書卷九、《宋史翼》卷一二及《南宋館閣録》卷七等書。

此書《宋史·藝文志》史部故事類著録。

按，南宋書謂戒嘗言："建康以來主議之臣皆有膏肓不可治之病，主戰則諱和，主和則諱戰，至于手背則不復講，專持一家之説，大誤國事，夫守備一日不可弛，即和議成，猶不可，況未成乎？"此書或記當時在政府中見聞之事也。

三朝政要增釋二○卷　宋吕源撰　佚

源,字成之,晋江人,升卿子,以父蔭入官。宣和四年(1122)提舉廣西常平。建炎二年(1128)二月辛酉,由兩浙轉運使知揚州,紹興間官至右朝議大夫。事迹略見《宋史翼》卷四○、《南宋制撫年表》及《宋詩紀事小傳補正》卷一。

此書《宋史·藝文志》史部故事類著録。

《直齋書録解題》卷五典故類著録《三朝政要》二十卷,陳氏曰:"宰相河南富弼(彦國)撰。慶曆三年(1043),弼爲樞副,上言選官置局,以三朝典故分門類聚編成一書,以爲模範。命王洙、余靖、孫甫、歐陽修,同共編纂。四年(1044)書成,名《太平故事》,凡九十六門。每事之後,各釋其意。至紹興八年(1138),右朝議大夫吕源,得舊印本刊正增廣,名《政要釋明策備》,上之,於朝,《館閣書目》指《政要》爲《寶訓》,非也。"

按,陳《録》謂此書名《政要釋明策備》,殆坊間刊本,所題或異也。又此書撰人《宋志》誤作李源,今正。

祖宗英睿龜鑑一○卷　宋歐陽安永撰　佚

安永,紹興中人,事迹待考。

此書《宋史·藝文志》史部故事類著録。

《玉海》卷四九"紹興祖宗英睿龜鑑"條云:"十卷紹興中歐陽安永撰太祖迄神宗六朝,雄圖遠略,可行與今者,編集著論上之。十年(1140)正月二十九日,詔賜束帛,令秘省録進。"

廣南市舶録三卷　宋趙鼆撰　佚

鼆,嘗知新州。

此書《宋史·藝文志》史部故事類著録。

《通志·藝文略》著録《廣州市舶録》三卷,趙思協撰。當是一書,思協或其字也。

按,鼆知新州,撰有《交趾事迹》十卷,新州,南朝梁置,隋廢,唐復置，又改爲新興郡，尋復故，元置新州路，明復爲新州，尋省，即今廣東新興縣治。

通商集三卷　宋嚴守則撰　佚

守則，事迹無考。

此書《宋史·藝文志》史部故事類著録。

按，秘書省《續四庫書目》此書入小説類，作《通商集要》，一卷。

契丹禮物録一卷　宋不著撰人　佚

此書《宋史·藝文志》史部故事類著録。

按，《通志·藝文略》有《接伴北使四答土物録》一卷，不著撰人，未知是否一書。

金華故事一卷　宋不著撰人　佚

此書《宋史·藝文志》史部故事類著録。

按，此書《宋志》始著録，殆宋時人所爲。

文昌雜録七卷　宋龐元英撰　存

元英，字懋賢，丞相籍之子，單州人，官朝散大夫。王士禎《蠶尾集》作文英者，誤也。元豐五年（1082）官主客郎中。著有《五禮新編》五〇卷。事迹具《宋史》卷三一一本傳。

此書《宋史·藝文志》史部故事類著録。

兹編爲元英於元豐壬戌（五年，1082）。在尚書省官主客郎中時，記當時聞見之朝章典故。《通典》載尚書省爲文昌天府，故以名書。王士禎家有寫本，嘗跋其書，稱其“宋人説部之佳者”，[①]並仿

---

①　王士禎跋《文昌雜録》云：“《文昌雜録》，單父龐元英（元英，本誤作文英，今正）著，宋人説部之佳者。余家有寫本，文英官禮部郎官，丞相潁公之子也。《後山集》有《贈舅氏龐大夫詩》云：‘傳家聲烈三公後，貯腹平生萬卷餘’，謂元英也。後山爲潁公外孫。又有龐謙孺，字祐甫，南渡後客吳興，注《白蘋集》，見《吳興掌故》。”

其體例，撰《居易錄》。① 然謬誤亦難免，《四庫全書總目提要》曰："其中所載，如以堯舜對天地，爲李矩問李演事。考范鎮《東齋記事》以爲此楊億校士時事，岳柯《桯史》以爲歐陽修知貢舉時事，《珍席放談》以爲南唐時湯悅妹婿問悅事，與各書互異；又以虎子爲出於李廣射虎事，不知孔安國爲侍中，以儒者不執虎子而執唾壺，其事已見李廣之先，未免稍有舛誤。至朝廷典禮百官除拜，其時日之先後異同，多有可以證《宋史》之舛漏者。"

按，此書本六卷，後有補遺六條，故《宋志》作七卷。明以前刊本已罕見，張金吾有述古堂舊鈔本，②《四庫全書》據編修朱筠家藏本著錄，亦有鈔本。今所見最早之刊本，爲清乾隆間盧見曾雅雨堂所鐫行，然頗有顛舛。《四庫全書總目提要》曰："其中如'新定儀制宰相兩省侍郎尚書左右丞皆朱衣吏双引'一條，與下文'膳部魯郎中言萬州南山'一條；又'崔豹古今注蛺蝶大者名鳳子'一條，與下文'西京雜記玉搔頭'一條，皆自爲條，今合而爲一。又書中註闕文者四條：卷二'十三日以原廟奉安禮成，宴百官與紫宸殿酒九'，下註闕字；下一條'經陳長文'上註闕字。考卷三'宴元獻'一條'昔有相印'下註闕字，即當接以'經陳長文'云云；下一條'行罷教坊'上註闕字，即當接'酒九'云云，是四條本未嘗闕，特鈔本刻本俱誤，析爲

① 此據盧見曾之說。盧氏乾隆丙子(二十一年，1756)撰《文昌雜錄序》，曰："吾鄉漁洋先生最喜說部書，遇一僻世所罕見者，往往于友人許，展轉借錄讐校評泊，儲之池北書庫，當時風流好事，輝映朝野。先生於康熙己巳服闋入都，至辛巳四月，請急歸里，官京師十年之間，曾撰《居易錄》一書。凡官方遷擢，政事因革，逐日記載，歉其見聞周悉，可爲史家取衷，但未知其書體例，創自何人。及觀宋單父龐氏《文昌雜錄》，始知先生倣懋賢之書而爲之，蓋池北書庫有此書也。前輩撰一書必有所本，其不苟作如此。"
② 《愛日精廬藏書志》卷二四著錄《文昌雜錄》六卷，述古堂抄本，張氏曰："每頁格蘭外有'虞山錢遵王述古堂藏書'一條。自跋，衛傳跋。"

四耳。"今所見善本僅臺北"故宫博物院"所藏清文淵閣《四庫全書》本爲完本，臺北"國家圖書館"所藏藍格舊鈔本《説郛》所收，則僅二十一條而已。清嘉慶十年（1805）虞山張海鵬輯刊《學津討源》，收録此書，於雅雨堂本舛誤處，據《提要》訂正。《叢書集成初編》，即據《學津討源》本著録，並附盧見曾序、王士禎跋及《四庫提要》於後。

兩朝交聘往來國書一卷　宋不著撰人　佚

此書《宋史・藝文志》史部故事類著録。

按：此蓋與契丹往來國書也。

吕丞相勤王記一卷　宋臧梓撰　佚

梓，紹興間爲壽昌令，教化大行，爲三輔最。後歷荆湖南路安撫制置使。

此書《宋史・藝文志》史部故事類著録。

《直齋書録解題》卷五著録《吕忠穆勤王記》一卷，陳氏曰："左宣教郎臧梓撰，記建炎復辟事。"

按，此書記吕頤浩平苗傅、劉正彦之事也。其始末詳於《宋史》卷三六二《吕頤浩傳》，云："高宗即位，除知揚州，車駕南幸，頤浩入見，除户部侍郎兼知揚州，進户部尚書。建炎二年（1128），金人逼揚州，車駕南渡鎮江，召從臣問去留，頤浩叩頭願且留此，爲江北聲援，不然敵乘勢渡江，事愈急矣。駕幸錢塘，拜同僉書樞密院事，江淮兩浙制置使，還屯京口。金人去揚州，改江東安撫制置使，兼知江寧府。時苗傅、劉正彦爲逆，逼高宗避位，頤浩至江寧，奉明受改元，詔敕會監司議，皆莫敢對。頤浩曰：'是必有兵變。'其子抗曰：'主上春秋鼎盛，二帝蒙塵沙漠，日望拯救，其肯遽遜位於幼沖乎？灼知兵變無疑也。'頤浩即前人寓書張浚曰：'時事如此，吾儕可但已乎？'浚亦謂頤浩有威望，能斷大事，書來報起兵狀，頤浩乃與浚及諸將約會兵討賊。時江寧士民洶懼,頤浩乃檄楊惟忠留屯,以安人心,且恐苗傅等計窮,挾帝繇廣德渡江,戒惟忠先爲控扼備,俄有旨,召頤浩赴院供職。上言今金人乘戰勝之威,群盜有蠭起之勢,興衰撥亂,事屬艱難,豈容皇帝退享安逸?請亟復明辟以圖恢復。遂以兵發江寧,舉鞭誓衆,士皆感奮。將至平江,張浚乘輕舟迓之,相持而泣,咨以大計。頤浩曰:'頤浩曩諫開邊,幾死宦臣之手;承乏漕挽,幾陷腥膻之域,今事不諧,不過赤族,爲社稷死,豈不快乎?'浚壯其言,即舟中草檄,進韓世忠前軍,張浚翼之,劉光世爲游擊,頤浩浚總中軍,光世分軍殿後。頤浩發平江,傅正託旨請頤浩單騎入朝,頤浩奏所統將士忠義所激,可合不可離,傅等恐懼,年請高宗復辟。師次秀州,頤浩勉勵諸將曰:'今雖反正,而賊猶握兵居内,事若不濟,必反以惡名加我,翟義徐敬業可監也。次臨平,苗傅等拒戰,頤浩被甲立水次出入行陣,督世忠等破賊,傅、正彥引兵遁,頤浩等以勤王兵入城,都人夾道聳觀,以手加額。'"

又考汪應辰《文定集》卷一一載書《朱丞相渡江遭變録》,叙當時聞見事甚詳,逐録於後,以爲考史者之資,云:"建炎三年(1129)三月一日,中書侍郎朱勝非拜尚書右僕射。五日,苗傅、劉正彦叛,遵皇帝爲太上皇帝,皇子即皇帝位,隆祐太后同聽政,制除傅慶遠軍承宣使,御營使司都統制;正彦渭州觀察使副之。六日,赦書上太上皇帝徽號曰睿聖仁孝皇帝,大赦天下,常赦所不原者,咸赦除之。除傅屬官張渠、馬柔吉、王世修,並爲直龍圖閣,王鈞甫爲右文殿修撰。十日,改元明受。其詔曰:'稽日月有臨之義,合天人竝受之公。'御史丞鄭穀言:'今日朝廷差除行遣,多出傅、正彦之意,二人出入都堂,殆無虛日,外議喧然,若上下共由此道,國家興喪,未可知

也，乞嚴賜戒敕。'原注：此章嘗得旨報行。時禮部侍郎張浚，糾合
義兵于平江，簽書樞密院吕頤浩，自江寧以兵來會，十二日百
官始朝睿聖官，十三日詔召赴闕，除張禮部尚書，傅正彦節度
使，吕張皆不受命。詔責張散官，柳州安置，張又不受命，吕
張等移檄討逆。二十三日，詔：'訪聞有侍從掌兵之官，不曉
授受本末，不計社稷安危，輕易以惑人心，遷延而違詔命。'蓋
指張也。已而吕張皆奏乞復辟。二十四日，詔降睿聖皇帝爲
皇太弟，天下兵馬大元帥，康王皇帝爲皇太姪監國。二十五
日，鄭轂留百官班乞全臺上殿，乃召鄭轂與殿中侍郎史王廷
秀同對，二人力爭不可，又至都堂爭之，遂寢前詔。四月一日
復辟，三日義兵至臨平，傅正彦遣兵拒戰，大敗，乃遁。于是
詔賜鄭轂曰：'頃者逆徒作難，將臣扇兇，脅制朝廷，行其私
意，大臣俛首，惟其所爲。卿適在中司，義行正色，不爲室家
之計，屢陳社稷之言，雖文武協規，外有勤王之舉，而忠義奮
發，亦由守節之臣，迨兹還政之初，特有樞機之授。'降此詔時，朱
猶在相位。今觀《朱丞相渡江遭變録》，其密謀奇計，固多世人所
不知者，然其間大節目，往往不見。如苗傅及其屬差除二十四日詔令，
及臨平戰之類。又六日赦書上徽號曰睿聖仁孝皇帝，今但云上幸
別宮，繼有旨稱睿聖大上皇帝，然則赦書誰所定？所謂有旨
者，旨安所自出哉？又改元明受，乃三月十日，而以爲十八
日。又十二日百官始朝睿聖宮，今于幸別宮之下云：'宰
執百官皆從，侍衛如儀'而已。張丞相所上表，其略云：'當今外難
未寧，内寇竊起，正人主憂勞自任，馬上求治之時，恐太母以
柔靜之身，皇帝以幼沖之質，端居深處，責任臣寮，萬一強敵
侵陵，不肯悔禍，則二百年宗廟社稷之基，拱手而遂亡矣。臣
愚不避萬死，伏願太母陛下，皇帝陛下，特軫宸慮，祈請睿聖，
念祖宗委託之重，思二帝屬望之勤，不憚勤勞，親總要務，居

形勝之地，求自治之計，抑去徽名，用柔敵國。然后太母陛下，皇帝陛下，監國于中，撫定江右。如此，則于國家大計，似爲得之。如以臣言爲然，乞行下省司，令率文武百寮，祈請施行。'貼黃云：'臣賦覩睿聖皇帝，方春秋鼎盛，而遽爾退避，恐天下四方聞之，不無疑惑，萬一恐生他事，更乞睿斷，詳酌施行。'此表全文見《呂丞相勤王記》。今《渡江遭變録》但云張乞主上貶損位號，柔服敵情而已。既改抑取徽名爲貶損位號，又表中其他要切之語皆不載，蓋所謂徽名者，乃是時所上睿聖仁孝皇帝之名，其與位號不同矣。而差誤疏略如此，果何意耶？賊徒凶焰，而馮康國以布衣單騎冒險入城，説諭傅等，其死生未可知，乃謂遣康國者，欲成就一官爵耳。則張丞相散官，郴州安置，而止云罷禮部侍郎，謂檄書到，反正事已成，然二十四日詔，乃云云如此，何也？臨平之戰，而以爲未嘗戰鬪，勤王檄云：'天下共誅之。'而謂事若至此，雖誅何益？今因説再貶汪黃二相，而謂張丞相爲黃潛善所知，且黃雖誤國，豈不容其知人？況是時爲執政者，其與黃同乎？異乎？竊謂遭變反正，事之細微曲折固不一，然其本末大概，則有不可揜者，是以摭其事實備論之，庶幾是非有考焉。"

通今集二○卷　宋李攸撰　佚

攸，字好德，官承議郎，嘗上書秦檜，戒以居寵思危。紹興初張浚自川入朝，約與俱，以家世辭。有《宋朝事實》三十五卷。事迹具《宋蜀文輯存作者考》。

此書《宋史·藝文志》史部故事類著録。

按，攸雜録宋朝故事爲《宋朝事實》三十五卷，此編以書名覘之，則似纂當時事者也。

漢制叢録二○卷　宋袁夢麟撰　佚

夢麟，字應祥，爵里待考。

此書《宋史·藝文志》史部故事類著録。

《直齋書録解題》卷五典故類著録《漢制叢録》三十二卷，[1]陳氏曰：“袁夢麟（應祥）撰。以二漢所記典故分門類編，凡二十五門。”

按，《宋志》此書二十卷，陳《録》三十二卷，《通考》三十三卷，《宋志》所載殆非完本。

漢兵志不著卷數　宋薛季宣撰　佚

季宣，徽言子，字士龍，永嘉人，號艮齋。年十七，從荆南帥辟書謝機宜文字，獲事袁溉。溉嘗從程頤學。盡以學授之，召爲大理寺主簿，除大理正，出知湖州，改常州，未上卒，學者稱艮齋先生。著有《地理叢考》《古書古文訓》《詩性情説》《春秋經解指要》《大學説》《論語小學約説》《浪語集》等。事迹具《宋史》（卷四三四）本傳。

此書《宋史·藝文志》不著録，見《温州經籍志》卷一三。

按，《漢書》無兵志，此蓋補班書之闕者也。

合宮嚴父書一卷　宋倪思撰　佚

思，字正父，歸安人，孝宗乾道二年（1166）進士，淳熙五年（1178）中宏詞科，爲著作郎，官至禮部尚書，以忤史彌遠罷，卒謚文簡。著有《易訓》《中庸集義》《論語義證》《北征録》《歷官表奏》《翰林奏草》《翰林前稿》《翰林後稿》等。事迹具《宋史》卷三九八、《宋史新編》卷一四九、《南宋書》卷四二、《慶元黨禁》《宋中興學士院題名録》及《南宋館閣續録》等書。

此書《宋史·藝文志》史部故事類著録。

按，合宮即明堂也。《文獻通考》卷七三《郊社考》明堂云：“黄帝拜祀上帝於明堂。或謂之合宮。”明堂乃王者所居，以出教令

---

① 《文獻通考》作三十三卷。

之堂,其制度歷代雖異,其行大典之所則不變也。《孝經·聖治章第九》曰:"孝莫大於嚴父,嚴父莫大於配天,則周公其人也。昔者周公郊祀後稷以配天,宗祀文王於明堂,以配上帝,是以四海之內各以其職來祭,夫聖人之德,又何以加於孝乎?"然則,此書蓋載帝王布政祭祀之事也。

淳熙經筵日進故事一卷　淳熙東宮日納故事一卷　宋詹儀之撰　佚

儀之,字體仁,遂安人,紹興進士,淳熙中知信州,時朱熹、呂祖謙在鵝湖論學,儀之往復問辨無虛日,後帥廣東,論廣鹽官之弊,孝宗釅之。除吏部侍郎,知靜江府,在任六年,謫袁州,歸卒。有奏議二卷。事迹具《宋中興東宮官僚題名》及《南宋制撫年表》等書。

此書《宋史·藝文志》史部故事類著錄。

按,中興百官題名東宮官謂儀之淳熙九年(1182)五月以起居郎兼侍講,十二月升兼左諭德,十年(1183)正月除權禮部侍郎仍兼,二月二日升兼左庶子,四月除集英殿修撰知靜江府。此二編蓋其充講官時所進也。

經筵故事一○卷　宋任希夷撰　佚

希夷,字伯起,號新菴,諫議大夫伯雨曾孫,其先眉州人,徙居福建邵武。少刻意問學,爲文精苦,從朱熹學,登淳熙三年(1176)進士,開禧初官禮部尚書,以周敦頤、程顥、程頤昌明絕學,乞定議賜諡,朝廷從之。累官端明殿學士,參政知事。卒諡宣獻。著有經解、奏議、表箋、內外制集等事迹具《宋史》卷三九五、《宋史新編》卷一四七、《南宋書》卷四四、《宋詩紀事》卷五等書。

此書《宋史·藝文志》不著錄,見《福建通志》卷六十八著述邵武府。

按，《宋史》本傳云："開禧初，主太常寺簿奏，紹熙以來禮書未經編次，歲月滋久恐或散亡，乞下本寺修纂，從之。"是希夷甚重文獻之編纂者也。

建炎以來朝野雜記一一卷　宋李心傳撰　存

心傳，字微之，井研人，舜臣子。慶元初下第，絕意不復應舉，閉户著書，晚年因崔與之、許奕、魏了翁等合前後二十三人之荐，爲史館校勘、賜進士出身，修中興四朝帝紀，又踵修《十三朝會要》，端平間成書，擢工部侍郎，以言罷。淳祐三年（1243）致仕，年七十八。著有《丁丑三禮辨》《春秋考義》《丙子學易編》《道命録》（輯）、《寧宗實録》《建炎以來繫年要録》《舊聞證誤》等。事迹具《宋史》卷四三八、《宋史新編》卷一六六、《南宋書》卷四六、《戊辰修史傳》《南宋館閣續録》等書。

此書《宋史·藝文志》史部故事類著録。

兹編記南渡以後高、孝、光、寧四朝事迹，上自帝系帝德，朝政國典，下及見聞瑣事，分門纂之。嘉泰二年（1202）自序云："心傳年十四五時，侍先君子官行都，頗得竊窺玉牒、所藏金匱石室之副，退而過庭，則獲剽聞名卿才大夫之議論，每念渡江以來，紀載未備，使明君賢臣、名儒猛將之行事，猶鬱而未彰，至於七十年間，兵戎財賦之源流，禮樂制度之因革，有司之傳，往往失墜，甚可惜也。乃緝建炎至今，朝野所聞之事，凡不赦一時之利害與諧人之得失者，分門著録，起丁未，迄壬戌，以類相從，凡六百有五事，勒爲二十卷。或謂心傳曰：'子之是書，固學者之所宜究也。況言人之善，而不及其惡；記人之功，而不録其過，是書之行於世也則宜，雖然子以論著之餘，而記見聞之故，凡有所取，則未及乎取者，必以爲見遺；凡有所揚，則不足乎揚者，必疑其奸，抑吾懼夫兩端之怨詈將不得免，子安用此其以賈禍也，可不慮哉。'心傳謝曰：'下國上野之人，上而名卿才大夫，下而巖穴幽棲之士，其未識之者衆矣；遠而朝廷四方，久而二萬七千八百四十有八旬之事，其未聞與未知者亦不少矣。事苟有所略，人苟有所遺，蓋孤陋寡聞之罪，非敢去取乎其間也。嗣有所得，屢書不一，書而後已可乎哉。'既以告人，遂筆其辭於編首。"《四庫全書總目提要》曰："是書取南渡以後事迹，分門編類，甲集二十卷，分上德、郊廟、典禮、制作、朝事、時事、故事、雜事、官制、取士、財賦、兵馬、邊防十三門。乙集二十卷，少郊廟一門，而末卷別出邊事，亦十三門。每門各分子目，雖以雜記爲名，其體例實同會要，蓋與《建炎以來繫年要錄》互相經緯者也。甲集成於嘉泰二年(1202)，乙集成於嘉定九年(1216)，書前各自有序。周密《齊東野語》嘗論所載趙師睪犬吠，乃鄭斗所造以報撻武學生之憤；許及之屈膝，費士寅拘寶，亦皆不得志報私讎者撰造醜詆，所謂韓侂胄儹逆之類，悉無其實云云，蓋掇拾群言，失真者固亦不免，然於高、孝、光、寧四朝禮樂刑政之大，以及職官科舉兵農食貨，無不該具，首尾完贍，多有馬端臨《文獻通考》、章俊卿《山堂考索》、及《宋史》諸志所未載，故《通考》稱爲南渡以來野史之最詳者。王士禎《居易錄》亦稱其大綱細目，粲然悉備，爲史家之巨擘，言宋事者當必於是有徵焉。"按，此書最早之刻本，今所知者爲宋成都辛氏刻本，[1]今四庫本係據兩淮鹽政採進鈔本著錄，《提要》云："今惟寫本僅存"。實則宋刊猶有殘本，張金吾《愛日精廬藏書志》卷一九著錄宋刊本六卷，云："版心有記乙及十一至十五等字，蓋乙集卷十至卷十五六卷也。卷十卷十一曰時事，卷十二曰故事，卷十三十四曰雜事，卷十五曰官制，分卷與聚珍本異。是本首尾

---

①　説見《四庫全書總目提要》。

卷數俱經刊改，妄填一二三四五六等字。幸版心未動，得以
考見原書卷第，據之更正云。"《丁丙善本書室藏書志》卷一三
著録舊鈔本兩部，一從宋刊本出，一從元刊本出。一爲馬笏
齋藏本，云："卷首列宣取《繫年要録》指揮二通，國史院公牒
一件，又無名氏序一篇，而無書坊標白之語，較聚珍所刊卷一
'恭淑韓皇后'條八月下多'歸于邸第，封新安郡夫人，十六年
三月封崇國夫人'；卷六'近歲堂部用闕'條末多'小使臣初用
五年一月戊申，吏部請用李闕慶元六年閏六月半闕，許之'雙
行夾注廿八字；卷十六'營田條農器'下多'以之別細'四字；
卷十八'四川廂禁民共數條此乾道之籍也'上多'而民兵保甲
不仰給者八萬餘人'；'興元良家子條實備他用'下多'又私置
雞店六所及收諸津渡鹽稅以給焉，紹熙末楊嗣勳申嚴鹽法，
奏言本府自有義士廂禁軍良家子'四十五字；'川秦買馬'條
多小注'歲收茶帛數'五字；下集卷十三'愛王之叛'條末多小
注'明昌六年，本朝慶元元年承安四年，本朝慶元六年。作此
録後數年，乃見有記虜中事者，以愛王爲鄗王允恭之子。按，
允恭乃原王璟之父，淳熙十六年三月，密剳下沿邊諸州避其
名諱甚詳，昔以爲鄗王後，甚誤矣。'八十餘字；卷十七'四川
收兌九十一界錢引'條'不能守其初約也'下多'所謂大制司
二百萬緡者其半以三路鹽井户月額每三萬斤料賣不理選限
將仕郎一道計直千緡三路十七州共費一千道，計直百萬緡，
其半則以給賣號官鹽井舊民户没官之井，自建炎以來，依坊
場法召人投買除引息土產稅錢外量增課息。嘉定元年逢孺
給從總投買除引息土產稅錢外量增課息。嘉定元年逢孺給
從總領所人中口爲業得錢數十萬緡至是口心司以爲計司速
於求售酬未當直所召人寔封投買又得錢近百萬緡初不令悉
輪舊引于官以充口口之人'一百七十字，其餘小注誤入正文

及一二脱落之字，不能指數，勝聚珍遠甚。此本殆從宋時成都辛氏刊本而出歟？有‘馬玉堂印’‘笏齋’二印。”一爲吳氏繡谷藏書，云：“……又有宣取《繫年要録》指揮，史院文牒數通，國史院、實録院等官銜姓，又記云：‘是書蜀都李氏刊行已久，今依宋本摹刻，以廣其傳，但其間有事涉忌諱者，不敢不隱，幸鑑。’似元代坊刻之辭。今聚珍本刊爲四十卷，李氏《函海》重刊之，此則趙清常假焦弱侯宋本臨鈔，經吳尺鳬、許宗彥先後收藏。凡存前集十四卷，後集十七卷。前集又缺卷三至卷十四十二卷，乃與聚珍本叙次稍異。今以漢唐齋馬氏精鈔本補缺卷，以成全璧。張月霄《藏書志》有宋刊殘本六卷，版心計一十至十五等字，殆與此本相同也。有‘繡谷亭主’‘瓶花齋’‘吳焯之印’‘尺鳬’諸印。”今則此宋刻殘本及二舊鈔本並不之見。

今目前所藏善本有：臺北“故宫博物院”藏清文淵閣《四庫全書》本，臺北“國家圖書館”藏清嘉慶六年吳縣錢氏華古齋烏絲闌精鈔本，係前國立北平圖書館所寄藏。清光緒乙未(二十一年，1895)，會稽孫星華以殿本爲底本，校以影宋本，並考諸宋史，撰爲《校勘記》五卷，今光緒二十五年(1899)廣雅書局所刊《武英殿聚珍版書》及民國二十五年(1936)上海商務印書館所印行《叢書集成初編》，並附載之。

聖政草一卷　宋陸游撰　佚

游，字務觀，越州山陰人，宰子也。早有文名，以蔭補登侍郎，鎖廳薦送第一，秦檜孫塤謫居其次，爲秦檜所嫉。檜死，始爲寧德主簿，孝宗稱其力學有聞，言論剴切，除樞密院編修，後知夔嚴二州，皆有建白。范成大嘗奏游爲參議官，以文字交。不拘禮法，人譏其頽放，因自號放翁。以寶章閣待制致仕。著有《老學庵筆記》《山陰詩話》《家世舊聞》《陸氏續集驗方》

《劍南續稿》《渭南集》及《南唐書》等。事迹具《宋史》卷三九五、《宋史新編》卷一四七、《南宋書》卷三七、《皇宋書録》卷下、《宋詩鈔》及南宋館閣續録等書。

此書《宋史·藝文志》史部故事類著録。

《直齋書録解題》卷五典故類著録《高宗聖政草》一卷，陳氏曰："陸游載隆興初奉詔修《高宗聖政》，草創凡例，多出其手，未成而去，私篋不敢留稿，他日追記得此，録之而書其後，凡二十條。"

考《渭南文集》卷二六載《跋高宗聖政草》曰："某被命修《光堯皇帝聖政》，草剏凡例，網羅放逸，錐寢食間，未嘗置也。然不敢以稿留私篋，暇日偶追記得此，命兒輩録之。隆興二年（1164）十月一日，左通直郎通判鎮江軍府陸某記。"

按：《宋史·陸游傳》云："孝宗即位，游遷樞密院編修官兼編類聖政所檢討官。後因言事，聖政未成而去。"

中興治迹統類三〇卷　宋彭百川撰　佚

百川，字叔融，眉山人。《鶴山大全集》卷五九載跋丹稜彭君墓誌銘。

此書《宋史·藝文志》史部故事類著録。

《直齋書録解題》卷五典故類著録《皇朝治迹統類》七十三卷，陳氏曰："眉山彭百川（叔融）撰，略用袁樞《通鑑本末》條例，爲前集四十卷，中興後事爲後集三十三卷。"

按，百川採宋代典故，分門編類，爲《治迹統類》四十卷及《中興治迹統類》三十三卷二書，四十卷者又稱前集，三十三卷者稱後集。清四庫館據朱彝尊從焦竑家藏本鈔傳者著録，得前集三十卷，而後集則未見。《四庫提要》謂前集於朝廷大政及諸臣事迹，條分縷析，多可與史傳參考。惜後集不傳矣。

列聖孝治類編一〇〇卷　宋張綱撰　佚

綱,字彦正,自號華陽老人,潤州丹陽人。徽宗大觀政和試舍法,五中首選,由太學正歷官至徽猷閣待制,忤蔡京王黼,歸。南渡試給事中,與秦檜不合,復歸。檜死,起用,官至參知政事,後以資政殿學士知婺州,尋致仕,卒年八十四,諡章簡。著有《尚書解義》《六經辨疑》《六經確論》《見聞録》《華陽集》等。事迹具《宋史》卷三九〇、《宋史新編》卷一四二、《南宋書》卷二三、《京口耆舊傳》集《宋大臣年表》等書。

此書《宋史・藝文志》史部故事類著録。

按:《宋史・張綱傳》云:"……召爲吏部侍郎兼侍讀,初講《詩・關雎》,因后妃淑女事,歷陳文王用人,寓意規戒,上曰:'久不聞博雅之言,今日所講,析理精詳,深啓朕心'。此編或其當時之講稿也。"

又按,綱嗜讀書,著述無虛日,建炎中金人南渡犯浙東,所過焚剽無噍類,綱平日手稿亦悉爲煨燼殆盡。迨其卒後,子堅裒集遺文,以類編次,僅得外制二百二十二,表疏九十八,奏劄六十八,故事十九,講義十九,啓八十四,雜文七十六,古律詩二百三十九,樂府三十四,釐爲四十卷,目曰《華陽集》,然殘編斷簡,十不存一二。[①] 然則,此編蓋亦不幸焚於兵火矣。

藝祖憲監三卷　宋黄度撰　佚

度,字文叔,紹興新昌人,號遂初,好學讀書,秘書郎張淵見其文,謂似曾子固。隆興元年(1163)進士,紹熙四年(1193)爲御史。寧宗即位,改右正言,以忤韓侂胄罷歸,侂胄誅,累官焕章閣學士。嘉定六年(1213)十月卒,進龍圖閣學士。著有《書説》《詩説》《周禮説》《仁皇從諫録》等。事迹具《宋史》卷

---

① 見《華陽集》子堅跋。

三九三、《宋史新編》卷一四八、《南宋書》卷四一一、《慶元黨禁》南宋館閣續錄及《宋制撫年表》等書。

此書《宋史·藝文志》史部故事類著錄。

按，《宋史·黃度傳》謂其晚年遷寶謨閣直學士，十上引年之請，不許，爲禮部尚書兼侍讀，趣入覲論藝祖垂萬世之統，一曰純用儒生，二曰務惜民力，上納其言。然則此編殆纂其論太祖之事者也。

仁皇從諫錄三卷　宋黃度撰　佚

度有《藝祖憲監》三卷已著錄。

此書《宋史·藝文志》史部故事類著錄。

按，《宋史》本傳曰："光宗以疾不過重華宮，度上書切諫，連疏極陳父子相親之義，且言太白書見犯天關，熒惑勾芒，行入太微，其占爲亂兵入宮，以諫不聽，乞罷去。又言以孝事君則忠，臣父年垂八十，菽水不親，動經歲月，事親如此，何以爲事君之忠？蓋託己爲諭，冀因有以感悟上心。又與臺諫官劾內侍陳源、楊順卿、林億年三人，爲今日禍根，罪大於李輔國。……上猶不聽，遂出修門，上諭使安職，度奏：有言責者不得其言則去，理難復入。"然則此編或其纂仁宗納諫之事以爲規戒者也。

宋朝開基要覽一四卷　宋趙善譽撰　佚

善譽，字靜之，太宗裔，幼敏慧力學，乾道五年(1169)試禮部第一。歷潼川路提刑轉運判官。居官威惠並著，引年乞祠，歸處一室，以圖書自娛，無疾而卒，年四十七。生平多著述，有《易説》《讀史輿地考》等。事迹具《宋史》卷二四七、《宋史新編》卷六三、《南宋書》卷一八等書。

此書《宋史·藝文志》史部故事類著錄。

按，陳傅良有《開基事要》一卷(一名《建隆編》)，摭太祖政事，起建隆迄開寶,書其綱要,又考累朝沿革得失疏于下,凡以表見立國之初意,《宋史·藝文志》史部別史類著録。此編殆與《陳書》相類也。

宋朝事實三五卷　宋李攸撰　佚

攸有《通今集》二〇卷已著録。

此書《宋史·藝文志》故事類著録。

按,此書雜纂宋代故事,以儀注爲多。[1] 原書早佚,惟《永樂大典》尚多徵引,可見梗概。清四庫館臣輯大典所收,據趙希弁《讀書附志》所載書目,一一分類編次,除爵邑一門,原本佚外其餘尚得十之七八,釐爲二十卷。《墨海金壺叢書》《叢書集成初編》所收者,並據四庫輯本也。

翰林雜記一卷　宋李宗諤撰　佚

宗諤有《永熙寶訓》二卷已著録。

此書《宋史·藝文志》故事類著録。

《直齋書録解題》卷六職官類著録《翰苑雜記》一卷,陳氏曰:"學士饒陽李宗諤(昌武)撰。"

《玉海》卷五七著録《翰林雜記》一卷,云:"學士李宗諤集翰苑觀制恩例爲定式,祥符中上之。"

按,郡齋讀書志著録不著撰人之《翰林雜志》一卷,乃輯唐韋執誼《故事》、元稹《承旨壁記》、韋來微《新樓記》、杜元穎《監院使記》、鄭璘《視草亭記并詩》、李宗諤《題名記》爲一編。《題名記》者,疑此書之別名也。

國信語録一卷　宋余靖撰　佚

靖有《漢書刊誤》三〇卷已著録。

此書《宋史·藝文志》故事類著録。

---

[1]　説見《郡齋讀書志》。

《直齋書録解題》卷七傳記類著録《慶曆正旦國信語録》一卷，陳氏曰："余靖慶曆三年(1043)使遼所記。"

按，《宋史·余靖傳》謂靖慶曆間三使契丹，習爲外國語，嘗爲番語詩。

北狩行録一卷　宋蔡絛撰　存

絛，興化軍仙游人，京子。尚茂德帝姬，拜駙馬都尉，金人陷京師，隨徽欽二帝北去，居五國城，陷金八年，事上皇頗謹。事迹具《宋史新編》卷一八六、《東都事略》卷一○一、《宋史翼》卷四○等書。

此書《宋史·藝文志》不著録，見陳《録》。

《直齋書録解題》卷五著録此書，陳氏曰："蔡絛、王若沖撰。"《四庫全書總目》雜史類存目著録此書，《提要》云：舊本題宋蔡絛撰。絛，蔡京之子，尚茂德帝姬，靖康元年(1126)從徽宗北行者也。然是書卷末云："北狩未有行紀，太上語王若沖曰：'一自北遷，於今八年，所履風俗異事，不爲不多，深欲紀録，未得其人，詢之蔡絛以爲學問文采，無如卿者，爲予記之云云。'"則是此書爲若沖所作，惟是《宋史·藝文志》亦以此書爲蔡絛撰，疑不能明，或絛其事，而若沖潤色其文歟。馬端臨《文獻通考》載是書，亦竝列二人之名，是時去靖康僅百餘年，當尚見舊本，獨其以絛爲絛，則刊本之誤。按《宋史》絛於是時久已流竄嶺南，未嘗從徽宗入金也。書中多諛頌徽宗之詞，在當時臣子之言，自不得不爾，未足爲異。惟稱太上紹述神考之志，未嘗忘懷，適有貨王安石《日録》者，欣然以絹十匹易之云云，則絛等堅護紹述之局，至敗亡而不變，爲可恨耳。書中稱徽宗在金，嘗得《春秋》，披覽不倦，凡理亂興廢之迹，賢君忠臣之行，莫不採摭其華實，探涉其源流，鉤纂樞要而編節之，改歲篇而成書，併稱太上賦詩寄淵聖，用親仁善鄰事，

曰此出《春秋》,然則徽宗嘗删纂《左傳》,勒爲一書矣,此則古
來志經籍者所未及,朱彝尊《經義考》中,亦未引及,是亦可資
異聞矣。

此書單刻本罕見,《學海類編》收此書一卷。

北征紀實二卷　宋蔡絛撰　佚

絛,字約之,自號百衲居士,仙游人,京子。官至徽猷閣待制。
絛頗能文,京既老眊,事悉決於絛,且代京入奏,由是恣爲奸
利,竊弄威柄。父京敗,絛流白州死。著有《西清詩話》《鐵圍
山叢談》。事迹具《宋史新編》卷一六六、《東都事略》卷一〇
一、《宋史翼》卷四〇等書。

此書《宋史·藝文志》故事類著録。

《直齋書録解題》卷五著録此書,陳氏曰:"蔡絛撰。叙伐燕本
末。歸罪童貫、蔡攸,亦欲爲京文飾,然京之罪不可掩也。"

金坡遺事三卷　宋錢惟演撰　殘

惟演有《咸平政録》三卷已著録。

此書《宋史·藝文志》故事類著録。

《直齋書録解題》卷六著録此書,陳氏曰:"學士吳越錢惟演
(希聖)撰。題名自建隆至天聖四年(1026),凡四十七人,自
開元而下合三百一十五人。其他典故,視前記詳矣。"

此書今傳者皆爲殘本,《説郛》卷七十七所收一本,亦爲殘本。

皇朝事實類苑二十六卷　宋江少虞撰　存

少虞,字虞仲,衢州常山人,緯從子。政和八年(1118)進士,
調天台學官,拒寇有功,擢延、饒、吉三州,治行第一。著有雜
著、經説、奏議百餘卷。事迹具《宋元學案補遺》卷六。

此書《宋史·藝文志》故事類著録。

前有紹興十五年(1145)五月江氏《自序》,云:"我家肇興垂二
百年,太平憲物容典蹤治,古而增華,未有緝熙炳焕可考如今

者也。凡聖謨神訓，朝事典物，與夫勳名賢達，前言往行，藝術仙釋，神怪外夷，纖悉備有，釐爲二十八門。"

《直齋書錄解題》卷十四著錄此書，陳氏曰："知吉州江少虞撰，紹興中人，其書亦可入小說類。"

《四庫全書總目》雜家類著錄此書六十三卷，《提要》云："宋江少虞撰。少虞始末未詳。據《序》首自題稱左朝請大夫權發遣吉州軍州事，而《江西通志》亦未載其履貫，蓋已不可考矣。其書成於紹興十五年（1145），以宋代朝野事迹見於諸家記錄者甚多，而畔散不屬，難於稽考，亦未選擇類次之，分二十二門，各以四字標題，曰祖宗聖訓、君臣知遇、名臣事迹、德量智識、顧問奏對、忠言讜論、典禮音律、官政治績、衣冠盛事、官職儀制、詞翰書籍、典故沿革、詩賦歌咏、文章四六、曠達隱逸、仙釋僧道、休祥夢兆、占相醫藥、書畫技藝、忠孝節義、將相才略、知人薦舉、廣智博識、風俗雜記。《自序》作二十八門，蓋傳錄之訛也。所引之書悉以類相從，全錄原文，不加增損，各以書名注條下，共六十餘家，凡十四年而後成，故徵集極爲浩博。其中雜摭成編，有一事爲兩書所載，而先後並存者，又如邊鎬稱邊和尚等事，及諸家詩話所摘唐人詩句與宋朝事實無所關者，亦蓋錄之，未免疏於簡汰，然北宋一代遺文逸事，略具於斯。王士禎《居易錄》稱爲宋人說部之宏構，而有裨於史者，良非誣也。其間若《國朝事始》《三朝聖政錄》《三朝訓鑑》《蓬山志》《忠言讜論》《元豐聖訓》《傅商公佳話》《兩朝寶訓》《熙寧奏對》《劉真之詩話》《李學士叢談》等書，今皆久佚，藉此尚可考見一二，是尤說家之總彙矣。王士禎載此書作四十卷，今本實六十三卷，檢勘諸本皆同，疑爲士禎筆誤，或一時所見偶非完帙歟。"

此書傳本尚多，臺北"國家圖書館"有日本元和七年（1621）活字本三部，其中一部有近人渠夢翔手書題記，一部爲前國立北平圖書館舊藏。又有明鈔本一部，係前國立北平圖書館舊藏。又有舊鈔本一部，僅存五卷，存卷十九至卷二十三，清王端履手校。又有鈔本一部，朱校。臺北"故宮博物院"有清文淵閣《四庫全書》本。

中興館閣録十卷　宋陳騤撰　殘

騤，字叔進，臨海人，紹興中舉進士第一，光宗時爲吏部侍郎，寧宗時知樞密院事，兼參政知事，卒謚文簡。著有《中興館閣書目》《文則》等書。事迹具《宋史·藝文志》卷三九三、《宋史新編》等書。

此書《宋史·藝文志》故事類著録。

《直齋書録解題》卷六著録《中興館閣録》十卷《續》十卷，陳氏曰："秘書監天台陳騤（叔進）撰。淳熙中，騤長蓬山，與同僚録建炎以來事爲此書，李燾（仁父）爲之序，《續録》者，後人因舊文增附之。"

《四庫全書總目》職官類著録《南宋館閣録》十卷《續録》十卷，《提要》曰："《南宋館閣録》十卷，宋陳騤撰，《續録》十卷，無撰人名氏。騤字叔進，台州臨海人，紹興二十四年（1154）進士第一，慶元初官至知樞密院事，兼參知政事，忤韓侂胄，提舉洞霄宮，卒謚文簡。事迹具《宋史》本傳。陳氏《書録解題》謂淳熙中騤長蓬山，與同僚録建炎以來事爲此書，李燾爲之序。《續録》者，後人因舊文而增附之。今考其録所載，自建炎元年（1127）至淳熙四年（1177）；《續録》所載，自淳熙五年（1178）至咸淳五年（1269），皆分沿革、省舍、儲藏、修纂、撰述、故實、官秩、廩禄、職掌九門，典故條格，纖悉畢備，亦一代文獻之藪也。世所傳本，訛闕殆不可讀，惟《永樂大典》所載，差爲完具，今互相考訂，補其脱漏者三十一條，正其舛錯者一十六條,而其紀載諸人爵里有與《宋史》互異者,並爲臚注,以資參考。惟《前録》中沿革一門,《續録》中廩禄一門,《永樂大典》所載亦全卷皆佚,無從補葺,蓋是書殘闕已在明以前矣,今亦姑仍其舊焉。"

此書之傳本,均爲殘本。《四庫全書》本據《永樂大典》本著録,爲不完之本。臺北"國家圖書館"有三部:一部爲宋嘉定三年(1210)刊寶慶至咸淳間增補本,缺卷一,有清黄丕烈、沈秉成等手跋。一部爲影鈔宋嘉定三年刊寶慶至咸淳間增補本,缺卷一,有清勞權手校並跋。一部爲清袁氏貞節堂藍格鈔本,爲前國立北平圖書館舊藏。

秀水閑居録二卷　宋朱勝非撰　存

勝非,字藏一,蔡州人,徽宗二年(1103)上舍登第,高宗朝官至尚書右僕射,同中書門下平章事,出知湖州,卒諡忠靖。事迹具《宋史》卷三六三、《宋史新編》卷一二七、《南宋書》卷一〇等書。

此書《宋史·藝文志》故事類著録。

《直齋書録解題》卷十一著録此書三卷,陳氏曰:"丞相汝南朱勝非(藏一)撰,寓居宜春時作。秀水者,袁州水名也。"

此書單刻本罕見,《古今説部叢書》《説郛》所收,並作一卷。

六、職官類

東漢百官表一卷　宋不著撰人　佚

此書《宋史·藝文志》職官類著録。

《玉海》卷一一九引《中興書目》云："《東漢百官表》一卷，不知作者。紀建武至建安三公百官罷免月日。"

按：此書《宋志》始見著録，殆宋時人所爲。

詞科雜録四卷　宋唐仲友撰　佚

仲友，字與政，金華人。高宗紹興二十一年(1151)登進士第，兼中宏詞科，通判建康府。孝宗時上萬言書論時政，孝宗嘉納，召試除秘書省著作郎，疏陳正心誠意之學，出知信州，以善政聞。後與朱子忤，爲朱子論罷。著有《唐史義》《續唐史精義》《帝王經世圖譜》《地理詳辨》《説齋文集》等。事迹具《南宋書》卷六三、《宋史翼》卷一三、《南宋館閣録》《宋人軼事彙編》等書。

此書《宋史·藝文志》不著録，見《金華經籍志》卷一〇史部職官類。

按：此殆記當時考試選官之制度者也。仲友所著甚富，惟歷經兵燹，泰半亡佚。明初，諸孫懷敬採擇其論議、記序、書銘、雜著、奏議等一百五十四篇，釐爲十卷，《九經發題》《愚書》二書置於卷前，《詞科雜録》則列于後，合十五卷，題"説齋先生文粹"付梓以行，蘇伯衡爲之序。今檢《蘇平仲文集》卷五載《説齋先生文粹序》，略云："宋自濂溪周子、河南程子，倡明性理，號爲道學，遞相傳授。至乾道、淳熙間，紫陽朱子、廣漢張子、東萊吕子，鼎立於一時，而東南學者，翕然宗之。説齋唐公，出乎其時，又與吕子同居於婺，而獨尚經制之學，真可謂特起者矣……然天性廉直，利不能回，勢不能撓，忤物既多，謗讟攸歸，仕未通顯，而遽自引退，其欲發而措之事業者，僅推而托之論述，此君子之所以追恨而深惜者也。所著書《六經解》百五十卷，《九經發題》《經史難答》《孝經解》《愚書》各一卷，《諸史精義》百卷，《帝王經世圖譜》十卷，《乾道秘府群書新録》八十三卷，《天文》《地理詳辯》各三卷，《故事備要》《詞科雜録》各四卷，《陸宣公奏議詳解》十卷，《説齋文集》四十卷。今去公垂二百年，薦更兵燹，行乎世者，惟《經世圖譜》《諸史精義》耳，其他傳者，蓋亦無幾矣。揚雄有言：‘存則人，亡則書。’欲求公於公之書，而其書又如此，不愈大可惜哉！諸孫懷敬爲是極力搜訪，得文集焉。觀士介所爲序，乃重刊本也。以《發題》《愚書》足四十卷之數，且駢儷之什，應用之作居多，然則亦非彙次之舊矣。欲採擇爲文粹，嘉惠承學，則又懼以寡聞淺見，而輒去取，犯不韙之罪。伯衡曰：梁昭明太子統，嘗以一人之見，去取秦漢至本朝數千百年諸家之作爲《文選》矣；宋姚鉉嘗以一人之見，去取唐三百年諸家之作爲《文粹》矣；他若《文鑑》《文類》，未易枚舉。至於昌黎之文，自謂約《六經》之旨，孰得去取之？而公嘗掇取二十六篇爲《韓子》。今是舉也，猶是意也，奚爲而不可？使是集出，則公之學術，庶亦粗足表見。後公而作者，有志於學，而無從見其書，一旦得而見之，豈不深可藉而若獲拱璧哉！於是懷敬探擇論議、記序、書銘、奏議、雜著、館職策一百五十四首，釐爲十卷。其《發題》《愚書》則寘于前，《詞科》仍列于後，合十五卷。不鄙以《序》見屬，伯衡晚陋，何足以知公。竊嘉懷敬不墜其家學，喜承學之士，得有所考，故不辭而書之。”

今所存者：《四庫全書》收録《帝王經世圖譜》十六卷，民國十三年(1924)永康胡宗楙夢選庼輯刊《續金華叢書》,收錄仲友所撰《詩解鈔》一卷,《九經發題》一卷,《魯軍制九問》一卷,《愚書》一卷,《悦齋文鈔》十卷、《補》一卷,此書則佚而不存矣。

中興百官題名五〇卷　宋何異撰　輯

異,字同叔,撫州崇仁人,紹興二十四年(1154)進士,孝宗時官右正言,奏疏多峻切,累遷工部尚書,以寶章閣直學士知泉州,致仕卒,年八十一。著有《月湖詩集》。事迹具《宋史》卷四〇一、《宋史新編》卷一四八、《南宋書》卷四二、《慶元黨禁》及《南宋館閣續錄》等書。

此書《宋史·藝文志》職官類著録

按:《直齋書録解題》著録此書,謂"首卷爲《宰輔拜罷録》,餘以次列之,刻板浙漕,其後以時增附。渡江之初,庶務草創,諸司間有不可考者,多闕之。"①原本久佚。清乾隆三十八年(1763),錢大昕從《永樂大典》輯得《翰林學士》一卷;光緒丙申(二十二年,1896),繆荃孫又自《永樂大典》中,鈔出《中興行在雜買務雜賣場提轄官題名》一卷及《中興東宮官寮題名》一卷,與錢氏所輯者合刊,目曰《宋中興百官題名》三卷,收於宣統二年(1910)繆氏所輯刊之《藕香零拾叢書》中。錢大昕跋《翰林學士》一卷云:"《宋中興百官題名》今存《永樂大典》者,曰《翰林學士院》,曰《諫院》,曰《登聞檢院》,曰《登聞鼓院》,曰《進奏院》,曰《官告院》,曰《文思院》,曰《糧料院》,曰《樞密官屬》。"而大昕衹録《翰林學士》,餘未鈔出。今《永樂大典》已殘,無從再考,深爲可惜。

---

①　見《直齋書録解題》卷六史部職官類。

宰輔年表一卷　宋不著撰人　佚

此書《宋史·藝文志》職官類著録。

按：《通志·藝文略》有《熙豐宰輔年表》一卷，不著撰人，疑即此書。

唐宰輔編年録不著卷数　宋季光弼撰　佚

光弼，字觀國，温州平陽人。少穎悟，于書無所不讀。紹興二十七年（1157），主鹽官簿，擇師勸學，士咸奮勵。改邵州教授，丁母憂去。服除，授寧德縣丞，勤於荒政。隆興初，畿邑大歉，京尹以事屬之，列急務六條獻之，隨即施行。除知嵊縣，連歲洊饑，山谷窮民，易致嘯聚，加意撫摩，民得安堵。淳熙十年（1183）卒于官，年五十七。事迹具《宋元學案補遺》卷四〇。樓鑰《攻媿集》卷一〇〇有《知嵊縣季君墓誌銘》。

此書《宋史·藝文志》不著録，見《温州經籍志》卷一三史部職官類。

樓鑰《攻媿集》卷一〇〇《知嵊縣季君墓誌銘》曰："皇帝即位之六年四月戊辰朔，日有食之，君撫光武十事，備論以進，目曰美芹，文簡而旨深，意篤而言婉。有旨：'季光弼所獻文字，有補治道，可與循兩資。'君一日聞西府除目，愀然曰：'樞筦與中書並立，繫朝廷輕重，其可忽諸。'遂考唐之宰相，起自武德裴寂，終於天祐楊涉，作《編年録》，論説二百五十有五。去取抑揚，皆有微意。苟位之非據，假以隆名，雖元勳如郭子儀，亦不得預，讀者爲之聳嘆。君字觀國，居平陽之桂源，紹興二十七年（1157）登進士，授左迪功郎，調福州福清縣主簿，授臨安府鹽官主簿，升左從政郎，特旨授左儒林郎，充邵州教授，授福州寧徵縣丞，改通直郎，知紹興府嵊縣，磨勘轉奉議郎，卒于縣治，年五十有七。銘曰：唐三百年曰宰曰輔，汎論其尤。姚宋房杜，君獨究觀。一一論著，忠邪旷分。咸有

旨趣：位非其據，勳如汾陽而不與；事有責備：德如晉公而
不恕。上可以發潛德，而誅奸諛；下可以垂世鑑，而切
時務。"

宰輔編年録二〇卷　宋徐自明撰　存

自明，字誠甫，號慍堂，永嘉人。慶元六年（1200）官太常博
士。嘉定八年（1215）轉朝請郎，十年（1217）知永州，官終零
陵郡守。著有《零陵志》十卷。事迹具《宋詩紀事補遺》卷六
六。余嘉錫《四庫提要辨證》卷八據《宋會要輯稿》、咸淳《毘
陵志》《八瓊室金石補正》卷九二等書，於自明之出處年月，多
所考證。

此書《宋史·藝文志》職官類著録。

按：宋代官制，以中書省、樞密院爲二府，俱宰輔之職。中書
省掌進擬庶務，宣奉命令，行臺諫章疏，群臣奏請興創改革，
及中外無法式事，應取旨事，凡除省臺寺長貳以下，及侍從職
事官外任、監司節鎮知州軍通判武臣遙郡橫行以上除授，皆
掌之。樞密院掌軍國機務、兵防邊備戎馬之政令，出納密令，
以佐邦治，凡侍衛諸班直，内外禁兵招募、閲試、遷補、屯戍、
賞罰之事皆掌之。[①] 故本書自平章事、參知政事、樞密使、知
樞密院事、同知簽書樞密院事，皆編年系日，著其名位，詳其
除罷黜陟之由。起建隆庚申（元年，960），迄嘉定乙亥（八年，
1215）。寶祐丁巳（五年，1257），陸德興序此書云："《本朝大
詔令》登載相歷，不及執政之制。《宰輔拜罷録》，僅記歲月名
氏，而揚廷之命無述焉，覽者病之。故太常博士徐君自明，纂
成《宋朝宰輔編年録》二十卷，首起建隆庚申（元年，960），至
于嘉定乙亥（八年，1215），凡二百五十餘年。本之以《長編》

---

① 見《宋史》卷一六一《職官》一、卷一六二《職官》二。

《繫年録》，緯之以《大詔令》，《拜罷録》與夫《玉堂制草》諸書，而一時黜陟之由，群公評品之論，奉常行實之考，旁引曲彙，靡有漏略，其用心亦勤矣。夫一代之盛，有一代之元勳碩輔，鉅德豐功，銘于彝鼎，書于旂常竹帛，固不待贅述。其間賢佞進退，正邪消長，關于世道泰否者，瞭然一覽之頃，辭令云乎哉。彼齊魯大臣，史失其名；漢相列傳，獨書免册。是編也，其亦足信史羽翼歟！君之子居誼，宰永陽，有廉稱，輟奉鋟梓于學，可謂能成先志者，我宋億萬年無疆惟休，臣亦有無窮之聞，續而書之，未有艾云。"

《四庫全書總目提要》謂此書本末賅具，最爲詳核，云："……又據《宋朝大詔令》《玉堂制草》，備録其鎖院制詞，更有裨於文獻。以《宋史宰輔年表》互相考校，如建隆元年（960）趙普拜樞副，此録在八月甲申，而《年表》在戊子；太平興國四年（979），石熙載拜簽樞，此録在正月庚寅，而《年表》在癸巳；太平興國八年（983），宋琪拜參政，此録在三月庚申，而《年表》在癸亥；雍熙三年（986），辛仲甫拜參政，此録在六月戊戌，而《年表》在甲辰；此類極多，亦足爲讀史者考異之助。至宋世所降歷制，例載某人所行之詞，此録閒存姓名，亦可備掌故。其中如熙寧四年（1071），陳升之起復入相制，乃元絳之詞，載於《宋文鑑》中，以升之力辭不拜，其事未行，並其制詞不録是也。至如端拱元年（988），吕蒙正拜相制，爲李沆之詞；治平二年（1065），文彥博除樞密使制，熙寧二年（1069），陳升之拜相制，皆爲王珪之詞；元符三年（1100），曾布拜相制，爲曾肇之詞，亦並見於《宋文鑑》，而此反闕註，皆不免有所挂漏。然二百五十年間，賢奸進退，畢具是編，於以考國政而備官箴，亦可云諳習典故者矣。

又按：此書當時未曾刊行，自明既歿，寶祐間，其子居誼始之

梓行，①此宋刊本，今已罕見。明萬曆戊午（四十六年，1618）
河南督學副使呂邦耀始得鈔本於焦太史（竑）家，而闕十七、
十八兩卷，後宗室朱勤美以所藏殘本補足，復梓以傳。② 卷前
有寶祐五年（1257）陸德興、趙□、陳昉、章鑄等序，及萬曆戊
午（四十六年，1618）陳邦瞻、王惟儉、呂邦耀等《序》，瞿鏞鐵
琴銅劍樓藏有此明刊本，③《四庫本》據兩淮鹽政採進本所著
錄者，即呂氏刊本也。錢大昕《潛研堂文集》卷二八嘗跋此本
曰："《宰輔編年錄》二十卷，起建隆庚申，訖嘉定乙亥，首尾晐
備，永嘉徐自明所撰。寶祐丁巳，子居誼知永福縣，鐫板縣
學。序之者：寶章閣學士陸德興、龍圖閣學士知西外宗正事
趙□□、集英殿修撰陳昉、福建轉運判官章鑄，凡四人。予家
所藏，則明萬曆戊午河南督學副使呂邦耀刊本也。自明字誠
甫，號憩堂，官太常博士，終零陵郡守。予讀都氏《練川圖

---

　　①　寶祐五年（1257）陸德興《序》云："……君之子居誼，宰永陽，有廉稱，輙奉鋟梓
于學，可謂能成先志者。"趙□《序》云："永嘉徐常博自明作《宋朝宰輔編年錄》，其子永
陽邑大夫居誼刊之于梓，謁《序》于予。"
　　②　萬曆戊午（四十六年，1618）四月望日呂邦耀《序》云："……是書也，鈔本得之
焦太史先生處，中間字句訛缺甚多，仍其舊文，不敢臆改。而孝宗一卷全缺，惜非完本。
但作者苦心不宜泯没，故付之剞劂氏。而董正者：駕部揖仲王公，周藩伯荣宗正也。"
是年六月望日呂邦耀《又序》云："萬卷堂者，伯荣藏書之所也。《萬卷堂書目》，已自卷
帙浩煩，覽之終日不能竟，書可知矣。書目中所有者，或梓本，或勦本，皆善本也。而漏
卷漏葉及錯亂之甚者，則真敝篋中，有其書而無其目。《編年錄》梓完，已裝成帙矣，適月
之六日，伯荣曬書於萬卷堂下，偶檢敝篋於亂書中，得一書焉。因漏逸三卷，故沈埋敝
篋，而新刻所逸之十七卷十八卷，則宛然在也。噫！奇矣哉！始也索之於千里之外，失
於一室之內；今也得之於一室之內，合之於千里之外。其始也孰秘之，今也孰現之耶！
豈非造物者有數存乎其閒耶！天生神物，終當合耳。此事之奇，何讓豐城劍也。然畢竟
合之於伯荣，豈文獻之家，即造物之所注耶？ 固知宇內奇事，未有不天人參焉者也。"
　　③　《鐵琴銅劍樓藏書目錄》卷一二著錄明刊本《宋宰輔編年錄》二十卷，云："宋徐
自明撰。是書寶祐間，自明子居誼嘗刻於永福縣學，後漸亡佚。萬曆間，河南王揖仲欲
重纂《宋史》，搜得其書於焦弱侯處，已闕二卷，遂付諸梓刻成之。後督學呂邦耀復於周
藩宗正伯榮氏得宋刻殘本二卷，因補刻之，是書遂獲流傳於世。有寶祐五年陸德興、趙
某、陳昉、章鑄等《序》，及萬戊午陳邦瞻、王惟儉、呂邦耀等《序》。"

經》，載南宋知縣有金華徐自明，與誠甫同姓名，而籍貫異，計其時代亦稍後，蓋別是一人。猶之知嘉定縣者有錢塘楊萬里，非誠齋也；知平江府者有永嘉陳均，非平甫也；知南海縣者有晋江王應麟，非厚齋也。"鄧邦述《群碧樓善本書目》卷五著錄鈔本一部云："前有寶祐丁巳陸德輿《序》，又寶祐五年知宗正趙□□《序》，又陳昉《序》，又章鑄《序》。"殆亦出自吕本。今則吕氏刊本亦不多見。《增訂四庫簡明目録標注續録》有清勞格輯續録稿本，在北京人文科學研究所，未得經眼。今所藏善本：臺北"故宮博物院"有清文淵閣《四庫全書》本一部，臺北"國家圖書館"有清初鈔本一部，"中央研究院"歷史語言研究所有抄本一部。民國十七年（1928），永嘉黃群輯刊《敬鄉樓叢書》，第二輯收録此書。

官品式律一卷　宋不著撰人　佚

此書《宋史·藝文志》職官類著録。

按：此編《宋志》始見，殆宋人所撰。

歷代官號一〇卷　宋不著撰人　佚

此書《宋史·藝文志》職官類著録。

按：此編《宋志》始見，殆亦宋人所撰

職林三〇卷　宋楊侃撰　佚

侃，字子正，錢塘人。素好學，日誦數萬言，雖飲食不釋卷。端拱中進士。咸平中，自薦獻所爲文，召試直集賢院，遷集賢殿修撰，晚爲知制誥。以避真宗舊諱，更名大雅。著有《大隱集》《西垣集》《兩漢博聞》等。事迹具《宋史》卷三〇〇及《北宋經撫年表》等書。

此書《宋史·藝文志》職官類著録。

《直齋書録解題》卷六職官類著録《職林》二十卷，陳氏曰："集賢院學士錢唐楊侃撰。咸平二年（999）所序。有胡昉者，明道二年(1033)作《後序》,增益事實七百四十五條,而以《新續》標之。侃,端拱進士,晚爲知制誥,避真宗舊諱,更名大雅,歐陽公其婿也,《集》中有《墓誌》。"

《玉海》卷一一九"咸平職林"條云:"咸平中,諫議大夫楊侃撰,二十卷,集歷代沿革,自三公至東宮官,善惡成敗,各編其事爲一百五十二門。明道中校書郎胡昉,又採唐事七百四十五條附於末。"

按:此書《通志》、陳《錄》《玉海》並云二十卷,《宋志》作三十卷,疑並胡氏所續數之也。

唐職林三〇卷　宋馬永易撰　佚

永易,字明叟,維揚人。嘗官池州石埭縣尉。著有《異號錄》(一名《實賓錄》)、《元和錄》《壽春雜誌》等書。史書無傳。

此書《宋史·藝文志》不著錄,見《直齋書錄解題》(卷六)職官類。

陳振孫曰:"石埭尉維揚馬永易(明叟)撰。以《唐六典》爲主而附以新史所載事實,頗採傳記歌詩之屬。政和乙未(五年,1115)天台左譽《序》。"

按:《唐六典》三〇卷,唐玄宗撰,李林甫等奉敕注。《直齋書錄解題》卷六引韋述《集賢記注》云:"開元十年(722),起居舍人陸堅,被旨修《六典》,上手寫白麻紙凡六條,曰理教、禮政、刑事、典令,以類相從,撰錄以進。張說以其事委徐堅,思之歷年,未知所適。又委毋煚、余欽、韋述,始以令式入六司,象《周禮》六官之制,其沿革並入注。然用功艱難,其後張九齡又以委范咸。二十六年(738)奏草上,至今在書院,亦不行。"其書以三師、三公、三省、九寺、五監、十二衛,列其職司官佐,叙其品秩,以擬《周禮》。今猶傳世,則此書之梗概,猶可想見。

又按：此書作者，陳《録》題馬永錫，今正。永易別有《異號録》
（一名《實賓録》）一書，陳《録》亦著録，題"馬永易撰"，此則誤
作"馬永錫"，蓋係誤刻。

百官要望一卷　宋孔至道撰　佚

至道，事迹待考。

此書《宋史·藝文志》職官類著録。

按：《通志》有不著撰人之《百官階次》三卷及《百官春秋》二十
卷等，蓋皆載官制官規等事者也。

百官箴六卷　宋許月卿撰　存

月卿，字太空，後字宋士，婺源許昌人。嘉熙四年（1240）進
士，授濠州司户參軍，數疏斥丁、賈奸邪，出提舉江西常平事，
召試館職罷歸。元軍下錢塘，閉門著書，自號泉田子，宋亡不
仕，晚號山屋，至元二十二年（1285）卒，年七十。謝枋得深推
重之，嘗書其門曰："要看今日謝枋得，便是當年許月卿。"著
有《先天集》（或題《山屋集》）。事迹具《宋史翼》卷三四、《宋
季忠義録》卷十一、《宋元學案》卷八九、《宋詩紀事》卷六八
等書。

此書《宋史·藝文志》不著録，見《宋史·藝文志補》職官類。
《四庫全書總目》職官類著録此編，《提要》曰："是書仿揚雄
《官箴》，分曹列職，各申規戒。考《宋史·百官志》：經筵乃言
路，兼官二府，掾乃樞密中書屬吏，參知政事以門下中書侍郎
爲之。登聞院隸諫議，進奏院隸給事中，俱轄於門下省。軍
器監、文思院，俱轄於工部。是書皆各自爲箴，蓋以所掌之事
區分，故既列本職，又及其兼官；既列總司，又及其所分掌；
非複出也。又考《永樂大典》所載宋何異《中興百官題名》，雖
殘闕不完，而所標官署職掌，與此書頗有異同，蓋自元豐變制
以後，品目至爲淆雜。南渡以後，分析併省，益以靡恒。此書

據一時之制言之,故互有出入也。前有月卿《進表》,稱《百官箴》並發凡言例共七帙,而今止六卷。校以次第,實無遺漏,殆原本《凡例》自爲一卷,傳録者合併之歟！虞人之箴,遠見《左傳》,繩闕匡違,其風自古,月卿效法其體,雖申明職守,僅託空言,而具列官邪,風戒有位,指陳善敗,觸目警心,亦未嘗無百一之裨焉。"

按:此書之刊本,《增訂四庫簡明目録標注》云《天一閣目》有刊本六卷;傅增湘有舊鈔本一部,[①]今並未之見。民國十一年(1922),無錫許同莘輯刊《新安許氏先集》,收録此書。今所藏善本,惟臺北"故宮博物院"所藏清文淵閣《四庫全書》本。

君臣政要三〇卷　　宋閻承琬撰　　佚

承琬,事迹待考,著有《六朝詠史》六卷。

此書《宋史·藝文志》職官類著録。

按:兹編蓋記百官職掌者也。

輔弼名對四〇卷　目録一卷　宋劉顔撰　佚

顔,字子望,彭城人。少孤,好古學,不專章句,舉進士第,以試秘書省校書郎知龍興縣,後坐事免。久之,授徐州文學,居鄉里,教授數十百人。除任城主簿,歷兖、青二州從事卒,門人私謚明道先生。著有《儒術通要》《經濟樞言復》數十篇。事迹具《宋史》卷四三二、《宋史新編》卷一六四、《史質》卷三八、《東都事略》卷九一、《隆平集》卷一五、《宋史翼》卷二三等書。

此書《宋史·藝文志》在子部類書類,無《目録》一卷;《郡齋讀書志》及《文獻通考》則置諸史部職官類,今從之

晁公武曰:"皇朝劉顔撰。纂西漢迄五代群臣應對之名者。

---

① 見《雙鑑樓善本書目》卷二。

汲黯有'天子置公卿輔弼之臣，寧令從諛承意，陷主不誼'之言，顏取以名其書。天聖初，馮元爲侍講，上之。顏嘗爲令，坐事免，由是詔復其官。"

《宋史翼》卷二三《劉顏傳》云："……採漢、唐奏議爲《輔弼名對》，馮元、劉筠、錢易、蔡齊上其書。"

省曹寺監事目格子四七卷　宋蒲宗孟撰　佚

宗孟，字傳正，閬州新井人，皇祐進士。熙寧元年（1068）改著作佐郎，召試學士院，進集賢校理，拜尚書右丞。帝嘗以無人才爲嘆，宗孟曰："人才半爲司馬光邪説所壞。"帝不悅，罷知亳、杭、鄆三州，徙河中卒，年六十六。著有《八路敕》。事迹具《宋史》卷三二八、《宋史新編》卷一〇七、《東都事略》卷八三、《宋大臣年表》等書。

此書《宋史·藝文志》職官類著録。

按：此編蓋載諸省、曹、寺、監、事等官之品階也。

天官考一〇卷　宋王柏撰　佚

柏，字會之，號長嘯，更號魯齋，金華人。少從何基游，質實堅苦，工詩善畫，著述甚富。嘗主麗澤、上蔡二書院。咸淳十年（1274）卒，年七十八，謚文憲。著有《讀易記》《書疑》《朱子繫年録》《魯齋集》《研幾圖》《可言集》等。事迹具《宋史》卷四三八、《宋史新編》卷一六七、《南宋書》卷四四等書。

此書《宋史·藝文志》不著録，見《世善堂藏書目録》卷下天文類，《金華經籍志》卷一〇則載諸史部職官類。

本朝宰執表八卷　宋譚世勣撰　佚

世勣，字彥成，潭州長沙人，元符進士，教授郴州，時王氏學盛行，世勣却其書不觀，又中詞學兼茂科，除秘書省正字。時蔡京子攸領書局，同舍郎多夤附以取貴仕，世勣在館六年不遷。京罷用，遷吏部，京復相，嫌不附己，罷提點太平宮。張邦昌僭國，令與李熙靖同直學士院，皆稱疾不起，以憂卒，年五十四。著有《易傳》、奏議、《外制》及文集等。事迹具《宋史》卷三五七、《宋史新編》卷一二四、《東都事略》卷一〇九及《宋史翼》卷一〇等書。

此書《宋史・藝文志》職官類著錄。

按：此編諸家書目罕見著錄。載宋宰相之書，又有陳繹《宋輔宰相表》一〇卷及不著撰人之《熙豐宰輔年表》一卷、《宋宰輔拜罷錄》二四卷等。

皇朝百官公卿拜罷譜不著卷數　宋陳傅良撰　佚

傅良，字君舉，號正齋，溫州瑞安人。孝宗乾道八年（1172）進士，官至中書舍人，寶謨閣待制，謚文節。傅良師鄭伯熊、薛季宣，而友呂祖謙、張栻，講求經制之學，不事空談，文章能自成一家。著有《周禮説》《春秋後傳》《左氏章指》《西漢史鈔》《建隆編》《漢兵制》《備邊十策》《歷代兵制》《孝宗聖政》（等）、《永嘉八面鋒》《止齋奧論》《止齋文集》等。事迹具《宋史》卷四三四、《宋史新編》卷一六五、《南宋書》卷三九、《慶元黨禁》《宋詩鈔》《宋中興學士院題名錄》等書

此書《宋史・藝文志》不著錄，見《溫州經籍志》卷一三史部職官類。

按：宋嘉定戊辰（元年，1208），傅良門人承直郎太學博士曹叔遠，撰《止齋先生文集序》云："……叔遠夙蒙掔策，俾窺津涯……是用敬輯遺稿，寄諸琬琰，儻開後哲，庶弗淪墜。矧韋布眩慕，影響編傳，或混幼作，或雜真贋，詭題叢帙，誕彌遐陬。輪耀掩污，理合釐別，故今衷次，斷自梅潭丁亥之後。凡歌辭古律詩、内外制、奏狀、劄子、表啓、書簡、序記、雜著、祭文、墓志、行狀，總五十一卷，即先生燕坐之齋，以爲集名。若成書則有《讀書譜》二卷，《春秋後傳》十二卷，《左氏章指》三

十卷,《周禮進説》三卷,《進讀藝祖皇帝實録》一卷。未脱稿則有《詩訓義》《周漢以來兵制》《皇朝大事記》《皇朝百官公卿拜罷譜》《皇朝財賦兵防税官志稿》,别自爲編,附識其目,庸燼湑亂。"然則,此編當時未成書也。

文武百官圖二卷　宋萬當世撰　佚

當世,慶曆間人,官太常博士,字里待考。

此書《宋史·藝文志》職官類著録。

《玉海》卷五六引《書目》云:"《文武百官圖》二卷,慶曆中太常博士萬當世撰,採本朝《合班儀》《新令文》《具員故事》等,分門引類,載階勳、爵邑、品秩、俸禄之要爲上卷;以天聖中左僕射平章事王欽若所撰《遷叙圖》及《合班儀》《封爵俸禄例》爲下卷。"

按:《通志》載此書一卷,殆併上下卷數之也。

宰相拜罷圖一卷　宋陳繹撰　佚
樞府拜罷録一卷　宋陳繹撰　佚
三省樞密院除目四卷　宋陳繹撰　佚

繹,字和叔,開封人,中進士第,爲館閣校勘,集賢校理,刊定《前漢書》。英宗臨政淵嘿,繹爲《王箴》以獻。判刑部獄,多所平反。帝稱其文學,以爲實録檢討官。神宗朝歷秘書監,集賢學士,知廣州,坐事貶建昌軍,後爲大中大夫卒,年六十八。有《東西府記》《南郊附式條貫》《熙寧編三司式》《隨酒式》等。事迹具《宋史》卷三二九、《宋史新編》卷一〇八及《北宋經撫年表》等書。

右三書《宋史·藝文志》職官類著録。

《郡齋讀書志》卷七職官類著録《陳氏宰相拜罷録》一卷,晁氏曰:"右皇朝陳繹奉詔編。起范質,止曾公亮。所載拜罷之由與實録不同。元祐中史臣謂繹多出己意。"同書又著録陳氏《樞府拜罷録》一卷曰："右皇朝陳繹編。起魏仁浦,止宋綬。"

《玉海》卷五八"紹興修宰輔録"條云："治平四年(1067)九月己丑,詔實録院檢討陳繹具上祖宗朝兩府拜罷之因,後撰《拜罷録》以進。紹興九年(1139)三月六日丙戌,詔《宰輔拜罷録》詳略失中,本末差舛,令史館重修。史館言:'凡牴牾者,宜悉改正。'從之。書未成,二十一年(1151)九月庚子,秘書少監林機建言,又命國史日曆所重修,然亦不克成。"

按:此三書殆繹爲實録院檢討官時奉詔所編。繹又有《相輔年表》一卷《續》一卷,起建隆庚甲(元年,960),迄治平丙午(三年,1066),本編另已著録。

百官公卿表一五卷　宋司馬光等撰　佚

光,字君實,陝州夏縣人。七歲凛然如成人,聞講《左氏春秋》,愛之,退爲家人講,即了其大旨,自是手不釋書,至不知寒暑飢渴。寶元初進士甲科,除奉禮郎,歷同知諫院。仁宗時請定國嗣。神宗時爲御史中丞,以議王安石新法,不合,去。居洛十五年,絶口不論時事。哲宗初起爲門下侍郎,拜尚書左僕射,悉去新法之爲民害者,在相位八月,卒,年六十八,贈太師溫國公,諡文正。居涑水鄉,世稱涑水先生。著有《易説》《繫辭説》《中庸大學廣義》《古文孝經指解》《切韻指掌圖》《切韻類編》《資治通鑑》《通鑑前例》《資治通鑑舉要曆》《稽古録》《歷年圖》《通鑑節要》《帝統編年紀事珠璣》《歷代累年》《涑水記聞》(部分偽)、《日録》《官制遺稿》《書儀》《涑水祭儀》《居家雜説》《家範》《宗室世表》《潛虛》《文中子傳》《揚子四家集注》《太玄經集注》《老子道德經注》《游山行記》《投壺新格》《醫問》《詩話》《三家冠婚喪祭禮》《紹聖三公詩》、文集等。事迹具《宋史》卷三三六、《宋史新編》卷一一二、《東都事略》卷八七上、《名臣碑傳琬琰集》上編卷六、《三朝名臣言行録》卷七、《元祐黨人傳》卷一等書。

此書《宋史·藝文志》職官類著録。

《郡齋讀書志》卷七職官類著録《百官公卿表》一百四十二卷，晁氏曰："右皇朝司馬光（君實）等撰。熙寧中，光以翰林學士兼史館修撰，建議欲據《國史》，旁採異聞，叙宋興以來百官除拜，效《漢書》作表，以便御覽，詔許之。光請宋敏求同修。及敏求卒，又請趙彦若繼之，歷十二年，書成奏御。"

《直齋書録解題》卷四編年類著録《百官公卿表》十五卷，陳氏曰："司馬光撰。其《序》曰：'朝廷所以鼓舞群倫，緝熙庶績者，曰官，曰差遣，曰職而已。所謂官者，乃古之爵也；所謂差遣者，古之官也；所謂職者，古之加官也。自建隆以來，文官知雜御史以上，武官閤門使以上，内臣押班以上，遷轉黜免，存其實，以先後相次爲表。'本入職官類，以《稽古録序》所謂'建隆接乎熙寧，臣又著之於《百官表》'，即謂此書，蓋與《通鑑》相爲表裏，故著之於此。案：晁氏《讀書志》有一百四十二卷，未詳。"

《玉海》卷一一九"熙寧百官公卿表"條云："熙寧二年（1069）十一月甲子朔，翰林學士史館修撰司馬光言：'欲據正史實録所載，旁採異聞，叙宋興以來迄今百官沿革、公卿除拜，仿《漢書》舊法，作《大宋百官公卿表》，以備奏御便省覽。'從之。詔所用文字委檢討官檢閲，是月命知制浩宋敏求同修。敏求卒，元豐二年（1079）五月己巳，集賢校理趙彦若代之。元豐四年（1081）八月辛巳（二十七日），光、彦若上所修六卷，盡治平二年（1065），《會要》云十卷，《國史》云六卷。自建隆元年（960），至治平四年（1069），依司馬遷法，記大事於上方，書成，詔付於國史。一云後續修至十五卷。"又引《書目》云："《百官公卿表》十五卷，彦若又自撰《宗室世表》

三卷,詔進入,並送編修院,賜銀帛有差。"

考《溫國文正司馬公集》卷六五載《百官表總序》,云:"四海至廣,雖聖人不能獨治;萬機至衆,雖聖人不能徧知。是故設官以分其事,量能而授之任,自生民以來,有國家者,莫之能易。唐、虞、夏、商尚矣,《周官》具存,粲然大備。降及秦、漢,迄于隋、唐,雖不能如三代之粹美,然上下相維,皆有條緒。……唐初,職事官有六省、一臺、九寺、三監、十六衛、十率府之屬,其外又有勳官散官,勳官以賞戰功,散官以褒勤奮,故必折馘執俘,然後進階,以其不可妄得,故當時人以爲榮。及高宗東封,武后預政,求媚於衆,始有汎階。自是品秩浸訛,朱紫日繁矣!……有至異姓王者,於是金帛重而官爵輕矣。或以大將軍告身,纔易一醉,其濫如此!重以藩方跋扈,朝廷畏之,窮極褒寵,苟求姑息,逐有朝編卒伍,暮擁節旄,夕解緹衣,旦紆公袞者矣。流及五代……三公端揆之貴,施於軍校,衣紫執象之榮,被於胥吏,名器之亂,無此爲甚。大宋受命,承其餘弊,方綱紀大基,未暇釐正,故臺省寺監衛率之官,止以辨班列之崇卑,制稟禄之厚薄,多無職業。其所謂官者,乃古之爵也;所謂差遣者,乃古之官也;所謂職者,乃古之加官也。自餘功目檢校官散官階勳爵邑,徒爲煩文,人不復貴。凡朝廷所以鼓舞群倫,緝熙庶績者,曰官曰差遣曰職而已。於三者之中,復有名同實異,交錯難知,又遷徙去來,常無虛日,欲觀其大略,故自建隆以來,文官知雜御史以上,武官閤門使以上,内臣押班以上,遷除黜免,删其煩冗,存其要實,以倫類相從,以先後相次,爲《百官公卿表》云。"

按:此書卷數,諸家所說不同。光《行狀》云六卷,晁《志》作一百四十二卷,李燾《續百官公卿表·自序》言表凡十卷,《宋志》作十五卷,《書録解題》同,而云晁《志》有一百四十二卷未詳。此書初殆六卷,後續修,增至十五卷。晁《志》一百四十二卷之書,實乃李燾續書。《文獻通考》引李燾《序》云:"司馬光以熙寧二年(1069)建議請撰宋興以來《百官公卿表》,元豐四年(1081)《表》成,凡十卷,詔送編修院,世莫知其書何如也。按:光集有《百官公卿表總序》:'文官知雜御史以上,武臣閤門使以上,内臣押班以上,其遷黜咸表見之。'初不紀其卷第。某家藏舊書有所謂《百官公卿表》者七卷……《年表》舊止七卷,卷第不均,今釐析之,與某所續編者總一百四十二卷,凡所增益倫類,具之《目録》,其故事則當别見《續紀》,此不重列。"

按此序,則温公本書止十卷,巽岩《續編》,推而廣之,合爲一百四十二卷。晁氏所言,乃巽岩續書,非温公本書也。惟晁氏在巽岩之前,當不得見李書,疑後人讀晁《志》者誤改也。

續百官公卿表一三二卷　宋李燾撰　佚

燾,字仁父,一字子真,號巽岩,丹稜人。高宗紹興八年(1138)進士,官至敷文閣學士,贈光禄大夫,謚文簡。著有《易學》《大傳雜説》《尚書百篇圖》《五經傳授》《説文解字五韻譜》《宋四朝國史》(與洪邁合撰)、《續資治通鑑長編》《六朝通鑑博議》《天禧以來御史年表》《天禧以來諫官年表》等書。事迹具《宋史》卷三八八、《宋史新編》卷一四三、《南宋書》卷三四等書。

此書《宋史·藝文志》不著録,據《文獻通考·經籍考》職官類所引李燾《序》著録。

按:此書乃燾續司馬光《百官公卿表》一五卷者也。温公之書,本編已著録。《文獻通考》引李氏《序》曰:"司馬光以熙寧二年(1069)建議請撰宋興以來《百官公卿表》,元豐四年(1081)《表》成,凡十卷,詔送編修院,世莫知其書何如也。

按：光集有《百官公卿表總序》：'文官知雜御史以上，武臣閤門使以上，内臣押班以上，其遷黜成表見之。'初不紀其卷第。某家藏舊書有所謂《百官公卿表》者七卷：宰相參知政事樞密使副爲一卷，三師三公左右僕射東宫三師之少賓客爲一卷，使相宣徽節度留後觀察爲一卷，尚書丞郎給諫常侍爲一卷，知開封府三司使學士舍人御史中丞爲一卷，觀文資政端明樞密侍講讀學士爲一卷，十二衛上將軍六軍統軍爲一卷。他官皆止天禧，惟宰相執政盡熙寧，疑此表則光等所修也。然卷第比《實錄》所載尚缺其三，倫類往往顛倒紛錯，而《總序》所稱閤門使及押班以上，皆絶不見，豈三卷所缺即此者，而傳寫偶失之歟？若然，則他官除拜俱當以元豐爲限矣，不應自天禧以來遽絶筆，但詳於宰相執政也。且當時修此《表》，歷十二年乃成，其久如是，其疏略顧如是，是必不然，當某家舊藏不得其純全耳。某能薄，不堪世用，頗願盡力於史學，而本朝故事，尤切欣慕。某既不自料，故追繼光作，將以昭明祖宗之盛德大業，使衆説咸會於一，不敢鑿空架虛，熒惑視聽，固當事事謹其月日，如古《春秋》，乃可傳信。彼百官沿革公卿除拜，皆事之最大者也，年表又安可缺？因取舊七卷，亟整治之，續編其年至宣和（1119—1125）止，元符（1098—1100）以前皆從《實錄》，治平（1064—1067）而上，又參諸正史，元符以後，又免憑所傳聞。國書既非人間通有，辛苦求得之，脱簡誤字，絶無他本可校，於先後次序，諒多牴牾。但憑所傳聞，則宣和距元符二十五、六年，兹不詳此，皆某之罪也。改而正諸，必有所待。《年表》舊止七卷，卷第不均，今釐析之，與某所續編者總一百四十二卷。凡所增益倫類，具之《目錄》，其故事則當別見續記，此不重列。"

又按：燾進此書，在紹興二十九年（1159）。考《建炎以來繫年要録》卷一八三云："紹興二十有九年秋七月戊戌,翰林學士修國史周麟之言:'左宣教郎知雙流縣李燾,嘗著《續皇朝公卿百官表》九十卷。'詔給劄録付史館。燾,博學剛正,張浚、張燾,咸器重之。秦檜盛時,嘗遣人喻意,欲得燾一通問,即召用之。燾惡其誤國擅權,迄不與。坐此偃蹇州縣,垂二十年。四川安撫制置使王剛中聞其名,奏以爲幹辦公事。初,燾父中,仕至右朝奉大夫,通習本朝典故,燾以司馬光《百官表》未有繼者,乃徧求正史、實録,旁採家集、野史,增廣門類,起建隆,迄靖康,合新舊官制踵而成書,其後《續資治通鑑長編》,蓋始於此。"《玉海》卷四七"藝文"云:"紹興二十九年七月十七日戊戌,史院言:'知成都雙流縣李燾,有《續皇朝百官公卿表》一百十二卷,乞給札鈔録'從之。"《宋會要輯稿・崇儒》五三之三五據《永樂大典》一七四一引《中興會要》云:"宋高宗紹興二十九年七月十七日,國史院言:'知成都府雙流縣李燾,申有《皇朝公卿百官表》一百一十二卷,内九十卷係私自編纂,乞下所屬給劄雇工抄録。欲從朝廷下本路漕司借本鈔録赴院,以備參照。'從之。"

又按:此書卷數,《玉海》《宋會要輯稿》並云一百一十二卷;據巽岩《自序》,扣除温公之書十卷,則一百三十二卷,殆析併不同故也。

職官分紀五〇卷　宋孫逢吉撰　存

逢吉,字彦同,富春人,《宋史》及《重修富春誌》並無傳。

此書《宋史・藝文志》職官類著録。

陳振孫《直齋書録解題》卷六職官類著録此書,云:"富春孫逢吉(彦同)撰。大抵本《職林》而增廣之。其條例精密,事實詳備矣。秦少游序之,元祐七年(1092)也。"

按:秦觀《序》云:"……富春孫彦同雅意斯事,間因暇日,取

《職林》而廣之，具載新制，而又增門目之亡缺，補事實之遺漏，凡五十卷，號《職官分紀》，而古今之事，於是備焉。"考《職林》三〇卷，係咸平中楊侃（子正）所撰，本編已著録。《四庫全書總目》以此書列子部類書類，《提要》曰："其書每官先列《周官》典章，次叙歷代制度、沿革、名姓、故事，根據經注，沿考史傳，搜採頗爲繁富。若其引《易緯》黄帝與司馬容光觀於元扈，引《論語緯》孔子爲素王，顔子爲司徒之類，則無關典要，徒以愛博而存之。然類事之書與考典之書，體例各殊，取材亦異，固未可執引緯解經之説，責以泛濫也。"

又按：此書之作者，《四庫全書總目提要》據《直齋書録解題》云逢吉字彦同，富春人。又云："事迹具《宋史本傳》。前有元祐七年（1092）秦觀《序》，陳振孫《書録解題》亦載之。考逢吉舉宋隆興元年（1163）進士，距元祐七年凡七十二年。又考朱子罷經筵直講，逢吉代講《詩·權輿》篇，事在紹熙五年（1194），距元祐七年凡一百三年。逢吉至寧宗朝（1195—1224）尚官秘書監、吏部侍郎、知太平州，距元祐七年則一百幾十年矣。謂元祐時秦觀序之，殆謬誤也。"

《四庫全書總目提要》誤以《宋史》卷四〇四之孫逢吉，即此書之作者，是以年代不符也。

按：今所可考者，宋有二逢吉：一即《宋史》卷四〇四所載者，字從之，吉州龍泉人，隆興元年（1163）進士，爲秘書郎。紹熙初詔求直言，逢吉疏八事，遷右正言，在諫垣七十日，章二十上，詞旨剴切，皆人所難言者，進吏部侍郎。朱熹在經筵，指論切直，小人潛激上怒，批與祠，逢吉爭之。會彭龜年以論韓侂胄專僭，出補郡，逢吉又力爭，由是忤侂胄，出知太平州。慶元五年（1199）卒，年六十五，謚獻簡。《宋史》本傳中不云孫氏有著作行世。一爲南宋末年之孫逢吉，方回《桐江集》卷一載《孫君山經序》,云:"一定不可易之謂經,《堯典》《禹謨》,亦天文地理之經也,而今事與古經頗異,堯即位二十一年甲子冬至,日在虛一度昏昴中,歷三代、秦、漢、唐、宋,日愈益退。今歲在辛巳,去堯甲子三千六百一十八年,冬至日在箕九度昏營室中,《大衍曆》《景祐新書》,謂八十三年日差一度,近世尤木石(焴)序《會天曆》,乃謂今不及六十年輒差一度,此猶末論而有一大可疑者。冬至北斗之杓,法當指子,日自躔虛以至躔箕,星自昴中以至室中,凡涉六宿,天之形可移也。斗杓之指子者可移乎?不可移乎?此天文古今之異而難測者也。三江九江,諸儒異説,碣石九河,久淪于海,六朝時大江嚙石頭城,今清凉寺下,桑麻數十里,崖有篙孔,殊不見江,唐瓜州在江水中。今平接揚州城四十餘里。建、紹後,黄河決入鉅野,溢于泗以入于淮者,謂之南清河;由汶合濟至滄州以入海者,謂之北清河。是時淮僅受河之半。金之亡也,河自開封北衛州決而入渦河以入淮,一淮水獨受大黄河以輸之海。濟水之絶于王莽時者,今其源出河北温縣,猶徑枯黄河以入汶而後趍海濟貫濁河,遂成虛論,此地理古今之異而難拘者也。虞、夏之書,聖人所定之經也;然以今準古,猶不同若是焉;嚴陵孫君逢吉,究以天文地理之學,所謂紫微黄道二十八宿圖説,及燕肅蓮漏遺制,予已略聞一二,又出示新著《山經》,析類建評,去粗存粹。"

按:方回,字萬里,一字囦甫,號虛谷,別號紫陽山人。生於宋理宗寶慶丁亥三年(1227),卒於元成宗大德丁未十一年(1307),年八十一。昌瑞卿(彼得)先生等所編《宋人傳記資料索引》以爲《職官分紀》之作者,爲方回所序《山經》之作者,則其距元祐七年更遠;且方回之《序》,亦不云孫氏另有《職官分紀》,以之繫於著《山經》之孫氏,亦誤。此書之作者,當是另一孫逢吉也,惜其事迹無考。

又按:今此書所傳諸本,並係鈔本,刊本則罕見。《四庫簡明目錄標注》云:"路有抄本,許氏有鈔本。"附錄云:"路又有鈔本《職官分紀後集》二十六卷,各家書目皆未著錄。"《續錄》云:"丁禹生有舊鈔本。十萬卷樓鈔本。"黄丕烈嘗得鈔本一部,《蕘圃藏書題識》卷三著錄,云:"余郡周丈香巖藏書甚富,與余最爲莫逆,每請假觀,必出書相示,或假歸傳鈔校讐,無有不遂余所請者。惟此《職官分紀》一書,余從錢少詹先生題跋中,知香巖有此書,乃往請觀而未許。後因嘉禾友獲一殘本,亦知香巖有此書,並知余與香巖爲最稔,浼余借鈔,往請而仍不果,由則此書之珍秘可知。今兹夏相遇於桃花隖中錢江會館,少頃,其僕攜一包書來,詢之,知從書賈處索歸者,啟包視之,乃即《職官分紀》也。問其直,需番餅四十金,時苦囊空,越三月始獲之,减去四分之一,拜良友之賜多(下缺)。"今所藏善本,亦並係鈔本:臺北"國家圖書館"有明鈔本一部,五十卷,五十册;又有清玉玲瓏閣鈔本一部,朱校,有清錢大昕手書題記一則,云:"此秀水朱竹垞先生家藏本,今歸吴昌周君漪塘。辛亥七月,借讀一過,閱九十日而畢,所恨譌踖甚多,别無它本參校。唯第卅八卷内錯簡,以意改正,幾如天衣無縫,不覺扡手稱快。邢子才云:'日思誤書,更是一適。'非虚語也。十月廿二日,竹汀居士錢大昕識。"[①]每半葉十行,行自二十三字至二十七字不等。有朱筆改校,覘其筆迹,竹汀

---

① 此題記亦載《潛研堂文集》,惟文字略有不同。《潛研堂文集》卷二八《跋職官分紀》云:"富春孫逢吉(彦同)《職官分紀》五十卷,蓋因楊侃《職林》一書而廣之。雖爲四六家隸事而作,然所載元祐官品令,亦考官制者所宜采也。秀水朱氏潛采堂鈔本,今歸吴門周漪塘氏。辛亥秋借讀一過,恨當時鈔手不精,烏焉亥豕之譌,難以究詰。第三十八卷内錯簡,予以改正,幾於天衣無縫,不覺扡掌稱快。邢子才云:'日思誤書,更是一適。'非虚語也。"

所爲也。存卷十九至卷五十，共三十二卷，五册。臺北"故宮博物院"有清文淵閣《四庫全書》本一部。

職官品服三三卷　宋梁勗撰　佚

勗，事迹待考。

此書《宋史·藝文志》職官類著録。

按：此書《宋志》始著録，所載殆各官品之興服也。

唐典備對六卷　宋趙□撰　佚

此書《宋史·藝文志》職官類著録。

《宋志》云此書撰人不知名。《玉海》卷五一"唐六典"條引《書目》云："皇朝趙氏訂正爲《唐典備對》六卷。"

按：《唐六典》三〇卷，玄宗御撰，李林甫奉敕《注》。其書以三師三公三省九寺五監十二衛，列其職司官佐，叙其品秩，以擬《周禮》，今尚行世。

三省儀式一卷　宋不著撰人　佚

此書《宋史·藝文志》職官類著録。

按：此書《宋志》始著録，殆記宋時三省之制。

朝集院須知一卷　宋不著撰人　佚

此書《宋史·藝文志》不著録，見《直齋書録解題》卷六職官類。

陳振孫曰："無名氏録承平時京朝官得替回朝見禮式。"

職事官遷除體格一卷　宋不著撰人　佚

循資格一卷　宋不著撰人　佚

循資曆一卷　宋不著撰人　佚

唐宰相後記一卷　宋不著撰人　佚

國朝撮要一卷　宋不著撰人　佚

右五書《宋史·藝文志》職官類著録。

按：右五編諸家書目罕見著録。

歷代銓政要略一卷　　題宋楊億撰　存

億,字大年,浦城人。年十一,太宗聞其名,詔闕下試詩賦,授秘書省正字,後賜進士第。真宗時,兩爲翰林學士,官終工部侍郎,兼史館修撰。天禧四年(1020)卒,年四十七,諡文。億性耿介,尚名節。終身不離翰墨,文格雄健,才思敏捷,對客談笑,揮翰不輟,精密有規裁。善細字,起草一幅數千言,不加點竄。所著《括蒼》《武夷》《潁陰》《韓城》《退居》《汝陽》《蓬山》《冠鼇》等集,及内外制刀筆,共一百九十四卷,並行於世。事迹具《宋史》卷三〇五、《宋史新編》卷八四、《史質》卷四四、《東都事略》卷四七等書。

此書《宋史·藝文志》不著録,見《四庫全書總目》職官類存目。

《四庫全書總目提要》曰:"此書《宋史·藝文志》不著録,億本傳亦不載,惟曹溶《學海類編》收之。細核其文,乃《册府元龜·銓政》一門《總序》也,已爲割裂作僞。又億雖預修《册府元龜》,而據晁氏《讀書志》,總其事者尚有王欽若,同修者更有錢惟演等十五人,作《序》者亦有李維等五人。億於諸《序》,不過奉敕點竄,何所見而此《序》出億乎?此真隨意支配者矣。"

按:《册府元龜》一書之編纂經過,以程俱《麟臺故事》所載最詳。《麟臺故事》卷二云:"景德二年(1005)九月丁卯(二十二日)①,命刑部侍郎資政殿學士王欽若,右司諫知制誥楊億,修歷代君臣事迹。欽若等奏請:以太僕少卿直秘閣錢惟演,都官郎中直秘閣龍圖閣待制杜鎬駕部員外郎值秘閣刁衎,户部員外郎直集賢院李維,右正言秘閣校理龍圖閣待制戚綸,太

---

① "丁卯"二字,據《續資治通鑑長編》及《玉海》增補。

常博士直史館王希逸，秘書丞直史館陳彭年、姜嶼，太子右贊善大夫宋貽序，著作佐郎直史館陳越同編修。初命欽若、億等，俄又取秘書丞陳從易，秘閣校理劉筠。及希逸卒，貽序貶官，又取直史館查道，太常博士王曙。後復（取）直集賢院夏竦，又命職方員外郎孫奭注撰音義。凡九年，至大中祥符六年（1013）成一千卷，上之。總三十一部，部有《總序》；一千一百四門，門有小序。外《目錄》《音義》各十卷。上覽久之，賜名《册府元龜》。"

此外，《續資治通鑑長編》《玉海》《容齋隨筆》等書，亦頗載其事，近人郭伯恭《宋四大書考》，此書即其一也。

《册府元龜》既部有《總序》，門有"小序"，其序文之作者，《玉海》卷五四"景德册府元龜"條云："初撰篇序，諸儒皆作。帝以體例不一，祥符元年（1008）二月丙午，遂擇李維等六人撰訖，付楊億竄定。"

以序文多所億所"竄定"，遂誤題億爲作者也。

又按：《四庫存目》據編修程晉芳家藏本著錄，今則單刻本及鈔本並已罕見，惟《學海類編集餘》收之。

宋朝宰輔拜罷圖一卷　　宋蔡幼學撰　　佚

幼學，字行之，溫州瑞安人，十八歲試禮部第一，從陳傅良游，乾道進士，孝宗時除敕令所删定官。光宗時遷太學，擢秘書省正字，兼實錄院檢討官。寧宗朝仕至權兵部尚書，兼太子詹事，卒年六十六，諡文懿。著有《宋編年政要》《宋實錄列傳舉要》《續百官公卿表》《續百官表質疑》《育德堂集》等。事迹具《宋史》卷四三四、《宋史新編》卷一六五、《南宋書》卷四五、《慶元黨禁》《宋中興學士院題名錄》《南宋館閣續錄》《南宋制撫年表》等書。

此書《宋史·藝文志》不著錄，見《玉海》卷五六。

《玉海》卷五六"宋朝宰輔圖"條云："蔡幼學《皇朝宰輔拜罷圖》一卷。建隆元年(960),至紹熙五年(1194),宰執拜罷月日爲圖,年經而官緯之。"

宋朝宰輔拜罷圖四卷　宋不著撰人　佚

此書《宋史·藝文志》職官類著録。

按:此編殆據蔡幼學一卷之書而廣之也。蔡書本編已著録。

漢官考四卷　宋徐筠撰　佚

筠,字孟堅,清江人,登淳熙十一年(1184)進士,嘗知金州。著有《姓氏源流考》《修水志》等。事迹具《宋元學案》卷五三。

此書《宋史·藝文志》職官類著録。

《直齋書録解題》卷六職官類著録《漢官考》六卷,陳氏曰:"知金州清江徐筠(孟堅)撰。以《百官表》官制爲主,而紀傳及注家所載,皆輯而録之。"

按:《百官表》即《漢書》所載者也。注家者,殆指王隆《漢官解詁》三卷,應劭《漢官注》五卷、《漢官儀》一〇卷及蔡質《漢官典儀》一卷諸書也。

又按:此書卷數,陳《録》作六卷,《宋志》則僅四卷,疑《宋志》所見,或非完本。

漢官總録一〇卷　宋王益之撰　佚

益之,字行甫,金華人,官大理司直。著有《職源》及《西漢年紀》等,蓋能熟於漢代掌故者也。事迹具《金華賢達傳》卷八、《敬鄉録》卷一二等書。

此書《宋史·藝文志》職官類著録。

《直齋書録解題》卷六職官類著録此書,陳氏曰:"王益之撰。大較亦如前書。"

按:《直齋書録解題》此書次徐筠《漢官考》六卷之後,則所謂"大較亦如前書"者,指徐書也。胡宗楙《金華經籍志》卷一〇職官類亦著錄此書，胡氏云：“《書錄解題》所云前書，似即指《職源》而言。”胡説偶疏，今正。

宋朝官制一一卷　宋不著撰人　佚

此書《宋史·藝文志》職官類著錄。

按：宋代官制，除《宋史·職官志》外，如《職官分紀》《玉海官制》等，尚得見其大較。

三省總括五卷　宋不著撰人　佚

此書《宋史·藝文志》職官類著錄。

按：三省者，尚書省、門下省、中書省也。此書《宋志》始著錄，殆宋時人所爲。

天禧以來諫官年表不著卷數　宋李燾撰　佚

燾有《續百官公卿表》一四二卷已著錄。

此書《宋史·藝文志》不著錄，見《文獻通考·經籍考》職官類。

《文獻通考》載其《自序》，略曰：“古者自公卿大夫士至於工商，莫不皆有言責，輻輳並進，而天子斟酌焉。未嘗以言責專付一官。以言責專付一官，則由漢武帝失之。武帝誠不喜諫者。初置諫大夫未限員，東京循舊弗改，後乃寖微。晉泊江表，絕不復置。拓跋魏復置，其員亦不可知。高齊緣《孝經》之文，始有七人之限。夫以天下之衆，而敢言者才七人，尚足謂治邪？恭惟祖宗明目達聰，協於虞舜，任言責者不一。天禧別置諫院，禮秩優異，他官莫擬。崇廣言路，諫官御史權勢氣力，乃舉宰相等，蓋當時所用諫官御史，必取天下第一流，非學術才行俱備爲一世所高者，莫在此位。或誤選試，旋加汰斥。言而當者，曾不十年，徑登臺輔，其名迹皆可考見。嗚呼盛哉！今斷自天禧置院以來，作諫官年表，並列古今之變爲二説以附著之：其一曰諫官必天子自擇，而宰相勿與；二曰宰相雖不得與擇諫官,必優容之,乃克有濟。"

按:李燾《續百官公卿表自序》,嘗謂司馬温公所撰《百官公卿表》,除宰相執政盡熙寧,他官皆止天禧,是以繼光之作,續編爲一百四十二卷(參本編"續百官公卿表"條)。此編蓋即《續百官公卿表》中諫官部分之初稿也。

天禧以来御史年表不著卷數　宋李燾撰　佚

燾有《續百官公卿表》一四二卷已著録。

此書《宋史·藝文志》不著録,見《文獻通考·經籍考》職官類。

《文獻通考》載其《自序》曰:"御史,法官也,其責不專於言,而天禧選用,則與諫官俱任言責。臺雖有等級也,而義所當擊,則卑者亦得徑行,其權勢氣力又出諫官上。祖宗之聖算神術備矣。今亦斷自天禧[1]以来,取丞雜三院姓名悉列之表。若其人必天子自擇,而宰相優容之,乃能有濟,猶諫官也。"

按:此編蓋亦《續百官公卿表》中御史部分之初稿也。

職源五○卷　宋王益之撰　存

益之有《漢官總録》一○卷已著録。

此書《宋史·藝文志》職官類著録。

兹編乃著録當時之官制,每條之下,考其歷代沿革典故。《自序》云:"頃余尉分水縣,(水縣)[2]而新靜江校官徐君清伯名澄、新九江郡幕官仲文名質,新瑞昌簿正倪君秀叔名瑀,相與分任其事。中甫弟觀之,又從旁掇拾以爲之助,區分彙聚,越半歲而成。凡前代創置,國初沿襲,元豐正名,中興併省,提其要而寘篇端。官之故實,職之典當,前賢遺迹,先朝訓辭,復取其雅馴者以次焉。間有一事而諸書不同者,兼而存之;

---

① 原作"天聖",今正。

② "水縣"二字疑衍,當删。

官之冗散諸書不具者，列其目而闕其辭。總三百六十門爲五十卷，名曰《職源》。慶元二年（1196）十一月望日，金華王益之。”

《直齋書録解題》卷六職官類著録此書，陳氏曰：“大理司直金華王益之（行甫）撰。亦簡牘應用之書，而專以今日見行官制爲主。蓋中興以後，於舊制多所併省故也。”

按：此書《四庫全書》未著録，傳本亦不多。清光緒年間，宜都楊守敬從香山何如璋使日本，搜羅古籍，舶海以歸，其中即有此書，係日本度會校所藏鈔本。楊氏爲之跋云：“《書録解題》：‘《職源》五十卷，大理司直金華王益之（行甫）撰，亦簡牘應用之書，而專以今日見行官制爲主。蓋中興以後，於舊制多所併省故也。’然則，原書每條之後，必多臚列歷代典故，以備簡牘之用。此本首題‘撮要’，蓋删其類典而存其總綱。考宋南渡官制者，當以此本爲詳實。惺吾記。”此本今存臺北“故宮博物院”。該院又有日本鈔本一部，卷末有日本度會校權教授松田混題記，云：“右《職源》，以度會縣校之藏本謄寫，時明治三年（1870）庚午秋七月。”此二本《金華經籍志》卷一〇並著録。《適園叢書》所著録者作《歷代職源撮要》，一卷。《續金華叢書》所收者，作《職源撮要》，一卷。

宋朝相輔年表一卷　宋陳繹撰　佚

繹有《宰相拜罷圖》一卷已著録。

此書《宋史·藝文志》職官類著録。

《宋志》於此書《注》云：“《中興館閣書目》云：‘臣繹上，《續表》曰臣易記。’”

按：此書乃陳繹所撰。《直齋書録解題》著録《國朝相輔年表》一卷《續》一卷，陳氏曰：“同知太常禮院開封陳繹（和叔）撰自建隆庚申（元年，960）迄治平丙午（三年，1066），《續》自丁未

(四年,1067)迄紹興十四年(1144),稱臣易記,而不著姓,當是李易也。時方自給事中奉祠。其曰私題臣繹之次者,其出蓋未必上而私續之云爾。自後接於嘉定,則後人所益也。"

按:李易,字順之,江都人。建炎二年(1128)進士第一。歷官屯田郎中,累遷敷文閣待制致仕,事迹具《宋詩紀事》卷四三。

元豐官志四卷　宋元豐四年敕編　存

此書《宋史·藝文志》不著錄,見《藝風藏書記》卷四史部經政。

茲編乃宋元豐四年(1081)勅編,記宋代官制,每官記其職掌及沿革。《序》曰:"朝廷設官,所以董率百工,上至公孤,下而司牧,各修職事。自《周官》以降,秦、漢因之,或加沿革。六朝迄唐、五季,損益不同。本朝自開寶三年(970),太祖命宰相趙普定百官品秩,删去繁冗,正其階級,題爲《開寶官志》。神祖元豐四年(1081),又命兩府再加詳定,亦有增删,凡若干員,題名《元豐官志》。善沛偶于竹溪先生家拜錄以歸,藏之笥篋,以明祖宗憲章焉。時淳熙二年(1175)上巳日,崇安趙善沛題。"

按:趙善沛,字濟世,一字興甫,長安人,太宗七世孫。淳熙二年(1175)登第,歷官以廉勤稱。攻苦食淡,過於寒素。平居杜門,人罕識面。終南康守。有《對雪》詩。事迹具《萬姓統譜》卷八三及《宋詩紀事》卷八五等書。

又按:此書《四庫全書》未著錄,傳本不多。臺北"國家圖書館"有影鈔宋刊本一部,不分卷,四册,每半葉十行,行十八字,甚是珍寶。

祖宗官制舊典三卷　宋蔡惇撰　佚

惇,字元道,延慶子,紹興間官直龍圖閣。

此書《宋史·藝文志》職官類著錄。

《直齋書録解題》卷六職官類著録《祖宗官制舊典》三卷，陳氏曰：“直龍圖閣東萊蔡惇（元道）撰。大略以爲元豐用官階寄禄，雖號正名，而流品混淆，爵位輕濫，故以祖宗舊典，與新制參稽並考，而論其得失。元道，文忠公參政齊之姪孫，而翰林學士延慶之子，渡江卒於涪陵，尹和靖（焞）嘗題其墓。”

《玉海》卷一〇九“紹興祖宗官制舊典”條云：“三卷，紹興間蔡元道纂，以元豐改制，號爲名正，爵位浸輕，品流淆雜，故著是書。每官先述舊典，而後及新官得失，以存祖宗制官之意。”

按：陳《録》又有無名氏《官制舊典正誤》一卷，知蔡氏之書不免疏誤之處也。

官制舊典正誤一卷　宋不著撰人　佚

此書《宋史・藝文志》不著録，見《直齋書録解題》卷六職官類。陳氏曰：‘無名氏。”

按：陳《録》置此編於蔡惇《祖宗官制舊典》三卷之後，則此編蓋正蔡書之誤也。蔡書本編已著録。

宋官制正誤沿革職官紀三卷　宋趙燁撰　佚

燁，字景明，號拙齋，開封人，焯弟，累官知臨川，時稱其賢。淳熙三年（1176）朱熹爲作《拙齋記》，今載《朱子大全集》卷七十八。官終江東提刑。淳熙十二年（1185）卒，年四十八。事迹具《宋元學案補遺》卷五八、《宋詩紀事補遺》卷五五。

此書《宋史・藝文志》職官類著録。

《玉海》卷一〇九云：“《官制正誤》，補蔡氏所不及，仍正其誤。《官制沿革》，黃琮撰；《職官紀》，張繽撰；趙燁萃三書爲三卷。”

史氏懋官志五卷　宋趙隣幾撰　佚

隣幾，字亞之，鄆州須城人，家世爲農。隣幾少好學，能屬文，

嘗作《禹別九州賦》,凡萬餘言,人多傳誦。周顯德二年(955)
舉進士,宋太宗初直史館,遷左補闕,知制誥,數月卒,年五十
九。事迹具《宋史》卷四三九、《宋史新編》卷一六九、《東都事
略》卷一一五等書。

此書《宋史·藝文志》職官類著録。

考《宋史·趙隣幾傳》云:"常欲追補唐武宗以來《實録》,孜孜
訪求遺事,殆廢寢食,會疾革,唯以書未成爲恨。至淳化中,
參知政事蘇易簡,因言及隣幾追補唐《實録》事,隣幾一子東
之,以蔭補郎山主簿,送軍糧詣北邊没焉,其家屬寄居睢陽,
太宗遣直史館錢熙往取其書,得隣幾所補會昌以來《日曆》二
十六卷,及文集三十四卷,所著《鯫子》一卷,《六帝年略》一
卷,《史氏懋官志》五卷,並他書五十餘卷來上,皆塗竄之筆
也,詔賜其家錢十萬。①

宋特命録一卷　宋龔頤正撰　佚

頤正,原名敦頤,字養正,因避諱改名頤正。光宗時爲國史檢
討官,歷宗正丞。著有《符右本末》《清江三孔生先列傳譜述》
《元輔表》《續稽古録》《芥隱筆記》等。事迹具《南宋館閣續
録》及《宋中興東宮官僚題名》等書。

此書《宋史·藝文志》職官類著録。

按:兹編殆載宋代特命官之姓名也。

官制遺稿一卷　宋司馬光撰　佚

光有《百官公卿表》一五卷已著録。

此書《宋史·藝文志》職官類著録。

按:《直齋書録解題》卷六職官類著録光《官制》《學制》各一
卷,疑即其書也。

---

① 參見《玉海》卷五七"淳化史氏懋官志"條。

續百官公卿表二○卷　宋蔡幼學撰　佚
續百官表質疑一○卷　宋蔡幼學撰　佚

幼學有《宋朝宰輔拜罷圖》一卷已著録。

右二書《宋史·藝文志》職官類著録。

《直齋書録解題》卷四編年類著録《續百官公卿表》十卷，《質疑》十卷，陳氏曰："兵部尚書永嘉蔡幼學（行之）撰。續温公舊書，起熙寧，至靖康。《質疑》者考異也。"

《玉海》卷四七"紹興續百官公卿表"條云："蔡幼學亦爲《續公卿百官表》，《表》凡二十卷，《質疑》十卷，自治平（1064—1067）訖紹熙五年（1194）。"

考魏了翁《鶴山先生大全集》卷五六載《蔡文懿公百官公卿年表序》，云："我聖朝歐陽公修，爲唐、五代立表；司馬光復取宋興以來百官公卿爲之表，斷自建隆，訖于治平；近世李公燾，因文正公之舊，而增修之，訖于靖康，二書亦云備矣。而永嘉蔡公，又自治平以訖紹熙，不相襲沿，自爲一表，不惟近接文正公之編，亦以遠述太史公之意。其子範出是書，屬叙所以作。予嘗妄謂子長之表，厥義弘遠，而世鮮知之。以劉知幾之博通，猶曰表以譜列年爵，則餘人可知。近世惟吕成公獨識此意，其説蓋曰：三代世表，以祖宗爲經，子孫爲緯，以見五帝三代，皆出於黄帝也。《十二諸侯表》以下，詳列諸侯，以世爲經，以國爲緯，以見親疏之相輔也。至於《高祖功臣侯表》以下，以國爲經，以年爲緯，則即異姓同姓始封之多寡，後嗣之興絶，而勳戚之薄厚，又可櫽見。……《百官公卿表》，取古策書遺法，大事主於上，而公卿百官之進退附焉。一時君臣之職分，不加一辭，而得失自見。嗚呼！如成公所言，則子長之表也，豈徒以記譜諜、書官名而已哉。……今蔡公首摘大事以附年曆，即熙、豐、祐、聖、崇、觀、政、宣之事以爲經，而上意之好惡，人才之消長，皆可坐見，與僅書拜罷而不著理亂者，蓋有不侔，此非深得古策書之意，焉能及此？惜其中興以後大事未及記也。昔人謂作史者必有才學識三長，才學固不易，而有識尤爲難，而敢以舊聞於先儒者，識諸篇首。公名幼學，字行之，以明經爲南省進士第一，官終禮部尚書，謚文懿。《表》凡二十卷，《質疑》十卷。"

按：《續百官公卿表》，陳《録》作十卷，又陳《録》謂起熙寧，至靖康，《玉海》謂自治平，訖紹熙。此書殆前十卷至靖康止，後十卷止紹熙。陳《録》所著爲十卷之書，非完本可知也。

聖朝職略二〇卷　宋熊克撰　佚

克，字子復，建陽人，初知諸暨縣。孝宗時，官至起居郎，兼直學士院。出知台州，卒。克居官以清介稱，博學強識，著《中興小紀》《九朝通略》《鎮江志》《京口詩集》《館學喜雪唱和詩》等書。事迹具《宋史》卷四四五、《宋史新編》卷一七一、《南宋書》卷三七、《宋中興學士院題名録》《南宋館閣續録》及《南宋文範》等。

此書《宋史·藝文志》不著録，見《直齋書録解題》(卷六)職官類。陳振孫曰："熊克撰。仿馬永易《唐職林》，[①]考其廢置因革，亦頗采故事，摘舊制誥中語附焉。其書猶草創未成，蓋應用之具也。"

按：《宋史·熊克傳》謂克博聞強記，自少至老，著述外無他嗜，尤淹宋朝典故，有問者酬對如響。

宋新舊官制通考一〇卷　宋曾三異撰　佚
宋新舊官制通釋二卷　宋曾三異撰　佚

三異，字無疑，臨江新淦人，淳熙中鄉貢。少有詩名，尤尊經

---

① 陳《録》"易"誤作"錫"，今正。

學,屢從朱熹問辨,端平中授承事郎,主管華州雲臺觀,能作小楷,號雲巢先生,著有《因話録》。事迹具《南宋館閣續録》卷九。

右二書《宋史·藝文志》職官類著録。

《玉海》卷一〇九"國朝新舊官制通考"條云:"曾三異,十卷;引證詳説爲《通釋》三卷。"

按:《通釋》,《宋志》作二卷,《玉海》云三卷。

宰輔拜罷録二四卷　宋范冲撰　佚

冲,字元長,祖禹子,紹聖進士。高宗即位,召爲虞部員外郎,俄出爲兩淮轉運使。紹興中,詔冲重修神、哲兩朝《實録》,召爲宗正少卿,兼直史館。帝雅好《左氏春秋》,冲爲講官,敷衍經旨,因以規諷,帝未嘗不稱善。累官翰林侍讀學士。性好義樂善,司馬光家屬,皆依冲所,冲撫育之。爲光編類《記聞》十卷奏御,又嘗薦尹焞自代云。有《神宗實録考異》《范太史遺事》《范祖禹家傳》《要語》等書。事迹具《宋史》卷四三五本傳。

此書《宋史·藝文志》職官類著録。

《直齋書録解題》卷六職官類著録《宰輔拜罷録》二十四卷,陳氏曰:"史館修撰范冲(元長)等撰,起建隆元年(960),止紹興六年(1136),宰相自范質至張浚,執政自趙普至折彦質,各記除授年月訓詞,亦略叙在位本末於後。"

按:《通志·藝文略》有《宋宰輔拜罷録》二十四卷,不著撰人,當爲一書,鄭氏偶疏也。

官制新典一〇卷　宋熊克撰　佚

克有《聖朝職略》二〇卷已著録。

此書《宋史·藝文志》不著録,見《直齋書録解題》卷六職官類。

陳振孫曰:"熊克撰。其書以元豐新制爲主,而元祐之略加通變,崇、政之恣爲紛更,皆具列焉。"

職官源流五卷　宋董正工撰　佚

正工,事迹待考。著有《續家訓》八卷。

此書《宋史・藝文志》職官類著録。

金國官制一卷　宋不著撰人　佚

此書《宋史・藝文志》不著録,見《直齋書録解題》(卷六)職官類。

陳振孫曰:"虜雍僞大定年所頒,竊取唐及本朝舊制以文其腥膻之俗,馬非馬,驢非驢,龜兹王所謂贏者耶。"

按:大定(1161—1189)爲金世宗年號。

金國明昌官制新格一卷　宋不著撰人　佚

此書《宋史・藝文志》職官類著録。

按:明昌(1190—1195)爲金章宗年號,其元年值宋光宗紹熙元年。此編蓋據《金國官制》一卷重訂新格也。

嘉祐御史臺記五○卷　宋馮潔己撰　佚

潔己,河陽人,拯子,事迹待考。

此書《宋史・藝文志》不著録,見《郡齋讀書志》(卷七)職官類。

晁公武曰:"右皇朝馮潔己撰。御史臺有記,始於武后時姚庭筠。其後韓琬、韋述嗣有紀著。嘉祐中,王疇命潔己續之,乃上自太祖建隆之元(960),迄於嘉祐之末(八年,1063),凡一百四年,分門載其名氏行事,凡三百餘人。潔己,拯之子也。爲叙傳兩篇,述其父事,且自叙立朝始末云。與吕獻可、傅欽之、趙閲道相善,而鄙韓玉汝、周孟陽,亦可概見其爲人也。"

按:潔己之父拯,字道濟,少以書生謁趙普,普驚其狀貌,曰:"子富貴壽考,宜不在我下。"太平興國三年(978)第進士,補大理評事,通判陝州。宗朝官同平章事,封魏國公,遷司徒,論事多合帝意。後罷相，拜武勝軍節度使，卒謚文懿。《宋史》卷二八五有傳。

又按：晁《志》謂馮潔己與吕獻可、傅欽之、趙閲道相善，而鄙韓玉汝、周孟陽，亦可概見其爲人。今略考諸人事迹，以爲考知潔己德行之助。

按：獻可，吕誨字也。誨，幽州安次人，端之孫，登進士第，歷旌德、扶風主簿，雲陽令，改著作佐郎，知翼城縣，入爲殿中侍御史，知江州。英宗即位，改起居舍人，同知諫院。以争濮議出知蘄州，徙晋州。神宗初，復知諫院，遷諫議大夫，權御史中丞。安石當政，誨抗章條其過失，且曰："誤天下蒼生者，必此人。"家居病困，猶旦夕憤嘆，益以天下事爲懷。熙寧四年（1071）卒，年五十八，贈通議大夫，《宋史》卷三二一有傳。

欽之，傅堯俞字也。堯俞，鄆州須城人，徙居孟州濟源。十歲能文，未冠舉至和間進士。嘉祐末，爲監察御史，重厚寡言，遇人不設城府，人不忍欺。論事君前，略無回隱，退與人言，不復有矜異之色。司馬光嘗謂邵雍曰："清直勇三德，人所難兼，吾於欽之見焉。"雍曰："欽之清而不耀，直而不激，勇而能溫，是爲難耳。"元祐四年（1089）拜中書侍郎，六年（1091）卒，年六十八，贈銀青光禄大夫，謚獻簡，紹聖中，以元祐黨籍奪謚，有集。《宋史》卷三四一有傳。

閲道，趙抃字也。抃，自號知非子，衢州西安人。第進士，爲武安軍節度推官。景祐初，累官殿中侍御史，彈劾不避權倖，時稱鐵面御史。歷益州路轉運使，加龍圖閣學士知成都，以一琴一鶴自隨，爲政簡易。神宗立，擢參知政事，與王安石不合，再知成都，蜀郡晏然。以太子少保致仕。元豐七年（1084）八月卒，年七十七。謚清獻，贈太子少師。抃長厚清修，日所爲事，夜必衣冠露香以告於天。《宋史》卷三一六有傳。

玉汝,韓縝字也。縝,開封人,維之弟,登慶曆二年(1042)進士第。元豐中,自龍圖閣直學士進知樞密院事。哲宗立,拜尚書右僕射,兼中書侍郎。首相蔡確與章惇誣東朝,縝暴其奸狀,以太子太保致仕。紹聖四年(1097)卒,年七十九,贈司空崇國公。縝所至以嚴稱,嘗知秦州,以鐵裹杖箠殺人,秦人語曰:"寧逢乳虎,莫逢玉汝。"其暴酷如此。《宋史》卷三一五有傳。

周孟陽,字春卿,其先成都人,徙海陵。第進士,爲潭王宫教授,諸王府記室,英宗甚禮重之。及即位,加直秘閣同知太常禮院,遷集賢殿修撰,同判太常寺兼侍讀。神宗立,拜天章閣待制,卒年六十九。《宋史》卷三二二有傳。

中興館閣録一〇卷續録一〇卷　宋陳騤撰　續録不著撰人　存

騤,字叔進,臨海人,紹興中舉進士第一,光宗時爲吏部侍郎,寧宗時知樞密院事,兼參知政事,卒謚文簡,著有《中興館閣書目》《文則》等書。事迹具《宋史》卷三九三、《宋史新編》卷一四五、《南宋書》卷四一、《宋大臣年表》及《南宋館閣録》等書。

此書正録,《宋史·藝文志》職官類著録,《續録》則見《直齋書録解題》卷六職官類。

按:此編《正録》原題"中興館閣録",清四庫館臣改題"南宋館閣録"。《正録》乃陳氏淳熙中長蓬山,與同僚録建炎以來事爲此書。[①] 所載自建炎元年(1127),至淳熙四年(1177);《續録》者,則後人因舊文增附之,所載自淳熙五年(1178),至咸

---

① 説見《直齋書録解題》卷六"中興館閣録十卷續十卷"條。

淳五年（1269）。皆分沿革、省舍、儲藏、修纂、撰述、故實、官
秩、廩禄、職掌九門。李燾序此書云："上世官修其方，故物不
牴伏；後世不安其官，其方莫修，職業因此放失。夫方云者，
書也。究其本原事迹，及朝夕所當思營者，悉書之，法術具
焉。使居是官者，奉以周旋，雖百世可考爾。周官三百六十，
官各有書，小行人適四方，則物爲一書，多至五書，蓋古之人
將有行也，擧必及三，惟始衷終，依據審諦，則其設施斯可傳
久。六龍駐蹕臨安，踰四十年，三省樞密院制度，尚稽復舊，
惟三館秘閣，巋然傑出，非百司比。自唐開元韋述所集記注，
元祐間，宋宜獻之孫匪躬作《館閣録》，① 紹興改元，程俱（致
道）作《麟臺故事》。② 宋氏皆祖韋氏，而程氏《故事》并國初他
則多闕，蓋未知其有宋《録》也。惜最後四卷俄空焉，余屢蒐
采弗獲，欲補又弗暇，每每太息。今所編集，第斷自建炎以
來，凡物巨細，靡有脱遺，視程氏誠當且密。官修其方，行古
道者不當如是耶。昏忘倦游，喜見此書，乃援筆爲之序。"
《四庫全書總目提要》謂其"條格纖悉畢備，亦一代文獻之
藪也。"
又按：此書最早刊於宋嘉定三年（1210），《蕘圃藏書題識》《百
宋一廛賦注》《藝芸書舍宋元板書目》並著録。今臺北"國家
圖書館"有此宋刊本，惟《正録》缺卷一，並遞經寶慶至咸淳增
補。每半葉九行，小注雙行，行十八字。版心白口，下記刻
工：施詢、孫付、高俊、嚴忠、王椿、嚴信、朱文貴、徐忠、包端、
趙旦、朱貴、王敷、李用、陶彦、嚴智、李信、嚴志等。宋諱"廓"

① 宋匪躬所撰《館閣録》一一卷，《宋史・藝文志》在史部故事類。拙著《宋代故事
類史籍考中編—宋代史籍考之六》已著録。拙文刊《"國立中央圖書館"館刊》新十六卷
第二期，頁三十八至六十五，1983 年 12 月出版。

② 程俱《麟臺故事》五卷，《宋史・藝文志》在史部故事類。拙著"宋代故事類史籍
考中編—宋代史籍考之六"已著録。參閱前注。

字缺筆,"惇"字代以"光宗廟諱"四字,"擴字代以"今上御名"四字。《正録》卷末載李燾《序》,殘存首半頁;《續録目録》後有嘉定三年(1210)編刊書跋。卷末有黄丕烈手《跋》二則。其一云:"《中興館閣録》十卷,《續録》十卷,見於《直齋書録解題》及《文獻通考》載陳氏之言,並巽岩李氏之序,亦可謂詳悉矣。而分門有九,始沿革,終職掌,又詳於《曝書亭集跋語》中。[1] 然竹垞所藏,已爲鈔本,且僅云惜非完書,并未著所缺何處。今予得宋刻本《中興館閣録》,缺《沿革門》,《續録》缺《廪禄門》,其餘闕葉,未可悉誌。李燾之《序》,僅存半葉,其首云:'《中興館閣録》十卷,淳熙四年(1177)秋,天台陳騤(叔晋)與其僚屬所共編集也。'此二十六字,《通考》未載。'上世官修其方'已下至'斯可傳久',與《通考》所載文同。後云:'彼狡焉棄滅典籍,縱意自如,幸能行此'十四字,《通考》所載'六龍駐蹕'云云大異。惜乎宋刻殘闕,不能定其是非也。此書外間傳播,多屬鈔本,近顧抱沖家借得影宋鈔本,與宋刻不差毫髮,惟《續録》卷七'提舉編修國朝會要'云云,宋刻此葉版心,明係'館閣續録卷第七',誤訂入《前録》中卷第七,而影鈔者逕改去'續録'字樣,混廁《前録》中,殊爲謬妄。且《續録》中有'提舉編修國朝會要'八字刻入版心者兩葉,正當接於'提舉編修國朝會要'一葉後,因宋刻誤訂,故失次爾,殊不思慶元以後三人京鏜、余端禮、謝深甫,文本聯屬,而顧改《館閣續録》卷第七爲《中興館閣録》卷第七,何耶?且有提舉秘

① 朱彝尊《曝書亭集》卷四四載《跋中興館閣録續録》云:《中興館閣録》十卷,分九門:一沿革,二省舍,三儲藏,四修纂,五撰述,六故實,七官聯,八廪録,九職掌。淳熙四年(1177)秋,秘書監天台陳騤(叔進)所撰。序之者,丹稜李燾(心父)也。《續録》亦十卷,則嘉定三年(1210)館閣重行編次後人次第補録迄于咸淳者。二録予抄自上元焦氏,惜非完書,然《官聯》尚存。以之續洪氏《群書》,下及王氏、商氏之《秘書志》、黄氏之《翰林記》,先正入官之倫序,庵可紀述,無憂文獻之不足徵矣。"

書省提綱史事兩葉，係《續録》卷七之文，因板心無字，混將補前録中缺葉，而亦填入'中興館閣録'云云，竟似《前録》本文，殊不思所引《官聯》俱在淳熙四年（1177）以後耶？宋刻之妙，即此已足正本之訛，後之讀是書者，勿以世有傳録之本而忽之。乾隆甲寅歲（五十九年，1794）五月夏至日，古吳黄丕烈識。①

其二云：“宋刻有原刻補刻之異，故版刻字迹迥别，至每卷排比葉數，原刻數目，本可循序以稽，自有補刻之葉添入，則數目不同，無從稽考矣。刾經妄人點竄，更覺糊塗，今悉據本書文義序次，統補刊空白之葉，於每卷注明每葉書目，填於旁紙，庶無紊亂之虞焉。若宋刻原本序次顛倒，又得嘉定錢竹汀、海鹽家椒升兩家舊藏鈔本，悉心對勘，俾免舛錯。内有文字同而重出者一葉，未識當時是否錯簡，反致衍文，不敢删削，仍舊並存，信以傳信，疑以傳疑，吾於古書，亦守斯訓爾。蕘圃又識。”②

又有光緒五年（1879）勒方錡、潘遵祁、李鴻裔、顧文彬、彭慰高、潘曾瑋、沈秉成等人觀款。書中鈐有“黄印丕烈”白文方印大小各一、“復翁”白文方印、“蕘圃”朱文方印大小各一、“丕烈私印”朱文方印、“蕘圃卅年精力所聚”白文方印、“百宋一廛”朱文長方印、“士禮居”白文方印、“書魔”朱文長方印、“汪印士鐘”白文方印、“閬源真賞”白文方印、“小謨觴仙館”白文方印、“□□于氏藏書印”朱文長方印、“振勳私印”朱文長方印、“吳下汪三”白文方印、“振勳汪印”白文方印、“振勳”白文方印、“梅泉”朱文長方印、“楳泉”朱文長方印、“紳之”白文長方印、“汪氏梅泉印記”朱文長方印、“唐越國公四十二世

---

① 　此跋亦見《蕘圃藏書題識》卷三。
② 　此跋亦見《蕘圃藏書題識》卷三。

子孫"朱文方印、"涇陽叔子"朱文長方印、"歸安吳氏兩罍軒藏書印"朱文長方印、"吳平齋秘笈印"朱文方印、"吳雲平生珍秘"白文方印、"密均樓"朱文方印等印記。

《"國立中央圖書館"宋本圖録》著録。清錢塘汪憲振綺堂、孫詒讓及瞿鏞，並有鈔本。[①]　黃丕烈又有校宋舊鈔本一部，《蕘圃藏書題識》卷三載跋三則，其一云："全書借顧抱沖小讀書堆影宋鈔本手校，内正續《官聯》有倒置者，此照影宋鈔本補脱，照舊校宋刻本正誤。宋廛一翁記，丙子（清嘉慶二十一年，1816）季秋。"其二云："此書向藏宋刻，曾借小讀書堆影宋本勘之，惟《續録》文誤訂入《前録》中者三葉，影宋時承其錯簡而混廁《前録》中，並擅改版心，妄填名目，以致《正》《續》不分，賴有宋刻正之，詳見所撰所見古書録中。近宋刻已歸他姓，復購得一鈔本，其原或出聚珍本，由《永樂大典》掇拾者。所誤三葉，以空白闕疑，兹據影宋本補其文，據宋刻正其誤，其餘《續録》官聯，兹覆校，始知尚有錯簡，惜當時宋刻未暇正也。復翁。"其三云："此一鈔本余得諸五柳居，實嘉善人家物也。聞其家有一進士，故多藏書，是必能讀書者。是書不詳所由來，行款全非舊本，意從《永樂大典》本出而未敢必也。余今手校此影宋本，又依向所親見宋刻之勝於影宋鈔者，手證其誤，此本居然善本矣。因思此等書籍，視之無甚緊要，而欲考究一朝典實，非但館閣制度可於此見，即其中人材輩出，姓氏籍貫、科第，犁然在目，孰謂非一緊要書耶？余故不憚借本讎校若此也。復翁。"

臺北"國家圖書館"又有影鈔宋嘉定三年刊本一部，四册，有清仁和勞權手校并《跋》，勞氏云："此吳郡黃氏校宋本，以文

---

①　見《增訂四庫簡明目録標注》。

瀾閣傳鈔本校補，正閣本脱誤處凡二千餘字。其兩通及訂正是本者亦多，今悉録於書之上下方，俟得宋本再勘。《前録官聯》門省官到替年月，先後差互，閣本悉行移正。《續録官聯》，自嘉熙以後，官階里貫，或詳或略，不合《前録》體例，當由祇據出身簿鈔録，未經删潤。閣本間有更定，較若畫一，弟非宋本之舊耳。《續録目録》後識語云：'逐卷之末，不題卷數，貴在他日可以旋入繼。今每於歲杪，分委省官，取歲中合載事，略加删潤，刊于卷末。"今考《沿革》止於慶元，《省舍》止於紹定，《儲藏》同《修纂》止於嘉定，《撰述》《故實》止於嘉熙，惟《官聯》《職掌》載至咸淳，然國史院、實録院官，亦僅至嘉熙而止。是雖有旋入之言，亦未盡能遵守也。《提要》云：'世所傳本譌闕，有與《宋史》互異者，並爲臚注，以資參考。'云云，今亦録於卷端，并盧抱經學士校正《麟臺故事》一條。黄氏宋本今已歸蘇州胡氏。咸豐丙辰（六年，1856），丹鉛精舍借閲並校，十月廿三日題記。"

前國立北平圖書館有清袁貞節堂藍格鈔本《正録》十卷四册，今亦寄存臺北"國家圖書館"。臺北"故宫博物院"則有清文淵閣《四庫全書》本一部。載諸叢刻者則有清光緒中錢塘丁丙輯刊之《武林掌故叢編》本。

新御史臺記不著卷数　宋宋聖寵編　佚

聖寵，史書無傳。晁公武《郡齋讀書志》謂其崇寧（1102—1106）中爲察官。慕容彦逢《摘文堂集》卷四載《吏部員外郎宋聖寵可右司員外郎制》。

此書《宋史·藝文志》不著録，見《郡齋讀書志》卷七職官類。晁公武曰："右皇朝宋聖寵編。崇寧中，聖寵爲察官，讀韓琬書，咸用其規式。所異者，不爲諸人立傳，於儀制敕令格式爲詳。後人續至紹興九年（1139）。"

按：韓琬，唐人，撰《御史臺記》十二卷，載唐初至開元御史臺中制度故事。以大夫中丞侍御史殿中監察主簿錄事，分門載次名氏行事。著論一篇，敘御史正邪得失進擢誅滅之狀，附卷末以爲世戒。今其書已不全，《説郛》著錄一卷，《舊小説》收錄十一則，清王仁俊有輯佚一卷，收在《經籍佚文》中。

御史臺彈奏格一卷　宋蔣猷撰　佚

猷，字仲遠，一字冠權，潤州金壇人，元豐八年(1085)進士。政和四年(1114)，拜御史中丞兼侍讀，有直聲。宣和末爲刑部尚書，累官徽猷閣直學士，建炎四年(1130)十一月卒，年六十六。事迹具《宋史》卷三六三、《宋史新編》卷一四〇、《京口耆舊傳》卷六及《北宋經撫年表》等書。

此書《宋史·藝文志》不著錄，見《郡齋讀書志》卷七職官類。晁氏曰："右政和中御史中丞蔣猷奏，乞委屬官李彌大將本臺制敕格式彈奏事件，編成格目。六月書成上之。"

按：彌大，字似矩，吳縣人。崇寧三年(1104)進士，累官工部尚書，紹興十年(1140)卒，年六十一。《宋史》卷三八二有傳。

御史臺記五卷　宋不著撰人　佚

此書《宋史·藝文志》不著錄，見《直齋書錄解題》卷六職官類。陳氏曰："不知何人作。記本朝御史臺事，至崇(寧)、(大)觀間。"

按：崇寧(1102—1106)、大觀(1107—1110)，並徽宗年號。

元輔表一卷　宋龔頤正撰　佚

頤正有《宋特命錄》一卷已著錄。

此書《宋史·藝文志》不著錄，見《直齋書錄解題》卷六職官類。陳氏曰："龔頤正撰，專錄宰相，不及執政。"

漢官不著卷数　宋徐次鐸撰　佚

次鐸，字文伯，一字仲友，東陽人。紹熙元年（1190）進士，又試宏詞科，爲山陰尉，通判衢州。著有《唐書傳注補注音訓》《唐書釋糾辨謬》及《中興兵防事類》等書。事迹具《吴都文粹續集》卷九、《常熟縣尉題名記》《金華先民傳》卷七、《宋史翼》卷二九、《宋元學案補遺別附》卷二及《宋詩紀事補遺》卷五九等書。

此書《宋史·藝文志》不著録，見《金華先民傳》及《金華經籍志》卷一〇史部職官類。

按：《宋史翼》卷二九《徐次鐸傳》云：“嘗仿古《周禮》作《漢官制》。”書名略有不同，當是一書。

國朝官制沿革一卷　宋黄琮撰　佚

琮，字子方，一字元禮，莆田人。元符三年（1100）進士，初爲長溪尉，遷閩清，爲官廉潔，以循吏稱。事迹具《莆陽文獻傳》卷一五、《楚記》卷五二及《莆陽比事》等書。

此書《宋史·藝文志》不著録，見《直齋書録解題》卷六職官類。陳振孫曰：“黄琮（元禮）撰。”

職官記一卷　宋張繽撰　佚

繽，字季長，蜀之唐安人。隆興元年（1163）進士，乾道九年（1173）爲秘書省正字，淳熙九年（1182）爲夔州漕運使，官至大理少卿。著有《中庸辨解》。[①]事迹具《南宋館閣録》卷八、《南宋文範作者考》卷下、《宋詩記事》卷五三及《宋蜀文輯存作者考》等書。

此書《宋史·藝文志》不著録，見《直齋書録解題》卷六職官類。陳氏曰：“大理少卿蜀人張繽（季長）撰。專載新舊遷轉

---

① 《渭南文集》卷三一載《跋張季長中庸辨解》。

之異，亦以寄禄爲未然也。以上三家，皆附蔡氏書後。繽，蜀人，陸務觀與之厚善。①

按：陳氏所稱以上三家者，即不著撰人之《官制舊典正誤》一卷、黄琮《國朝官制沿革》一卷及本書也；所稱蔡氏書者，即蔡悖《祖宗官制舊典》三卷，以上各書，本編並已著録。

齊齋臺諫論二卷　宋倪思撰　佚

思，字正父，歸安人，孝宗乾道二年（1166）進士，淳熙五年（1178）中宏詞科，爲著作郎，官至禮部尚書，以忤史彌遠罷，卒謚文簡。著有《易訓》《中庸集議》《論語義證》《北征録》《合官嚴父書》《歷官表奏》《翰林奏草》《翰林前稿》《翰林後稿》等。事迹具《宋史》卷三九八、《宋史新編》卷一四九、《南宋書》卷四二、《慶元黨禁》《宋中興學士院題名録》及《南宋館閣續録》等書。

此書《宋史·藝文志》不著録，見《直齋書録解題》卷六職官類。陳氏曰："尚書靈川倪思（正父）撰。嘉定初，更化矯韓氏用事之弊，於是爲論三篇，言爲之鷹犬者，罪在臺諫，已而其弊自若也。則又爲牘論六篇，言其情狀益精詳。凡爲臺諫之所以得、所以失者，至矣盡矣。"

循吏龜鑑六卷　宋謝英撰　佚

英，字楚華，潭州寧鄉人。讀書於石柱山，博學好古。聞岳飛被害，乃隱居道林，著書自娱。孝宗時屢辟不就。著有《志伊録》《白雲稿》等。事迹具《楚記》卷四七、《宋元學案補遺別附》卷二等書。

此書《宋史·藝文志》不著録，見光緒《湖南通志》卷二五《藝文志》六史部職官類。

---

①　《文献通考》所引《直齋書録解題》，無"繽，蜀人，陸務觀與之厚善"十字。

州縣提綱四卷　宋不著撰人　輯

此書《宋史·藝文志》不著録，見明《文淵閣書目》卷一四政書類。

按：此書之作者，《文淵閣書目》題陳古靈撰。古靈，陳襄之別號也。然《四庫全書總目提要》則辨其非陳氏所作，其言曰："史稱其莅官所至，必講求民間利病，没後，友人劉彝視其篋，得手書數十幅，皆言民事，則此書似當出於襄。然襄所著《古靈集》尚傳於世，無一字及此書。又所著《易講義》《郊廟奉祀禮文》《校定夢書》等，見《宋史·藝文志》《福建通志》《説郛》中，不言更有此書。晁、陳二家書目，亦皆不著録。書内有紹興二十八年（1158）語，又有昔吕惠卿、昔劉公安世語。考襄公卒於元豐三年（1180），距南渡尚遠，不應載及紹興。且劉、吕皆其後進，不應稱昔，其非襄撰明甚。今《永樂大典》所載本，蓋據元初所刻，前者吴澄《序》，止言前修所撰，不著其名氏，蓋澄亦疑而未定。知《文淵閣書目》所題，當出僞傳，不足據矣。"所論甚是，今從之。

按：襄，字述古，福州侯官人。中慶曆進士，神宗時爲侍御史，論青苗法不便，請貶斥王安石、吕惠卿以謝天下，安石忌之，出知陳州，徙杭州，後以侍讀判尚書都省卒，年六十四。有《國信語録》《諸州釋典文宣王儀注》《易義》《中庸義》《古靈集》等。事迹具《宋史》卷三二一本傳。

又按：宋代鋭意稽古禮文之事，招延群英，折衷同異。元豐初設詳定禮文所，詔判太常寺樞密學士陳襄、同修注黄履、集賢校理李清臣、王存等，詳定郊廟奉祀禮文。又於元豐間重修《諸州釋奠文宣王儀注》。是陳氏深知禮文之事者也。此書論防奸杜弊之道，首在推本正己省身，要亦守禮之事也。後人或以此而題陳氏所著歟。

吳澄《序》曰：“天子以天下之人牧，治之不能徧也。于是命州縣之官，分土而治，其命其責任不亦重乎？而近年多不擇人，或貪黷，或殘酷，或愚暗，或庸懦，往往惟利己是圖，豈有一毫利民之心哉。嗚呼！何辜斯民，而使此輩魚肉之也。吾鄉姜曼卿錄事，任于閩，忍貧自潔，遇事必究底蘊，惻然惟恐傷于民。前修所編《縣州提綱》一書，手之不置，蓋與其意無一不合故也。章貢黎志遠復爲鋟木，以廣其傳。嗚呼！州縣親民之官，人人能遵是而行之，民其庶幾乎！曼卿之持身固謹，而志遠之用心亦仁矣。安得如此持身，如此用心者，布滿天下州縣哉。”《四庫全書總目提要》曰：“其書論州縣莅民之方，極爲詳備，雖古今事勢，未必盡同，然於防奸釐弊之道，抉摘最明，而首卷推本正己省身，凡數十事，尤爲知要，亦可爲司牧之指南。雖不出於襄手，要非究心吏事，洞悉民情者，不能作也。”

又按：此書元刊本已不可得見，清四庫館臣據《永樂大典》本輯出，後世所行刊本及鈔本，並據《四庫》輯本。《增訂四庫簡明目錄標注續錄》有曾氏刊本及日本天保七年（清道光十六年，1836）刊本，今未之見。今所藏善本：臺北“故宮博物院”有清文淵閣《四庫全書》本一部。臺北“國家圖書館”有舊鈔本一部，四卷一册。收入叢刻者，有《函海》《學津討源》《長恩書室叢書》《後知不足齋叢書》及《叢書集成初編》諸本。

縣務綱目二〇卷　宋劉鵬撰　佚

鵬，贛陽人，事迹待考。

此書《宋史·藝文志》不著錄，見《直齋書錄解題》卷六職官類。陳氏曰：“贛陽劉鵬撰。凡四十四門，四百七十餘事。其說不止於作縣，而事關縣務者爲多焉。元符庚辰（三年，1100）序。”

畫簾緒論一卷　宋胡太初撰　存

太初,天台人,余潛子。習《尚書》,登嘉熙二年(1238)進士。歷國子博士,秘書郎,知全州。淳祐間守處州,寶祐間知汀州事。事迹具《南宋館閣續錄》卷八、咸淳《臨安志》卷四九,又《後村大全集》卷六三、《除軍器監制》卷七〇、《職事修舉除直秘閣仍舊知饒州制》卷九二、《汀州重修學記》《清容居士集》卷三三、《師友淵源錄》等文,並可考見其仕履事迹。

此書《宋史·藝文志》不著錄,見《宋史·藝文志補》職官類。《四庫全書》史部職官類亦著錄此書,《提要》曰:"端平乙未(二年,1235),其外舅陶某出宰香溪,太初因論次縣令居官之道凡十五篇以貽之。後十七年爲淳祐壬子(十二年,1252),太初出守處州,越明年復得是稿於其戚陶雲翔,遂鋟諸版以授屬縣。其目首曰盡己,次曰臨民,曰事上,曰寮寀,曰御史,曰聽訟,曰治獄,曰催科,曰理財,曰差役,曰賑恤,曰行刑,曰期限,曰勢利,而終之以遠嫌。條目詳盡,區畫分明,蓋亦《州縣提綱》之類也。書中臚列事宜,雖多涉宋代條格,與後來職制不盡相合,然其大旨以潔己清心,愛民勤政爲急務,言之似乎平近,而反覆推闡,實無不切中事情。《世說新語》載傅氏有《理縣譜》,其書不傳。牧民者能得是編之意而變通之,則此一卷書亦足以補其闕矣。"

按:此書初刊於宋淳祐壬子(十二年,1252),[①]莫友芝《邵亭知見傳本書目》卷六著錄。傅增湘亦有宋刊本一部,每半葉十二行,行二十字;傅氏又有明刊本部,亦十二行,二十字,[②]今則單行刊本並未之見。今所藏善本,惟臺北"故宮博物院"所藏清文淵閣《四庫全書》本。載諸叢刻者,有《百川學海》《格

---

①　説見《增訂四庫簡明目錄標注續錄》。

②　見《雙鑑樓善本書目》卷二。

致叢書》《説郛》《學津討源》《青照堂叢書》《赤城遺書彙刊》《叢書集成初編》等本。

縣法一卷　宋呂惠卿撰　佚

惠卿,字吉甫,晋江人,舉進士。初與王安石論《經》義意多合,遂定交。因薦於朝,爲太子中允。逢合朋奸,驟致執政。安石去位,凡可以害王氏者無不爲,至發其私書於上。安石退處金陵,往往寫"福建子"三字,蓋深悔爲惠卿所誤也。旋罷相,出判江寧府。有《孝經傳》《論語義》《莊子解》《新吏部試》《宋中太乙宮碑銘》《道德真經傳》《建安茶用記》《弓試》、奏議、文集等。事迹具《宋史》卷四七一、《宋史新編》卷一八六、《東都事略》卷八三、《名臣碑傳琬琰集》下集卷一四、《宋大臣年表》及《北宋經撫年表》等書。

此書《宋史·藝文志》不著録,見《直齋書録解題》卷六職官類。陳氏曰:"北京留守温陵呂惠卿(吉甫)撰。曰法令、詞訟、刑獄、簿歷、催科、給納、災傷、盜賊、勸課、教化,凡十門。爲縣之法,備於此矣。雖古今事殊,而大體不能越也。惠卿,小人之雄,於才術固優,然法令居首,而教化乃居其末,不曰俗吏,而謂之何哉?"

按:惠卿所著,除《宋中太乙宮碑銘》及《道德真經傳》外,均已亡佚。

官箴一卷　宋呂本中撰　存

本中,字居仁,夷簡之玄孫也。幼而敏悟,以公著遺表恩授承務郎,累遷中書舍人,直學士院。後爲御史蕭振劾罷之,提舉太平觀卒,學者稱爲東萊先生,謚文靖。著有《詩》二十卷,《春秋解》十卷,《童蒙訓》三卷,《師友淵源録》五卷,《呂文靖公事狀》一卷等。事迹具《宋史》卷三七六、《宋史新編》卷一四〇、《南宋書》卷一〇及二三、《四朝名臣言行録》卷下、《宋中興學士院題名録》及《南宋館閣録》等書。

此書《宋史·藝文志》載子部雜家類,《四庫全書總目》則入史部職官類。

《四庫全書總目提要》曰:"此乃其著居官格言,凡三十三則。《宋史》本中《列傳》備列其著作之目,不載是書,然《藝文志》雜家類中乃著録一卷。此本載左圭《百川學海》中,後有寶慶丁亥(三年,227)永嘉陳昉《跋》,①蓋即昉所刊行。或當日偶然題記,如歐陽修《試筆》之類,本非有意於著書,後人得其手稿,傳寫鐫刻,始加標目,故本傳不載歟! 本中以工詩名家,然所作《童蒙訓》於修己治人之道,具有條理,蓋亦頗留心經世者。故此書多閲歷有得之言,可以見諸實事。書首即揭"清慎勤'三字,以爲當官之法,其言千古不可易。王士禎《古夫于亭雜録》曰:'上嘗御書清慎勤三大字刻石賜内外諸臣。'案:此三字,吕本中《官箴》中語也。是數百年後,尚蒙聖天子採擇其説,訓示百官,則所言中理可知矣。至其論不欺之道,明白深切,亦足以資儆戒。雖屬篇帙無多,而詞簡義精,固有官者之龜鑑也。"

按:吕氏本傳不載此書,《四庫提要》以爲當時吕氏本無意於著書,後人傳寫鐫刻,始加標目。《百川書志》則云乃好事者從《吕氏家範》中輯出。

又按:此書之刊本,《增訂四庫簡明目録標注續録》載宋寶慶刊本;傅增湘亦有宋刊本,半葉十二行,行二十字,又有明刊本,亦十二行,行二十字;②張金吾有明成化刊本,載成化戊子

---

①　"寶慶",《四庫提要》誤作寶祐。按:寶祐僅癸丑、甲寅、乙卯、丙辰、丁巳、戊午六年,而無丁亥。今正。

②　見《雙鑑樓善本書目》卷二。

(四年,1468)邢讓重刊《跋》,①翟鏞亦有邢氏刊本,《鐵琴銅劍
樓藏書目録》卷一二云:"《官箴》一卷,明刊本,此明成化戊子
(四年,1468)河東邢遜之(讓)爲國子監祭酒手寫以刻,書兼
行楷,古雅可愛。讓有《後跋》。"周星詒云有"明成化戊子(四
年,1468)邢讓刊本,手寫付刻,書畫行楷。"②今則宋、明刊
本,並未之見。今所藏單行之善本,惟有臺北"故宫博物院"
所藏清文淵閣《四庫全書》本。收入叢刻者,有《百川學海》
《學津討源》《格致叢書》《青照堂叢書》《東聽雨堂刊書》《説
郛》等,並各一卷,三十三則。其中《説郛》本,昌瑞卿(彼得)
先生謂當自左圭《百川學海》出,而不云卷全,與前例不合,疑
係後人所補,非陶宗儀原輯也。③

---

① 見《愛日精廬藏書志》卷十八。
② 見《增訂四庫簡明目録標注》。
③ 説見昌先生《説郛考》頁三二四。

七、傳記類

（一）聖賢、總録、題名之屬

1. 聖賢之屬

孔子編年五卷　宋胡仔撰　存

仔，字元任，號苕溪漁隱。原籍永康，後徙湖州，舜陟子也。以蔭授迪功郎、兩浙轉運司幹辦公事，官至奉議郎、知常州晉陵縣。嘗輯詩話行於世，即所謂《苕溪漁隱叢話前集》六十卷《後集》四十卷是也。事迹具《宋史翼》卷三六、《全宋詞》卷二、《宋詩紀事》卷五〇等書。

此書《宋史·藝文志》入編年類。

此書舊題胡舜陟撰，《四庫全書總目提要》已辨之，云："考書首有紹興八年（1138）舜陟《序》，乃自靜江罷歸之日，命其子仔所撰，非舜陟自作也。"舜陟，字汝明，號三山老人。大觀三年（1109）進士，歷官監察御史，欽宗時請誅趙良嗣以快天下，遷侍御史。南渡初知廬州，有禦寇功。更歷數鎮，最後爲廣西經略史。欲爲秦檜父建祠，高登不可，因劾登以媚檜。會以他事忤檜意，紹興十三年（1143）亦逮治死於獄，年六十一。事迹具《宋史》卷三七八、《宋史新編》卷一三七、《南宋書》卷二八、《四朝名臣言行録》卷五等書。

按：馬端臨《文獻通考》傳記類著録此書，題孔傳撰，則誤溷《孔子編年》與《東家雜記》爲一書也。

又按：胡氏之里籍，《四庫全書總目提要》謂績溪人。考明正統間江西張懋丞撰《苕溪漁隱圖序》云："浙東胡元任以苕溪漁隱名天下。"又云："元任諱仔，兵部侍郎則之從孫。"又《苕溪漁隱叢話自序》云:"紹興丙辰(六年,1136),余侍親赴官嶺右,後十三年居苕水。"胡宗懋《金華經籍志》據此乃謂仔原籍永康,後徙湖州。今從之。

此書《宋史·藝文志》不著録,見《四庫全書總目》傳記類。

兹編乃胡氏取《左氏》《國語》《公羊》《史記》及他書所載孔子事,以年次之,自孔子之生,以迄於卒;其不曰年譜,而曰編年,尊聖人也。此書之得失,《四庫提要》論之最詳,曰:"自周秦之間,讖緯雜出,一切詭異神怪之説,率託諸孔子,大抵誕謾不足信。仔獨依據經傳,考尋事實,大旨以《論語》爲主,而附以他書,其採掇頗爲審慎。惟諸書紀録聖言,不能盡載其歲月;仔既限以編年,不免時有牽合。如《左氏》襄公二十一年,_{祐按:當是三十一年,《提要》誤。}鄭人游鄉校,傳:"仲尼聞是語也"云云,杜預注謂仲尼於是年實是十歲,長而後聞之。知孔子爲此言,不當在是年也,仔乃繫其事於十歲之下,殊爲疏舛。又《禮記·儒行篇》對魯哀公云云,則繫之六十八歲;《哀公問》篇大禮何如云云,則又繫之七十二歲;不知何所據而云然。此類尤失於穿鑿。然由宋迄元明,集聖迹者其書目多,亦猥雜日甚。仔所論次,猶爲近古,故録冠傳記之首,以見濫觴所自焉。"此書今所見傳本不多。《四庫簡目標注》著録嘉靖間胡氏耘經軒刊本及嘉慶間胡培翬刊本;邵章《續録》有清同治刊本;並未之見。今所藏善本:臺北"故宮博物院"有清文淵閣《四庫全書》本;臺北"國家圖書館"有清文瀾閣《四庫全書》本。[1]

東家雜記二卷　宋孔傳撰　存

傳,原名若古,字世文,曲阜人,道輔孫。博極群書,尤精醫學,操行介潔,不爲利誘勢怵。建炎南渡,居於衡。紹興二年

---

[1]　四庫本係浙江范懋柱家天一閣藏本繕録,參見《四庫採進書目》浙江省第五次范懋柱家呈進書目。

（1132）除知邠州，移知陝州，以平鼎禮寇功進秩，改知撫州。會建昌卒閩，單車馳至，諭以禍福，一軍帖然。官至中散大夫。挽號杉溪，卒年七十五。著有《孔氏六帖》《杉溪集》等。事迹具《宋元學案補遺》卷三。

此書《宋史·藝文志》傳記類著録。

按：《宋史·文志》既著録此書，復又著録孔氏《闕里祖庭記》三卷。清光緒十三年（1887），會稽董金鑑重刊《胡珽琳琅秘室叢書》，附補校云："《雜記》一書，當日蓋有兩本，刊於南渡者名《東家雜記》，據原《序》在紹興甲寅（四年，1134），即今所傳者是也；刊於北方者名《祖庭雜記》，乃其孫環所重編。孔元措據以作是書，即因祖庭之名改稱廣記是也，其實皆孔傳所作，非有異同。"今從之以定二編爲一書。

此書之所以作，紹興四年（1134）孔傳《自序》云："先聖没逮今一千五百餘，傳世五十。或問其姓，則内求而不得；或審其家，則舌舉而不下；爲之後者，得無愧乎？傳竊嘗推原譜牒，參考載籍，則知鄭有孔張，出於子孔；衛有孔達，出於姬姓，蓋本非子氏之後，而徙居於魯者，皆非吾族。若乃歷代褒崇之典，累朝班賚之恩，寵数便蕃，固可以枚陳而列數，以至驗祖壁之遺書，訪闕里之陳迹，荒墟廢址，淪没於春蕪秋草之中者，魯尚多有之，故老世傳之，將使聞見之所未常者，如接於耳目之近。於是纂其軼事，綴所舊聞，題曰《東家雜記》，好古君子，得以覽觀焉。"上卷分九類：曰姓譜，曰先聖誕辰諱日，曰母顏氏，曰娶并官氏，曰追封謚號，曰歷代崇奉，曰嗣襲封爵沿改，曰改衍聖公告，曰鄉官；下卷分十二類：曰先聖廟，曰手植檜，曰杏壇，曰後殿，曰先聖小影，曰廟柏，曰廟中古碑，曰本朝御製碑，曰廟外古迹，曰齊國公墓，曰祖林古迹，曰林中古碑。

又按：此書初刻於北宋宣和六年(1124)，時傳官朝散大夫知邠州。①錢曾嘗借得宋本繕寫；②黃丕烈有宋刻本二卷，十行，行十八字，③

①　陸心源《儀顧堂題跋》卷四載影宋抄《東家雜記跋》，云："《東家雜記》二卷，影寫宋刊本，題曰'右朝議大夫知撫州軍州事兼管內勸農使仙源縣開國男食邑三百户借紫金魚袋傳編"。前有《自序》，後有四十六世孫宗翰《家譜序》，四十八世孫端朝，五十世孫擬跋。每頁二十行，每行十八字。編首列《杏壇圖説》及琴歌，壇作三重，與錢遵王《敏求記》所載宋本合。傳《自序》與《祖庭廣記》附刻者字句稍有異，而作《序》歲月亦不同，初頗不解。既而思之，乃得其故。蓋是書先刊于北宋宣和六年，時傳官朝議大夫，知邠州。徽、欽北狩，傳隨高宗南渡，紹興甲寅(四年，1134)階朝散大夫官知撫州，版亡於金，而改作《序》年月而重刊之。元措入金，所據者宣和六年北方所刊之本；此則據紹興刊本所影寫也。"

②　錢曾《讀書敏求記》卷二《東家雜記》二卷云："牧翁書趙太史魯游稿後，亟稱《東家雜記》《祖庭廣記》諸書，而惜予之未見也。壬戌(康熙二十一年，1682)冬日，葉九來過訪草堂云：'有宋槧本《東家雜記》。'因假借繕寫。此書爲先聖四十七代孫孔傳所編，首列《杏壇圖説》，記夫子車從出國東門，因觀杏壇，應級而上，顧弟子曰：'兹魯將藏文仲誓師之壇也。'覩物思人，命琴而歌。其歌曰：'暑往寒來春復秋，夕陽西去水東流；將軍戰馬今何在？野草閒花滿地愁。'考諸家琴史俱失載，附錄於此。詳其語意，未知果爲夫子之歌否也？"

③　説見《四庫簡目標注》。今《蕘圃藏書題識》卷二載錢大昕《跋》一則，蕘圃《跋》二則。錢氏云："世文於宣和六年嘗撰《祖庭雜記》，及從思陵南渡，別撰此書。改祖庭爲東家者，殆痛祖庭之淪陷，而不忍質言之歟？考四十九代孫玠襲封衍聖公時，世文稱本家尊長，而卷中述世系訖於五十三代洙，計其時代，當在南宋之季，蓋後來續有增入矣。卷首《杏壇圖説》與錢遵王所説正同。竊意此《圖説》及《北山移文》《擊地笏銘》《元祐黨籍》三篇，亦後人增入，非世文意。蕘圃主人精於考古，以吾言爲然乎否？辛酉十一月竹汀居士錢大昕記。"蕘圃《跋》曰："《東家雜記》二卷，葉九來嘗有宋槧本，而錢遵王因假借繕寫，書見諸《讀書敏求記》者也。繼于顧抱沖案頭見有影宋本《東家雜記》，末有茉萸山人席鑑《跋》，云：'往聞何江太史得宋槧本《東家雜記》二卷，毛省菴先假得宋槧本《東家雜記》，繕寫著於錄，若《祖庭廣記》仍無有也。"余收書郡故家，得宋槧本《東家雜記》，自謂所收較遵王爲勝，惟《祖庭廣記》僅從《素王事記》見其摘錄數條，仍以未見全書爲憾。今夏五月，余自都門歸，錢塘何夢華亦自山東曲阜携眷屬僑寓於吳中。何固孔氏壻也，其匧贈中有元板孔氏《祖庭廣記》五册，裝潢古雅，籤題似元人書，因出以相示，余詫爲驚人秘笈，蓋數年來所願見而不得者，一旦見之而已屬幸事，乃夢華稔知宋槧本《東家雜記》已在余處，謂此書是兩美之合，爰割愛投贈。贈書之日，適夢華將返杭，余贈以行資三十金。今而後士禮居中如獲雙璧矣！余檢《菉竹堂書目》有《孔子實録》五册，《文淵閣書目》有《孔子實録》一册，伏讀《四庫全書提要》傳記類存目，有云《孔氏實録》一卷，《永樂大典》本，不著撰人名字；末一條云："大蒙古國領中書省耶律楚材奏準(接下頁)

後歸瞿鏞；①惟宋本已罕見，今所見諸本，率據明本傳刻。清文淵閣《四庫全書》本據浙江范懋柱家天一閣藏本著録，《簡明目録標注》謂爲宋刊本，實則亦明刻誤本也，清錢大昕、今人余嘉錫，並曾辨之。② 今所見善本：臺北"國家圖書館"有明

（接上頁）皇帝聖旨於南京特取襲封孔元措令赴闕里奉祀。"此書或即元措所撰歟？ 今取證是書，與之悉合，方悟向來藏書目所云《孔子實録》《孔氏實録》，即此孔氏《祖庭廣記》也。特所記册數、卷數多寡不同，或有完缺之異爾。余于古書因緣巧合，往往類是，而此書之得，雖遵王不且遜余之創獲耶？ 敢不詳述原委以志余幸。此書裱託過厚，圖畫皆遭俗手補壞，因損裝重修，纖悉皆還舊時面目。首册次序紊亂，各以原注小號順之。結銜一葉，舊分兩半葉離之，瞿木夫已正其誤，今亦合之。錢少詹之題跋，孫觀察之看款，皆於夢華時乞題，今悉存其舊。他日當並《東家雜記》求辛楣先生作《總跋》，俾兩書並藏，文宣事迹，粲然大備，於今日儒者可以資考覽，後人可以舉名籍，紀載缺如之憾，東潤老不得而訾議已。嘉慶歲在辛酉季秋月乙未日黄丕烈識。"又云："書中顔子從行小影，謂聖像最真，昨同年張子和從蕺山書院來，摹得宣和聖像贈余，石刻之與板本絲毫無二，益信《祖庭廣記》爲得其真也。《東家雜記》首列《杏壇圖説》，下附琴歌一首，反疑後人僞託，遵王亦作疑信參半語，有以夫。菱圃。"

　　① 《鐵琴銅劍樓藏書目録》卷十著録宋刊本《東家雜記》二卷，云："首列紹興甲寅（四年，1134）三月辛亥四十七代孫右朝議大夫知撫州軍州事兼管内勸農使仙源縣開國男食邑三百户借紫金魚袋孔傳序。有《杏壇圖及説》與琴歌，壇作三重，核諸《敏求記》，所載悉合，即遵王所見之書也。後附元豐八年（1085）四十六代孫宗翰、紹興二年（1132）四十八世孫端朝家譜舊《序》，又淳熙五年五十世孫擬《序》一首。《序》云：'歷代追崇之盛典，備見中散公《東家雜記》。'則非序是書之文，當亦是《家譜序》耳。案世文《自序》與《祖庭廣記》附刻者字句稍異，而作序歲月亦不同，此本作紹興甲寅（四年，1134）三月辛亥，《廣記》作宣和六年（1124）甲辰三月戊午；又署銜此作朝議大夫知撫州，《廣記》作朝散大夫知邠州；蓋世文先作《祖庭雜記》，南渡後復作此書，《廣記》所採者乃《祖庭雜記》也。每半葉十行，行十八十九字不等。敬慎字有減筆，管勾之勾或作勺，避高祖嫌名也。舊爲士禮趙居藏書，後有黄菱圃、錢竹汀二《跋》。竹汀《跋語》與《養新録》所載略同。"

　　② 錢大昕《十駕齋養新録》卷十三《跋孔元措祖庭廣記》云："予嘗據宋元諸石刻，證聖妃當爲并官氏。今案《東家雜記》及此書，并官氏屢見，無有作亓字者，乃知宋元刻本之可貴。自明人刻《家語》，妄改爲亓，沿譌三百餘載，良可喟也。"余氏《四庫提要辨證》云："今《提要》作亓官，則《四庫》所收《東家雜記》，亦明刻誤本也。考漢韓敕修孔廟禮器碑，并官聖妃，正作并，亦不始於宋元石刻。翁方綱《兩漢金石記》卷六魯相韓敕《造禮器碑跋》云："并官氏聖妃。方綱謹案：《集韻》《增韻》《韻類》諸書，及唐林寶（接下頁）

刊黑口本,二卷一册;又有鈔本二卷一册,則爲前國立北平圖
書館寄存者;臺北"故宫博物院"有清文淵閣《四庫全書》本。
此外,清咸豐三年(1853),仁和胡珽以木活字輯刊《琳琅秘室
叢書》,收録此書,末附胡氏《校譌》二十六條。光緒十二年
(1887),會稽董金鑑雲瑞樓以木活字重印《琳琅秘室叢書》,
董氏據《左傳》《史記》、金孔元措孔氏《祖庭廣記》及歷代史
書,撰《續校》一卷《補校》一卷,載諸卷末,爲今傳諸本中最稱
精善者。

聖傳論一卷　宋劉子翬撰　存

子翬,字彦沖,崇安人。劉韐之季子,嘗通判興化軍,年三十
以父死難,哀毁致疾,辭歸,築室屏山,紹興十七年(1147)卒,
年四十七。著有屏山集。事迹具《宋史》卷四三四、《宋史新
編》卷一六五、《南宋書》卷十四等書。

此書《宋史·藝文志》載諸子部儒家類,作十論一卷,近世書
目則以其所載多係聖賢事迹,多載諸史部傳記類。

按:子翬之詩文,當時多未刊行;卒後十餘年,始由其子玶訪
求編次,又十餘年,始成書梓行。[①]　今傳《屏山集》,前有紹興
三十年(1160)胡憲《序》,末載乾道癸巳(九年,1173)朱熹

(接上頁)《元和姓纂》,皆不收此姓。獨宋鄧名世《古今姓氏書辨證》十四清内,有并官複
姓,引《先賢傳》孔子娶并官氏,生伯魚,顧南原《隷辨》、吴山夫《金石文存》,亦皆以并爲
是。"方綱又於國學暨江寧府學,見元明加封詔書碑,皆書作并,隷楷相承,愈可無疑。王
虚舟乃以《隷辨》爲誤,蓋未之考耳。何義門曰:孔子娶於并官氏,自王伯厚《姓氏急就
篇》及宋本《東家雜記》皆作并,而《正義》中反從流俗作行,若非宋本,何以析疑。"

　　① 説見《四庫全書總目·屏山集提要》及《屏山集》朱熹《跋》。《提要》云:"此書
乃其嗣子坪所編,而朱子爲之序。"祐案:坪,當做玶。又朱子所撰爲《跋》,非《序》也。
朱子《跋》云:"《屏山先生文集》二十卷,先生嗣子玶所編次,已定可繕寫。先生啓手足
時,玶年甚幼,以故平生遺文,多所散逸,後十餘年始復訪求,以補家書之闕,則皆傳寫失
真,同異參錯而不可讀矣。於是反覆讎訂,又十餘年,然後此廿卷者始克成書,無大
譌謬。"

《跋》。今檢《屏山集》卷一，備載兹編，題《聖傳論》十首，其目爲：堯舜、禹、湯、文王、周公、孔子、顏子、曾子、子思、孟子。《四庫提要》云：“集中談理之文，辨析明快，曲折盡意，無南宋人語録之習。論事之文，洞悉時事，亦無迂濶之見，如《聖傳論》《維民論》及《論時事劄子》諸篇，皆明體達用之作，非坐談三代，惟騖虚名者比。”

又按：此書當時或係單行，逮評編次時，始録載集中。近人馬浮於民國二十九年（1940）輯刊《復性書院叢刊》，於《儒林典要》第一輯收録此書。馬氏爲之序，略云：“伊川作明道《墓志》曰：‘周公没，聖人之道不行；孟軻死，聖人之學不傳。先生千四百年之後，得不傳之學於遺經，以興起斯文爲己任，使聖人之道，焕然復明於世，自孟子之後，一人而已。’向者嘗讀其言而疑之，謂聖人之學，其有傳邪？何以千載曠絶，其無傳邪？……朱子少依劉屏山，晚而表其墓曰：‘熹嘗問先生入道次弟，先生曰：吾官莆田時，始接佛老之徒，聞其所謂清淨寂滅者，而心悦之，以爲道在是矣。比歸讀吾書，而有契焉，然後知吾道之大，其體用之全乃如此。抑吾於易得入德之門焉，所謂不遠復者，則吾之三字符也。於是嘗作《復齋銘》《聖傳論》，以見吾志。然吾忘言久矣，今乃相與言之，汝其勉哉。’此與伊川謂明道出入二氏，歸而求之六經之言，如出一轍。蓋洛閩之學，莫不如是。按《聖傳論》十篇，舉堯、舜、禹、湯、文王、周公、孔子、顏、曾、思、孟之道以爲説。於堯舜明一心；於禹示一體；於湯言日新；於文王言不已；於周公極推無逸爲持謙之功；於孔子特舉踐形明死生之説；於顏子發不遠復之幾；於曾子示本敬之旨；於子思則約性以明中；於孟子則指歸於自得。實皆有以得其用心，義該而文約，蓋以顯所謂體用之全者，而《復齋銘》即在《顏子篇》末。今從閩刻

《屏山集》二十卷中録出,使學者讀之,瞭然於傳與不傳之不二,而知所用力焉。則屏山之所得,吾今日亦可得之;而知明道、伊川之所得,朱子之所得,固與屏山不殊,與諸聖亦不殊也。"

孔子弟子贊傳六〇卷　宋李畋撰　佚

畋,字渭卿,華陽人,以學行爲鄉里所稱。初蜀士不樂仕宦,知州張詠敦勉就舉,畋遂登淳化三年(992)進士第,累官知繁州,卒年九十。自號谷子。著有《乖崖語録》《該聞録》《益州名畫録》《道德疏》《谷子》及文集等。事迹具《宋史翼》卷二六。

此書《宋史・藝文志》傳記類著録。

按:畋所著多半已佚,《乖崖語録》一卷今附張詠《乖崖集》而行,此書則佚。

孔子世譜一卷年譜一卷　宋戴良齊撰　佚

良齊,字彦蕭,號泉溪,黄巖人。嘉熙二年(1238)進士,累官秘書少監。以古文鳴,尤精性理之學。著有《曾子遺書》《中説辨妄》《論語外書》《七十子説》及《通鑑前紀》等。事迹具《宋元學案》卷六六,《宋詩紀事補遺》卷七二。

此書《宋史・藝文志》不著録,見《台州經籍志》卷十傳記類。

按:《台州府志》有世譜無年譜;《赤城新志》《浙江通志》有年譜無世譜;《台州經籍志》引光緒《黃巖縣志》云:"本是一書,前譜其世,後譜其年也。"

孔子世家補一二卷　宋歐陽士秀撰　殘

士秀,廬陵人,仕履未詳。

此書《宋史・藝文志》不著録,見《四庫全書總目》傳記類存目。

按:兹編不傳已久,惟《永樂大典》尚載之,然已非完本,《四庫提要存目》據以著録。《提要》云;"是書成於淳祐辛亥(十一年,1251)。大抵據《皇極經世》以駁《史記·孔子世家》之譌。然邵子精於數學,不聞精於史學,所書先聖事迹,亦未必盡確。《自序》又稱:'慮夫事之精粗隱顯,大小本末,錯糅其間,而不易見,則著年表以提其綱,列世本以類其族,且綴弟子年名於其終,於以稽其是非,用決群疑,而祛己惑。'今考《永樂大典》所載,已無所謂年表、世本、弟子年名者,則已非完書矣。"

孔子年譜不著卷數　宋鄭鈇撰　佚

鈇,一名少偉,字夷白,號雲我,一號舒堂,莆田人。咸淳十年(1274)特奏名,與黃仲元、郭陛俱閩中之望。宋末陳文龍守興化軍,鈇其門客。嘗記文龍遺事,其言痛憤激烈。入元不仕。著有《雲我存稿》。事迹具《莆陽文献傳》卷三九、《閩中理學淵源考》卷三四、《宋季忠義録》卷一五等書。

此書《宋史·藝文志》不著録,見《福建通志》卷六十八著述興化府。

按:今檢宋黃仲元《四如先生文稿》卷二載鄭雲我《孔子年譜序》,云:"夫子,儒之祖也。儒而不知譜其祖,恐如晋公之不知以并官氏對矣。夫子生於魯襄二十二年,而《公》《穀》書於前一年,年已非,月亦訛,《左氏》又不書,三家胥失之。譜夫子惟司馬遷之史。徵《世家》《年表》,多相乖忤,然於魯書夫子本末最詳深矣乎,惜乎史遷亦未修之史也。後乎此,編年有書《東家雜記》,今鄭君又有譜。是譜也,首以聊大夫二事壓卷,前書之所未有,謂儀封人請見爲由魯適衛時,謂魯公問政及答季康子數問,皆歸魯以來事,此見又確謂夫子未嘗師郯子,謂行乎季孫,三月不違,斯言非知夫子者,此論又高,雖然吾十有五而志於學一章,此吾夫子自作行狀,以僕觀之,留而殿於卷之左方,鄭君曰何如?"

2. 總録之屬

臨川名士賢迹傳三卷　宋不著撰人　佚

此書《宋史·藝文志》傳記類著録。

按:《通志·藝文略·傳記·耆舊》載《臨川聖賢名迹傳》三卷,不著撰人,蓋即此書也。

莆陽人物志三卷　宋何紘撰　佚

紘,字文伯,永嘉人,紹興庚辰(三十年,1160)進士,慶元二年(1196)知軍事。才敏給,爲政審先後,奴隸走卒,各得其所。事迹略具萬曆《温州府志》卷一〇及郝玉麟《福建通志》卷三〇"興化府名宦"條。

此書《宋史·藝文志》不著録,見《直齋書録解題》傳記類。

陳振孫曰:"知興化軍永嘉林紘(文伯)撰。以圖志,不叙人物,故特爲是編。莆壤地褊小,而人物特盛。"

按:此書作者,《直齋書録解題》作林紘,《文獻通考·經籍考》引同;《温州府志》《福建通志》作何紘,陳《録》蓋字誤。

唐三宗傳三〇〇卷　宋胡旦撰　佚

旦,字周父,濱州渤海人。少有雋才,博學能文辭,太宗時舉進士第一,爲將作監丞,通判昇州,累遷右拾遺,直史館,數上書言時政利弊。喪明,以秘書省少監致仕,居襄州卒。旦喜讀書,既喪明,猶令人誦經史,隱几聽之,不少輟。著《漢春秋》《五代史略》《將帥要略》《演聖通論》《唐乘》《家傳》等。事迹具《宋史》卷四三二、《宋史新編》卷九一、《東都事略》卷三八及《玉壺清話》等書。

此書《宋史·藝文志》不著録,見《山東通志》卷三四經籍史部。

遺士傳一卷　宋孫仲撰　佚

仲,事迹待考。

此書《宋史·藝文志》傳記類著錄。

按：《通志·藝文略·傳記·高隱》載《遺士傳》一卷，不著撰人，當是一書，鄭氏偶疏也。

賢牧傳一五卷　宋不著撰人　佚

此書《宋史·藝文志》傳記類著錄。

按：州刺史或曰太守，或曰牧。[①] 此編蓋纂歷朝太守賢者之事迹也。

隆平集二〇卷　宋舊題曾鞏撰　存

鞏，字子固，建昌南豐人。生而警敏，讀書數百言，脫口輒誦。年十二試作六論，援筆而成，歐陽修一見奇之。登嘉祐二年（1057）進士，後拜中書舍人卒。著有《德音寶訓》《元豐類稿》及《續稿》等。事迹具《宋史》本傳。

此書《宋史·藝文志》不著錄，見《郡齋讀書志》傳記類。

曾鞏撰。記五朝君臣事迹。其間記事多誤。如以晁公武曰："皇朝《太平御覽》與《總類》兩書之類。或疑非鞏書。"

按：此書之作者，舊題曾鞏，晁氏已疑其僞。《四庫全書總目》以之入別史類，《提要》於作者及內容，考辨極詳，云："是書紀太祖至英宗五朝之事，凡分目二十有六，體似會要；又立傳二百八十四，各以其官爲類。前有紹興十二年（1142）趙伯衛《序》。其記載簡略瑣碎，頗不合史法。晁公武《讀書志》摘其記《太平御覽》與《總類》爲兩書之誤，疑其非鞏所作。今考鞏本傳不載此集，曾肇作鞏《行狀》及韓維撰鞏《神道碑》，臚述所著書甚備，亦無此集。據《玉海》元豐四年（1081）七月，鞏充史館修撰，十一月鞏上太祖總論，不稱上意，遂罷修五朝史。鞏在史館，首尾僅五月，不容遽撰此本以進，其出於依

---

① 説見《職官分紀》卷四〇"總州牧"條。

託,殆無疑義。然自北宋之末,已行於世。李燾作《續通鑑長編》,如李至拜罷等事,閒取其説,則當時固存而不廢。至元修《宋史》,袁桷作《搜訪遺書條例》,亦列及此書,以爲可資援證,蓋雖不出於鞏,要爲宋人之舊笈、故今亦過而存之,備一説焉。"

又按:此書之傳本,今所見者多爲明以後刻本。《天禄後目》載宋刊本,有紹興十二年(1142)趙伯衛《序》;邵章《四庫簡明目録標注續録》載宋刊本,十一行二十二字,板心甚大,記字數人名,以千文記葉數,閒有補板,似在正德前;今並罕見。《四庫簡明標注》著録明刊本、康熙辛巳刊本、淡生堂餘苑本、董氏萬卷堂刊本;邵章《續録》有康熙彭氏刊本。今所藏善本:臺北"故宮博物院"有清文淵閣《四庫全書》本。

國朝傳記三卷　宋劉諫撰　佚

諫,濟州金鄉人。性孝,忠厚傳家,義方訓子,鄉里稱之。熙寧八年(1075)卒,年三十四。事迹具《雞肋集》卷六六劉君墓志誌銘。

此書《宋史・藝文志》傳記類著録。

賓朋宴語一卷　宋丘旭傳　殘

旭,生平待考。

此書《宋史・藝文志》傳記類著録。

按:此書雜記宋代人物賓客閑談之語。傳本罕見,宛委山堂本《説郛》所載僅六則而已。

東西府志一卷　宋陳繹撰　佚

繹,字和叔,開封人。中進士第,爲館閣校勘,集賢校理,刊定《前漢書》。英宗臨政淵嘿,繹爲《王箴》以獻,判刑部獄,多所平反。帝稱其文學,以爲實録檢討官。神宗朝歷秘書監,集賢學士,知廣州,坐事貶建昌軍,後爲大中大夫卒,年六十八。

著有《南郊附式條貫》《熙寧編三司式》《隨酒式》等。事迹具《宋史》卷三二九、《宋史新編》卷一〇八及《北宋經撫年表》等書。

此書《宋史·藝文志》傳記類著録。

按：宋以中書省與樞密院爲兩府，分當文武事。^①此殆記其故事人物者也。

三楚新録一卷　宋周羽翀撰　存

羽翀，里貫未詳。自署稱"儒林郎試秘書省校書前桂州修仁令"，蓋宋初人也。

此書《宋史·藝文志》傳記類著録。

按：三楚者，以上蔡馬殷、武陵周行逢、江陵高季興，皆據楚地稱王，此書以一國爲一卷，論次其興廢本末。《四庫提要》謂其中與史牴悟不合者甚多，云："如馬殷本爲武安節度使，劉建鋒先鋒指揮使，佐之奪湖南，及建鋒爲陳瞻所殺，軍中迎殷爲留後，亦未嘗爲邵州刺史，今羽翀乃稱殷隨渠帥何氏南侵，何命爲邵州刺史，何氏卒，衆軍迎殷爲主，其説皆鑿空無據。又謂馬希範入覲，桑維翰旅游楚泗，求貨不得，拂衣而去，及希範立，維翰已爲宰相，奏削去其半仗云云，今考希範嗣立在唐明宗長興三年，時晋未立國，安得有維翰爲宰相之事？亦爲誣罔。又如王逵爲潘叔嗣所襲，與戰敗没，而羽翀以爲敗於南越，僅以身免，竟死於路，與諸書所紀，並有異同。蓋羽翀未覩國史，僅據故老所傳述，纂録成書，故不能盡歸精審，然其所聞軼事，爲史所不載者，亦多可採，稗官野記，古所不廢，固不妨録存其書，備讀《五代史》者參考焉。"

又按：今所見諸本，率據明本傳鈔梓刻。錢塘丁氏藏有舊鈔

---

①　説見《文獻通考》卷五八"職官考樞密院"條。

本一部,係振綺堂汪氏舊藏。① 又有陳仲魚鈔本一部,則係馬二槎舊藏。② 黃丕烈嘗借陳簡莊所藏吳枚菴手鈔本傳録一部。③ 今皆不知流落何許？今所藏諸善本,皆明清所輯編叢書本:《古今説海》《四庫全書》《藝海珠塵》《墨海金壺》《學海類編》等諸書所收,皆作三卷;《續百川學海》《歷代小史》《説郛》(宛委山堂本)、《景印元明善本叢書十種》等諸書所收,則皆作一卷。昌瑞卿(彼得)先生嘗以涵芬樓排印海寧張宗祥校《説郛》本校勘諸叢刻本,乃見今傳諸本率多誤字。④

孝感義聞録三卷　宋曹希逵撰　佚

希逵,事迹待考。

此書《宋史·藝文志》傳記類著録。

《通志·藝文略·傳記·孝友》著録《孝感義聞録》三卷,曹希達撰。

按:曹希逵,《宋志》云逵一作逢,《通志》則作達,未知孰是。

孝悌録二○卷讚五卷　宋樂史撰　佚

史,字子正,撫州宜黄人。齊王景達鎮臨川,召奏牋,授秘書郎。太平興國五年(980),以見任宦舉進士。上書言事,擢著作佐郎,知陵州,獻《金明池賦》,召爲三館編修。雍熙中獻所著書四百餘卷,悉藏之秘府。後出掌西京磨勘司,車駕幸洛,召對賜金紫,未幾卒,年七十八。著有《登科記》《廣孝新書》

---

① 《善本書室藏書志》卷十著録舊鈔本《三楚新録》三卷,丁氏云:"羽翀當是宋初人。長沙馬殷、武陵周行逢、江陵高季興,皆據楚地稱王,故據三楚。以一國爲一卷,述其興廢始末,與《五代史》多有牴牾;然其間亦足以資參考。有"汪魚亭藏閲書印"。

② 《善本書室藏書志》卷十著録陳仲魚鈔本《三楚新録》三卷,丁氏云:"此書有'陳仲魚讀書記'、'古歡堂鈔書'、'二槎藏本'、'馬氏收藏經籍之印'諸記,蓋陳氏鈔本而後藏於馬氏者也。"

③ 《蕘圃藏書題識》卷三著録舊鈔本《三楚新録》三卷,黃氏云:"丁卯夏,借陳簡莊所藏吳枚菴手鈔本傳録,並校其說脱。復翁。"

④ 說見昌瑞卿先生撰《説郛考》。

《唐滕王外傳》《李白外傳》《坐知天下記》《太平寰宇記》《總仙秘録》《廣卓異記》《唐登科文選》《登科記解題》等。事迹具《宋史》卷三〇六、《宋史新編》卷八四、《東都事略》卷一一五、《隆平集》等書。

此書《宋史·藝文志》傳記類著録。

按：《通志·藝文略·傳記·孝友》著録樂史《唐孝悌録》十五卷，又載《孝悌録》二十卷，云："樂史撰。起唐及五代，至宋朝。"《玉海》（卷五八）"雍熙唐孝悌録"條云："三年（986）正月，著作佐郎樂史獻《唐孝悌録》十五卷，《續》五卷。"又引《兩朝志云》："樂史孝悌贊五卷。"是知樂氏初撰《孝悌録》十五卷，所載止唐，其後續五卷，迄宋朝，即此二十卷之本也。

孝行録二卷　宋胡訥撰　佚

訥，瑗父也，官寧海節度推官，著有《賢惠録》《民表録》等書。

此書《宋史·藝文志》傳記類著録。

《直齋書録解題》卷七傳記類著録《孝行録》三卷，陳氏曰："京兆胡訥撰。始得其書，不知訥何人也。所記多國初人，已而知其爲安定先生翼之之父，仕爲寧海節度推官。"

按：此書陳《録》作三卷，《宋志》僅二卷，疑非完本。

古今孝悌録二四卷　宋王紹圭撰　佚

紹圭，字唐卿，盧陵人，事迹待考。

此書《宋史·藝文志》載子部儒家類，《直齋書録解題》《文獻通考》著録於史部傳記類。

按：此書作者，陳《録》作王紹圭，《宋志》作王紹珪，未知孰是。

孝史五〇卷　宋樹諤撰　未見

諤，字昌國，號良齋，新喻人。紹興二十七年（1157）舉進士，累官御史中丞。紹熙五年（1194）十一月卒，年七十四。著有

《聖學淵源》《詩書解》《論語解》《左氏講義》《柏臺諫垣奏議》《經筵總錄》《艮齋集》等。事迹具《宋史》卷三八九、《宋史新編》卷一四五、《南宋書》卷三六等書。

此書《宋史·藝文志》載子部類事類，《文獻通考·經籍考》載傳記類。

馬端臨曰："太學博士新喻謝諤（昌國）撰集。曰《君紀》五，《后德》一，《宗表》四，《臣傳》三十五，《婦則》二，《文類》二，《夷附》一。諤後至御史丞。淳熙名臣，樂易君子也。"按：此書傳本罕見。清錢曾嘗從影宋本鈔錄，藏之家塾，今不知流落何所？《讀書敏求記》卷二著錄謝諤《孝史》五十卷，錢氏云："謝諤《孝史》，《君紀》五卷，《后德》一卷，《宗表》四卷，《臣傳》三十五卷，《婦則》二卷，《文類》二卷，《夷附》一卷，總計五十卷。並《序目》淳熙十五年（1188）三月八日狀奏投進。教授臣張綱校正作《後序》。此書世罕其傳，予從影宋本鈔錄，藏之家塾，以示子孫。歐陽玄《序》番陽楊玄翁忠史，嘉其是非枉直瞭然，不繆於古人，且謂是書果行，書之幸，亦世之幸也。予於孝史亦云。"

孝行錄不著卷數　宋項采撰　佚

采，字文卿，號竹坡，黃巖人。從杜煜、杜知仁學。事親至孝，與人不妄交，制行惟謹。事迹具《宋元學案補遺》卷六六。

此書《宋史·藝文志》不載，《台州經籍志》卷十傳記類據《清獻集》《黃巖志》著錄。

按：《台州經籍志》引杜範《跋》云："余尚記三十年前，項君文卿館於余族，與余兄弟交，知其爲時文師也。余讀是書，凡古人孝悌言行，蒐輯無遺；且聞其事死如事生，將終身焉，余始知其爲篤行君子也。時文以釣利禄，得不得命也，而卒以隳行喪德。孝悌之道，天理恨之以生，人極因之以立，充之足以爲堯舜，違之不足以爲人，人而從事於斯時文，蓋不足言也。微是書，幾失吾文卿，爲之掩卷扰淚，自痛不惟有愧古人，其有愧於文卿多矣。使家有是書，熟玩而深體之，則銷暴慢之氣,長順睦之風,人倫其有不厚,教化其有不美耶。"

賢惠録二卷　宋胡訥撰　佚

訥有《孝行録》二卷已著録。

此書《宋史·藝文志》傳記類著録。

《郡齋讀書志》卷九傳記類著録《賢惠録》三卷,晁氏曰:"右皇朝胡訥撰。録國朝賢惠之女。後一卷,瑗嗣成之。"

按:《宋志》此書作二卷者,不及瑗所續者也。

民表録三卷　宋胡訥撰　佚

訥有《孝行録》二卷已著録。

此書《宋史·藝文志》傳記類著録。

《郡齋讀書志》卷九傳記類著録《民表録》三卷,晁曰:"右皇朝胡訥撰。録國朝循吏善政,李淑以爲雖淺俗,亦可備廣記云。"

按:右三書並天聖中所上。《玉海》云:"天聖七年(1029)七月乙卯,泰州泰興胡訥上所著《孝行録》二卷,《賢惠録》二卷,《民表録》二卷,以備國史。"考《宋史·仁宗本紀》不載此事。今檢《宋宰輔編年録》,是年吕夷簡加昭文館大學士兼修國史。

廣孝新書五〇卷　宋樂史撰　佚

史有《孝悌録》二〇卷《讚》五卷已著録。

此書《宋史·藝文志》傳記類著録。

《玉海》卷五五《咸平廣孝新書》條云:"咸平六年(1003)九月甲午,直史館樂史獻所著《廣孝新書》五十卷。"

按:史撰有《唐孝悌録》十五卷,所記止唐代;後續撰五卷,至宋朝,合爲一編,曰《孝悌録》二十卷;此書殆續廣之者也。

孝子拾遺一〇卷　宋危高撰　佚

高,生平待考。

此書《宋史·藝文志》傳記類著録。

按:《通志·藝文略·傳記·孝友》著録此書作七卷,作者題危臯。卷數及撰人名,與《宋志》小異。

會稽先賢祠傳讚二卷　宋史浩撰　存

浩,字直翁,自號真隱居士,鄞人。紹興十五年(1145)進士,官國子博士,孝宗時拜相,紹熙五年(1194)卒,年八十九,謚文惠,後改謚忠定。著有《尚書講義》《周官講義》《論語口義》《鄮峰真隱漫録》等書。事迹具《宋史》卷三九六、《宋史新編》卷一四一、《南宋書》卷三二等書。

此書《宋史·藝文志》傳記類著録。

按:兹編上卷所收爲高尚之士,下卷爲列仙之儒,每人繫一小傳,末載讚詞。卷一收二十人:漢嚴光、王充、袁忠、桓曄,魏嵇康,晉孔愉、虞喜、阮裕、王羲之、謝安、謝敷、戴逵,宋孔淳之、戴顒、朱百年、孔祐、齊褚伯玉,梁何胤,唐秦系、張志和。卷二收二十人:越范蠡,漢梅福、鄭弘、魏伯陽、蓟子訓,吳劉綱、介象、趙廣信、虞翁生,晉夏仲御、葛玄、葛弘、許謐,齊顧歡、孔靈産、杜京産,梁陶弘景,唐賀知章、吳筠、嚴青。

又按:此書今無單行者,附《鄮峰真隱漫録》卷三十三、三十四。史集爲其門人周鑄編,今所見多爲鈔本,[①]乾隆丙申史氏裔孫重刊者題《忠定王集》五十卷。今所見善本惟清文淵閣《四庫全書》本。

槐庭濟美録一〇卷　宋王淹撰　佚

淹,字伯奮,大名人,從子。嘉泰中自吉州倅擢守筠州。事迹見周必大《周文忠公集·王氏濟美集序》《筠州樂善書院記》

---

① 《四庫簡明目録標注》載路有抄本。丁氏《八千卷樓書目》有鈔本。

《筠州判官廳記》等文。

此書《宋史·藝文志》傳記類著録。

按：今檢《周文忠公集》卷五四載《王氏濟美集序》，云："大名王氏有諱言者，唐末起家、令黎陽，子徹仕五代爲左拾遺，是生晋國公，以雄文厚德爲藝祖，簡知擢監察御史，選守鄉邦，有畫錦之襃。嘗植三槐於庭，期後人之興。太宗朝仕至兵部侍郎，知開封。三子：長秘書丞，終袁州太守；次丞相魏國文正公也；季知應天府。孫曾繁衍，爲宋大家。淳熙六年（1179），黎陽八世孫知信州，諱從，系出秘丞，稽其族屬，自晋公三子，派別支分，曰世系，曰世譜，又爲《槐庭雜記》，宣陽因親録以授其子淹。淹倅廬陵，既刻其曾祖諱展《元豐懷遇集》，請予爲《序》；又哀晋公以來史傳銘誌、前賢紀述、先世遺文，總爲十卷，號《濟美録》，而以文正子懿敏公所纂《遺事》及懿敏子鞏《雜記》三編，與其父書併爲一集而刻之；自廬陵擢守筠州，將再刻以廣其傳，復屬予以序。粤自周衰，賢者之類棄，功臣之世絶，故孟子告齊宣王以故國非喬木，王無親臣矣，蓋諷其上也。雖然，有位於朝，不守其業，而忘其所，甚至公侯之家，降在皂隸，則摹門圭賢得以陵之，此豈獨上之人罪也哉。今筠州父子，不限世業，以貽厥後，其賢於人遠矣。初，文正公以大理評事宰岳之平江，《圖經》載二事：其一，公將至，山鬼避舍，是特識公之貴，勿書可也，而《國史·楊文公墓誌》乃備書之；其一，死囚當論，公通夕不寐，思所以爲計，五鼓有叱直更者起云：相公特出廳，須臾，公果出，囚竟未減，民懷其德政，至今奉祠，而傳與碑反不之載，予故特書之，使後人知仁心陰德，肇於爲邑，況秉鈞乎。居官者勉以爲法，則王氏之昌，與淮水俱長，何但三槐蔽芾於堂而已。嘉泰二年（1202）閏十二月。"

浦城耆舊録不著卷數　宋詹□撰　佚

作者名不可考。

此書《宋史・藝文志》不著録，見曾丰《緣督集》。

《緣督集》卷十八《浦城耆舊録序》云："紹熙五年（1194）九月，余視南浦事，首見吏民問風俗，次見士大夫問人物。或曰：有詹參軍《耆舊録》在可考也。既考，且思封建盛時，諸侯之國有史，凡人物隨其國書之。罷侯置守之後，史官在朝廷，郡國缺然，人物物故則泯，識者憂焉，此《襄陽耆舊傳》之所爲作也。參軍易傳爲録，不以史自居爾，其實則史，渾其所蓄曰德，赫其所建曰功，華其所命曰爵，三者全大書之偏特書之。太上上德，其次上功，又其次上爵，故不得已，寧遺爵毋遺功，寧遺功毋遺德。史法則然，録之書功書爵，一字不貸，史法也。所未喻者，容有遺德耳。襄陽之傳，龐德公所謂以德書者十室之邑有如孔子，南浦千室之邑也，孰謂無如龐德公？或者參軍重於推擇故耶？德公初書於《耆舊傳》，卒書於列傳，所書未必不自《耆舊傳》出，故野史者國史之儲也。書顯者略，書隱者詳，法當如是。卿大夫有功，若爵楊文公輩是也，國史具書之，兹不厭略，鄉先生有隱德。謂誰，國史未及書，所望者野史書之，兹不厭詳，卷而歸參軍更裁之，詳者寧憚損，略者勿憚增焉。

廣州十賢贊一卷　宋蔣之奇撰　佚

之奇，字穎叔，常州宜興人，第進士，中春秋三傳科，至太常傅士，又舉賢良方正，神宗初累遷殿中侍御史，以誣劾歐陽修貶官，旋爲淮東轉運副史。歲惡民流，之奇募使修水利，以食流者，活民八萬四千。元祐初進天章閣待制，知潭州。[①] 御史韓

---

① 《東坡外制集》卷中載蔣之奇天章閣待制知潭州制。

川、孫升，諫官朱光庭，皆言之奇小人，不足當斯選，改集賢殿修撰，知廣州。① 南海饒寶貨，爲吏者多貪聲，之奇取前世牧守有清節者吳隱之、宋璟、虞奐、李勉等，繪其象，建十賢堂以祀，冀變其習。徽宗立，拜同知樞密院，明年知院事，崇寧三年（1104）卒，年七十四。著有《孟子解》《老子解》《荆溪前後集》《北扉集》《西樞集》《卮言集》《芻言》《三逕集》等。事迹具《宋史》卷三四三、《宋史新編》卷一一六、《東都事略》卷九七、《元祐黨人傳》卷一、《皇宋書錄》卷中、《宋大臣年表》《北宋經撫年表》等書。

此書《宋史·藝文志》傳記類著錄。

按：此編蓋建十賢堂時所撰也。

睦州山水人物記一卷　宋謝翱撰　佚

翱，字皋羽，長溪人，徙浦城。咸淳初試進士，不第，慨然求諸古，以文章名家。倜儻有大節，會丞相文天祥開府延平，率鄉兵數百人，杖策詣軍門，署諮議參軍，聲重梁楚間，已復別去。其人善哭如唐衢，過姑蘇，望夫差之臺慟哭終日；過勾越行禹窆間，北鄉哭；乘舟至鄞過蛟門，登候潮山，感夫子浮桴之嘆，則又哭。及聞天祥死節，悲不能禁，雙影行游浙水，過嚴陵，登子陵西臺，設天祥木主，酹奠號泣，以竹如意擊石，歌《招魂》之辭曰：“魂來兮何極，魂去兮江水黑，化爲朱鳥兮，其味焉食。”歌闋，竹石俱碎，因作《西臺慟哭記》。性嗜佳山水，凡雁山、天姥、四明，搜奇抉秘，足迹殆遍。元元貞初以肺疾卒於杭，年四十七。著有《晞髮集》《天地間集》《浦陽先民傳》《楚辭芳草圖補》《浙東西游記》等。事迹具《南宋書》卷六二、《宋史翼》卷三五、《宋遺民錄》卷二、《宋季忠義錄》卷十一、

---

① 《東坡外制集》卷下載蔣之奇集賢殿修撰知广州制。

《宋人軼事彙編》等書。

此書《宋史·藝文志》不著録，見《宋史藝文志補》。

按：翱別有《睦州古迹記》一卷，今宛委堂本《説郛》卷六十七收之，則志睦州山水之古迹奇玩者也。

成都理亂記八卷　宋句延慶撰　殘

延慶，字昌裔，平陽人，官應靈縣令。

此書《宋史·藝文志》傳記類著録。

兹編一名《錦里耆舊傳》。乃紀王氏、孟氏據蜀時事。《直齋書録解題》謂開寶三年(970)秘書丞劉蔚知榮州得此傳，其詞蕪穢，請延慶修之，天成之後，別加編次，起咸通九載(868)，迄乾德四年(966)，百餘年蜀事，大略具矣。《四庫全書總目》此書入載記類，《提要》云：“書雖以耆舊爲名，而不以人系事，其體實近編年；所録兩蜀興廢之迹，亦頗簡略。惟於詔敕章表書檄之文，載之獨詳。中閒如前蜀成康元年，唐兵至成都，王宗弼劫遷王衍於西宫，《通鑑》在十一月甲辰，而此書作乙巳；又宋太祖賜後蜀主孟昶詔一首，其文多與《宋史》不同。如此之類，亦皆可以備參考也。”

此書《直齋書録解題》《宋史·藝文志》並作八卷，《四庫全書》所著録者止四卷，《提要》云：“今本止四卷，起僖宗中和五年，無懿宗咸通閒事。振孫又稱自平蜀後，迄祥符己酉，朝廷命令政事因革，以至李順等作亂之迹，皆略載之，張約爲之序。延慶在開寶時，去祥符尚遠，似不能續記至是；而平蜀後事及張約序，此本亦無之。疑振孫所見即《宋志》八卷之本，出於後人所增益；此本四卷，或猶延慶之舊也。”按：今檢《直齋書録解題》及《宋史·藝文志》，除延慶之書外，復著録張緒《續錦里耆舊傳》十卷，陳振孫曰：“《續傳》蜀人張緒所撰，起乾德乙丑(三年，965)，迄祥符己酉(二年，1009)。自平蜀之後，朝廷命令官僚姓名及政事因革,以至李順、王均、劉旰作亂之迹,皆略載之,知新繁縣太常博士張約爲之序。"知此書本八卷,後人所增益者,即張緒之《續傳》,本爲二書,《提要》未詳考,誤爲一書也。

又按:此書今所見之善本,惟臺北"故宫博物院"所藏清文淵閣《四庫全書》本。《四庫全書》本據兩江總督採進本著録,爲四卷不完之本,存卷五至卷八。清嘉慶四年(1799)桐川顧修輯刊《讀畫齋叢書》,所收録者即據《四庫》本;民國二十四年(1935),上海商務印書館輯印《叢書集成初編》,所收此書,即據《讀畫齋叢書》本著録。

續錦里耆舊傳一〇卷　宋張緒撰　佚

緒,蜀人,事迹待考。

此書《宋史·藝文志》傳記類著録。

《通志·藝文略》著録此書,作者題"張彭",彭,當作緒。

按:句延慶迻撰《錦里耆舊傳》八卷,起咸通九年(868),迄乾德四年(966)。此書則起乾德乙丑(三年,965),迄祥符乙酉(二年,1009),自平蜀之後,朝廷命令宫僚姓名及政事因革,以至李順、王均、劉旰作亂之迹,皆略載之,知新繁縣太常博士張約爲之序。[1] 今延慶之書猶殘存四卷,此書則已亡佚不傳。

洛陽搢紳舊聞記五卷　宋張齊賢傳　存

齊賢,字師亮,曹州人,徙居洛陽。太平興國二年(977)進士,官至同中書省門下平章事,以司空致任。大中祥符七年(1014)卒,年七十二。事迹具《宋史》卷二六五、《宋史新編》卷七三、《史質》卷三〇、《名臣碑傳琬琰集》下集等書。

---

① 見《直齋書録解題》卷七"錦里耆舊傳八卷續傳十卷"條;復參見本文前條。

此書《宋史·藝文志》傳記類著録。

兹編乃真宗景德三年(1005)，齊賢以兵部尚書知青州時所作。述梁唐以還洛城舊事。《自序》謂摭舊老之所説，必稽事實；約前史之類例，動求勸誡，鄉曲小辨，略而不書；與正史差異者，並存而録之。然如衡陽周令妻報應、洛陽染工見寃鬼、焦生見亡妻諸條，俱不免涉於語怪；又如李少師賢妻一條，稱契丹降王東丹，朝廷密害之，非命而死，契丹已知之，李肅奉命護喪柩送歸，憂沮不知其計云云，與《通鑑》所載不符，殆出傳聞之譌，殊不可信。凡此，《四庫提要》辨之矣。

按：此書凡五卷，二十一篇。《直齋書録解題》《宋史·藝文志》及《四庫全書》所著録者俱五卷，唯《文獻通考》作十卷，蓋字之譌也。晁《志》不載此書，《提要》謂《讀書志》作十卷者，館臣偶疏也。

又按：今所藏此書善本之全者，惟臺北“故宮博物院”所藏清文淵閣《四庫全書》本。清乾隆道光間，長塘鮑氏輯刊《知不足齋叢書》著録此書，即據《四庫全書》本梓板。民國二十四年(1935)，上海商務印書館輯印《叢書集成初編》，所收即據鮑本。《説郛》卷五十一、《舊小説》丁集等所收者，並爲不完之本。①

鄱陽遺事録一卷　宋陳貽範撰　未見

貽範，字伯模，天台人。嘗游胡瑗、陳襄之門，登治平四年(1067)進士。歷宗正丞，通判處州，民懷其德，有“道不拾遺劍，月照處州城”之謡。著有《穎川慶善樓家藏書目》《千題適變録》《慶善集》等。事迹具《宋元學案》卷五、《宋元學案補遺》卷五、嘉定《赤城志》卷三三等書。

此書《宋史·藝文志》不著録，見《四庫全書總目》史部傳記類

---

① 説見昌彼得先生撰《説郛考》。

存目。

按：范仲淹嘗守鄱陽有善政，饒人爲之立祠。紹聖二年
（1095），貽範爲通判，因取仲淹在饒日所修創堂亭遺迹及其
游賞吟咏之地，採而輯之，以志遺愛。自《慶朔堂》至《長沙王
廟記》，凡十有三目。①《台州經籍志》卷十傳記類引紹聖乙亥
《自序》云："漢孝宣帝常曰：與我共治者，其惟良二千石乎！
天下之廣，郡有太守，能用良稱者，幾人哉？且鄱陽，《禹貢》
揚州之域，春秋時爲楚東境，後屬吳，《史記》言昭三十二年吳
伐楚取番，蓋其事也。秦并天下，曰番陽縣屬九江，漢更爲鄱
陽縣，係豫章，後漢建安十五年吳大帝時，張昭等議以預章土
廣人夥，請分置廬陵、番陽二郡，初治部故城，後徙吳芮，即今
之所治也。梁天監中置吳州，陳廢爲郡，隋平陳，罷郡爲饒
州，大業仍爲郡。唐武德四年平江左；乃復置州，則饒之爲
州，殆四五百年矣。推諸牧守，無慮近千人，然摭於《廟壁
記》，自開寶八年僞唐歸朝，有鐵林軍主張仁忠權知焉，迄元
祐壬申，朝奉大夫鄒軻，凡六十有八人，而比《閬州圖經》，序
賢牧內史者止吳周魴，晋虞溥，隋梁文謙、柳莊、梁陸襄，唐馬
植、李復七人焉。求之《州圖》，間有周、虞、梁、柳、陸、馬、李
七公，與顏魯並文正公畫像。以千百歲而守者近千人，而其
著於圖記繪像者陸、虞二內史，梁、周二太守，柳儀同、馬常
侍、李刺史，顏范二公九人云，二千石之良不幾於難有耶？余
倅於饒，見魯公雪程小娘被寇事，特道其始末，而圓其像，以
附文正公之祠堂，是賢太守不可得而多也。噫！鄱陽之守近
千人，著於圖記繪像九人，而公之德尤泯，饒人爲之立祠，班
春堂、天慶觀，州學之講堂凡三所，由景祐距此僅六十載，香

---

① 　參見《四庫全書總目提要》傳記類存目一。

火不絶,牲牢日盛,较以千人間,流澤之遠,惠愛之被,獨公一人而已矣。然公之遺風餘美。實浹於物,每於民之去思,又豈止夫祠堂而已乎？公視政日,所以制作修創之迹,游賞吟咏之舊,莫不敬而念之,余因采其所敬念者,命曰《范公鄱陽遺事錄》,非敢徼名於世,庶其垂話於後,而不事於召棠之歌咏也。且公始通判河中府,徙宛丘歷延慶杭越蘇潤青潁邠耀鄧永興一十二郡,純猷茂迹,燦在國史,家集奏議間,何假於是歟？如公所至,有恩鄧慶二州,民與屬羌畫像而生祠之御篆之褒賢,碑額青史傳載四方,千載固已聞之矣。竊疑饒之遺事,或有所未聞者,安得而棄乎？"

按：是書傳本罕見,《台州經籍志》著錄歲寒堂刻本。

廣中台記八○卷　宋曾致堯撰　佚

致堯,字心臣,撫州南豐人,太平興國八年(983)進士。官秘書丞,出爲兩浙轉連使。真宗即位,遷主客員外郎,判鹽鐵勾院。祥符初,累遷禮部郎中,坐知揚州日,冒請　月俸,降掌昇州榷酤,轉户部郎中,五年(1012)卒,年六十六。著有《綠珠傳》《仙鳧羽翼》《直言集》等。事迹具《宋史》卷四四一、《宋史新編》卷一七○、《東都事略》卷四八、《名臣碑傳琬琰集》及《北宋經撫年表》等書。

此書《宋史·藝文志》傳記類著錄。

按：唐李荃纂殷周至隋唐輔相邪正之迹,爲《中台志》十卷,以爲鑑戒,此書殆廣續之者也。

廉吏傳二卷　宋費樞撰　存

樞,字伯樞,成都人。《自序》題宣和乙巳(七年,1125),蓋作於宋徽宗末年。前有辛次膺序,稱其以藝學中高第,其仕履始末則無考也。著有《釣磯立談》一卷。

此書《宋史·藝文志》傳記類著錄。

按：此書所收人物，自秦至唐，凡百十有四人《四庫全書總目提要》云："大旨以風厲廉隅爲主，故但能謹飭簠簋，即略其他事；節録一長。每傳各系以論斷。如華歆、褚淵之屬，皆極爲揚擁褒貶。或偶失謹嚴，如史稱蓋寬饒深刻，喜陷害人，樞既病其太清介，不能容物；庫狄士文，史亦稱其深文陷害，樞又惜其公正受禍；持論亦自相矛盾。然如載公孫宏，竝著其忌賢之謀；載牛僧孺，亦書其朋黨之罪。綜核大致，其議論去取，猶可謂不諛不隱者矣。"

又按：是編《直齋書録解題》及《宋史·藝文志》所著録者並作十卷，近世書目所載及今傳諸本，則多爲二卷之本，蓋析併不同，文字並無删薙。[1] 今所藏善本：臺北"故宮博物院"有清文淵閣《四庫全書》本。臺北"國家圖書館"有舊鈔本二部，一部二卷，一部不分卷；又有明萬曆刊本一部，不分卷。

緑珠傳一卷　宋曾致堯撰　佚

致堯有《廣中台記》八〇卷已著録。

此書《宋史·藝文志》傳記類著録。

按：《宋史》本傳謂致堯頗好纂録，所著有《仙鳧羽翼》三十卷，《廣中台志》八〇卷，《清邊前要》三十卷，《西陲要紀》十卷，《爲臣要紀》一十五篇，而不云有此書。

五朝名臣言行録一〇卷　宋朱熹撰　存

三朝名臣言行録一四卷　宋朱熹撰　存

四朝名臣言行録一六卷　宋李幼武撰　存

四朝名臣言行續録一〇卷　宋李幼武撰　存

熹，字元晦，一字仲晦，婺源人。中紹興十八年（1148）進士，

---

[1]　錢曾《讀書敏求記》卷二、陸心源《儀顧堂題跋》卷四、莫友芝《郘亭知見傳本書目》卷五、丁丙《善本書室藏書志》卷九、張鈞衡《適園藏書志》卷四等書所載，皆係二卷抄本。

主同安簿，孝宗時，官至兵部郎中。光宗時，官秘閣修撰。憲
宗時，焕章閣待制，除宮觀。沈繼祖誣熹十罪，罷祠，卒。韓
侂胄死，謚賜曰文。理宗寶慶三年（1227）追封信國公，改徽
國公。淳祐元年（1241），詔周、張、二程及熹從祀孔子廟。朱
子品望理學，今古推崇，即文章，亦能奄有韓曾所長，爲南宋
大宗。著《周易本義》《詩集傳》《儀禮經傳通解》《大學中庸章
句》《論語孟子集註》《四書或問》《論孟精義》《通鑑綱目》《伊
洛淵源録》《紹熙州縣釋奠儀圖》《延平答問》《近思録》《楚詞
集注》《韓文考異》《晦菴集》等。事迹具《宋史》卷四二九、《宋
史新編》卷一六二。《南宋書》卷四四、《皇朝道學名臣言行外
録》卷一二、《慶元黨禁》及《南宋館閣續録》等書。

幼武，字士英，廬陵人。好講學，據其《續集序》文，蓋理宗時
人。事迹略具《宋元學案補遺》卷四十九。

右四編《宋史·藝文志》傳記類著録。今多彙爲一編，故竝
列之。

《四庫全書總目提要》云：“趙希弁《讀書附志》載此書七十二
卷，今合五集計之，實七十五卷，殆傳刻者誤以五爲二歟？朱
子《自序》謂：讀近代文集及紀傳之書，多有裨於世教，於是掇
取其要，聚爲此書。乃編中所録，如趙普之陰險，王安石之怪
僻，吕惠卿之奸詐，與韓范諸人竝列，莫評其旨。明楊以任
《序》，謂是書各臚其實，亦《春秋》勸懲之旨，非必專以取法。
又解名臣之義，以爲名以藏僞，有敗有不敗者，其置詞頗巧。
然劉安世氣節凜然，爭光日月，《盡言集》《元城語録》，今日尚
傳，當日不容不見，乃不登一字，則終非後人所能喻。考吕祖
謙《東萊集》有《與汪尚書書》曰：“近建寧刻一書，名《五朝名
臣言行録》（原案：謙所見乃《前集》，故但稱五朝），云是朱元
晦所編，其間當考訂處頗多，近亦往問元晦，未報，不知曾過

目否?'《晦菴集》中亦有《與汪尚書》書曰:"《名臣言行録》一書,亦當時草草爲之,其間自知尚多謬誤,編次亦無法,初不成文字,因看得爲訂正示及爲幸'云云,則是書瑕瑜互見,朱子原不自諱。講學家一字一句,尊若《春秋》,恐轉非朱子之意矣。又葉盛《水東日記》曰:"今印行《宋名臣言行録前集》《後集》《續集》《别集》《外集》,有景定辛酉(二年,1261)浚儀趙崇砨引,云其外孫李幼武所輯,且云朱子所編止八朝之前,士英所編則南渡中興之後四朝諸名臣也。今觀《後集》一卷有李綱,二卷有吕頤浩,三卷有張浚,皆另在卷前,不在目録中。又闕殘脱版甚多,頗疑其非朱子手筆,爲後人所增損必多。蓋朱子纂輯本意,非爲廣聞見,期有補於世教,而深以虚浮怪誕之説爲非。今其間吕夷簡非正人,而記翦髭賜藥之詳;余襄公正人,而有杖臀懷金之恥;蘇子瞻、蘇木私鹽等事,亦無甚關繫。若此者蓋不一也。李居安所謂翦截纂要,豈是之謂歟!嘗見章副使繪有此書巾箱小本,又聞叔簡尚寶家有宋末廬陵鍾堯俞所編《言行類編舉要》十六卷《前》《後集》,尚俟借觀,以祛所惑"云云,則盛於此書亦頗有所疑。顧就其所録觀之,宋一代之嘉言懿行,略具於斯,旁資檢閲,固亦無所不可矣。幼武所補,大抵亦步亦趨,無甚出入,其所去取,不足以爲重輕,以原本附驥而行,今亦姑並存之,備考核焉。"

按:諸編之宋刊本,今不多見。王文進《文禄堂訪書記》著録宋麻沙刻本《五朝名臣言行録前集》十卷《後集》十四卷《續集》八卷《别集》上十三卷《别集》下十三卷《外集》十七卷,半葉十二行,行二十三字,綫口;《外集》景定辛酉(二年,1261)趙崇砨《序》末有"平野"二字木記;卷四天保庚子七十翁明復《題記》一行;書簽題"宋麻沙覆明溪本";有"鮑毓東"印。^① 又有宋刻巾箱本《四朝名臣言行録》残本,存卷六,半葉十四行,行十九字,綫口,左欄外刊小題,有"嘉善曹秉章壬戌仲夏所得内閣叢残典之一""玉硯堂珍藏"印。^②《四庫簡目標注續録》謂張菊生藏宋刊本,與今本不同。又謂徐積餘藏宋麻沙覆明溪本,宋諱缺筆,凡洪翻本缺葉,此本皆有之,而顧所據之本則不盡合,則此本可寶可知。^③

按:邵章所謂洪翻本者,乃清道光元年(1821)洪氏刊仿宋本也。^④ 今所見善本:臺北"故宫博物院"有清文淵閣《四庫全書》本一部,七十五卷二十五册;元刊本一部,七十五卷二十四册,其中《後集》卷六、卷七補鈔,《續集》卷一至卷四以日本覆刊本配;明正德戊寅(十三年)建陽書肆刊本一部,七十五卷十二册;又有宋建陽書坊刊本一部,則爲李幼武所續增者,但存三十一卷二十四册;又有元刊本一部,則爲李幼武之《别集》,残存卷二至卷十三,十二卷二册。臺北"國家圖書館"有:明萬曆丁未(三十五年)黄吉十等揚州刊本一部,七十五卷三十二册;明林雲銘刊本一部,七十五卷三十二册;明汪國楠等重編,明萬曆三十七年朱崇沐刊本一部,七十五卷三十二册;清康熙五年朝鮮閔維重刊本一部,《前集》十卷,《後集》十四卷,《續集》八卷,《别集》十三卷,《外集》十七卷,都六十二卷,十九册;又有日本寬文七年刊本一部,《前》《後集》二十四卷,六册。臺灣大學有明崇禎戊寅(十一年,1638)張采

---

① 見《文禄堂訪書記》卷二。
② 見《文禄堂訪書記》卷二。
③ 詳見《四庫簡明目録標注》卷六。
④ 《邵亭知見傳本書目》卷五著録此書,有安福張鰲山刊本、道光元年洪瑩仿宋刊本、萬曆丁未揚州刊本、崇禎癸酉南京刊小字本、崇禎戊寅張來刊本。莫友芝謂洪氏仿宋本佳。

刊本一部，張采評，馬嘉植校，七十五卷九册。清同治間，賀瑞麟輯刊《西京清麗叢書》，收載此書；民國八年（1919），張元濟輯刊《四部叢刊》，收有《五朝名臣言行録》十卷《三朝名臣言行録》十四卷，則據宋本影印。

中興名臣言行録不著卷數　宋趙順孫撰　佚

順孫，字和仲，縉雲人。淳祐十年（1250）進士，自秘書郎五遷至侍御史，皆兼講讀之職。遇災異，輒援據經傳及累朝故實，隨時致戒，其他論列，亦力持大體。累官福建安撫使。知時事不可爲，亟歸，憂憤疾篤，不肯御藥而卒，學者稱格齋先生。著有《四書纂疏》《近思録精義》《格庵奏稿》《格齋集》等。事迹具《宋史翼》卷十七、《宋元學案》卷七〇及《宋元學案補遺》卷七〇等書。

此書《宋史·藝文志》不著録，見《宋史·藝文志補》。

按：倪燦云：“其人已入元，而此書題中興，則在宋時所著，姑附此。”

中興將相論不著卷數　宋方汝一撰　佚

汝一，生平待考。著有《易論》二十篇、《小園僻稿》一卷、《兩漢史贊評》《范史新評》等。

此書《宋史·藝文志》不載，《福建通志》卷六十八著述著録。

中興志議忠録三卷　宋龔頤正撰　佚

頤正，字養正，原名敦頤，因避諱改名。光宗時爲國史檢討官，歷宗正丞。著有《符祐本末》《宋特命録》《清江三孔先生列傳譜述》《續稽古録》《芥隱筆記》等。事迹具《南宋館閣續録》及《宋中興東宮官僚題名》等書。

此書《宋史·藝文志》不著録，見《直齋書録解題》傳記類。

陳振孫曰：“自建炎至紹興辛巳，上自李若水、劉韐貴臣名士，下及一婦人卒伍之微，皆録之。”

靖康小雅一卷　宋不著撰人　未見

此書《宋史·藝文志》不載,《四庫全書總目》傳記類存目三著録。

《四庫提要》云:"録靖康死事之臣傳察、种師中、王稟、劉翊、种師道、何慶彦、黄經臣、劉鞈、李若水、徐揆、孫傅、張叔夜,凡十二人。宗澤、張愨扼於黄潛善、汪伯彦而死者亦附焉。澤傳中稱潛善卒不遄死而令公卒,則此書作於汪黄秉政之日矣。傳末各系以四言詩,故以小雅爲名。其文散見《北盟會編》中。此本次序,似以徐夢華所載鈔合之,非完書也。"

按:《四庫全書》本據江蘇巡撫採進本著録,今則單行之本已罕見矣。

南渡十將傳一〇卷　宋章穎撰　存

穎,字茂獻,臨江軍人。以兼經中鄉薦。孝宗立,下詔求言,爲萬言附驛以聞。官太常博士。光宗朝爲左司諫,請留趙汝愚,黨論起被廢。寧宗即位,遷禮部尚書。穎踐履端直,生平風節,不爲窮達所移,清議與之。嘉定十一年(1218)卒,年七十八。謚文肅。事迹具《宋史》卷四〇四、《宋史新編》卷一四八、《南宋書》卷四二、《宋元學案》卷四六等書。

此書《宋史·藝文志》不著録,見《四庫全書總目》傳記類存目。《宋志》載《張穎劉岳李魏傳》二卷,當即此編之一部分,張穎當作章穎。

《四庫提要》云:"十將者:劉錡、岳飛、李顯忠、魏勝、韓世忠、張俊、虞允文、張子蓋、張宗顔、吳玠也。劉、岳、李、魏四傳,開禧二年(1206)表上,後六傳未上。核以《宋史》本傳,此所採撮,未爲詳核,且抑世忠於勝、顯忠後,似亦未安。子蓋、宗顔戰功寥寥,允文亦僥倖不敗,乃與諸人竝數,皆未免不倫也。"

按：此書刊本，今已罕見，傳世者率爲鈔本。黄丕烈嘗購得元刊本一部，不分卷，荛圃《藏書題識》云："余初見此書，徧檢諸家書目，皆無其書。偶訪周香嚴丈，云晁公武《讀書志》中有之，歸家檢衢本，無其書，後檢袁本，有之，然止四將傳，蓋劉錡、岳飛、李顯忠，魏勝也，亦出於史官章穎所撰而上之者。今香嚴所藏毛氏舊鈔本，先之以种諤傳，趙起撰者，此刻所無，後列韓世忠、劉錡、岳飛、李顯忠、魏勝傳，行款與此刻同，每卷不排次第，但云某人傳，無'重刊宋朝南渡十將傳'字樣，又無'宋朝南渡十將列傳'字樣，是必從宋時雕本出也。其不分卷第者，晁《志》本云《四將傳》，可無容别標卷第矣。韓世忠本不在四將列，故毛鈔本在《劉錡傳》前，《劉錡傳》前有進劉岳李魏傳表，此《十將傳》，故無之也。傳惟劉岳李魏，有'史官章穎纂'五字，韓世忠以下皆無之，是必非章穎所纂矣。不知何時合編爲十將而題曰'重刊'，又曰'宋朝南渡'，是必元人爲之矣。余因其爲秘本，出番钱二十枚購之，其同購者尚有舊刻楊鐵崖古樂府，書估居奇不肯獨售此種，以彼爲副爾。時嘉慶十年乙丑春三月二十有六日黄丕烈識。"黄氏又得舊鈔本《中興四將傳》残本。[①] 莫友芝嘗見張氏昭文有抄本《中興四將傳》四卷。[②] 今所藏善本：臺北"國家圖書館"有明鈔本一部，存卷四、卷五，一册，係前國立北平圖書館寄存者；又有《穴硯齋鈔雜史》二十一種，穴硯齋鈔本，中收劉岳李魏

---

①　蕘圃《藏書題識》卷二著録舊鈔本《中興四將傳》殘本，黄氏云："余向藏《南渡十將傳》元刻本，中有闕葉，因借周文香巖所藏《中興四將傳》手補其可補處，繼爲友人指名相索去，案頭無是書，心殊怏怏。今年於劉時舉編《中興通鑑》，頗校勘再三，因思類於此等書者，莫如《十將傳》。適書友以是舊鈔《四將傳》，即收之。惜中多闕文，香巖又化去，不知前借之書可蹤迹否，姑訪之，得於伊令郎漱六之手，遂復手補之，誠快事，亦幸事也。原本种、韓二傳，别令寫出儷之。己卯秋孟下澣四日，復翁手識。"

②　見《郘亭知見傳本書目》卷五。

四傳,各一卷。清光緒十年(1884),方功惠輯刊《碧琳琅館叢書》;民國二十四年(1935),南海黄肇沂輯印《芋園叢書》,並著録此書。

紹興名臣正論一卷　宋湘山樵夫撰　未見

作者名氏待考。

此書《宋史·藝文志》傳記類著録。

此書或題《紹興正論》。《四庫全書總目》傳記類存目一《提要》云:"叙列張浚、趙鼎、胡銓、胡寅、連南夫、張戒、常同、吕本中、張致遠、魏矼、張絢、曾開、李彌遠、晏敦夫、王庶、毛叔度、范如圭、汪應辰、許忻、方廷寶、韓訓、陳鼎、許時行、李光、洪皓、沈正卿、張燾、陳康伯、陳括、陳剛中三十人,皆以不附和議而貶謫者。每人之下略具事實,少有一二語,多亦不過三四行。案《書録解題》載《紹興正論》二卷,註曰:《序》稱瀟湘野人,不著名氏。録文武官不附和議及忤秦檜得罪者。"　不載《紹興正論小傳》二十卷,則樓昉以《正論》中姓名,仿元祐黨傳爲之。所謂二卷者,似即此書,而書名及撰人之號,皆大同小異,卷數亦不相符,其故則莫得而詳矣。"

按:《四庫提要存目》據江蘇巡撫採進本著録,今傳本未見。

孤臣泣血録三卷拾遺一卷　宋丁特起撰　存

特起,太學生。金師圍汴,曾上書言緩兵五不可守禦八策,皆不用。

此書《宋史·藝文志》不著録,見《直齋書録解題》傳記類。

兹編一名《靖康紀聞》,一名《靖康蒙塵録》,記靖康元年(1126)十一月至明年五月圍汴城事,以日記之,故又名《靖康紀聞》。丁氏《自序》云:"紀聞者,紀靖康元年中事也。春正月五日,金人擁兵犯京城,二月十二日退師。秋九月陷太原，冬十月陷真定，繼陷猾州等郡縣，十一月二十五日擁兵再犯都城，閏十一月二十五日陷京師，明年春正月十日邀皇帝出郊，二月六日廢帝，九曰邀太上皇帝、皇后、太子、諸王公主嬪妃等郊外，三月七日改僞楚，立張邦昌、僭號夏，四月一日退師，擁二帝北去，四曰邦昌僞赦，九曰册命元祐皇太后，十一曰元祐皇太后垂簾聽政，邦昌復避位，收僞赦，五月一日皇弟康王即位于南京，改元建炎，大赦天下孤臣。特起自冬徂夏，適在京師，初迫桂玉嘗爲西樞門下客，頗得其事，繼游賢開，與同舍郎講問尤詳悉，痛二帝之播遷，閔王室之顛覆，咎大臣之誤國，傷金戎之強盛，事有不可縷舉者，大懼天下後世，或失其傳，無以激忠臣義士之心，無以正亂臣賊子之罪，無以知吾君仁聖憂勤而罹此不辜之實，因列日以書之。起元年十一月，至明年五月九日。目擊而親聞者，罔敢違誤，其間褒貶，允協公議，非敢徇私臆説也。盟于天，質于地，告于祖宗之靈，斯言無愧。如其青史，請俟來哲。宋孤臣丁持起泣血謹書。"後附《拾遺》一卷十三條，類舉當時情事，不著作者姓名，《直齋書録解題》謂亦特起撰。

按：此書卷數，或作一卷，或作三卷，蓋析併不同故也。傅增湘有明吳思刊本一部，上列錢塘汪旦復評，半葉九行，行二十字，鮑以文舊藏。卷中有淥飲朱筆批字，鈐"知不足齋鮑以文藏書""天都鮑氏困學齋圖籍"兩印。[①] 今所藏善本：臺北"國

---

① 詳見《藏園群書題記》卷二。傅氏又云："按是書一名《靖康紀聞》，一名《靖康蒙塵録》，其實一也。丁特起無可考。徐莘老《三朝北盟彙編》采之，自非僞作。其叙述靖康元年至高宗即位止，證以《靖康要録》，大略相同。至其立論偏駮，事實偶誤，彭文勤曾歷舉正之，《四庫總目》亦糾其失，但頗疑易好事者託特起名所爲。明時別有萬曆丙午長洲張豫誠刊本，王在公序之。《四庫存目》所見、錢竹汀日記所載，皆是本也。此吳思刊本，亦殊罕覯。"

家圖書館"有明萬曆丙午(三十四年,1606)長洲張豫誠刊本兩部,一部二册,一部四册。每半葉八行,行十六字,前有玉峰王在公《序》。二册者經清黃丕烈殊筆手校並《跋》,又有止適齋主人題識。蕘圃《跋》云:"此明刻本《靖康孤臣泣血録》,因是葉石君、孫慶增兩家藏本,故收之。歲辛酉,得郡中青芝山堂所儲鈔本,遂手校一過于此刻上,覺勝此遠甚。命工重裝藏諸篋衍。今日坐雨無聊,偶檢及此,爰題數語於後。壬戌立於冬後二日甲寅黃丕烈識。"止適齋主人《題識》云:"自東郡楊氏藏書散佚後,其發現於濟南市者,以敬古齋所得爲多。該肆主王某善價而沽,據余所見聞,已不下四五十種矣。庚午冬得此,亦該肆經售者。計頁論值,窮措大竟悍然爲之,可見一時好尚,固足以顛倒人如此。辛未夏五止適齋主人識。"又有舊鈔本一部一册,附曹勛《北狩見聞録》一卷,爲前國立北平圖書館寄存者。又有鈔本一部二册,過録黃丕烈《跋》。"中央研究院"歷史語言研究所有鈔本一部二册。

又按:明毛氏汲古閣有校定待刊之本,經述古堂、傳是樓收藏,後爲張海鵬所得。清嘉慶十年(1805)張氏輯刊《學津討源》,即以毛本校訂梓行,卷末載江曾祁、張海鵬跋,爲今傳諸本之最精審者。清道光十一年(1831),曹溶輯刊《學海類編》,以木活字排印此書。民國二十四年(1935),上海商務印書館輯刊《叢書集成初編》,收録此書,即據《學津討源》本著録。清光緒宣統間,國學保存會輯印《國粹叢書》,亦著録是編。

名臣事纂九卷　　宋葉適撰　佚

適,字正則,永嘉人。爲文藻思英發,登淳熙五年(1178)進士,召爲太學正,遷博士。嘗薦陳傅良等二十四人於丞相,皆召用,時稱得人。寧宗時累官寶文閣待制,兼江淮制置使。

初，韓侂胄欲開兵端，以適每有大讐未復之言，重之。侂胄誅，中丞雷孝友劾適附侂胄用兵，遂奪職。杜門著述，自成一家，學者稱水心先生。著有《周易述釋》《習學記言》《唐史鈔》、文集等。事迹具《宋史》卷四三四本傳。

此書《宋史·藝文志》載子部類事類，《温州經籍志》則入史部傳記類。

宋名臣言行類編舉要一六卷　　宋鍾堯俞撰　　佚

堯俞，宋末廬陵人，事迹待考。

此書《宋史·藝文志》不著録，見《宋史藝文志補》。

檢葉盛《水東日記》曰："今印行《宋名臣言行録前集》《後集》《續集》《別集》《外集》，有景定辛酉（二年，1261）浚儀趙崇砠引云：'其外孫李幼武所輯。'且云："朱子所編止八朝之前，士英所編則南渡中興之後四朝諸名臣也。"今觀《後集》一卷有李綱，二卷有吕頤浩，三卷有張浚，皆另在卷前，不在目録中。又闕殘脱版甚多，頗疑其非朱子手筆，爲後人所增損必多。……嘗見章副使繪有此書巾箱小本，又聞叔簡尚寶家有宋末廬陵鍾堯俞所編《言行類編舉要》十六卷《前》《後集》，尚俟借觀，以袪所惑。"[1]

漢史二〇卷　　宋蔣芾撰　　佚

芾，字子禮，宜興人，瑎孫。紹興二十一年（1151）進士第二。孝宗時累遷簽書樞密院事，首奏加意邊防，及拔將材於行伍，又採衆論參己見爲《籌邊志》上之。拜右僕射，同中書門下平章事，兼樞密使。以議和戰拂帝意，提舉洞霄宮卒。事迹具《宋史》卷三八四、《宋史新編》卷一四一、《南宋書》卷三二等書。

---

　　① 參見本編"《名臣言行録前集》十卷《後集》十四卷《續集》八卷《別集》二十六卷《外集》十七卷"條。

此書《宋史·藝文志》不著録,見《直齋書録解題》。

陳振孫曰:"其曾祖魏公之奇(穎叔)所記遺事殆數百册,兵火散失,捃拾遺稿得六百六十事,爲十九門,淳熙改元書成,爲之序。"

按:之奇,字穎叔,嘉祐二年(1057)進士。又舉賢良方正。神宗初,累遷殿中侍御史,以誣劾歐陽修貶官。旋爲淮東轉運使,歲惡民流,之奇募使修水利,以食流者。升江淮荆浙發運使,其所經度,皆爲一司故事,累除觀文殿學士。崇寧三年(1104)卒,年七十四,諡文穆。有文集雜著百餘卷。事迹具《宋史》卷三四三本傳。

十七史百將傳一〇卷　宋張預撰　佚

預,字公立,東光人,事迹待考。

此書《宋史·藝文志》載子部兵書類,作《集注百將傳》一百卷,趙希弁《附志》入史部傳記類,作《百將傳》十卷,今本則作《十七史百將傳》十卷。

《郡齋讀書志》曰:"皇朝張預(公立)撰。預觀歷代將兵者所以成敗,莫不與孫武書相符契,因擇良將得百人,集其傳成一書,而以武之兵法題其後上之。"

趙希弁《讀書附志》云:"右東廣張預(公立)所進也。由太公而下,至於五代之劉詞,凡史辭泛漫而不切於兵者一删去之;或非兵略而可以資人之智慮者,間亦存焉。各以《孫子兵法》題其後,次以行事合之。"

按:此書傳本不多,明嘉靖三十二年(1553),翁氏輯刊《武經學傳》三種收之。

唐拾遺録一〇卷　宋許載吳撰　佚

載吳,生平待考。

此書《宋史·藝文志》傳記類著録。

忠義傳二〇卷　宋喻良能撰　佚

良能，字叔奇，號香山，義烏人。紹興二十七年（1157）進士，補廣德尉，歷遷工部郎中、太常寺丞，出知處州，尋以朝請大夫致仕。著有《詩經講義》五卷、《香山集》十六卷、《家帚編》十五卷。事迹具《宋史翼》卷二八、《金華賢達傳》卷八、《金華先民傳》卷七、《宋詩紀事》卷五一等書。

此書《宋史·藝文志》不著録，見《金華經籍志》傳記類。

宋代傳記類（聖賢、總録、題名之屬）《史籍考》上。

胡京榀曰："此書起戰國王蠋，止五代長孫晟，通一百九十人。叔奇乞頒之武學，授之將帥，孝宗嘉嘆，顧侍臣曰：'喻良能質實中正。'御書其名屏間。"

洞仙集一卷　宋不著撰人　佚

此書《宋史·藝文志》傳紀類著録。

按：《舊唐志》雜傳類有素子《洞仙傳》十卷（《新唐志》入道家類）。

國朝名將行狀四卷　宋不著撰人　佚

此書《宋史·藝文志》傳記類著録。

唐制舉科目圖一卷　宋蔡元翰撰　佚

元翰，寶元間人，事迹待考。

此書《宋史·藝文志》傳記類著録。

《郡齋讀書志》卷九傳記類著録《唐制舉科目圖》一卷，晁氏曰："右不題撰人，凡七十六科，仕至宰相者七十二人，惟劉蕡名最高，而宦最不達。"

《文獻通考》卷一九八《經籍》二五著録《唐制舉科目圖》一卷，引巽巖李氏（燾）曰："寶元間蔡元翰編集。某家有《制科登第録》一卷，不著撰人氏字，止用年代次序，登第者姓名或不暇徧舉，且自敬宗以後闕不復録。而元翰所記科目以類相從，姓名具列，又開出其更歷始終，比某家本爲優，然而尚多脱遺，如天授中祝欽明中英才傑出業奧大經科，而此無之，蓋元翰獨據《舊唐書》，故所見有不盡，博采別條，乃可備一家言耳。”

按：此書公武云不著撰人，所見或已非完本。唐制舉名，多至八十有六，凡七十六科（説見《困學紀聞》卷一四）。清徐松撰《登科記考》，所載唐制舉之名，多至百餘。徐書博稽載籍，詳列諸科及第者姓名，是此書雖佚，吾人猶可據徐書以見當時制舉之事也。

學士年表一卷　宋不著撰人　存

此《宋史・藝文志》傳記類著録。

此書載建隆元年（960）至治平四年（1067）百餘年之學士。

按：乾道九年（1173），洪遵粹輯《翰林志》《承旨學士院記》《翰林學士記》《翰林院故事》《翰林學士院舊規》《重修承旨學士壁記》《禁林宴會集》《續翰林志》《次續翰林志》《學士年表》《翰院題名》《翰苑遺事》等十二種與翰林院有關文獻爲《翰苑群書》，此書單行者已罕見。

又按：今所見善本《翰苑群書》，臺北“故宫博物院”有文淵閣《四庫全書》本一部；“中央研究院”歷史語言研究所有鈔本一部。清乾隆年間，鮑廷博輯刊《知不足齋叢書》，亦收録之。

皇朝宰輔拜罷録一卷　宋蔡幼學撰　佚

幼學，字行之，温州瑞安人，十八歲試禮部第一，從陳傅良游，乾道八年（1172）進士，孝宗時除勒令所删定官，光宗時遷太學，擢秘書省正字，兼實録院檢討官。寧宗朝仕至權兵部尚書，兼太子詹事，卒年六十六，謚文懿。著有《宋實録列傳舉要》《續百官公卿表》《續百官表質疑》《宋編年政要》《育德堂集》等。事迹具《宋史》卷四三四、《宋史新編》卷一六五、《南宋書》卷四五、《慶元黨禁》《宋中興學士院題名録》《南宋制撫年表》等書。

此書《宋史·藝文志》不著録，見《文獻通考》傳記類。

馬端臨曰："中興藝文志蔡幼學撰。幼學採國史實録等書爲國朝編年政要以擬紀。及爲宰輔拜罷録，起建隆，盡紹熙，年經兩官緯之。"

廣州牧守記一〇卷　宋趙鶠撰　佚

鶠，里籍待考。嘗知新州。著有《廣南市舶録》三卷、《交阯事迹》八卷等書。

此書《宋史·藝文志》傳記類著録。

按：趙氏嘗知新州。新州，南朝梁置，隋廢，唐復置，又改爲新興郡，尋復故，即今廣東新興縣治。此編殆記其知新州之事迹也。

交阯事迹八卷　宋趙鶠撰　佚

鶠有《廣州牧守記》一〇卷已著録。

此書《宋史·藝文志》傳記類著録。

《直齋書録解題》卷七傳記類著録《交阯事迹》十卷，陳氏曰："知新州趙鶠撰。"

考王珪《華陽集》卷八載《奏交阯事迹劄子》，云："臣近聞經制交阯事宜，臣頃于廣西轉運使杜杞得所奏交阯事，其言自盜據以來世次，與夫山川、道路、兵民之類爲最詳，其末又言存取之計，頗可采，如聞樞密院文字，比多散失，輒用録進，以備聖覽。"

按：交阯，屬交州。《後漢書郡國志》云："交州領南海、蒼梧、鬱林、合浦、交阯、九真、日南、珠崖、儋耳九郡。"

又按：此書《宋志》作八卷，陳《録》則作十卷。

三川官下記三卷　宋宋敏求撰　佚

敏求，字次道，趙州平棘人，綬子。賜進士及第。嘗預修《唐書》,治平中爲仁宗實録檢討官、起居注、知制誥,累遷龍圖閣直學士,元豐初卒。敏求家藏書三萬卷,皆略誦習,熟於朝廷典故,士大夫疑議,必就正焉。補唐武宗以下六世《實録》百四十三卷。又著《春明退朝録》《唐大詔令集》《長安志》等,學者多咨之。事迹具《宋史》卷二九一、《宋史新編》卷九〇、《東都事略》卷五七、《名臣碑傳琬琰集》中集卷一六等書。

此書《宋史·藝文志》傳記類著録。

諱行後録五卷　　宋宋敏求撰　　佚

敏求有《三川官下記》二卷已著録。

此書《宋史·藝文志》傳記類著録。

按:宋《館閣書目》有《諱行録》一卷,以四聲編進士族系名字行第宦秩及父祖之諱、主司名氏,起興元元年,盡大中七年。[1]敏求此書殆續之者也。

章氏家傳德慶編一卷　　宋章邦傑撰　　佚

邦傑,史書無傳,事迹待考。

此書《宋史·藝文志》傳記類著録。

按:《通志·藝文略》傳記家傳著録《章氏家傳慶德編》一卷,不著撰人,當即此書。

黨人記一卷　　宋蔡京撰　　佚

京,字元長,興化仙游人,熙寧三年(1070)進士,元豐末知開封府,司馬光復差役法,爲期五日,同列病太迫,京獨如約,光許爲奉法。紹聖初權户部尚書,乃助章惇定雇役法,識者有以知其奸。徽宗時因童貫以進,累遷左僕射,兼中書侍郎,復王安石新法,進司空,拜太師,封魏國公。屢罷屢起,凡四出執國政,庫儲掃地,徧布戚黨,疾視人民,遂有靖康之變,天下

---

① 見《玉海》卷一一五。

罪京爲六賊之首。欽宗立，侍御史孫覿等極疏其奸，乃以秘書監分司西京，連貶崇信、慶遠軍節度副使，衡州安置，又徙韶、儋二州，行至潭州死，年八十。著有《崇寧鼎書》《王貴妃傳》《政和續編諸路州縣學敕令格式》等。事迹具《宋史》卷四七二、《宋史新編》卷一八六、《東都事略》卷一〇一、《皇宋書録》卷中、《宋大臣年表》及《北宋經撫年表》等書。

此書《宋史・藝文志》傳記類著録。

按：《宋史》蔡京本傳云："崇寧二年（1103）進左僕射……廢元祐皇后，罷科舉法令，州縣悉做太學三舍考選，建辟雍外學於城南，以待四方之士。……時元祐群臣貶竄死徙略盡，京猶未愜意，命等其罪狀，首以司馬光，目曰奸黨，刻石文德殿門，又自書爲大碑，徧班郡國此編殆即當時刻石之文也。

又按：明楊慎《丹鉛餘録》曰："宋《元祐黨籍碑》，成於蔡京父子，其意則王安石啓之也。安嘗作《曹社詩》以寓意，謂神奸變化，自古難知，辨之而不疑者，惟禹鼎焉。魑魅合謀，蓋非一日，太邱之社，其亡也晚，蓋以喻新法異意之人，將爲宋室之禍也。其後門生子婿，相繼得政，果鑄寶鼎，列元祐諸賢司馬光而下姓名於其上，以安石比禹績，而以司馬諸公爲魑魅，呂惠卿載諸謝章曰：九金聚粹，靈圖魑魅之形。自此黨論大興，賢才消伏，卒致戎馬南騖，赤縣邱墟，一言喪邦，安石之謂也。"足見當時黨爭之熾也。

侯鯖録一卷　宋趙令時撰　存

令時，字德麟，德昭玄孫。所交多元祐勝流，坐與蘇軾游，入黨籍。後從高宗南渡，仕洪州觀察使，遷寧遠軍承宣使。襲封安定郡王，奉太祖祀，官同知行在大宗正事，紹興四年（1134）卒，年七十四。事迹具《宋史》卷二四四本傳。

此書《宋史・藝文志》傳記類著録。

是書前載涿鹿頓銳《序》,云:“漢樓護字君卿,精辨議論,聽者皆竦,有樓君卿脣舌之號。爲王氏五侯上客。會五侯競致奇膳,護合以爲鯖,世謂之五侯鯖,蓋天下之至味矣。夫聊復翁趙德麟名令時,爲前宋宗室安定郡王,以才美見喜於蘇文忠公,嘗取諸儒先佳詩緒論逸事與夫書傳中及人所嘗談隱語奇字,世共聞見而未知出處者,冥蒐遠證,著之爲書,名曰《侯鯖錄》,意以書之味比鯖也。”《四庫全書總目提要》云:“是書採錄故事詩話,頗爲精贍。如第五卷辨傳奇鶯鶯事凡數十條,每條綴之以詞,未免失之冶荡。歐陽修以艷曲數闋被誣,釋文瑩著《湘山野錄》尚辨其枉,而令時此書,凡著其居汝陰時挾妓事,載其詩於卷中,未免近誣。朱翌《猗覺寮雜記》亦稱上元放鐙增十七十八兩夜,爲建隆五年詔書以時和歲豐之故,見《太祖實錄》《三朝國史》諸書,令時乃云錢氏納土進錢買兩夜,亦屬妄傳。翌又稱令時因蘇軾入黨籍,而後附內侍譚積以進,頗違清議,此書乃稱余爲元祐黨人,牽復過陳舉王叡昭宗怨詩示張文潛、文潛曰:此真先生所謂篤行而剛者云云,尤不免愧詞。然令時所與游處,皆元祐勝流,諸所記錄,多尚有典型,是固不以人廢言矣。”①

---

① 余嘉錫《四庫提要辨證》於此有所論證,余氏云:“此所引翌語,不見於《猗覺寮雜記》,聚珍本及知不足齋本皆同,不知《提要》所據何本也? 至於令時所記張文潛語,則實見於《張右史集》卷四十八趙令時字説,文中雖不免愧詞,尚非杜撰耳。考《周南山房集》卷八《雜記》云:“趙令時元祐六年簽判潁上,東坡出守,愛其公姓而有文,一見待以文士,字曰德麟。其後張文潛《字説》,謂德麟與韓子倉諸人,名震一時。東坡領郡時,表上其才,明年去潁,又力薦之,至器其人爲清廟之寶。東坡既謫,德麟亦坐廢十年。紹興初,始以正郎爲宗司。高宗論宰相謂德麟嘗事譚積,不當齒士大夫,竟易環衛,後得宣和邸報,始知德麟事爲有實。按宣和年以太尉遂寧軍節起復宣撫燕山,積辟置議幕管勾,凡九人,德麟時爲泗州倅,辟置蓋其一也。是役也,攸積首禍,德麟號識理通文,反面自污,謬迷至此,得罪於九原多矣。《周南山房集》近世始出,《提要》所未見,却足以證明所引朱翌之語。”

按：此書《宋志》作一卷，趙希弁《讀書附志》及《四庫全書》所著録者並八卷之本，《宋志》所載者，或爲不分卷之本。[①] 今所藏此書之善本：臺北“國家圖書館”有明正德間趙士亨刊本，八卷一册，爲前國立北平圖書館寄存者；臺北“故宫博物院”有文淵閣《四庫全書》本，八卷二册。諸叢刻之收録此書者：《稗海》《知不足齋叢書》《筆記小説大官》《叢書集成叢編》等本，並爲八卷；又《説郛》（宛委山堂本）卷十八録此書九十二條，商務印書館本《説郛》卷三十一摘録二十九條，卷三十九復録此書三條；舊小説載此書三則：則並爲不完之本。

南陽先民傳二〇卷　宋王襄撰　佚

襄，鄧州南陽人。初名寧，後以蒲城妖賊王寧適同姓名，請更名宓。使高麗還，對稱旨，詔賜名襄。第進士，累官權知開封府事，縲繫滿獄，襄晝夜決遣，再閲月，獄爲之空。後爲吏部尚書，同知樞密院事。高宗即位，命襄知河南府，襄初與趙野分總西北道諸軍，金人圍京師，徵兵入援，二人故迂道宿留，至是降寧遠軍節度副使，永州安置，卒。著有《輶軒雜録》。事迹具《宋史》卷三五二、《宋史新編》卷一二二、《宋大臣年表》及《宋經撫年表》等書。

此書《宋史·藝文志》傳記類著録。

《直齋書録解題》卷七傳記類著録《南陽先民傳》二十卷，陳氏曰：“題南陽王襄元祐癸酉（八年，1093）歲序。所記鄧州人物自百里奚、直不疑而下，至唐范傳正、韓翃，凡一百六十人。”

孝行録二卷　宋劉棐撰　佚

棐，字仲忱，宋城人。建炎四年（1130）由尚書禮部員外郎爲

---

① 昌彼得先生《説郛考》則疑《宋志》字譌。

起居郎，旋以秘閣修撰出守。紹興二年（1132）爲右司員外郎中充修政局檢討官，終集賢殿修撰知台州。事迹具《宋詩紀事》卷五〇、《宋詩紀事小傳補正》卷三等書。

此書《宋史·藝文志》傳記類著録。

《通志》載樂史《孝悌録》二十卷，危稾《孝子拾遺》七卷等，載孝友之事，此編蓋亦此類也。

三蘇言行五卷　宋不著撰人　佚

此書《宋史·藝文志》傳記類著録。

按：此書雖佚，三蘇言行，今猶可據朱子《八朝名臣言行録》見其大概。

孝悌類鑑七卷　宋俞觀能撰　佚

觀能，字大任，夔子，紹興初應詔詣闕上書，特授德安府録事參軍，旋登進士第。時徽欽北獵，觀能哀古今君臣孝悌事爲此書上之，授審察江陰軍教授，改秩而卒。事迹具《紹興十八年同年小録》。

此書《宋史·藝文志》傳記類著録。

按：《宋史·藝文志》子部類事類又載俞觀能《孝經類鑑》七卷，與此編當是一書。《宋志》複出也。

閨範三卷　宋吕祖謙撰　佚

祖謙，字伯恭，金華人。孝宗隆興元年（1163）進士，復中博學宏詞科，官至直秘閣著作，國史院編修，卒謚曰成，郡人祀之。祖謙以關洛爲主，而無門户之見，浸淫經史，言必有宗。朱子同時諸儒，品學足與相匹者，惟祖謙與張栻耳。著作宏富，有《古周易》《周易音訓》《周易繫辭精義》《書説》《家塾讀詩記》《春秋集解》《左傳類編》《左氏博議》《左氏説》《少儀外傳》《大事記》《吕氏家塾通鑑節要》《東萊先生西漢財論》《新唐書略》《歐公本末》《紫微語録》《觀史類編》《讀書記》《宋文鑑》《十七史詳節》《東萊集》等。事迹具《宋史》卷四三四、《宋史新編》卷一六五、《南宋書》卷一〇、《皇朝道學名臣言行外錄》卷十三、《南宋館閣錄》《南宋館閣續錄》等書。

此書《宋史·藝文志》傳記類著錄。

《直齋書錄解題》儒家類著錄《閫範》十卷，陳氏曰："吕祖謙撰集經史子傳，發明人倫之道，見於父子兄弟之間者爲一篇，時教授嚴州。張南軒守郡，實爲之序。"

考《張南軒先生文集》卷三載《閫範序》，云：""天地位而人生乎其中，其所以爲人之道者，以其有父子之親，長幼之序，夫婦之别，而又有君臣之義，朋友之交也。是五者，天之所命，而非人之所能爲，有是性，則具是道，初不爲聖愚而損益也。聖人能盡其性，故爲人倫之至，衆人則有所蔽奪而淪失之耳。雖然，亦豈不可及哉。……降及三代，庠序之教尤詳，故《孟子》曰：學則三代共之，皆所以明人倫也。明云者，講明之而使之識其理之所以然者，然則人之所以爲聖與夫聖賢之教人，舍是五者，其何以哉。東萊吕祖謙（伯恭父），爲嚴陵教官，與其友取《易》《春秋》《書》《詩》《禮傳》《魯論》《孟子》聖賢所以發明人倫之道，見於父子兄弟夫婦之際者，悉筆之於編，又汎考子史諸書，上下二千餘載間，凡可以示訓者皆輯之，惟其事之可法而已，載者之失實，有所不計也；惟其長之可取而已，他爲之未善，有不暇問也。閒日携所編以示某而講訂焉，未幾而成，名以《閫範》。某謂此書行於世，家當藏之而人當學之也，家庭閨閫之内，鄉里族黨之間，隨其見之深淺，味之長短，篤敬力行，皆足以有補，然在學者則當由是而講明之，以求識其理之所以然者，誠知是書所載，莫非吾分内事，而古之君子，皆非有所爲之，則其精微親切，必有隱然自得於中者，雖欲舍是而不由，亦不可得矣。書所登載未盡，伯恭尚繼編云。”

按：此書陳《録》作十卷，《宋志》所著録者僅三卷，疑非完本。

却掃編三卷　　宋徐度撰　　存

度，字敦立，睢陽人，南渡後，官至吏部侍郎。著有《國紀》。事迹具《宋史新編》卷一二三、《南宋館閣録》卷八等書。

此書《宋史·藝文志》傳記類著録。

《自序》云：“予閒居吳興卜山之陽，曰吕家步，地僻且陋，旁無士子之廬，杜門終日，莫與晤言。間思平日聞見可紀者輒書之，未幾盈編，不忍棄去，則離爲三卷。時方杜門却掃，因題曰《却掃編》。雖不足繼前人之述作，補史氏之闕遺，聊以備遺忘、示兒童焉。”陸游《渭南集》有是書《跋》，謂此書之作，敦立猶少年，故大抵無紹興以後事；惟書中屢稱先公，蓋其父處仁，靖康中嘗知政事，故家遺俗，俱有傳聞，故所記國家典章，前賢逸事，深有裨於史學。《四庫全書總目提要》曰：“王明清《揮麈後録》載明清訪度於雪川，度與考定定創置右府與換路議政分合因革，筆於是書；又載其論《哲宗實録》及論秦檜刊削建炎航海以後《日曆》《起居注》《時政記》諸書二事，則度之究心史學，可以概見。至謂《新唐書》載事倍於《舊書》，皆取小説，因欲史官博採異聞，則未免失之泛溢。此書上卷載葉夢得所記俚語一條，中卷載王鼎嘲謔一條，下卷載翟巽詼諧一條，爲例不純，自穢其書，是亦嗜博之一證矣。然大致纂述舊聞，足資掌故，與《揮麈》諸録、《石林燕語》，可以鼎立，而文簡於王，事核於葉，則似較二家爲勝焉。”

按：《四庫簡明目録標注》著録此書有宋刊本，唯今已罕見。今所藏善本：“中央研究院”歷史語言研究所有影宋鈔本，一册，有清繆荃孫手書《題記》。臺北“故宮博物院”有文淵閣《四庫全書》本，三册。臺北“國家圖書館”有明末虞山毛氏汲

古閣刊《津逮秘書》本，一册；又有清影寫宋臨安府尹家書籍
鋪刊本，三册。收於諸叢刻者，有《學津討源》《反約篇》《榕園
叢書》《右書叢刊》《擇是居叢書》《叢書集成初編》等、其中《擇
是居叢書》本乃覆刻影鈔宋尹家書籍鋪本，爲諸叢刻中最善
者。①《宛委山堂》本《説郛》○三十二及商務印書館本《説郛》
卷十四，則僅摘録六條，並非完本。

古今家誡二卷　宋孫景修撰　佚

景修，長洲人，少孤，受教於母，母賢，能就其業，舉咸平進士，
官至太常少卿。既老，而念母之心不忘，爲《賢母録》以其
致意。

此書《宋史·藝文志》傳記類著録。

考蘇轍《欒城集》卷二五載《古今家誡序》，云："老子曰：'慈
故能勇，儉故能廣。'或曰慈則安能勇？曰父母之於子也，愛
之深，故其爲之慮事也精，以深愛而行精慮，故其爲之避害也
速，而就利也果，此慈所以能勇也。非父母之賢於人，勢有所
必至矣。轍少而讀書，見父母之戒其子者，諄諄乎惟恐其不
盡也，惻惻乎惟恐其不入也，曰嗚呼！此父母之心也哉。師
之於弟子也，爲之規矩以授之，賢者引之，不賢者不強也；君
之於臣也，爲之號令以戒之，能者予之，不能者不取也。臣之
於君也，可則諫，不則去；子之於父也，以幾諫不敢顯，皆有禮
存焉。父母則不然，子雖不肖，豈有棄子者哉。是以盡其有
以告之，無憾而後止，《詩》曰：'泂酌彼行潦，挹彼注兹，可以
饋饎。豈弟君子，民之父母。'夫雖行潦之陋，而無所棄，猶父
母之無棄子也。故父母之於子，人倫之極也，雖其不賢，及其
爲子言也，必忠且盡，而況其賢者乎！太常少卿長沙孫公景

---

① 　説見昌彼得先生《説郛》考。

修,少孤而教於母,母賢,能就其業,既老而念母之心不忘,爲《賢母録》以致其意。又集《古今家戒》,得四十九人,以示轍曰:'古有爲是書者,而其文不完,吾病焉,是以爲此,合衆父母之心,以遺天下之人,庶幾有益乎。'轍讀之而嘆曰:雖有悍子慣鬥於市,莫之能止也。聞父之聲,則斂手而退,市人之過之者,亦莫不泣也。慈孝之心,人皆有之,特患無以發之耳。今是書也,要將以發之歟!雖廣之天下可也。自周公以來至於今,父戒四十五,母戒四,公又將益廣之未止也。元豐二年(1079)四月三日,眉陽蘇轍序。"

按:孫氏謂"古有爲是書者",知其有所本。又此書《宋志》注云:"不知作者。"蓋偶疏也。

三國史記五〇卷　　高麗金富軾撰　　佚

富軾,高麗人,富佾之弟,肅宗時登第,補安西大都護府司録參軍事,考滿直翰林,歷右司諫中書舍人,累官集賢殿大學士,太子太師,毅宗五年(當南宋高宗紹興二十一年,1151)卒,年七十七,有文集二十卷。事迹具《高麗史》九十八本傳。此書《宋史·藝文志》傳記類著録。

《玉海》卷一六"三國史記"條引《書目》云:"五十卷,高麗金富軾撰,首載新羅,次高句麗,次百濟,有紀、表。"

《高麗史·金富軾傳》云:"(仁宗)二十三年(時當南宋高宗紹興十五年,1145),上所撰新羅、高句麗、百濟三國史,王遣内侍崔山甫就第獎諭,賜花酒。"又云:"爲人豐貌碩體,面黑目露,以文章名世,宋使路允迪來,富軾爲館伴,其介徐兢見富軾善屬文,通古今,樂其爲人,著《高麗圖經》,載富拭世家,又圖形以歸。奏于帝,乃詔司局鏤版,以廣其傳,由是名聞天下。後奉使如宋,所至待以禮、三掌禮闈,以得士稱。"

按:此書《宋志》云不知作者,偶疏也。

海東三國通曆一二卷　高麗高得相撰　佚

得相,高麗人,事迹待考。

此書《宋史·藝文志》傳記類著録。

《玉海》卷一六云:"《海東三國通曆》十二卷,高麗高得相撰,係以中朝歷代正朔。"

按:三國者,新羅、高勾麗、百濟也。

誕聖録三卷　宋董棻撰　佚

棻,字令升,東平人,逌之子也。紹興間知嚴州,罷爲提舉台州崇道觀。二十六年(1156)起爲左中大夫知婺州,以復敷文閣待制致仕。著有《新定志》《嚴州圖經》《閒燕常談》《嚴陵集》(輯)等。事迹具《宋史翼》卷二七。

此書《宋史·藝文志》傳記類著録。

按:此書殆纂歷代聖賢事迹也。

近世厚德録一卷　宋李元綱撰　佚

元綱,字國紀,號百鍊真隱,錢塘人。孝宗時爲上庠生,乾道間居吳興,力學好古,雖窮困,操履益堅,怡然自得。著有《聖門事業圖》《西銘解》《言行編諸書》。事迹具《宋元學案補遺》卷十八《別附》卷二。

此書《宋史·藝文志》傳記類著録。

《直齋書録解題》卷七傳記類著録近世《厚德録》四卷,陳氏曰:"題百鍊真隱李元綱(國紀)編。沈濬(道原)爲作《序》。"

按:沈濬,建炎中人,官至右正言。此書《宋志》誤題李綱,今正。又書本四卷,《宋志》作一卷者,殆非完本也。

讀書日録五卷　宋黎良能撰　佚

良能,史無傳,著有《左氏釋疑》《左氏譜學》等。

此書《宋史·藝文志》傳記類著録。

按:此編殆雜採史書説部所載人物行事也。

濂湘师友録三三卷　　宋賀成大撰　　佚

成大,字季常,爵里待考。著有《古洪範》一卷,自爲之序。事迹略具《宋元學案補遺》卷四十九。

此書《宋史·藝文志》傳記類著録。

東萊吕紫微師友雜志一卷　　宋吕本中撰　　存

本中,字居仁,夷簡之玄孫,公著之曾孫,希哲之孫,好問之子。幼而敏悟,公著奇愛之。以公著遺表恩授承務郎,累遷中書舍人,直學士院。後爲御史蕭振劾罷之,提舉太平觀卒,學者稱爲東萊先生,諡文清。著有詩集、《春秋解》《童蒙訓》《師友淵源録》等。事迹具《宋史》卷三七六、《宋史新編》卷一四〇、《南宋書》卷一〇及二三、《四朝名臣言行録》卷下、《宋中興學士院題名録》及《南宋館閣録》等書。

此書《宋史·藝文志》不著録,見《直齋書録解題》。

此編所載,多元祐間名人之嘉言懿行。按:元祐極人才之盛,道學則有二程張邵,政事則有温公璐公,文章則有蘇黃晁張,氣節則有器之瑩中,居仁以名門子弟,師友群公,目染耳濡,迥殊凡俗,故其所紀録,頗有可觀。

又按:此書傳本不多。清陸心源嘗從穴硯齋抄本傳録,廓字下註御名,猶存宋本舊式;光緒中陸氏輯刊《十萬卷樓叢書》,所收者即此本。民國二十四年(1935),商務印書館輯印《叢書集成初編》,即據《十萬卷樓叢書》本著録。

蒙齋門人録不著卷數　　宋張鶚撰　　佚

鶚,字弢叔,臨海人,乾道五年(1169)進士,終從事郎。事迹具《光緒台州府志》。

此書《宋史·藝文志》不著録,見《台州經籍志》卷十傳記類。

伊洛淵源録一四卷　　宋朱熹撰　　存

熹有《名臣言行録前集》一〇卷《後集》十四卷已著録。

此書《宋史·藝文志》不著録,見《四庫全書總目提要》傳記類。

此編乃朱子記周子以下及程子交游門弟子言行,凡四十六人。《四庫全書總目提要》曰:"《宋史·道學》《儒林》諸傳,多據此爲之。蓋宋人談道學宗派,自此書始,而宋人分道學門户,亦自此書始。厥後聲氣攀援,轉相依附,其君子各執意見,或釀爲水火之爭;其小人假借因緣,或無所不至。葉紹翁《四朝聞見録》曰:'程源爲伊川嫡孫,無聊殊甚,嘗鬻米於臨安新門之草稿。後有教之以干當路者,著爲道學正統圖,自考亭以下勘入當事姓名,遂特授初品,因除二令,又以輪對改合入官遷寺監丞,是直以伊雒爲市矣。'周密《齊東野語》《癸辛雜識》所記末派諸人之變幻,又何足怪乎!然朱子著書之意,則固以前言往行,矜式後人,未嘗逆料及是。儒以《詩》《禮》發冢,非《詩》《禮》之罪也。或因是併議此書,是又噎而廢食矣。"

按:《四庫簡明目録標注》(史部七)載此書之傳本,云:"元至正癸未蘇天爵(伯修)在鄂刊於武昌郡庠,既蒞浙,又命刻於吴學,郡守蕭仁甫相成之子,至正九年(1349)己丑三月詳李世安《後序》。"今臺北"國家圖書館"藏有此元刊本,乃前國立北平圖書館寄存者,惟僅存卷六至卷十四,凡九卷。板框高24公分,寬15.3公分,左右雙欄,小黑口,每半葉十二行,行二十四字。[①]　臺北"國家圖書館"又有:明成化癸巳(九年,1473)浙江刊本,一部四册;明刊本,一部六册;明嘉靖己丑(八年,1529)臨海高賁亨刊本,一部二册;明嘉靖乙丑(四十四年,1565)刊本,三部,其中一部八册。附明謝鐸撰《續録》

① 參見日本阿部隆一撰《"中華民國國立故宫博物院"藏北平圖書館宋金元版解題》。

六卷，一部四册，一部二册，則爲前國立北平圖書館寄存者；明崇禎己巳（二年，1629）盧江知縣楊墇刊本，有清姚詮章手書題識，爲前國立北平圖書館寄存者。臺北"故宮博物院"有明復元刊本，一部四册；明弘治八年刊本，一部一册；清文淵閣《四庫全書》本，一部五册。著録於諸叢刻者，有《朱子遺書》本、《正誼堂全書》本、《西京清麓叢書》本、《叢書集成初編》本。

伊洛源流譜不著卷數　宋薛凝之撰　佚

凝之，一作疑之，字季常，號玉成，瑞安平陽人。學於楊簡，刊華據實。事迹具《宋元學案》卷七四、《宋元學案補遺》卷七四。

此書《宋史·藝文志》不著録，見俞文豹《吹劍録外集》。

《吹劍録外集》曰："永嘉玉成先生薛季常疑之作《伊洛源流譜》自孔子、子思、顏。曾。孟子至濂溪周子以下，凡九十餘傳。慶元間書始成，而學禁正嚴，攻媿先生題其耑曰：'趙元鎮相業甚偉，其學不無傳授，夫豈知自盛行之際，而乃翻騰撰造，出奇見新，自附於朱文公門人之列。案趙元鎮，忠簡公鼎也。忠簡在相位，以表章程學爲己任，遂有託程門弟子以求進者，事見李心傳《道命録》。攻媿云朱文公，必是字誤。朱與樓同時，在趙後遠甚，攻媿不宜不辨也。欺愚後輩以資干祿釣名者之具，不然，何張宣公、薛常州（季宣）、吕成公講解語録，書坊中寂不見邪？蓋玉成以吾道方屯，恐數十年後，老成彫喪，後生小子，不知根柢，耳濡目染，日變而不復還，故作此書。'案今《攻媿集》不載此《序》。水心挽之曰：'乾坤未放虛空壞，蠻貊猶須事業成。'永嘉玉成薛先生曰：'先覺之士，如周子、二程子、張横渠、楊、謝、游、胡、晦庵、南軒，皆於學道之初，出入老釋百氏，然後有所覺也。'"林景熙《霽山集》卷五《二薛先生文集序》曰："薛氏世學蓋三百年，最後玉成公學於慈湖楊敬仲，刊華據實，猶程門緒餘，僞學禁興，隻手衛道，著

《伊洛源流》，各爲譜傳，書成，而更化生人之類不爲夷狄禽獸，吾道力也。"孫詒讓《溫州經籍志》云："玉成薛先生凝之，萬曆《溫州府志·義行傳》、乾隆《平陽縣志·孝友傳》並有傳，其名《吹劍録外集》作疑之，與府縣志不同，未知孰是。《平陽縣志·理學傳》别載薛玉成，據《霽山集》爲傳，蓋誤以玉成爲别一人。《雍正浙江通志·經籍門》又别載《伊洛淵源》引《南雁蕩志》彦時孫玉成者，尤謬。今據《吹劍録外集》考正之。"

道命録一○卷　宋李心傳撰　存

心傳，字微之，舜臣子。慶元初下第，絶意不復應舉，閉户著書，晚年因崔與之、許奕、魏了翁等合前後二十三人之薦，爲史館校勘，賜進士出身，修《中興四朝帝紀》，又踵修《十三朝會要》，端平間成書，擢工部侍郎，以言罷。淳祐三年（1243）致仕，卒年七十八。著有《丁丑三禮辨》《春秋考義》《丙子學易編》《寧宗實録》《建炎以來繫年要録》《舊聞證誤》《建炎以來朝野雜記甲集》《乙集》等。事迹具《宋史》卷四三八、《宋史新編》卷一六六、《南宋書》卷四六、《戊辰修史傳》《南宋館閣續録》等書。

此書《宋史·藝文志》不著録，見《四庫全書總目提要》傳記類存目一。

此編載程子、朱子進退始末，備録其褒贈貶謫薦舉彈劾之文。其命名之義，取諸《論語》，蓋有感於吾道廢興之由。子曰："天之未喪斯文也。"學者又當思君子不謂命之意。李心傳《自序》曰："嘉定十有七年（1224）月正元日，皇帝御大慶殿，朝百官，詔尚書都省曰：朕惟伊川先生紹明道學，爲宋儒宗，雖屢被褒榮，而世禄弗及，未稱崇獎儒先之意，可訪求其後，特與録用德音，傳播天下誦之。蓋自伊川之被薦而入經筵，逮今百四十年矣。愚不佞，蓋嘗網羅中天以來，放失舊聞，編年著錄，次第送官，因得竊考道學之廢興，乃天下安危，國家隆替之所關繫，未嘗不嘆息痛恨於惇、京、檜、侂之際也。程子曰：周公歿，聖人之道不行；孟軻死，聖人之學不傳。夫道即學，學即道，而程子異言之，何也？蓋行義以達其道者，聖賢在上者之事也；學以致其道者，聖賢在下者之事也。舍道則非學，舍學則非道。故學道愛人，聖師以爲訓，倡明道學，先賢以自任，未嘗歧爲二焉。自數十年，不幸憸邪讒諂之小人，立爲道學之目，以廢君子，而號爲君子之徒者，亦未嘗深知所謂道所謂學也，則往往從而自諱之，可不嘆哉。子曰：道之將行也與，命也！道之將廢也與，命也！故今參取百四十年之間，道學廢興之故，萃爲一書，謂之《道命錄》，蓋以爲天下安危，國家隆替之所關繫者，天實爲之，而非惇、京、檜、侂之徒，所能與也。雖然，抑又有感者：元祐道學之興廢，係乎司馬文正之存亡；紹興道學之興廢，係乎趙忠簡公之用舍；慶元道學之興廢，係乎趙忠定之去留。彼一時也，聖賢之道學，其爲厄己甚矣，而義理之在人心者，訖不可得而泯也。孟子曰：‘聖人之於天道也，命也，有性焉。君子不謂命也。’故由孔子之言，則有天下國家者，可以知所戒，由孟子之言，則修身守道者，可以知所任。至若近世諸公，或先附後畔，或始疑終信，視其所以，則先附後畔，皆出於一時利害之私，而始疑終信，則由夫動心忍性，增益其所不能而致此也。又有或出或入之士，義利交戰於中，而卒之依違俯抑以求媚於世，着所謂焉能爲有，焉能爲亡者。必也見善明用心剛而卓然不感於生死禍福之際，於道學也其庶幾乎。”

按：此書《宋史》心傳本傳作五卷，今本並十卷，則爲元程榮秀所編者也。程氏《序》云：“宋秀巖先生李公《道命錄》五卷，刻梓在江州,毀於兵,榮秀嘗得而讀之,疑其爲初稿,尚欲删定而成者。齋居之暇,僭因原本,略加釐定,彙次爲十卷如左。"今所藏此書善本:臺北"國家圖書館"有舊鈔本一部,十卷四册;又有明弘治九年新安衛千户于明刊本一部,十卷四册,爲前國立北平圖書館寄存者。收於諸叢刻者,有《知不足齋叢書》本及《叢書集成初編》本。清侯官楊浚輯編《冠悔堂雜録》收録此書僅一卷,則爲删節之本。

廣卓異記二〇卷　宋樂史撰　存

史有《孝悌録》二〇卷《讚》五卷已著録。

此書《宋史‧藝文志》小説家類著録,《四庫全書總目》則著録於傳記類存目三。

此書前有樂氏《自序》,略謂唐李翱《卓異記》三卷,述唐代君臣卓絶盛事,中多漏録,史初爲《續記》三卷,以補其闕,後復以僅載唐代,未爲廣博,因纂集漢魏以下迄五代,竝唐事共爲一帙,名《廣卓異記》。首卷記帝王,次卷記后妃王子公主,三卷雜録,四卷至十七卷皆記臣下貴盛之極與顯達之速者,十八卷雜録,十九卷舉選,二十卷專記神仙之事。《四庫提要》謂其大抵牽引駁雜,譌謬亦多,如所稱《晉書》王導以下至王褒九世,皆自有史傳,中有儉子仲寶,仲寶子規云云,案史仲寶乃王儉字,非其子名也。儉之子名騫,騫之子名規,非仲寶子名規也。且規子褒,附見規傳,亦非自有傳,諸傳雜見於《宋》《齊》《梁書》及《南史》,亦非全在《晉書》,舛謬殊甚。又石勒每更聞鼓鼙聲,武士護聞空中言唐公爲天子,與夢高祖乘白馬上天之類,神怪無稽,頗爲蕪雜。至引録傳稱周時尹氏貴盛,會食家數千人,遭饑荒,羅粟作糜吮之,吮糜之聲聞於數十里,亦不近事理之談。其末卷則於自撰《總仙記》中,撮其殊異者入此書。所言不出全家登仙,祖孫兄弟登仙及三世四世五世登仙,四人六人七人登仙之類,重複支離,尤不足信。《自序》稱採自漢魏而下,而編中乃及楚孫叔敖,周尹氏,末卷所列神仙,并及堯舜之時,與《序》自相矛盾,又其小失矣。

按:此書刊本,今殊罕見,諸家書目所載,率爲鈔本[1]。今所藏善本:臺北"國家圖書館"有清初虞山錢氏述古堂鈔本一部二册,有近人劉之泗手《跋》;清乾隆三十八年兩淮鹽政李質穎進呈鈔本一部二册;清康熙間鈔本一部一册;舊鈔本二部,各二册,中一部朱校。收於叢書者,有《遜敏堂叢書》本及《筆記小説大觀》本。

紹陶録二卷　宋王質撰　存

質,字景文,號雪山,其先鄆州人,後徙興國。早游太學,與九江王阮齊名。紹興三十年(1160)進士,爲太學正。孝宗屢易相國,質上疏極論,有忌之者,尋罷去。虞允文當國,薦質可右正言,時中貴用事,憚質,陰沮之,終奉祠。淳熙十六年(1189)卒,年五十五。著有《詩總聞》《雪山集》等。事迹具《宋史》卷三九五、《宋史新編》卷一四五及《南宋書》卷三四等書。

此書《宋史·藝文志》不著録,見《四庫全書總目》傳記類。

質於淳熙中奉祠山居,以晋陶元亮、梁陶通明皆棄官遺世,其同時唐汝舟、鹿何可繼其風,因作此書。《自序》云:"孔子之詠歎鮮矣。一嘆顔子,'賢哉回也,一簞食,一瓢飲,在陋巷,人不堪其憂,回也不改其樂'。再嘆曾子,'暮春者,春服既成,冠者五六人,童子六七人,浴乎沂,風乎舞雩,詠而歸',

---

'喟然嘆曰,吾與點也'。孔子間微宣其至情:'飯蔬食,飲水,
曲肱而枕之,樂亦在其中矣'。'不義而富且貴,於我如浮雲。'
夫惟忘世,故能濟世。'行夏之時,乘商之輅,服周之冕,樂則
韶舞',在顏子固從容矣。'鳳鳥不至,河不出圖,吾已矣。'夫
在孔子,抑標末哉。好事功者,事功起而本身沈;好名義者,
名義著而真心隱。聖賢超然遺之,數內在世,數外在天,世有
推移,天無變遷而死生,觀聖賢然耶,又況逆順成虧乎。原始
反終,故知死生之説,既知矣,何加焉。晝夜之道,幽明之故,
死生之説,一也。'朝聞道,夕死可矣。'非即予欲無言,此之
故也,嗫簞瓢之所欣回,玩沂雩之所適點,以曲肱會之,則紹
陶之録,姑存可也。"上卷載《栗里》《華陽》二譜,而各摘其遺
文遺事爲題,別爲詞以咏之。下卷紀唐鹿事,而附以林居咏
物之詩。其曰山友詞者,皆咏山鳥;曰水友詞者,皆咏水鳥;
曰山友續詞者,皆咏山草;曰水友續詞者,皆咏水草;曰山水
友續詞者,則雜咏禽蟲諸物。《四庫全書總目提要》謂質以耿
直忤時,阨於權倖,晚歲欲絶人逃世,故以鳥獸草木爲友,蓋
亦發憤之作。又謂其録中諸作,雖惟意所云,往往不甚入格,
然人品既高,神思自別,誦其詞者賞之於酸鹹之外可矣。
此書傳本,刊本已罕見,諸家藏書目録及《四庫簡明目録標
注》所著録者並爲鈔本。① 今所藏善本:臺北"國家圖書館"有
舊鈔本一部,二卷一册;臺北"故宫博物院"有清文淵閣《四庫
全書》本一部,二卷一册。收於諸叢刻者,有《十萬卷樓叢書
本》及《湖北先生正遺書》本。又商務印書館本《説郛》載録此
書,僅收唐汝舟濟民事一則;宛委山堂本《説郛》卷三十二則

---

　　① 　繆荃孫《藝風藏書記》卷四著録舊鈔本一部,係鮑淥飲藏書。有"老屋三間賜書
萬卷""歙西長塘鮑氏知不足齋藏書印"兩朱文方印。《四庫簡目標注》謂路有鈔本,振綺
堂有鈔本,張目有舊鈔本。

著録此書二則，一爲唐濟民事，一爲清菴鮑氏、秀齋方氏二婦人事，則自他書謁入者也。①

雲萍録不著卷數　宋陳昉撰　佚

昉，字叔方，號節齋，溫州平陽人，峴子。以父任知浦城縣，真德秀薦之朝，與劉克莊等號端平八士。累遷吏部尚書，拜端明殿學士致仕，卒諡清惠。著有《北庭須知》《穎川小語》。事迹具《南宋館閣録》卷七、《南宋制撫年表》、萬曆《溫州府志宦業傳》、雍正《浙江通志》、乾隆《平陽縣志·名臣傳》。

此書《宋史·藝文志》不著録，見文天祥《文山集》。

文天祥題詞云“公守建陽，人和政成，皇曰來歸，從橐斯榮，我時在館，望公珮珩，公不我遐，我德公誠，公録班如，友朋公卿。維公下士，敬附氏名。”

戊辰修史稿一卷　宋黃震撰　存

震，字東發，號於越，慈谿人。年四十四登寶祐四年(1256)進士，爲史館檢閲，以直言出判廣德軍，知撫州，改提點刑獄，皆有惠政。爲人清介自守，獨宗朱氏學。元世祖至元十七年(1280)卒，年六十八，門人私諡文潔先生。著有《古今紀要》《黃氏日鈔》。事迹具《宋史》卷四三八、《宋史新編》卷一六七等書。

此書《宋史·藝文志》不著録，見《宋史藝文志補》傳記類。

全祖望《鮚埼亭集外編》卷三十一《東發先生史稿跋》云：“東發先生《日鈔》後一半即其文集也。別有《理度二朝政要》，近又得其《戊辰史稿》，乃其爲史館檢閲時所作列傳。一杜範，一真德秀，一洪咨夔，一袁甫，一徐元杰，一李心傳，凡六篇，疑即《日鈔》中所闕二卷是也。先生所極稱者杜丞相。其於

---

① 　關於《説郛》收録此書之情形，參見昌彼得先生《説郛考》。

真文忠公傳謂晚節阿附鄭清之,大有微詞,與《理度二朝政要》所言,互相證明。《政要》最推袁正肅公,而傳中稍不滿其論學。今《宋史》真文忠公傳頗采公文以爲藍本。世有能重雕《日鈔》者,當以此稿及《理度二朝政要》附之。"

此書傳本不多。民國二十一年(1932)四明張壽鏞輯刊《四明叢書》,於第一集收録此書。張氏《序》云:"宋度宗咸淳四年(1268),賈似道枋國,奸義竝進,正人君子輒引去以爲高,勉留再三,弗近益遠,往往相尚。時東發先生爲史館檢閲,慨然於君子道消,小人道長,奮發自勵,而作《修史傳》六,曰杜範,曰真德秀,曰洪咨夔,曰袁甫,曰徐元杰,曰李心傳,所謂《戊辰史稿》是也。世無刻本,全謝山見之,嘗作跋,著於《鮚埼亭文集》。余既傳盧氏抱經樓舊藏《四明文獻考》,而是稿在焉。讀之懍懍然有生氣,蓋當天運人事之窮,外患内憂必有,藴成而養護之,如癰疽然,待時而決之耳。有此六君子者,果能盡用其才,則宋何至遽亡哉。乃讀先生所爲傳,杜清獻言去私,而鄭清之以爲承風旨;真文忠奏疏懇懇,無慮數十萬言。繁屬人望,聲滿夷夏,徒以清之誤國,意在調停,不免爲盛德之累。洪舜俞、袁廣微,吾鄉人也。舜俞鯁亮忠慤,有助親政,嘉定不合,端平驟用之,亦終不以端平爲然。廣微切於愛民,謂史彌遠老當還政,謂史嵩之不可相天下,立朝正直,無阿附心。徐仁伯裁書至宗社隱憂處,輒閣筆揮淚,當嵩之謀起復,舉朝翕然嚮往,獨能陳其不可。李微之該總通達,成一家言,良史才也,以言去奉祠雪。上六君子者,其才如此,而其所施爲僅僅如彼,則宋之存亡可知也。嗚呼。觀於宋季之已事,而凡類於宋之季者,不大可懼哉。余既刊東發先生《理度二朝政要》,更取《史稿》刊之,君子小人之消長,國家存亡之關係,著之於此,以爲鑑焉。"

稽古後録三五卷　　宋晁公武撰　佚

公武，字子止，世號昭德先生。宋丙午之變，衣冠盡南渡，公武絜家西入蜀。紹興二年（1132）舉進士第，初爲四川轉運使井度屬官，既而爲四川宣撫司總領官趙不棄錢糧所主管文字。十七年（1147），以左朝奉郎通判潼川府，二十四年（1154）知恭州，移知榮州，又知合州，轉潼川路轉運使判官。二十七年（1157）十二月，侍御史王珪劾罷之。乾道三年（1167），知興元府，七年（1171），除臨安少尹，嗣後累官吏部侍郎。公武嘗過嘉定府之符文鎮，謂山川風物似洛中，因家焉，卒葬符文鎮。著有《易詁訓傳》《尚書詁訓傳》《毛詩詁訓傳》《中庸大傳》《春秋故訓傳》《昭德堂稿》《讀書志》《嵩山樵唱》《老子通述》等書。公武，《宋史》無傳，陳祺壽嘗撰《宋目錄學家晁公武傳》，載《國粹學報》六卷六期。1968年兆祐肄業於臺灣師範大學國文研究所，承業師屈翼鵬先生之指導，撰成碩士論文《晁公武及其〈郡齋讀書志〉》一書，中晁公武之生平一章，載《臺北“國家圖書館”館刊》新二卷二期。

此書《宋史·藝文志》傳記類著録。

按：司馬光既撰《資治通鑑》及《目録》《考異》諸書，以各書卷帙繁重，乃芟除繁亂，上溯伏羲，下迄英宗治平之末，爲《稽古録》二十卷。兹編題曰《後録》，所載或從神宗熙寧起也。

湖仙遺老傳一卷　　宋吳芾撰　佚，

芾，字明可，台州仙居人。紹興進士，遷秘書正字，終龍圖閣學士致仕。嘗曰：“視官物當如己物，視公事當如私事，與其得罪於百姓，寧得罪於上官。”晚退閑者十有四年，自號湖山居士，卒年八十。著有《湖山集》《和陶詩》《當塗小傳》等。事迹具《宋史》卷三八七、《宋史新編》卷一四三、《南宋書》卷三三、《南宋館閣録》卷八及《南宋制撫年表》等書。

此書《宋史·藝文志》傳記類著録。

按：《宋史·藝文志》載芾有《湖山集》四十三卷，又別集一卷，《和陶詩》三卷，《附録》三卷，《當塗小集》八卷；本傳又稱表奏五卷，詩文三十卷；周必大《文忠集》有《芾湖山集序》，稱集二十五卷，長短句三卷，別集一卷，奏議八卷；今並亡佚不存。今所見《湖山集》十卷之本，乃清四庫館臣據《永樂大典》採輯者。疑此編初或附集而行，後隨集並佚矣。

先賢施仁濟世録一卷　　宋諸葛興撰　　佚

興，山陰人，官奉化丞。

此書《宋史·藝文志》不著録，見《直齋書録解題》傳記類。

陳振孫曰："奉化丞山陰諸葛興編。凡十門，皆本朝諸賢事實也。"

文丞相督府忠義傳一卷　　宋鄧光薦撰　　存

光薦，字中甫，號中齋，廬陵人。登進士，宋末避地於閩，趙總卿辟爲幹官，薦除直教郎、宗正寺簿。元兵至，挈家居香山，遇土賊，妻子皆焚死。隨駕厓山，除秘書丞，兼權禮部侍郎，遷直學士。國亡，投海者再，不得死。元將張弘範禮致之，累請爲緇黄，不許。後得放歸，元大德初卒。著有《東海集》。事迹具《南宋書》卷六〇、《宋史翼》卷三十四、《宋季忠義録》卷一〇、《宋元學案》卷八八及《宋元學案補遺》卷八八等書。

此書《宋史·藝文志》不著録，見《宋史藝文志補》傳記類。

按：此書傳本不多。明崇禎元年（1628），鄭鄤輯刊《宋三大臣彙志》，以此編附録於卷末。

名臣碑傳琬琰集一〇七卷　　宋杜大珪撰　　存

大珪。眉州人，其仕履不可考。自署稱進士，而《序》作於紹熙甲寅（五年，1194），則光宗時人矣。

此書《宋史·藝文志》不著録，見《四庫全書總目提要》史部傳記類。

此書共爲三集,《上集》凡二十七卷,《中集》凡五十五卷,《下集》凡二十五卷。起建隆乾德,訖建炎紹興,大約隨得隨編,不甚拘時代體製。大抵《上集》神道碑,《中集》誌銘行狀,《下集》別傳爲多。多採諸家別集,而亦間及於實錄國史。一代鉅公之始末,約略具是矣。《四庫提要》嘗論其去取之體製,曰:"中如丁謂、王欽若、呂惠卿、章惇、曾布之類,皆當時所謂奸邪,而竝得預於名臣,其去取殊爲未當。然朱子《名臣言行錄》、趙汝愚《名臣奏議》,亦濫及於丁謂、王安石、呂惠卿諸人。蓋時代既近,恩怨猶存,其所甄別,自不及後世之公,此亦事理之恒,賢者有所不免,固不能獨爲大珪責矣。"

按:此書傳本尚多。以宋刻而言,《四庫簡目標注》謂路氏、陽湖孫氏及振綺堂並有宋刊本。孫氏所藏,半葉十行,行二十五字,上二十七卷,中二十五卷,下二十五卷,然莫友芝謂實明初刊本。振綺堂所藏,二十四册,內鈔補六册,係季滄葦藏本。《簡目標注》又謂傅沅叔嘗收得宋小字本,讓與董授經,復歸袁寒雲。題鶴逸藏宋刊《皇朝名臣續碑傳琬琰錄》,《前集》八卷,《後集》八卷,十二行二十三字,鮑以文跋,又錄孫淵如跋,刻殊草率,疑元翻本。陸心源有宋刊本一部,每頁三十行,行二十五字,前有紹熙甲寅(五年,1194)無名氏《序》。[1]

---

[1]　陸心源《儀顧堂題跋》卷四載宋本《名臣碑版琬炎之集跋》,陸氏曰:"新刊《名臣碑琬炎》之集,上二十七卷,中五十五卷,下二十五卷,題曰眉州進士杜大珪編,宋刊本,每頁三十行,每行二十五字。前有紹熙甲寅無名氏《序》。北宋名臣碑狀墓誌,略具于斯。三集所錄,多取之《隆平集》。惟姑溪居士李之儀所撰《范公行狀》,今載《忠宣集》中,此本未錄。南宋衹錄《張浚行狀》《劉珙行狀》《劉子羽墓誌碑銘》《李顯忠行狀》《虞雍公守唐事》,而于李忠定(綱)、种忠憲(師道)、宋忠簡(澤)、趙忠簡(鼎)、呂忠穆(頤浩)、胡忠簡(銓)、岳武穆(飛)、韓忠武(世忠)、朱文公(熹)、呂成公(祖謙)、趙忠定(汝愚)誌狀不登一字,亦缺典也。"

王文進有宋建刻本一部,半葉十五行,行二十五字,白口,紹興甲寅(四年,1134)《自序》。[1] 今所藏善本:"中央研究院"歷史語言研究所藏有宋紹熙間刊本,《上集》缺卷十一,《中集》缺卷二十五,有近人鄧邦述手書《題記》。臺北"國家圖書館"有宋建刊本一部,存《上集》卷五至卷十三,卷十九至卷二十七,《中集》卷一至卷十七,卷五十三至卷五十五,《下集》卷一至卷十二,卷二十至卷二十五,即王文進所見之本。此本板匡高19公分,寬13.6公分,版心白口,每半葉十五行,行廿五字,書中鈐有"談氏延恩樓收藏印"朱文方印、"莫友芝圖書印"朱文長方印、"莫氏子偲"朱文方印、"莫印彝孫"朱文方印、"莫印繩孫"白文方印、"吳興劉氏嘉業堂藏"朱文長方印、"劉印承幹"白文方印、"翰怡"朱文方印、"御賜抗心希古"朱文長方印等印記。又有一部,亦殘存《上集》卷九至卷二十七,《下集》卷一至卷二十五,則係前國立北平圖書館寄存者;又有舊鈔本一部,殘存《上集》二十七卷,《中集》卷一至卷三十六;又鈔本一部,則係完本。臺北"故宫博物院"藏有清文淵閣《四庫全書》本一部,又有明覆宋刊本一部。

桐陰舊話一卷　宋韓元吉撰　殘

元吉,字无咎,宰相維之玄孫,以廕補官,仕至龍圖閣學士,吏部尚書。嘗居廣信溪南,自號南澗居士。元吉爲尹焞弟子,又與朱子交,學問具有淵源,吕祖謙其壻也。時文皆卓犖可傳,著有《南澗甲乙稿》《南澗詩餘》《愚戇録》等。事迹具《宋史翼》卷一四等。

此書《宋史·藝文志》不著録,見《四庫全書總目》傳記類存目三。

---

①　見《文禄堂訪書記》卷二。

此書所記,皆其家世舊聞,以京師門第有桐木,故云《桐陰舊話》。《四庫提要》謂北宋兩韓竝盛,世以桐木韓家別於魏國韓琦云。

按:《直齋書録解題》著録此書十卷,今所見《説郛》《古今説海》《歷代小史》《續百川學海》《學海類編》等叢書所收及《四庫全書》本,皆僅存韓億、韓綜、韓絳、韓繹、韓維、韓縝等雜事十三條而已,已非完本。

錢塘先賢傳贊一卷　宋袁韶撰　存

韶。字彥純(一作淳),慶元人。淳熙十三年(1186)進士,爲左司郎官,紹定初拜參知政事,出爲浙西制置使,奉祠卒,年七十七,贈太師越國公。事迹具《宋史》卷四一五、《宋史新編》卷一五四、《南宋書》卷五四等書。

此書《宋史·藝文志》不著録,見《四庫全書總目》傳記類一。

按:韶嘗知臨安府,請於朝,建許由以下三十九人之祠,而各爲之傳贊,事在寶慶丙戌(二年,1226)。至景定五年甲子而祠毀。至正二年有吕淵者,復其祠,重鋟傳贊。後二年丙戌,浙江等處儒學提舉班惟志序而行之,今本卷端有班《序》,述其始末甚詳。《四庫提要》云:"是編所紀録者,雖止及一鄉之耆舊,其中郎簡、謝絳等十餘人,亦俱見於正史,然是書爲宋人所撰,又在元人修史之前,於事實多所綜覈,如《東都事略·謝絳傳》稱陽夏人,是書稱富陽人。考《宋史》本傳謂其先陽夏人,祖懿文爲杭州鹽官令,葬富陽,遂爲富陽人,則是書較爲得實。又《東都事略》摆本傳不載絳判吏部流内銓及太常禮院,亦不載覈吏部官職田及使契丹事,此書詳之。又是書《錢彥遠傳贊》載楊懷敏妄言契丹宗真死,乃除入内副都知内侍,黎用信以罪竄海島,赦歸,遽得環衛官,許懷德高年未謝事,彥遠上疏極論之。又言楊景宗、郭永祐小人宜廢不用,而

《東都事略》彥遠本傳不載。又《錢藻傳贊》載藻改翰林侍讀學士，知審官東院卒，神宗知其貧，特賜錢五十萬，贈太中大夫，而《東都事略》藻本傳不載，又《錢勰傳贊》載王安石許用以御史，勰辭謝，安石知不附己命，權鹽鐵判官；又載奉使高麗，却島王金銀器事，而《東都事略》勰本傳不載。《沈遘傳贊》載知開封府，後遷右諫議大夫，丁母憂，上賜黄金百兩，居喪日一食，既葬，廬墓側以卒，而《東都事略》遘本傳不載。凡此多得之故老流傳，頗爲詳贍，修正史者因採以入傳，故與《宋史》頗相吻合。傳贊亦古雅可誦，固非後來地志家夸飾附會之比也。"

又按：此書傳本，《四庫簡明目録標注》著録元至正二年刊本及明刊本；莫友芝亦有元至正二年重刊本及明刊本，[①]今並未見。今所藏善本，惟臺北"故宫博物院"所藏清文淵閣《四庫全書》本一部而已。清乾隆道光間長塘鮑廷博輯刊《知不足齋叢書》，於第十六集收録此書，末《附録》一卷，則收載袁韶《奏建先賢祠疏》，王墍《旌德觀記》。清光緒中錢塘丁丙輯刊《武林掌故叢編》，亦收此書，則據鮑本著録。

京口耆舊傳九卷　宋不著撰人　輯

此書不著撰人名氏。明楊士奇《文淵閣書目》、焦竑《國史經籍志》著録，亦不著作者。《四庫全書總目提要》以書中《蘇庠傳》末云："予家世丹陽，先人知其狀爲詳。又從其孫嘉借家傳"，乃謂作者當爲丹陽人。又以庠卒於紹興十七年（1147），而作者得交其孫，復謂作者當是南宋末年人也。

此書《宋史·藝文志》不著録，見《四庫全書總目》傳記類一。

按：考《宋史·地理志》，京口凡丹徒、丹陽、延陵、金壇四縣。

---

① 見《邵亭知見傳本書目》卷五。

此編採京口名賢事迹，各爲之傳。始於宋初。迄於端平、嘉熙間。《四庫提要》曰："其中忠烈如陳東，經濟如張愨、張縝、湯東野、劉公彥，風節如王存、王遂、蔣猷、劉宰，文學如沈括、洪興祖，書畫如米芾父子，雖皆著在史傳，而軼聞逸事，則較史爲詳。至《湯東野傳》稱明受赦書，至東野謀於張浚，欲匿赦不宣；而《宋史》浚本傳稱浚命守臣湯東野秘不宣，其説互異。證以劉宰《漫塘集·湯侍郎勤王録跋》，乃與此書所載合，則足以訂《宋史》記録之誤。《漫塘集》稱陳東於欽宗時凡六上書，高宗時凡四上書，《宋史》東本傳第云於欽宗時五上書，高宗時三上書，證以此書，乃知《宋史》有據，《漫塘集》爲傳聞之譌。王鞏《甲申雜記》謂陳亢以熙寧八年（1075）生廓與度，證以此書，廓中熙寧九年（1076）進士，則距生歲止一年；度中元豐三年（1080）進士，則距生歲止四年，尤足以糾小説附會之謬。如此之類，不一而足。蓋是書體例全仿正史，每爲一傳，首尾該貫，生卒必詳，與諸家雜説隨筆，記載不備端末者不同，故事實多可依據。於史學深爲有裨。"

又按：明《文淵閣書目》載是書不列卷數，《國史經籍志》則作四卷，原本久佚。清四庫館臣據《永樂大典》所載，裒合成編，釐爲九卷。清道光間，金山錢熙祚輯刊《守山閣叢書》，南海伍崇曜輯刊《粵雅堂叢書》，並據《永樂大典》輯本收録。

昭忠録一卷　宋不著撰人　存

此書《宋史·藝文志》不著録，見《四庫全書總目》傳記類一。

按：此書爲宋遺民所作，起紹定辛卯（四年，1331）元兵克馬嶺堡，總管田璲等死節，迄於國亡徇義之陸秀夫、文天祥、謝枋得等凡一百三十人，以所記皆南宋末忠節事迹，故以昭忠名篇。《四庫提要》云："每條先列姓名官爵於前，而記其死難事實於後。其文間有詳略，而大都確實可據。以《宋史·忠義傳》互相校核，其爲史所失載者甚多；即史傳所有，亦往往與此書參錯不合。如紹定辛卯西和州徇難之陳寅，《宋史》亦有傳，而其同死之守將楊鋭，則史竟失載其戰没事，且譌其姓爲王鋭。又《宋史》林空齋傳以空齋爲林同之子，考此書方知即同之號，史又誤以劉仝子爲劉同祖，併失載其被執自縊及其妻殉節等事。凡此，皆當以是書爲得實。又張世傑在崖山及謝枋得被徵事，所載亦比諸書爲詳。考袁桷《清容居士集》、蘇天爵《滋溪文集》，均有修《元史》時採訪遺書之目，不載此名。孔齊《至正直記》所列修史應採諸書，亦無此名，知元時但民間傳録，未嘗上送史館，故至正間纂修諸臣，無由見也。此本乃舊傳鈔帙，文字亦間有譌脱，而大略尚可考見，謹著之於録，庶一代忠臣義士未發之幽光，復得以彰顯於世，且俾讀《宋史》者亦可藉以考正其疏略焉。"

又按：此書今所藏善本不多，臺北"故宮博物院"有清文淵閣《四庫全書》本一部；臺北"國家圖書館"有清南昌彭氏知聖道齋鈔本一部，末載彭元瑞手書《題記》，又薊邱布衣手校並《題記》，爲前國立北平圖書館寄存者。彭氏云："是録爲宋遺民入元後所作，出於聞見。中有《忠義傳》所未載，足補《宋史》之闕。至所紀文山脱身京口，從者十二人事，前未核考。《指南録》公夜渡楊子江至真州閉門見逐，又至揚州城下，而余元慶、李茂、吴亮、蕭發携金竄去，其偕至通州者：杜滸，金應、張慶、夏仲、吕武、王青、鄒捷，而金應病卒于通，今其墓尚存。予持節時，屢過碑下，然則同逃者并公爲十二人耳。録中姓名無一合，雙皆幕府英賢，然不預鎮江之役。至劉洙即公所託名，而尹玉前死於五木之戰，録中已載之，更自相矛盾矣。"

《墨海金壺》《守山閣叢書》《粤雅堂叢書》《叢書集成初編》《明辨齋叢書》等叢刻所收者,並與《四庫》本同。

春秋列國諸臣傳三○卷　宋王當撰　存

當,字子思,眉山人。元祐中蘇軾以賢良方正薦,廷對慷慨,不避權貴,調龍游縣尉。蔡京知成都,舉爲學官,不就,及京爲相,遂不仕。著有《經旨》《史論》《兵書》等。事迹具《宋史》卷四三二、《宋史新編》卷一六四等書。

此書《宋史·藝文志》載春秋類,《四庫全書總目》則載諸傳記類。

《郡齋讀書志》曰:"當嘗爲《列國諸臣傳》,效司馬遷《史記》,凡一百三十有四人,十萬餘言。今又釋《春秋》,真可謂有志矣。"

《直齋書録解題》曰:"所傳諸臣皆本《左氏》,有見於他書,則附其末,繫之以贊。諸贊論議純正,文辭簡古,於經傳多所發明。"

按:《宋史》本傳稱其嘗舉進士不中,退居田野,嘆曰:士之居世苟不見用,必見其言。遂著《列國名臣傳》五十卷,則其書其未仕時作也。所傳凡一百九十一人,陳振孫稱其議論純正,文詞簡古。《四庫提要》則謂其書如謂魯哀公如討陳恒,諸侯可得之類,持論不免蹖駁,殊非聖人之本意;然其編次時世前後,證引《國語》等書,補《左傳》闕略,該備無遺,於經傳則實有補。

又按:《宋史》本傳稱此書五十卷,《宋志》則作五十一卷,今《四庫》本則爲三十卷,《提要》疑三五字形相近,傳寫疏誤。《八千卷樓書目》著録通志堂本。今所藏善本:臺北"故宮博物院"有清文淵閣《四庫全書》本、《四庫薈要》本及烏絲欄鈔本,並係鈔本。

慶元黨禁一卷　　宋滄州樵叟撰　　輯

此書不著撰人名氏，《宋史·藝文志》亦不著錄，惟見《永樂大典》中，題滄州樵叟撰。《四庫提要》謂蓋與《紹興正論》均出一人之手。按：《紹興正論》，本編已著錄，題湘山樵夫撰，《提要》謂一人，不知何所據。又此書知不足齋刻本，《序》題滄州樵川樵叟，較《提要》多樵川二字。

此書《宋史·藝文志》不著錄，見《四庫全書總目》傳記類。《自序》云：“古者左右前後，罔非正人，所以嚴其選於近習，慮至深也。後世論親賢士，遠小人，必宮中府中俱爲一體，而作奸犯科，付之有司，所以嚴其法於近習者，慮益遠矣。慶元大臣得君之初，收招群賢，一新庶政，方將措天下於太平之盛，而官府之間，近習竊柄，一罅弗窒，萬事瓦裂，國家幾於危壞而不可救。是則立紀綱，嚴界限，防微杜漸，在君相可一日不加之意哉。余於慶元黨禁而有感焉，因記其首末。”《序》作於淳祐乙巳（五年，1245），時理宗二十一年也。[1] 書中録僞黨五十九人。楊萬里嘗以黨禁罷官，而此書未之收，《四庫提要》遂謂其去取之故，亦頗難解，復曰：“蓋萬里之薦朱子，實出至公，與依草附木攀援門戶者迥異，故講學之家，終不引之爲氣類。觀所作《誠齋易傳》，陳櫟、胡一桂皆曲相排抑。不使入道之派，知此書之削除萬里亦如斯，未可遽執爲定論也。”今檢《兩朝綱目備要》卷五、《續資治通鑑》卷十三並云：“慶元三年（1197）十二月知綿州王沇乞置僞學之籍，仍自今曾受僞學舉薦關升及刑法廉吏自代之人，並令省部籍記姓名，與閑漫差遣，從之。於是自慶元迄今，以《續通鑑》無以上八字。僞學逆黨得罪者，五十有九人。”又李心傳《建炎以來朝野雜記甲集》卷

---

[1]　《四庫全書總目提要》謂《序》作於淳熙乙巳（十二年，1185），淳熙當作淳祐。又謂時理宗十八年，當是二十一年，今並正之。

六云："自禁僞學之後,劉侍郎珏以故御史免喪入見,上言前
日之僞黨,今日又變而爲逆黨,且獻策以消之。於是自慶元
至今,以僞學逆黨得罪者,凡五十有九人。"俞文豹《吹劍録外
集》亦云："侍郎劉珏目爲逆黨,請置僞學逆黨籍,凡五十九
人。"綜此諸書觀之,請置黨禁之人,或云王沇,或云劉珏,雖
未知孰是,然其爲五十有九人,並無楊萬里,則無不同。近人
余嘉錫《四庫提要辨證》於此論之甚詳,余氏曰："蓋當時嘗置
黨籍,據以貶黜禁錮,其姓名書於日曆,著於實録,諸人采以
著書。萬里本不在黨籍中,自不得而録入之也。而《提要》乃
謂講學家不欲引之爲氣類,作此書者遂削除其姓名。夫以朝
廷所定之黨籍,而一二人乃恣其胸臆,奮筆删除,此情理之所
必無,亦事實之所不容有。撰《提要》者乃憑空臆決,言之鑿
鑿,真無稽之談矣。"①

按:此書原本久佚,四庫館臣從《永樂大典》中輯出,始復行於
世。今所見諸抄本及叢刻本,率從《四庫》本出。今所藏善
本:臺北"故宮博物院"有清文淵閣《四庫全書》本。臺北"國
家圖書館"有鈔本一部。"中央研究院"歷史語言研究所有清
知聖道齋鈔本一部,末載彭元瑞手書《題記》,云:"《慶元黨
禁》,《宋史·藝文志》、馬氏《經籍考》俱不著録,《四庫全書》
館臣從《永樂大典》輯成。書中專載僞學之禁者京鏜、何澹、
劉德秀、胡紘四人,而京、何、劉皆籍江西,仲遠又同縣,所居
在進賢門外十里,曰京家山,後人諱之曰丁家山。吾鄉得入
政事堂者,仲遠後至明,始有劉文端一燦,名在東林,鄉人至
今譽劉而詆京。烏虖! 名爵之重輕有在哉!"收在諸叢刻
者,則有《知不足齋叢書》《筆記小説大觀》《叢書集成初編》

---

① 《提要》之述此書内容,頗多疏誤,余氏一一辨之,詳見《四庫提要辨證》卷六。

諸本。

東陽人物表不著卷數　　宋胡瀔撰　　佚

瀔，字景雲，金華人，事迹待考。

此書《宋史·藝文志》不著録，見《金華經籍志》傳記類。

3. 題名之屬

登庸記一卷　　宋牛朴撰　　佚

朴，始末未詳。

此書《宋史·藝文志》傳記類著録。

登科記三〇卷　　宋樂史撰　　佚

史有《孝悌録》二〇卷已著録。

此書《宋史·藝文志》傳記類著録。

《郡齋讀書志》卷九傳記類載此書，晁氏曰："右皇朝樂史撰。記進士及諸科登名者，起唐武德（618—626），迄天祐末（三年，906）。"

考《宋史·樂史傳》云："雍熙三年（986），獻所著《登科記》三十卷。"按：清徐松撰《登科記考》三十卷，中卷一至卷二十四，即載武德至天祐末進士及諸科及第姓名，猶可藉見此書梗略。

登科記一卷　　宋不著撰人　　佚

此書《宋史·藝文志》傳記類著録。

按：《通志·藝文略》載樂史《江南登科記》一卷，未審是否即此書。

登科記二卷　　宋不著撰人　　佚

此書《宋史·藝文志》傳記類著録。

《宋志》注云："起建隆（960—962），至宣和四年（1122）。"

按：《通志·藝文略》載宋朝《登科記》一卷，云："建隆至景祐。"又載樂史宋朝《登科記》三卷。

登科記解題二〇卷　宋不著撰人　佚

此書《宋史·藝文志》傳記類著録。

唐登科記一五卷　宋洪适撰　佚

适，字景伯，號盤洲。初名造，字溫伯，一字景溫，鄱陽人，晧子。與弟遵同中紹興十二年（1142）博學宏詞科，邁繼之，由是三洪文名滿天下。異拜尚書右僕射，同中書門下平章事，兼樞密使。卒年六十八，謚文惠。著有《隸釋》《隸續》《盤洲集》等。事迹具《宋史》卷三七三、《宋史新編》卷一四一、《南宋書》卷三七等書。

此書《宋史·藝文志》不著録，見《直齋書録解題》傳記類。

陳振孫曰："丞相鄱陽洪适（景伯）編集。按：《唐藝文志》崔氏《顯慶登科記》五卷，姚康《科第録》十六卷，李奕《登科記》二卷。崔氏書有趙儋《序》而失崔名，所載至周顯德，固非崔氏本書；而李奕書亦不存。洪忠宣得姚康書五卷於北方，而丞相又得別本，起武德，終太和於毗陵錢仲氏，乃以三本輯爲一書，而用姚氏爲正，三書皆有序。姚氏汝諧南仲孫也，元和十五年（820）進士。本書録武德至長慶爲十一卷，其曰十六卷者，亦後人所續。"

唐科名記一卷　宋高似孫撰　存

似孫，字續古，號疏寮，鄞縣人。夙有俊聲，詞章敏贍。淳熙十一年（1184）進士，歷官校書郎，守處州，卒贈通議大夫。著有《緯略》《史略》《子略》《硯箋》《騷略》《剡録》《疏寮集》《煙雨集》等。事迹具《宋史翼》卷二十六、《南宋館閣續録》卷八等書。

此書《宋史·藝文志》不著録，見《"國立中央圖書館"善本書目》（增訂本）。

兹編載唐代諸科名稱，凡六十三科。每科下列及第姓名。

按：此書赺有單行者，清順治刊本《説郛》收之。

五代登科記一卷　宋韓思撰　存

思，生平待考。

此書《宋史・藝文志》不著録，見《"國立中央圖書館"善本書目》（增訂本）。

按：兹編載梁太祖開平二年（908）至周世宗顯德元年（954），所取進士及諸科人數。五代五十二年，其間惟梁與晋各停貢舉者二年。

又按：此書少有單行者，清順治刊本《説郛》收之。

唐宋科名分定録三卷　宋不著撰人　佚

此書《宋史・藝文志》不著録，見《郡齋讀書志》傳記類。

晁公武曰："不題撰人，元符間所著書也。《序》云：己卯歲得張君房所誌唐朝科場故事，今續添五代及本朝科名分定事，迄於李常寧云。"

按：張君房所撰《科名分定録》七卷，今亦亡佚。

宋登科記二一卷　宋洪适撰　佚

适有《唐登科記》一五卷已著録。

此書《宋史・藝文志》傳記類著録。

《直齋書録解題》卷七傳記類著録《大宋登科記》二十一卷。[①]

陳氏曰："洪适編。始吳興郡學有鋟板，不分卷第，上述進士一科，适始仿姚康録制舉詞科。自建隆庚申（元年，960），迄紹興庚辰（三十年，1160），二萬三千六百人有奇，爲二十一卷，自後皆續書之。"

《玉海》卷一一八"宋朝登科記"條云："洪适仿《唐科第録》爲《登科記》二十一卷，採摭功令，粗具因革，大魁異科，識其鄉

---

① 原作三十二卷，誤，今正。

於下,自建隆庚申(元年,960)至紹興庚辰(三〇年,1160),姓名登載者二萬三千六百人有畸。"

考《盤洲文集》卷三四載《大宋登科記序》,云:"國朝登科記,自建隆庚申(元年,960),至紹興之庚辰(三〇年,1160);姓名登載者,毋慮二萬三千六百人有畸,爲二十一卷,後乎此者,蓋將億萬數而未止,唐人所謂千佛名經,良不足道。先是吳興學官有鏤版,混然不分卷第,所紀但進士而已,制舉詞科。顧泯没不傳,貢士又傳著牘尾,其他魚魯脱逸,不可縷析,或一榜至誤百有餘字,覽者不以爲善。某始放唐姚康所作《科第録》,凡以是進者畢書之,採摭功令,粗存因革,其名冠禮部籍及仕至兩地,悉爲表出;大魁若異科,則又識其鄉於下。進士自慶曆後,得其小録始可考,建炎以來,蜀人以道梗且遠,不能造庭,故中州漫不知其名氏,今皆並列。明經諸科,國初取人甚衆,《史略》其名,莫能盡載;武舉非文事,故弗著。"

宋登科記三卷　宋不著撰人　佚

此書《宋史·藝文志》不著録,見《郡齋讀書志》傳記類。

晁公武曰:"皇朝登科人名氏,未詳何人所撰。"

詞科進卷六卷　宋洪邁撰　佚

邁,字景盧,鄱陽人,遵弟。高宗紹興十五年(1145),中博學宏詞科。官至端明殿學士,卒諡文敏。邁,博極載籍,與兄适、遵先後試鴻詞科,拜中書舍人,時論榮之。著有《宋四朝國史》(與李燾同著)、《紹興以來所見記》《漢苑群書》《會稽和買事宜録》《容齋五筆》《夷堅志》《經子法語》《史記法語》《南史精語》《野處類稿》《容齋題跋》《夷堅支志》等。事迹具《宋史》卷三七三、《宋史新編》卷一三五等書。

此書《宋史·藝文志》撰記類著録。

按：邁紹興十五年(1145)中博學宏詞科，名列第三，賜同進士
出身。① 兹編或纂同年姓名文章也。

皇族登科題名一卷　宋洪邁撰　佚

邁有《詞科進卷》(六卷)已著錄。

此書《宋史·藝文志》傳記類著錄。

按：邁於紹興三十年(1160)，以吏部郎充參詳官，②撰有《禮部
郎官題名記》《禮部長貳題名記》等，此或亦當時所編也。

紹興十八年同年小録一卷　宋不著撰人　存

此書《宋史·藝文志》不著錄，見《四庫全書總目》傳記類。

按：此宋王佐榜進士題名録也。前載紹興十七年(1147)三月
二十四日御筆手詔及十八年(1148)四月初三日御試策一道；
次載執事官姓名，又次載進士榜名，所取凡三百三十人，又特
奏名四百五十七人，其四百五十六人原本佚闕，録內僅存俞
舜凱一人。《四庫提要》曰："宋代同年小録今率不傳，惟寶祐
四年(1256)榜以文天祥、陸秀夫、謝枋得三人爲世所重，如日
星河岳，亘古長留，足以撐拄綱常，振興風教。而是榜以朱子
名在五甲第九十，講學之家，亦自相傳録，得以至今。明弘治
中，會稽王鑑之重刻於紫陽書院，改名曰《朱子同年録》。夫
進士題名，統以狀頭曰某人榜進士，國制也；標以年號曰某年
登科小録，亦國制也。故以朱子傳是書，可也；以朱子冠是
書，而黜特選之大魁，進綴名之末甲，則不可。以朱子重是
書，可也；以朱子名是書，而削帝王之年號，題儒者之尊稱。
則尤不可。鑑之所稱，蓋徒知標榜門户，而未思其有害於名

---

① 見《容齋年譜》。

② 見《容齋五筆》卷四。

教。今仍以原名著録，存其真焉。"①

又按：此書之刊本，莫友芝謂胡心耘有宋刊本，②今則罕見。近世書目所著録者，率皆明刊本及鈔本。③今所藏善本：臺北"國家圖書館"有明刊藍印本，載清鮑廷博、程春祺手書題跋；臺北"故宮博物院"有清文淵閣《四庫全書》本。收録於諸叢刻者，有《宋元科舉三録》本、《粵雅堂叢書》本及《叢書集成初編》本。《粵雅堂》本末載光諸乙亥(元年，1875)伍紹棠《跋》，

---

① 近人余嘉錫頗不以《提要》之言爲然，《四庫提要辨證》曰："是録後有弘治辛亥莆中鄭紀、會稽王鑑之兩跋。同時餘姚許浩所著《復齋日記》卷下云：'文公朱先生，中紹興十八年王佐榜進士第五甲第九十人，祭酒莆田鄭先生得當時廷試録，抄託提督南畿學校御史王明仲(鑑之字)梓之。明仲訪得刻本於句容江墅，蓋墅之遠祖賓王，當時爲糾彈官，得之而家藏，因校讎而梓行。'所記即本之《跋》語，而尤爲簡明。考之本録，江賓王即此榜之第五甲第一百五人。然則此録之傳，賓王以己爲新進士，兼充執事官，故取而藏之，以誌平生之鴻爪；其子孫亦自固爲其祖之遺迹，從而珍惜之，以存先人之手澤，初不因第五甲之有朱子，始引以爲重也。惟就其本而傳鈔而校刻者，則自爲遵朱子故耳。然傳鈔者，既莫知爲何人？至校刻之鄭紀、王鑑之，亦莫由詳其行事，何從知其爲講學家乎？乃《提要》故爲抑揚其詞，特取而與寶祐四年小録相比，意謂彼榜有文、陸、謝三忠臣，世人視之如日星河岳，故重共書，若此榜則未有其人，特因有綴名末甲之朱子，講學家爲尊重其門户，故私相傳録耳。否則既不爲世人所重視，必無以傳至今日也。此蓋紀曉嵐之徒，深忌宋儒，故無端致其譏笑，不知自漢以來，每當易代之際，其臣子能仗節死義，見危授命者，寥落如晨星。泊前後五代之時，視其君如弈棋，漠然曾不少動其心，甚至雖蠻夷猾夏，而稽首穹廬，望風投拜者，踵相接，若自忘其爲華夏之裔，神明之胄者。及宋明之亡，忠臣義士，乃決腔瀝膽，赤族絶嗣，前仆後繼而不悔，此固由夷虜蹂躪我漢族之所激成。然而忠義之風，何以漸減於前後五代，而勃興於宋元明濟之際？此非經過百數十年之教化，養成倡導之不爲功。故理學諸儒之移風易俗者大矣，而集理學之成者朱子也。試問若文陸謝諸公，孰非讀諸子之書，而服膺其教者乎？充《提要》之意，似謂朱子如當易代之際，其所樹立，必不能如諸公之赫然與日月爭光，不知易地則皆然。朱子處此，必優於爲文陸，而文陸生平世，未必能如朱子，此則可斷言者也。"

② 見《邵亭知見傳本書目》卷五。

③ 錢曾《讀書敏求記》著録明初刊本一部；莫友芝《邵亭知見傳本書目》謂有弘治中會稽王鑑之刊本、明初刊本、國初刊本、乾隆癸卯活字版本；丁丙《善本書室藏書志》有鈔本一部；黄丕烈有校舊鈔本一部，今菱圃《藏書題識》載跋數則；莫伯驥《五十萬卷樓藏書目録》著録景宋本，係傅節子舊藏。

云："右《紹興十八年題名錄》,《四庫提要》已著錄。考劉壎《隱居通義》載賜進士期集,期集錢及小錄錢,一料計一千七百貫,文十八界,是題名小錄,歷科皆然。惟是泡滅灰飛,靡從過問,獨此錄與寶祐四年(1256)錄尚存,則以朱子及文謝諸公名在榜中故也。吳尺鳧《南宋雜事詩》引此錄稱第五甲朱子名下注字元晦,小名沈郎,小字季廷,而此本籍貫外不注字號,或吳丙所見,有別本耶? 其一甲第一名爲王佐,考《養新錄》宋王佐有三:一紹興間中軍第四將,一寶祐間長寧守將,一即紹興十八年狀元,字宣子。按《行營雜錄》記其尹臨安時,代豐有俊嫁故人女事;洪邁《夷堅志》載其平反湘潭冤獄及焚黃巢廟事;周密《絕妙好詞箋》載其帥長沙時獲茶賊陳豐,辛幼安曾賀以詞事;是則志行足稱,雖不能與張九成、文天祥等齊肩,要不愧龍頭之選。至一甲第二人董德元,則以附和奸檜,致身通顯,嘗受檜遺囑,見徐夢莘《三朝北盟會編》,未免爲此科之玷矣。榜內如葉衡,官至右丞相;李蘩,官至太府少卿;蕭燧,官至龍圖閣制置;尤袤,官至給事中,《宋史》均有傳。榜中有王堯臣、邱密,疑偶與《宋史》有傳者同名,非一人也。至陳天麟累官集賢殿修撰;莫汲以言事南遷石龍;芮曄、芮輝兄弟同科,一官祭酒,一官尚書;雍有容、石才孺均有詩采入《方輿勝覽》;此皆事迹之可考者。惟省元徐履,殿試用卷子寫竹一枝,題曰:畫竹一竿,送與試官。見張端義《資耳集》。今《題名錄》徐履在第五甲末名,意主文者,斥其放誕,抑或有託而逃焉,未可知也。余獨疑試策以光武不用臧宮爲問,蓋是時和議已成,君臣方習於恬嬉,新進士子必多迎合時趨之作。朱紫陽一代偉人,顧乃名廁末等,豈果對策時有觸忌戇直之語耶? 然無他書可證,姑識於此,以諗知者。"

中興登科小録三卷姓類一卷　宋李椿撰　佚

椿,維楊人,紹定中爲吳江縣令。

此書《宋史·藝文志》不著録,見《直齋書録解題》傳記類。

陳振孫曰:"通判徽州江都李椿撰。新安舊有《登科記》,但逐榜全録姓名而已。椿家藏《小録》,自建炎戊申(二年,1128)至嘉熙戊戌(二年,1238),節次取名字鄉貫三代諱刊之,後以韻類其姓,凡一萬五千八百人有奇。太守吳興倪祖常(子武)刻之,以備前記之闕文。"

淳熙士薦録一卷　宋楊萬里撰　存

萬里,字廷秀,吉水人。紹興二十四年(1154)進士,調零陵丞,改知奉新。孝宗時召爲國子監博士,後以寶文閣待制致仕,進寶謨閣學士。卒年八十。贈光禄大夫,諡文節,學者稱誠齋先生。著有《誠齋易傳》《誠齋集》《天問解》《揮麈録》《詩話》等。事迹具《宋史》卷四三三、《宋史新編》卷一六四及《南宋書》卷三九等書。

此書《宋史·藝文志》不著録,見《函海》。

按:淳熙乙巳(十二年,1185),誠齋爲吏部郎中,時王季海爲丞相。一日,丞相問誠齋云:"宰相何最急先務?"誠齋答薦士爲先,因呈此録。所薦凡六十人,以朱熹爲第一。清李調元序此書云:"首以朱子爲第一,足見知人之明。其餘諸公各有評論,言皆簡而當,此即今之薦官考語之祖也。山公啓事不可得見,存此以爲持衡秉鑑之一法,有薦人之責者,其可忽乎?噫!拔茅連茹,占之於《易》;貴玉賤珉,見之於《禮》;魚目不可混珠,駑駘不可以並驥。知人何以明?亦曰公生明而已。"

又按:此書傳本罕見。清乾隆間,綿州李調元輯刊《函海》,於第六函收録此書。

寶祐四年登科録一卷　宋不著撰人　存

此書《宋史・藝文志》不著録，見《四庫全書總目》傳記類。

《四庫提要》曰："宋文天祥榜進士題名也。首列御試策題一道及詳定編排等官姓名，其覆考檢點試卷官爲王應麟，故《宋史・文天祥傳》載考官王應麟奏其卷，稱古誼若龜鑑，忠肝如鐵石，敢爲國家得人賀也。其一甲第九人爲王應風，即應麟之弟，蓋當時法制猶疏，未有回避之例耳。天祥本列第五，理宗親擢第一；第二甲第一人爲謝枋得，二十七人爲陸秀夫，與天祥並以孤忠勁節，揭挂綱常，數百年後，睹其姓名，尚凜然生敬，則此録流傳不朽，若有神物呵護者，豈偶然哉。五甲第一百八十九人朱晌以下，原本脱去二十四人。今檢録中四甲二百二十七人趙與溥下注兄與鎮同榜，而録無其名；又《括蒼彙紀》有趙時、陳墅；《衢州府志》有羅雷春；《萬姓統譜》有趙良金；竝稱寶祐四年進士，而此録亦無之，則皆在所闕内矣。後有天祥對策一道，理宗御製《賜進士詩》及天祥《恭謝詩》各一首。天祥是年登第後即丁父憂歸，至己未始授簽書寧海節度判官廳公事，故謝表中有自叨異數亦既三年之語。此録併載其表文；乃後人所增附者也。"

按：此書之傳本，莫友芝謂有宋刊本，[①]今則未見。近人羅振常嘗見活字印本，末附《文文山對策》，并文天祥、謝枋得、陸秀夫傳。後有康熙甲子林佶跋乾隆丁酉謝袞《跋》（即刻書者）三則。乃據翁覃溪藏本付排。而以鮑以文朱文藻手校本覆校，又以汪鹿園刻本校名氏本貫。[②]今所見善本：臺北"國家圖書館"有明嘉靖元年（1522）汀州知府胥文相刊本一部；臺北"故宮博物院"有清文淵閣《四庫全書》本一部。清道光、

---

　① 見《邵亭知見傳本書目》卷五。
　② 詳見《善本書所見録》卷二。

光緒間，南海伍崇曜輯刊《粵雅堂叢書》，收錄此書，並據宋本及乾隆癸卯活字本校訂，朱墨套印於上；末有光緒乙亥(元年，1875)伍紹棠《跋》，云：“宋人本最重科第，又兼有文、陸、謝三公之大節，彪炳一時，宜乎桑海屢更，而此書長留天地間，隱然有神物呵護也。卷首文、陸、謝三傳，乃晋安林吉人所錄以冠簡首者。其《謝枋得傳》采自荆川本，與《宋史》尚大略相同，惟龔開所撰文、陸兩公傳，頗多歧異。校錢士升《南宋書》：“龔開字聖予，淮陰人。宋亡不仕，家益貧。賓客造訪，至無幾席。一子名浚，每俯伏榻上，就背按紙作《唐馬圖》，甚工。嘗爲文天祥、陸秀夫立傳，人謂有班史之筆。”今觀《宋史・文天祥傳》，景定庚申後不載其除鎮南軍□□判主管仙都觀，歷秘書省正字著作佐郎事；知瑞州後，不載其再除禮部郎官及改守宣城事；詔諸道入衛後，不載其除右文殿修撰、樞密都承旨、江南安撫副使，知贛州尋兼江西提刑進集英殿修撰、江西安撫使事；領兵東下後，不載其權兵部侍郎仍舊職事；趣師入衛後，不載其進資政殿學士、浙西江東制置大使事；封信國公後，不載仍舊封母齋魏國太夫人事；被執北去後，不載其見博羅丞相張平章事。陸君寔傳登乙科後，不載爲章氏贅壻事；入李庭芝幕後，不載庭芝投間寓朱方事。皆以龔傳爲長。蓋《宋史》意存簡省，於官爵階銜，多所刊落，宜後人之訛其疏舛矣。考《宋詔令》稱寶祐四年，陳顯伯爲考官，詔去；爰東儒官董司文柄，議論端確者，必忠於體國；智略雄偉者，必善於籌邊，爾共抉擇，以成盛觀云云，是年文天祥第一及第，而此書不載是詔，殊不可解，似當錄出補入之。至文山弟璧，與是科同奏名，文山《鹿鳴晏詩》有云：‘二宋高科猶易事，兩蘇清節乃加榮。’其殷勤勗勉之意可想。顧晚節降元，有‘南枝向暖北枝寒’之誚，抑亦文山之不幸也。又考是科吾粤獲雋者凡二十三人，別有趙時兆，注云貫玉牒所，而阮《通志》則作時銚係南海人，未知何據？阮《通志》又別出區元炁、蕭良、彭士元、張世龍、張崇大、劉叔向、羅隱孫、李鼇、陳惟中、劉藻、蔡蒙、吉顧，均不見於此録，豈果在五甲後數缺葉耶？抑或志乘不盡可憑耶？聊附識於此。"民國十二年(1923)，南陵徐乃昌輯刊《宋元科舉三録》，收有此書，乃據明嘉靖刊本著録。民國二十四年(1935)至二十六年(1937)上海商務印書館輯刊《叢書集成初編》，則據《粤雅堂叢書》本著録。

遼登科記一卷　宋不著撰人　佚

此書《宋史·藝文志》傳記類著録。

按：《通志·藝文略》傳記科第著録《大遼登科記》一卷，不著撰人。自所題書名覘之，殆遼人所爲。

（二）名人之屬

揚雄別傳一卷　宋晁説之撰　佚

説之，字以道，一字伯以，又字季此，慕司馬光之爲人，自號景迂，清豐人。元豐五年(1082)進士，蘇軾以著述科薦之。元祐中以黨籍放斥，後終徽猷閣待制。建炎三年(1129)卒，年七十一。著有《儒言》《晁氏客語》《景迂生集》等。事迹具《宋元學案》卷二二、《宋元學案補遺》卷二二等書。

此書《宋史·藝文志》不著録，見《郡齋讀書志》傳記類。。

晁公武曰："從父詹事公撰。雜取書所載雄逸事爲一編，係之以贊。"

按：揚雄事迹，具《漢書》卷八十七。

蔣子文傳一卷　宋吳操撰　佚

操，始末未詳，此編《宋志》始見著録，殆宋時人。

此書《宋史·藝文志》傳記類著録。

按：蔣子文，後漢爲秣陵尉，逐盜山中，傷額而死。嘗自謂骨貴，死當爲神，及孫權都建業，子文常乘白馬執白羽扇而出，遂立廟鍾山，封蔣侯。

武侯遺事不著卷數　宋王奕撰　佚

奕，字子陵，瑞安人。研貫該博，杜門著書，不求聞達。淳祐間太守趙汝騰進其所著薦之朝，竟不應。著有《六經語孟說》《中庸本義》《周禮答問》《成周大事譜》《西漢通志補正》《漢天文志釋》《地理志》《復漢錄》《多識錄》等。事迹具《宋元學案補遺·別附》卷二，《宋詩紀事補遺》卷七〇等書。

此書《宋史·藝文志》不著錄，見萬曆《溫州府志》卷十七。

按：諸葛亮事迹具《三國志·蜀志》卷五。

諸葛武侯傳一卷　宋張栻撰　存

栻，字敬夫。廣漢人，丞相浚之子，以廕補官。孝宗時，歷左司員外郎，除秘閣修撰，仕至湖北路安撫使。著有《南軒易說》《南軒先生論語解》《南軒先生孟子說》《南軒文集》等。事迹具《宋史》卷四二九本傳。

此書《宋史·藝文志》傳記類著錄。

按：此書向少傳本，《四庫》未著錄。阮文達乃從宋刊單行本影寫進呈。《揅經室外集》卷五“諸葛武侯傳一卷”提要云：“其闡發武侯生平考證極確。自陳壽作《三國志》尊魏斥蜀，使後世莫明正僞；且言武侯志大而短于用，司馬光作《通鑑》，朱子作《綱目》，乃正其非。栻更摭拾舊聞，成此一卷，具明才學過于管樂，稱其有正大之體。且傳中述《前》《後出師表》與今所傳字句，間有異同，其後《跋》云：‘徵自文獻。不敢存疑。’則其所見詳明，必有古書足據矣。”黃丕烈《蕘圃藏書題識》卷二著錄宋刊本《諸葛武侯傳》一册，黃《跋》二則，一云：“此《漢丞相諸葛忠武侯傳》一册，計三十三番，宋刻精妙，裝潢古雅,吾郡文三橋藏書也。兹從武林購歸,與明刻本《練川志》並得索白金八兩而去。余友陶蘊輝實玉成之。《練川志》雖明刻,然破損不堪觸手,無暇裝潢;此册稍有蠹眼,紙或脱漿,命工整理之,加以絹面,居然觸手如新矣。余讀《書録解題》,見此書入於傳記,而《述古堂書目》亦載之,近則罕有傳本,矧此宋刻。當是侍講初雕,登諸所見古書録中。不誠爲吉光片羽乎!庚申冬季,蕘圃黃丕烈。"一云:"甲戌初秋,有裝潢工人從鋪首以青蚨五十六文買得破書一捆,内揀出舊鈔《漢丞相諸葛忠武侯傳》一册,持以質余,余取家藏宋刻勘之,疑非一本,蓋行款既不同,而字句間有歧異,此所擠入字,鈔皆無之,或舊鈔從未修本出也,遂用别紙校其異。至此本有破損全補字,可據以校其誤;而未全補者,更可據補,勿謂書有宋刻,竟廢舊鈔也。復翁記,距裝此書時忽忽十五年矣。"後此本歸吳興劉氏嘉業堂。民國二十三年(1934),上海商務印書館張元濟等輯刊《四部叢刊續編》,所收此書,即據嘉業堂藏宋刊本影印,卷末有黃丕烈手書題識。張元濟復取《十萬卷樓叢書本》校勘,撰爲校勘記一卷,都六十一條,附之卷末,張元濟跋云:"是書向少傳本,《四庫》未著録,阮文達以影宋寫本進呈,其提要謂《前》《後出師表》與今所傳字句,間有異同,必有古書足據云云。陸存齋亦以影宋寫本刊入《十萬卷樓叢書》,取校是刻,頗多未合,其歧異之字,則是本多係剜版擠補,疑此爲已修之本,而陸氏則從未修之本傳録。修補諸字,義自較勝,陸本頗多訛誤,或當時讎校偶疏。然是本末葉四行缺十九字,卻賴陸本補完,是則藏書者固當新舊並蓄歟。海鹽張元濟。"

陶潛新傳三卷　宋李燾撰　佚

燾,字仁父,一字子真,號巽巖,丹稜人。高宗紹興八年

（1138）進士，官至敷文閣學士，贈光禄大夫，謚文簡。著有《易學》《大傳雜説》《尚書百篇圖》《五經傳授》《説文解字五韻譜》《續資治通鑑長編》《宋四朝國史》（洪邁同撰）、《六朝通鑑博議》諸書。事迹具《宋史》卷三八八、《宋史新編》卷一四三、《南宋書》卷三四等書。

此書《宋史·藝文志》傳記類著録。

按：周必大撰《文簡神道碑》，亦云燾有此書，今則不之見矣。

許邁傳一卷　宋不著撰人　佚

此書《宋史·藝文志》傳記類著録。

按：兹編唐以前書目未見，殆宋時人所撰。

又按：邁，字叔玄，一名映，晋丹陽句容人也。家世士族，而邁少恬静不慕仕進，後入山爲仙，莫知所終，好道者謂之羽化矣。事迹具《晋書》卷八〇本傳。

昭明事實二卷　宋趙彦博撰　佚

彦博，字富文，武康人，廷美七世孫。紹興二十一年（1151）進士，嘗知池州，仕至權工部侍郎。事迹參閲《周文忠公集》卷五一《題趙遜可文卷》及《萬姓統譜》卷八三。

此書《宋史·藝文志》傳記類著録。

《直齋書録解題》卷七傳記類著録《昭明太子事實》二卷，陳氏曰：“知池州趙彦博（富文）編。昭明廟食於池，頗著靈響，元祐始賜額曰文孝。”

按：昭明太子蕭統事迹具《梁書》卷八本傳。

滕王廣傳一卷　宋安德裕撰　佚

德裕，字益之，一字師皋，重榮子。重榮敗，其軍校秦習匿而養之，因姓秦氏。習世兵家。德裕孩提即喜筆硯，及就學，遂博貫文史，精於禮傳，嗜《西漢書》。習卒，德裕行三年喪，乃還本姓。開寶二年（969）舉進士甲科，歸州軍事推官，太平興國中累遷秘書丞。知廣濟軍，出知睦州，還判太府寺。咸平五年(1002)卒。年六十三。著有文集四十卷及《圖經》三卷。事迹具《宋史》卷四四〇、《宋史新編》卷一六九等書。

此書《宋史·藝文志》傳記類著錄。

按：此編殆載唐李元嬰之事迹也。元嬰，高祖子，封滕王，事迹具《唐書》卷六四、《新唐書》卷七九本傳。

唐滕王外傳一卷　宋樂史傳　佚

史，字子正，撫州宜黄人。齊王景達鎮臨川，召奏牋，授秘書郎。太平興國五年(980)，以見任官舉進士。上書言事，擢著作佐郎，知陵州，獻《金明池賦》，召爲三館編修。雍熙中獻所著述四百餘卷，悉藏之秘府。後出掌西京磨勘司。車駕幸洛，召對賜金紫，未幾卒，年七十八。著有《登科記》《廣孝新書》《孝悌錄》《李白外傳》《坐知天下記》《太平寰宇記》《總仙秘錄》《廣卓異記》《唐登科文選》《登科記解題》等。事迹具《宋史》卷三〇六、《宋史新編》卷八四、《東都事略》卷一一五、《隆平集》等書。

此書《宋史·藝文志》傳記類著錄。

按：此載唐李元嬰事迹也。

郭元振傳一卷　宋不著撰人　佚

此書《宋史·藝文志》傳記類著錄。

按：此書兩《唐志》未著錄，作者殆宋人。《通志·藝文略》著錄一卷，不著撰人。

又按：元振，唐魏州貴鄉人，舉進士，授通泉尉，任俠使氣，不以細務介意，則天聞其名，召見與語，甚奇之，時吐蕃請和，乃授元振右武衛鎧曹充使聘於吐蕃，後以撫邊有功，封代國公，坐軍容不整，流于新州，起爲饒州司馬，怏怏不得志，道病卒。事迹具《唐書》卷九七本傳。

李白外傳一卷　宋樂史撰　佚

史有《唐滕王外傳》一卷已著録。

此書《宋史·藝文志》傳記類著録。

按：李翰林歌詩，唐李陽冰纂爲《草堂集》十卷，云當時著述，十喪其九。咸平中，樂史別得白歌詩十卷，合爲《李翰林集》二十卷，凡七百七十六篇；其後宋敏求又續有所得，重加釐正編次，凡歌詩千有一篇，雜著六十五篇，合爲三十卷。今檢明郭雲鵬刊《李太白詩文》，前載樂史《別集序》，云："翰林在唐天寶中，賀秘監聞於明皇帝，召見金鑾殿，降步輦迎，如見綺皓，草和蕃書，思若懸河，帝嘉之。七寶方丈，賜食於前，御手調羹，於是置之金鑾殿，出入翰林中，其諸事迹，《草堂集序》、范傳正撰《新墓碑正略》而詳矣。史又撰《李白傳》一卷，事又稍周，然有三事，近方得之：開元中，禁中初重木芍藥，即今牡丹也。《開元天寶花木記》云：禁中呼木芍藥爲牡丹。得四本紅紫淺紅通白者，上因移植於興慶池東沉香亭前，會花方繁開，上乘照夜車，太真妃以步輦從，詔選梨園弟子中尤者，得樂一十六色，李龜年以歌擅一時之名手，捧檀板押衆樂前，將欲歌之，上曰："賞名花，對妃子，焉用舊樂辭焉。"遽命龜年持金花牋，宣賜翰林供奉李白立進清平調辭三章，白欣然承詔旨，由若宿醒未解，因援筆賦之。其一曰：'雲想衣裳花想容，春風拂檻露華濃，若非群玉山頭見，會向瑶臺月下逢。'其二曰：'一枝紅豔露凝香，雲雨巫山枉斷腸，借問漢宮誰得似？可憐飛燕倚新粧。"其三曰：'名花傾國兩相歡，長得君王帶笑看；解釋春風無限恨，沉香亭北倚闌干。'龜年以歌辭進，主命梨園弟子略約調撫絲竹，遂促龜年以歌之。太真妃持頗黎九寶杯，酌西涼州葡萄酒，笑領歌辭，意甚厚，上因調玉笛以倚曲；每曲偏將換，則遲其聲以媚之。太真妃飲罷，斂綉巾重拜上，自

是顧李翰林尤異於諸學士。"然則,此書載太白在翰林之事者
也。今李陽冰《草堂集序》猶存,范傳正撰李白墓碑亦不得
見矣。

楊妃外傳一卷　宋樂史撰　存

史有《唐滕王外傳》一卷已著録。

此書《宋史·藝文志》傳記類著録。

按:此編叙唐楊妃事迹,迄孝明之崩。此書今所見傳本,多爲
叢刻本,有:《顧氏文房小説》《五朝小説》《唐人説薈》《唐代叢
書》《龍威秘書》《藝苑捃華》等叢書本。

楊貴妃遺事二卷　宋岷山叟撰　佚

岷山叟,不知何人。

此書《宋史·藝文志》傳記類著録。

桑維翰傳三卷　宋范質撰　佚

質,字文素,大名宗城人,十三治《尚書》,後唐長興四年(933)
進士,知制誥,後周時累知樞密院,太祖時加侍中,封魯國公。
質性卞急,好面折人。以廉介自持,未嘗受四方饋遺,前後所
得禄賜,多給孤遺。閨門之中食不異品,身没家無餘貲。著
有《晉朝陷蕃記》、文集等。事迹具《宋史》卷二四九、《宋史新
編》卷六五、《東都事略》卷一八、《隆平集》卷四、《名臣碑傳琬
琰集》下集卷三等書。

此書《宋史·藝文志》傳記類著録。

按:維翰,字國僑,洛陽人,身短而廣,每對鏡自嘆曰:"七尺
之身,安如一尺之面。"慨然有公輔之志。後唐同光中進士。
晉祖建號,授翰林學士,禮部侍郎知樞密院事,改中書侍郎同
門下平章事。天福四年(939),出爲相州節度使,歲餘徙鎮泰
寧,七年(942)徙鎮晉昌。少帝嗣位,徵拜侍中,守中書令,封
魏國公,尋罷爲開封府尹。少帝將降契丹,因思維翰在相時,

累貢謀畫,請與契丹和,慮契丹到京,窮究其事,則顯章已過,令張彥澤害之。事迹具《五代史》《新五代史》本傳及《三楚新録》《洛陽縉紳舊聞記》等書。

考《宋史·范質傳》云:"晋天福中,以文章干宰相,桑維翰深器之,即奏爲監察御史。及維翰出鎮相州,歷泰寧、晋昌二節度,皆請質爲從事。維翰再相,質遷主客員外郎即直史館,歲餘召入爲翰林學士,加比部郎中知制誥。"知質從維翰甚久,熟悉其生平。

又按:《宋志》傳記類又著録范質《魏公家傳》三卷,一書複出也。

河南劉氏家傳二卷　宋劉唐老撰　佚

唐老,字壽臣。河南洛陽人,温叟曾孫也。元祐中爲右正言。事迹附見《東都事略》卷三〇《劉温叟傳》。

此書《宋史·藝文志》傳記類著録。

按:此編殆纂其先人事迹。

潘氏家録一卷　宋不著撰人　佚

此書《宋史·藝文志》傳記類著録,注云:"潘美行狀告辭。"

按:美,字仲詢,大名人,少倜儻,仕周,以功官至引進使。太祖受禪,陝帥袁彦兇悍,美往諭以天命,彦遂入朝。後從石守信平楊州,南征廣州,定金陵,北伐太原,苑陽,皆有功,累官忠武軍節度使,封韓國公,卒諡武惠,追封鄭王。事迹具《宋史》卷二五八,《宋史新編》卷七〇,《東都事略》卷二七,《隆平集》卷一一,《名臣碑傳琬琰集》下集卷一及《北宋經撫年表》等書。

潘美事迹一卷　宋不著撰人　佚

此書《宋史·藝文志》傳記類著録。

按:美,字仲詢,宋大名人。少倜儻,仕周,以功官至引進使。

先是，太祖遇美素厚，及受禪，命美先往見執政，諭旨中外，陝帥袁彦凶悍，美往諭以天命，彦遂入朝，後從石守信平揚州，南征廣州，定金陵，北伐太原、范陽，皆有功，累官忠武軍節度使，封韓國公。雍熙三年（986）北伐，美獨拔寰、朔、雲、應等州，詔内徙其民，會遼兵奄至，戰於陳家谷口，不利，驍將楊業死之，美坐削秩三等。四年（987），後授檢校太師，加同平章事，數月卒，年六十七，謚武惠，追封鄭王。①

又按：美驍將楊業之死，諸史書皆謂王侁之過，而無異辭，惟明秦淮墨客所撰《鐫出像楊家府世代忠勇演義志傳》一書，秦淮墨客，據孫楷第《中國通俗小説書目》謂爲紀振倫，字春華。今檢臺北“國家圖書館”代管國立北平圖書館所藏明萬曆丙午天德堂刊本，叙文後有“紀振倫”“春華”二印，孫氏之説近是。乃謂業之死，爲美挾仇肆虐所致，②蓋楊業未降宋時，曾箭射潘美云。檢《宋史》卷二七二《楊業傳》云：“時契丹國母蕭氏，與其大臣邪律漢寧南北皮室及五押惕隱，領衆十餘萬，後陷寰州，侁等倡業赴敵。業將行，泣謂美白：‘此行必不利，業，太原一降將，分當死。’因指陳家谷口曰：‘諸君於此張步兵强弩爲左右翼以援，俟業轉戰至此，即以步兵夾擊救之，不然。無遺類矣。’”美即與侁下兵陳於谷口，自寅至巳，侁使人登托羅臺以望之，以爲契丹敗走，欲爭其功，即領兵離谷口。美不能制，乃緣交河西南行二十里。俄聞業敗，即麾兵却走，業力戰至暮，果至谷口，望見無人，即拊膺大慟，再率帳下士力戰，身被數十創；士卒殆盡。猶手刃數十百人，馬重傷不能進，遂爲契丹所擒，其子延玉亦没焉。業不食三日死。”是知業之死，爲侁所陷，非美之罪明矣。《楊家府世代忠勇演義志傳》爲小説之屬，其言固不可盡信，惟恐讀者從

---

① 參見前“潘氏家録一卷”條。
② “美”，《演義》作“潘仁美。林紓《畏廬瑣記》謂説部之書每多如此。

之,故爲之辨證。[1]

趙普別傳一卷　宋李燾撰　佚

燾有《陶潛新傳》三卷已著録。

此書《宋史·藝文志》傳記類著録。

按:周必大撰《文簡神道碑》,云燾有此書,今則已佚。

李昉談録一卷　宋李宗諤撰　殘

宗諤,字昌武,昉子。七歲能屬文,恥以父任得官,獨由鄉舉
第進士。授校書郎。真宗時拜起居舍人,預重修《太祖實
録》。景德二年(1005)召爲翰林學士,大中祥符出從封泰山,
考工部郎中,三年(1010)知審官院,屬祀汾陰后土,命爲經度
制置副使。五年(1012)迎真州聖像,副丁謂爲迎奉使,五月
以疾卒,年四十九。著有《樂纂》《翰林雜記》《永熙寶訓》《圖
經》《越州圖經》《陽明洞天圖經》等。事迹具《宋史》卷二六
五、《宋史新編》卷七三、《東都事略》卷三二、《隆平集》卷四、
《名臣碑傳琬琰集》下集卷三等書。

此書《宋史·藝文志》傳記類著録。

按:此書乃記其父昉之言,凡三十七事。[2]惟原書自明來已不
完。曾慥《類説》嘗删節八條,《紺珠集》録六條。涵芬樓排印
海寧張宗祥校一百卷本《説郛》,録首《序》及文三條;明末武
林宛委山堂本《説郛》所載,即出於一百卷本。[3]

曹彬別傳一卷　宋曹偓撰　佚

偓,彬之曾孫也,嘗知石州。《韓南陽集》卷一七載西京左藏
副使曹偓可文思副使制。

此書《宋史·藝文志》傳記類著録。

《直齋書録解題》卷七傳記類著録《曹武惠别傳》一卷，陳氏曰："知石州曹偓撰，武惠曾孫也。"

按：彬、字國華，真定靈壽人。乾祐中爲成德軍牙將，仕周爲河中都監。後歸宋。乾德初伐蜀，陝中郡縣悉下，諸將咸欲屠城，彬獨申令戢下。諸將多收子女玉帛，彬橐中唯圖書衣衾而已。授宣徽南院使，義成軍節度使。及下江南，不妄殺一人，自出師至凱旋，士衆畏服，無輕肆者。及入見，刺稱奉敕差往江南句當公事回，其謙恭不伐如此。進檢校太師，兼侍中中，封魯國公，爲時良將第一。咸平二年（999）卒，年六十九。追封濟陽郡王，謚武惠。事迹具《宋史》卷二五八、《宋史新編》卷七〇、《東都事略》卷二七、《隆平集》卷九等書。

又按：此書《宋志》注云："曹彬之孫偓撰。"當是曾孫，今據陳《録》正。

郭贄傳略一卷　宋不著撰人　佚

此書《宋史·藝文志》傳記類著録。

按：贄，字仲儀，開封襄邑人。乾德中舉進士，太宗尹京，因事藩邸。太平興國初擢爲著作佐郎右贊善大夫，俄兼皇子侍講，累官參知政事，時曹彬爲弭德超所譖，贄辨其誣。真宗時仕至禮部尚書，大中祥符三年（1010）卒，年七十六，謚文懿。事迹具《宋史》卷二六六、《宋史新編》卷七四、《東都事略》卷三六、《隆平集》卷六、《宋大臣年表》及《北宋經撫年表》等書。

乖崖語録一卷　宋李畋撰　殘

畋，字謂卿，華陽人，以學行爲鄉里所稱。初蜀士不樂仕宦，知州張詠敦勉就舉，畋遂登淳化三年（992）進士第，累官知繁州，卒年九十。自號谷子。著有《孔子弟子贊傳》《該聞録》《益州名畫録》《道德疏》《谷子》及文集等。事迹具《宋史翼》

卷二六。

此書《宋史·藝文志》傳記類著録。注云："載張詠政績。"

按：此書《郡齋讀書志》著録，作《張忠定公語録》，四卷。晁公武云："皇朝張忠定公詠守屬有善政，其門人李畋紀其語論可以垂世者。"詠，字復之，自號乖崖子，鄄城人。太平興國五年（980）進士，官至樞密直學士。兩知益州，恩威並用，蜀民畏而愛之。官至吏部尚書，出知陳州。大中祥符八年（1015）卒，年七十，著有《乖崖集》。事迹具《宋史》卷二九三本傳。

又按：是書單行本今已罕見，今附載《乖崖集》卷十二，凡十九條。涵芬樓排印海寧張宗祥校一百卷本《説郛》卷六十四，載《九河公語録》一卷，題宋張畋編，核閲書中所記，實即此編也，蓋傳録之譌，收録十四條。其中與《乖崖集》同者僅九條，餘五條爲集中所不載，是知文集所載十九條，非完本也。[①]

王旦遺事一卷　宋王素撰　殘

素，字仲儀，開封人。旦之幼子也。舉進士，官屯田員外郎，歷工部尚書，熙寧六年（1073）卒，年六十七，謚曰懿，著有文集二十卷。事迹具《宋史》卷三二〇、《宋史新編》卷一〇二、《東都事略》卷四〇等書。

此書《宋史·藝文志》傳記類著録。

按：旦，字子明，太平興國五年（980）進士，爲大理評事，知平江縣。真宗及位，拜中書舍人，召爲翰林學士。咸平三年（1000），拜給事中，知樞密院事，次年以工部侍郎參知政事。景德二年（1005），遷尚書左丞，三年（1006）拜工部尚書同中書門下平章事，集賢殿大學士監修國史。事迹具《宋史》卷

---

① 參見《説郛考》。

二八二本傳。

《四庫全書總目》傳記類存目著録此書,《提要》云:"是編所述旦事,雖子孫揚詡之詞,然大概與史傳相出入,旦本賢相故也。惟記真宗東封西祀之後,令近臣編録符瑞,旦言兩爲大祀,使所奏符瑞一一非臣目覩,令堂吏取司天監邢中和狀稱有此瑞,乞令編修官實録。臣奏不可漏略一事云云,於事理殊爲不近。蓋旦於符瑞齋醮不能匡正。論者有遺議焉,故素以此陰解之,非實録也。"

又按:此書之傳本,晁公武《郡齋讀書志》著録四卷,注稱凡五百條;陳振孫《直齋書録解題》所載則僅一卷,已非完本。今所見《百川學海》《歷代小説》等諸叢刻本,亦並爲一卷之殘本。

寇準遺事一卷　宋不著撰人　存

此書《宋史·藝文志》傳記類著録。

按:準,字平仲。華州下邽人。太平興國四年(979)進士,累擢樞密院直學士,判吏部銓。景德初同中書門下平章事,遼兵大入,中外震駭,準力排衆議,請帝親征,遂幸澶州,遼乃奉書請盟,罷兵而還。王欽若譖之,遂罷相。天禧初復相,封萊國公。爲丁謂所構,貶雷州司户參軍。天聖元年(1023)閏九月卒,年六十三,贈中書令,謐忠愍,著有《巴東集》,事迹具《宋史》卷二八一本傳。

又按:此書自明以來,所傳者皆叢書本。今所見者,有《歷代小史》《景印元明善本叢書十種》及《廣四十家小説》諸叢刻本。

萊公勳烈一卷　宋寇宗奭撰　佚

宗奭,準曾孫也,著有《本草衍義》二十卷。

此書《宋史·藝文志》不著録,見《郡齋讀書志》傳記類。

晁公武曰:"編集仁宗祭準文及贈誥墓碑傳誌贊詩等爲此書。"

按:此書今雖不存,檢《寇忠愍集》附載《贈諡誥》《萊國寇忠愍公旌忠之碑》,《元憲集》載《贈太傅中書令寇準可諡忠愍制》,《南宋文範》卷三六載《寇忠愍像贊》,《梅溪前集》卷十一載《寇萊公贊》,《芸庵類稿》卷六載《寇萊公贊》等,猶足取資稽考。

丁謂談錄一卷　宋不著撰人　存

此書《宋史・藝文志》傳記類著錄。

《郡齋讀書志》載此書,晁公武曰:"多本朝事,每章之首,皆稱晋公言,不知何人爲潤益。初董識(志彦)得之於洪州潘延之,延之,晋公甥,疑延之所爲。"

按:謂,字謂之,後更字公言,蘇州長洲人。淳化三年(992)登進士,累官同中書門下平章事,昭文館大學士,封晋國公。真宗朝營造宮觀,奏祥異之事,多謂與王欽若發之。寇準爲相,尤惡謂,謂媒蘖其過,遂罷準相。仁宗立,知謂前後欺罔,貶崖州司户參軍,踰三年徙雷州,又五年徙道州,明道中授秘書監致仕。居光州卒。事迹具《宋史》卷二八三本傳。

又按:今所藏此書之善本,"中央研究院"歷史語言研究所有鈔本一部,清勞格手校。收入叢書者有:《百川學海》《説郛》《歷代小史》等。

筆錄一卷　宋王曾撰　存

曾,字孝先,益都人。咸平中由鄉貢試禮部廷對皆第一。累拜中書侍郎,同中書門下平章事。後出知青州。終判鄆州,卒諡文正。著有《九域圖》《契丹志》等。事迹具《宋史》卷三一○本傳。

此書《宋史・藝文志》傳記類著錄。

《四庫全書總目》小説家類著録，《提要》云："此乃所記朝廷舊聞，凡三十餘條，皆太祖、太宗、真宗時事，其下及仁宗初者，僅一二條而已。曾練習掌故。所言多確鑿可據，故李燾作《通鑑長編》，往往全採其文。如記李沆爲相，王旦參知政事，羽書邊奏無虚日，且以爲憂。沆謂他日天下寧晏，未必端拱無事。及北鄙和好，登封行慶。旦疲於贊導，始服李之深識云云。司馬光《涑水紀聞》亦載其事，則謂和好既成，而沆獨憂之；李燾《考異》謂沆卒於景德元年（1004）七月，至十二月和議始成，光蓋偶未及考，當以曾説爲長；此類頗爲能得其實。惟景德改元在其年正月，而曾於王繼忠一條，乃謂兵罷改元，亦未免有誤；又繼忠兵敗降遼，不能死國，反爲所任用，殊虧臣節，雖有啓導和好之力，殊不足自贖。曾乃以盡忠兩國許之，褒貶尤爲失當矣。"

按：此書今所藏善本，臺北"故宫博物院"有清文淵閣《四庫全書》本。收入叢刻者，有《百川學海》《歷代小史》《學津討源》《反約篇》《榕園叢書》《古今説部叢書》《説庫》《粤雅堂叢書》《十萬卷樓叢書》及《叢書集成初編》等。

穆參軍（修）遺事一卷　宋不著撰人　存

此書《宋史·藝文志》不著録，附載《穆參軍集》。

按：此編係就《辨惑》《聞見録》《朱晦庵記太極》、范仲淹撰《尹師魯文集序》《吕氏家塾》等書中所載有關穆氏事迹者，彙輯成書。

又按：此書未見單刻本，多附文集而行。

吕文靖公事狀一卷　宋吕本中撰　佚

本中，字居仁，夷簡之玄孫，公著之曾孫，希哲之孫，好問之子。幼而敏悟，公著奇愛之。以公著遺表恩授承務郎，累遷中書舍人，直學士院。後爲御史蕭振劾罷之，提舉太平觀卒，學者稱爲東萊先生,謚文清。著有詩集、《春秋解》《童蒙訓》《師友淵源録》等。事迹具《宋史》卷三七六、《宋史新編》卷一四〇、《南宋書》卷一〇及二三、《四朝名臣言行録》卷下、《宋中興學士院題名録》及《南宋館閣録》等書。

此書《宋史·藝文志》傳記類著録。

按:此載夷簡事迹也。夷簡,字坦夫,先世萊州人。祖龜祥知壽州,子孫遂爲壽州人。進士及第,補絳州軍事推官。稍遷大理寺丞,仁宗時官至同平章事。以太尉致仕,卒贈太師中書令,謚文靖。事迹具《宋史》卷三一一本傳。檢汪應辰《文定集》卷一〇載《題吕文靖公事狀》,云:"右吕文靖公事狀,[①]公之玄孫中書舍人本中所論次也。[②] 文靖相仁宗,得君之專,行政之久。他人莫敢望焉。而其輔贊彌縫,精微曲折,史册有不能盡者,此《事狀》所爲作也。昔人謂宰相所職,繫天下安危,宰相之能與否可見,凡所謀議于上前者,不足道也。方仁宗臨御,仁厚之德,清靜之政,民到于今受其賜,賢人君子,布滿中外,累朝賴以爲用,號令文章,焕然一新,紀綱法度。皆可以持循而勿失,四夷和平,百姓富貴,教化孚洽,風俗純厚,宰相之事業,蓋亦不言而喻矣。然而世之言伊尹、百里奚者,孟子特明其不然,則是書之作,亦有不得已焉爾。"

又按:此書《宋志》云不知作者,今補正。

范文正公遺迹一卷　宋不著撰人　未見

此書《宋史·藝文志》未著録,見《四庫全書總目》傳記類存目一。

《四庫提要》曰:"輯范仲淹生平游歷。自其出於吳中,長於山東,以及洛陽、陝西、睦池、饒、潤諸地,爲仕宦所經,後人傳爲

---

① "靖",原本作"靜",今正。
② "公之玄孫",原本作"公之孫",脱"玄"字,今補。

遺迹者,採其名目,共爲一編。間附以前人題咏碑刻,至於西夏堡塞,亦并載之。中有文正書院等六圖,爲仲淹裔孫安崧所繪,蓋亦其後人所編也。"

按:《四庫全書總目》據浙江巡撫採進本著録,今則未見。《説郛》卷六四著録《范文正公遺事》一卷,共載三條,昌瑞卿先生《説郛考》云:"第一、三兩條見於今本《范文正公集》附録《元人編言行遺事録》,第二條記范文正不治府第事,見載於其年譜皇祐元年(1049),據年譜係引《言行録》。《言行録》今不傳,此本題《范文正公遺事》,不詳所本。"

胡瑗言行録一卷　宋關注撰　佚

注,字子東,號香巖居士,錢塘人。紹興五年。(1135)進士,嘗教授湖州,與胡瑗之孫滌,裒瑗遺書,得《易解》《中庸義》,藏之學宮。官至太學博士卒。著有《關博士集》。事迹具《宋史翼》卷二四、《宋元學案補遺》卷一、咸淳《臨安志》卷六七等書。

此書《宋史·藝文志》傳記類著録。

《直齋書録解題》卷七傳記類著録《安定先生言行録》二卷,陳氏曰:"雜録胡瑗(翼之)事及告詞、誌、表、祭文等。其間有《賢惠録》《孝行録》,蓋其父訥所爲也。《孝行録》別見,《賢惠録》記婦人之賢者。"

按:此書亦見咸淳《臨安志》,惜久佚不傳。汪藻撰《胡先生言行録序》,載《浮溪集》卷十七,猶可考見其端倪。《汪序》云:"自孔子没,諸儒以學名家,固無世無人,而其間必有卓然名世者,德與言稱,當時師之,後世尊之。以漢四百年,所得者楊雄;以唐三百年,所得者韓愈。如董仲舒、鄭康成、王通、孔穎達之徒,非無益於後世也。仲舒倡災祥之説,王通襲聖人之迹,康成、穎達、守區區訓詁之文,學者疑焉,此二子所以歸

然獨爲後世宗也。宋興八十餘年，至慶曆、皇祐間，儒學無愧
於古矣，當時學者，以泰山孫明復、徂徠石守道、海陵胡先生
爲師，而先生之門爲最盛，弟子各以其經轉相傳授，常數百
人，仁義禮樂之風，藹然被乎東南，公卿偉人由先生之門而出
者，接踵于時，蓋數十年未已也。熙寧以來學者，非王氏不
宗，而先生之學，不絕如綫矣。然識者知其必興，逮今天子，
一新斯文，力去黨錮之弊，訪先生之後，得其孫滌而官之，繇
是先生之學，復振耀流通；人人讀先生之書，如慶曆、皇祐時。
先生雖嘗再致京師，爲太學官，侍講天章閣，而教授吳興爲最
久。其建太學京師也，又嘗下吳興取先生之法爲法，則吳興
者，先生之洙泗也。紹興八年(1138)，錢塘關注(子東)，主吳
興學。而先生之孫滌在焉，相與哀先生遺書，將以布之天下；
尉學者之思，得先生《易書》若干篇，《中庸義》若干篇，既藏之
學官矣，又録先生言行若干條爲一帙。孟子曰：'君子之澤，
五世而斬；小人之澤。五世而斬。'予未得爲孔子徒也，言君
子小人，雖賢否不同，而澤之所施，同乎有盡。惟義理之在人
心爲無窮，雖傳之百世可也，則先生之學復行固宜，然子東所
以求先生之書者，豈徒爲循誦習傳而已哉？將以美風俗，新
人材，于是乎在，可謂知先生所以望後世之意者矣。紹興十
年(1140)七月汪藻序。"

孫沔遺事一卷　宋不著撰人　佚

此書《宋史・藝文志》傳記類著録。

按：沔，字元規，宋越州會稽人，中進士第，補趙州司理參軍，
跌蕩自放，不守士節，然材猛過人，後以秘書丞爲監察御史裏
行。累官左正言，論事有直名，爲陝西轉運使，上書力詆宰相
吕夷簡。三知慶州，聚戰亡遺骸葬祭之，軍中感泣，邊人服其
能。遷龍圖閣直學士。又遷樞密直學士。知成都府，後徙延

州,道卒。事迹具《宋史》卷二八八本傳。

歸田録八卷　宋歐陽修撰　存

修,字永叔,盧俊人,自號醉翁。舉進士甲科。慶曆初召知諫院。改右正言,知制誥。時杜衍、韓琦、范仲淹、富弼相繼罷去,修上書極諫,出知滁州,徙揚州、潁州,還爲翰林學士。嘉祐間拜參知政事,熙寧初與王安石不合,以太子少師致仕,晚號六一居士。著《新唐書》《新五代史》《太常禮院祀儀》《毛詩本義》《集古録》《洛陽牡丹記》《文忠集》《六一詩話》《六一詞》等。事迹具《宋史》本傳。

此書《宋史·藝文志》傳記類著録。

歐公治平四年(1067)《自序》云:"《歸田録》者,朝廷之遺事,史官之所不記。與夫士大夫笑談之餘,而可録者録之,以備閒居之覽也。"《四庫全書總目》以此書入子部小説家類,《提要》云:"陳氏《書録解題》曰:'或言公爲此録未成,而《序》先出,裕陵索之,其中本載時事及所經歷見聞,不敢以進,旋爲此本,而初本竟不復出。'王明清《揮麈三録》則曰:"歐陽公《歸田録》,初成未出。而《序》先傳,神宗見之,遽令中使宣取,時公已致仕在潁州,因其間所記。有未欲廣布者,因盡删去之;又惡其太少,則雜記戲笑不急之事。以充滿其卷帙。既繕寫進入,而舊本亦不敢存。'二説小異。周煇《清波雜志》所記,與明清之説同,惟云原本亦嘗出,與明清説又不合。大抵初稿爲一本,宣進者又一本。實有此事,其旋爲之説,與删除之説,則傳聞異詞耳。惟修歸潁上在神宗時,而《録》中稱仁宗立今上爲皇子,則似英宗時語。或平時剳記,歸田後乃排纂成之。偶忘追改歟?其中'不試而知制誥'一條,稱宋惟楊億、陳堯叟及修三人。費袞《梁谿漫志》舉真宗至道三年(997)四月,以梁周翰夙負詞名,令加獎擢,亦不試而知制誥,

實在楊億之前,糾修誤記。是偶然疏舛,亦所不免。然大致
可資考據,亦國史補之亞也。"

按:此書之善本,臺北"故宮博物院"有清文淵閣《四庫全書》
本,單刻本則罕見,多附歐公文集而行。收在叢刻者有:《稗
海》《學津討源》《筆記小說大觀》《四部備要》等。

韓忠獻公別録一卷　宋王巖叟撰　存

巖叟,字彥霖,大名清平人。年十八,應明經科,省試廷對皆
第一。哲宗初爲侍御史,累數十疏論蔡確罪狀,帝嘉其道,遷
右丞,未幾擢知樞密院。巖叟居言職五年,正諫無隱,後劉摯
爲御史鄭雍所擊,巖叟上疏論救,御史遂指爲黨,徙知河陽,
數月卒,年五十一。著有《繫年録》《元祐時政記》等。事迹具
《宋史》卷三四二本傳。

此書《宋史·藝文志》傳記類著録。

按:此載韓琦事迹也。琦,字稚圭,相州安陽人,自號贛叟。
弱冠舉進士,名在第二。初授將作監丞,趙元昊反,琦適自蜀
歸,論西師形勢甚惡,即命爲陝西安撫使,進樞密直學士,歷
官陝西經略安撫招討使。與范仲淹在兵間久,名重一時,人
心歸之,朝廷倚以爲重,天下稱韓、范。英宗嗣位,拜右僕射,
封魏國公。神宗立,拜司徒,兼侍中,卒諡忠獻。事迹具《宋
史》卷三一二本傳。巖叟嘗在韓琦幕府,每與琦語,輒退而書
之,琦歿後,乃次爲此編。分上中下三篇,上篇皆琦奏對之
語,中篇乃琦平日緒言,下篇則雜記其所聞見也。《自序》云:
"熙寧四年(1071)初,河決魏北,家府以都水亟待罪于魏,巖
叟始得見魏公。五年(1072)夏,公薦以爲北京國子監教授,
其冬,又辟以就幕府。六年(1073)春,公得請守鄉郡,又延之
於安陽。公既在安陽多暇日,而巖叟閒居,且無職事,方得從
容獨侍公於便坐,公不以爲不可與言,而開心寫誠,無復間

外。其間事有時人之所不知，言有古人之所未到，退輒書而藏之，記或未詳，則他日再叩以竟其説。^① 方貪嗜未足，而八年(1075)六月我公已薨。嗚呼！清風在堂，俄隔萬古；望斷霄漢，不聞餘音。痛念二年之間，公以疾居於內，而嚴叟以行役於外者既已三之一；良時美景，與衆賓並進於宴賞之間者，又三之一；則間見於公，蓋無幾矣！竊自恨其生之晚，而識公之不蚤，見公之不數，而問公之不多也。姑悉所聞見者，泣而次之，以爲公別録云。"晁公武謂以國史考之，歲月往往牴牾，蓋失之誣。^②

又按：此書卷數，諸目所載不一。《郡齋讀書志》作四卷；《直齋書録解題》著録《語録》一卷，稱與《別録》小異而實同；《宋史·藝文志》凡兩見，一作《韓忠獻公別録》一卷，一作《韓琦別録》三卷；《四庫全書總目》傳記類存目一據浙江范懋柱家天一閣藏本著録，作三卷，當是析併不同故也。今所藏善本，"中央研究院"歷史語言研究所有明刊本一部，題《宋忠獻韓魏王君臣相遇別録》三卷。其他單刻本罕見，多附《韓魏公集而行》。

韓琦遺事一卷　宋張至撰　存

至，字幾聖，錢塘人。慶曆六年(1046)進士，歷浦江、東陽、元城三縣令，終於三司户部判官尚書祠部郎中。文簡古不徇俗，宰相韓琦欲薦充館閣，不果。熙寧九年(1076)卒，年五十五。著有《祠部集》。事迹具《宋史》卷三五六本傳。

此書《宋史·藝文志》傳記類著録。

---

①　"亶"後原注："欽宗廟諱。"按：欽宗原名亶，又名烜，後改名桓。

②　《郡齋讀書志》卷九著録《魏國忠獻公別録》四卷，晁氏曰："右皇朝韓魏公琦相仁宗、英宗，其門人王嚴叟記其言論事實。然以國史考之，其歲月往往牴牾，蓋失之誣也。"

按：至嘗佐韓琦幕府，故此編叙琦遺事頗詳。《四庫提要》謂世所傳琦《重陽詩》"不嫌老圃秋容淡，且看黄花晚節香"句，諸家詩話遞相接引，其始表章者實見於此編焉。然則，可補史傳之不足。

又按：《四庫全書存目》據内府藏本著録，今所見皆附刊於《韓魏公集》或《韓魏公君臣相遇傳》後，"中央研究院"歷史語言研究所有明刊本一部，即附刊《宋忠獻韓魏王君臣相遇傳》十卷之後。見於叢刻者，有《歷代小史》本、《百川學海》本及《説郛》本。其中《説郛》所收雖僅十二條，其末條魏公斬定卒事，則諸本所不載。《百川學海》本雖有斬定卒條，然"（魏公）馳入倉門，群卒前訴"句，《説郛》本則作"馳入倉門，群卒約十餘，皆持米前訴。公曰，米分如此，餘人皆退後"，文較《百川》本爲詳，亦足補傳本之略。[①]

君臣相遇録十卷　宋不著撰人　存

此書《宋史·藝文志》不著録，見《四庫全書總目提要》傳記類存目一。

《四庫提要》云："載宋韓琦事迹，考晁陳二家書目。自今所傳《韓魏公家傳》《韓魏公別録》《韓忠獻遺事》外。尚有《韓魏公語録》一卷。又韓忠彦所撰《辨欺録》一卷。《語録》即《別録》之文，而顛倒其先後，惟卷末多一條。《辨忠録》爲忠彦記其父嘉祐末命事與文富諸人辨。今雖未見其本，而書中大旨皆可考。惟此書晁陳皆不著録，不知何人所作，蓋南宋時其家子孫所爲。合《辨欺録》《別録》所載，裒爲一書。觀書末載曾孫名十二人，而無侂胄，蓋諱而削之，知其成於開禧後矣。"

---

①　參見《説郛考》。

按：《四庫存目》據浙江汪啓淑家藏本著録，不知何本。今所藏善本，惟"中央研究院"歷史語言研究所有明刻本一部。

韓琦家傳十卷　宋韓正彦撰　存

正彦，字師德，一作思德，相州安陽人，璩子。嘉祐中知崑山縣，濬塘七十里，得膏田數百頃，民賴之，比去，民遮留不獲，爲立生祠。仕至倉部郎中。事迹具《宋史翼》卷一九。

此書《宋史·藝文志》傳記類著録。

按：此書載琦平生行事。《宋史·藝文志》著録二本，一作《韓琦家傳》，十卷，題韓正彦撰；一作《韓忠獻公家傳》，一卷，題韓庚卿撰。晁公武《郡齋讀書志》則以爲其子忠彦所撰；陳振孫《直齋書録解題》以爲其家所傳；《四庫全書總目》據江蘇巡撫採進本著録，不題撰人。今據明刊本題韓正彦撰。

又按：此書隨年編次，頗爲繁冗，晁公武引陳瓘之言謂魏公名德在人耳目如此，豈假門生子姓之間，區區自列乎？其説當矣。此書罕見單行。今附存《韓魏公集》中。

韓琦事實一卷　宋趙寅撰　殘

寅，里籍未詳。據此本序及書中所述，曾進士及第，歷任黄陂簿，知德平縣，紹聖四年(1097)官朝請郎判南京國子監。

此書《宋史·藝文志》傳記類著録。

按：此書除見《宋志》以外，諸家書目罕見著録，是完本久佚。今臺北"國家圖書館"藏舊鈔本《説郛》卷六十四收此書，僅録《自序》及文四條，其記英宗崩立神宗事，頗足資考證。[①]

韓琦定策事一卷　宋韓肖胄撰　佚

肖胄，字似夫，祁州安陽人，琦曾孫。以蔭補承務郎，假給事中，賀遼國生辰使，既還，父治方以太僕少卿知相州，丐祠，宵

---

① 參見《説郛考》。

胄乞外補侍疾,詔除直秘閣,代父知相州。初,曾祖琦守相。
作畫錦堂;治作榮歸堂;至肖胄又作榮事堂;三世守鄉郡。
人以爲榮。紹興初拜端明殿學士,同僉書樞密院事,充通問
使,行人危之,肖胄慨然受命。至金,金人知其家世,甚重
之,後以資政殿學士知紹興府,尋奉祠,與弟膺胄寓居於越,
以孝友聞,卒年七十六,謚元穆,事迹具《宋史》卷三七九
本傳。

此書《宋史·藝文志》傳記類著録。

按:今檢韓琦《安陽集》,末附《忠獻韓魏王遺事》,不題作者,
多述琦在朝議論之事,疑即此事,後人改題篇名,然不敢定,
姑置疑於此,俟更詳考。

曾鞏行述一卷　宋曾肇撰　存

肇,字子開,治平進士,元祐中歷中書舍人,吏部侍郎。徽宗
即位,累遷翰林學士。崇寧初,元祐士大夫再被降黜,肇請與
俱貶,言者繼之,遂落職,安置汀州,卒。著有《書講義》《德音
寶訓》《將作監式》《曾氏譜圖》《元祐制集》《曲埠外集》《西垣
集》《庚辰外制集》《滁陽慶曆前集》《内制集》、奏議等。事迹
俱《宋史》卷三一九、《宋史新編》卷一〇二、《東都事略》卷四
八、《名臣碑傳琬琰集》下集卷二〇、《三朝名臣言行録》卷九
等書。

此書《宋史·藝文志》傳記類著録。

按:此編單刻本罕見,多附載《曲阜集》卷三,題《子固先生
行狀》。

韓莊敏公遺事一卷　宋韓宗武撰　佚

忠武,字文若,縝子,第進士。韓忠彦鎮瀛州,辟爲河間令。
徽宗即位,爲秘書丞。哲宗將祔廟,中旨索省中書畫甚急。
宗武言先帝祔廟,陛下哀慕方深,而丹青之玩,取索不已,播

之於外，懼損聖德，疏入，太后聞而獎嘆，令俟諫官員闕即用之，尋除都官員外郎，改淮南轉運判官，坐貶秩罷歸，卒年八十二。事迹具《宋史》卷三一五、《宋史新編》卷一〇〇等書。此書《宋史·藝文志》傳記類著録。

按：此載其父縝事迹也。《直齋書録解題》卷七傳記類著録《韓莊敏遺事》一卷，陳氏曰："秘書丞韓宗武（文若）撰，記其父丞相縝（玉汝）事。末亦雜記他事。宗武即少年過洋客者也，年八十二乃卒。此編亦載其詩，云熙寧間得異疾與神物遇。

又按：縝，字玉汝。登進士第，簽書南京判官，元豐中自龍圖閣直學士進知樞密院事，以太子太保致仕，紹聖四年（1097）卒。年七十九。贈司空，謚曰莊敏。事迹具《宋史》卷三一五、《宋史新編》卷一〇〇、《東都事略》卷五八、《名臣碑傳琬琰集》下集卷二〇、《桐陰舊話》等書。

舒王日録一二卷　宋王安石撰　佚

安石，字介甫，號半山，撫州臨川人，少好讀書，一過目終身不忘。其屬文，動筆如飛，擢進士第。嘉祐中歷度支判官。安石議論高奇，果於自用，能以辨博濟其説，上萬言書，以變法爲言。俄直集賢院，知制誥。神宗時爲相，帝深倚之，謀改革政治，興青苗水利均輸保甲免役市易保馬方田諸法，物議騰沸。時名臣皆被斥，而新法卒無效，罷爲鎮南軍節度使。元豐中復拜左僕射，封荆國公。哲宗立，加司空，卒。著有《易解》《新經書義》《洪範傳》《新經毛詩義》《舒王詩義外傳》《三十家毛詩合解義》《新經周禮義》《左氏解》《論語通類》《字説》《熙寧奏對》《南郊式》《熙寧詳定編敕》《維摩詰經注》《建康酬唱詩》《唐百家詩選》《四家詩選》、文集等。事迹具《宋史》卷三二七、《宋史新編》卷一〇六、《東都事略》卷七九、《名臣碑

傳琬琰集》下集卷一四、《三朝名臣言行録》卷六、《皇宋書録》
卷中及《宋詩鈔》等書。

此書《宋史·藝文志》傳記類著録。

《郡齋讀書志》卷六雜史類著録《王氏日録》八十卷,晁氏曰:
"右皇朝王安石撰。紹聖間蔡卞合曾布獻於朝,添入《神宗實
録》。陳瑩中謂安石既罷相,悔其執政日無善狀,乃撰此書,
歸過於上,掠美於己。且歷詆平生所不悦者,欲以欺後世,於
是著《尊堯集》及《日録不合神道論》等十數書。此書起熙寧
元年(1068)四月,終七年(1074)三月,再起於八年(1075)三
月,終於九年(1076)六月。安石兩執國柄日也。然無八年九
月以後至九年四月事,蓋安石攻吕惠卿時,瑩中謂蔡卞除去
安石怒罵惠卿之語,其事當在此際也。"同書卷九傳紀類又著
録《鍾山日録》二十卷,蓋爲一書,卷數多寡不同耳。

《直齋書録解題》卷七傳記類著録《熙寧日録》四十卷,陳氏
曰:"丞相王安石撰,本朝禍亂,萌於此書,陳瓘所謂'尊私史
而壓宗廟'者,其彊愎堅辯,足以熒惑主聽,鉗制人言當其垂
死,欲秉界炎火,豈非其心亦有所愧悔歟! 既不克焚,流毒遺
禍,至今爲梗,悲夫! 書本有八十卷,今止有其半。"

按,安石熙寧間執政,元豐元年(1078)爲尚書左僕射,封舒國
公,二年(1079)改封荆國公,①晚年居鍾山,故此書或題"王氏
日録""鍾山日録""熙寧日録""荆公日録",實一書也。此書
南宋時已不全,今則不見矣。

又按:紹聖中,蔡卞等改修《神宗實録》,多引安石《日録》,本
文於"神宗實録朱墨本二○○卷"條已詳言之。此書當時頗
引人非議,陳瓘(了齋)非之尤甚。考魏了翁《鶴山先生大全

---

① 　《臨川先生文集》有《封舒國公谢表》及《封荆國公谢表》。

文集》卷六二載《跋陳了齋辨〈王荆公日録〉》，云："古人之學，自格物致知，誠意正心，修身齊家，治國平天下，初無二本，自本諸身，至證諸庶民，考諸三王，建諸天地，質諸鬼神，俟諸後聖。亦是一理。今日不通政事，卻深於經術，又曰其人節行過人甚多，審如其説，是能格物致知，能正心誠意，而不能以行之天下國家，本諸身矣。而於庶民且不合，三王後聖天地鬼神，從可知也。此理曉然易知，而能惑世誣民於十九年間，以養成亂本。又能使紹聖以後，守其説而莫之改，嗚呼！天不欲使斯世平治邪？何了齋諸人聯章累疏，而莫一省也。後了齋之死一百三年，臨卭魏某撫卷太息，而書其後。"

清蔡上翔撰《王文公年譜考略》二十卷，卷末載《實録考》兩篇，則爲《日録辨》，今逐録於左，藉見此書之内容：

《實録考上》："《神宗實録》初修於元祐者，曰墨本，紹聖重修者，曰朱墨本，渡江後，至紹興四年（1134）再修於范沖，以爲宣和間得之梁師成者，即此朱墨本也。《實録》詔修於元祐元年（1086）二月，四月而公薨，是《實録》爲公身後之書，而必詳著於卷末者，所以識黨禍所由來，而公之受穢，且蔓延於千萬世，莫甚於此書，作《實録考》。當元祐初修實録時，吕大防、劉安世諸人定介甫親黨吕吉甫、章子厚而下三十人，蔡持正親黨安厚卿、曾子宣下十人，牓之朝堂，是以安石無黨者，而皆名之以爲黨。及紹聖改元，章蔡用事，即首舉所修實録非是，而以爲報復之端。是朱墨史一書，元祐諸人，實有以啓之。范祖禹、吕大防初修實録，既盡書安石之過，而紹聖反之，自紹聖至紹興三十年間，流離竄逐，痛深骨髓，范沖爲祖禹之子，相爲報復，則凡元祐採於《涑水紀聞》諸書，增添不知其幾，劃削朱墨新書所書安石之美者，又不知其幾。且是時道學門户日熾，於是楊中立《日録辨》出矣。李仁甫之《長編》

又出，無非取之渡江後所修者，至其甚則有讀二陳遺墨尚以攻詰安石爲未盡，而搜羅雜説尤夥，自是元人遂纂入《宋史》，而此書更無平反之日矣。"

《實録考下》："《熙寧實録》一書，所甚昌言排之者，陳瑩中也。瑩中著《尊堯録》曰：'蔡氏尊私史。而壓宗廟。'嗚呼！瑩中祇知尊堯之名爲甚美，而亦知尊堯之實安在乎？夫所謂尊堯者，神宗也。堯誅四凶。而天下咸服，神宗以皋夔稷契待安石，而諸人則盡書安石之過。有甚於共工驩兜，則神宗亦得分過矣。謂之尊堯可乎？安石在相位，始終不過七年，而神宗之行新法，十八年而未之有改，一旦新君初立，剗除陳法殆盡，雖曰以母改子，而神宗十八年天子，非若中道崩殂小弱者比也。設國無主母，其又何説之詞，而謂之尊堯可乎？且夫尊私史，而壓宗廟，瑩中祇知安石《日録》爲私史，亦曾問元祐初修實録，范祖禹、吕大防盡采之《涑水記聞》《邵氏聞見録》，獨非私書乎？以私史改私史，又豈得謂之壓宗廟乎？王明清《玉照新志》曰：'初史多取司馬《涑水記聞》，至新史於是《裕陵實録》皆以朱筆抹之。'則是以私史抹私史，此固其明驗也。當元祐初，陸佃與范祖禹黄庭堅爭辨，大要多是安石，庭堅曰：'若是則佞史也。'佃曰：'如君言豈非謗書乎？'以此推之，元祐初史其不得以宗廟壓《日録》又明矣。"

然則，此書之是非，所見各不同也。今人丁則良撰《〈王安石日録〉考》，載《清華學報》十三卷二期，該刊係民國三十年（1941）對日抗戰期間，在昆明出版，今已少見。

范純仁言行録三卷　宋不著撰人　佚

此書《宋史·藝文志》傳記類著録。

按：純仁，字堯夫。仲淹次子，皇祐進士。嘗從胡瑗、孫復學，父歿始出仕，知襄城縣，遷侍御史，知諫院，言王安石變法妨民，前後上言，無所諱避，安石怒，出知河中府，歷轉和州慶州。有惠政，哲宗時累官尚書僕射，中書侍郎，以博大開上意，忠篤革士風，忤章惇，貶置永州。徽宗立，除觀文殿大學士，促八覲，以目疾乞歸，卒諡忠宣。著有《彈事》《國論》及《忠宣文集》等。事迹具《宋史》卷三一四、《宋史新編》卷一一四、《東都事略》卷五九、《名臣碑傳琬琰集》上集卷一一、《三朝名臣言行録》卷一一、《元祐黨人傳》卷一、《宋大臣年表》及《北宋經撫年表》等書。

考《忠宣文集》二十卷，前五卷爲詩，後十二卷皆雜文，末三卷爲《國史》本傳及李之儀所撰《行狀》。前有嘉定五年（1212）樓鑰《序》，後有其姪孫之柔及知永州沈圻、廖視、永州教授陳宗衞四跋。范之柔《跋》云："先忠宣公國論《彈事》外，有文集二十卷，未曾版行。零陵實謫居之地，僅刊《言行録》，今史君沈公到闕奏事，因過訪語及，慨然欲得鋟本，尚友前賢，深所敬嘆。即以家藏本屬之，仍附以《國史》本傳及李姑溪所述《行狀》，且識歲月于後云。"陳宗衞《跋》云："元祐丞相宗宣范公，道德事業，載在國史，出處大節，見於《國論奏議言行録》，學者朝夕飲襟肅容，起敬起慕，獨其文集，世所未見。"是當時兹編流傳頗廣，今則佚矣。朱熹《三朝名臣言行録》於范忠宣公事，多採《言行録》爲之，故此書雖無傳本，猶可據朱子之書覘其大概。

种諤傳一卷　宋趙起撰　存

起，字得君，自稱河汾散人。

此書《宋史・藝文志》傳記類著録。

《四庫全書總目提要》曰："其書專記龍驤四衞指揮使知延州种諤事迹。諤爲世衡次子，與兄古弟診，號'關中三种'，頗著威名。《宋史》附載《世衡傳》後。起所叙述，較史加詳，末云：

'次其行事,作种諤傳。'而此本前題《种太尉傳》。考史不言諤官太尉,此傳亦無此文,蓋自唐以後,武臣顯貴者往往加至太尉,遂習爲尊稱,不必實居是職。如李煜歸宋後,祇爲特進隴西郡公,而徐鉉奉詔往謁,乃語閽者稱願見太尉,蓋當時流俗有此等稱謂,意其猶宋人舊題也。史稱諤雖名將,而喜事貪功,實開永樂之釁。今傳中無貶詞,殆亦不無溢美矣。"

按:《四庫存目》據浙江鄭大節家藏本著錄,今則刻本罕見。今所藏善本,惟臺北"國家圖書館"有穴硯齋鈔本一卷一册。

豐清敏遺事一卷　宋李朴撰　存

朴,字先之,號章貢,興國人。紹聖元年(1094)進士,官至國子祭酒。建炎二年(1128)卒,年六十五。著有《章貢集》。事迹具《宋史》卷三七七本傳。

此書《宋史・藝文志》傳記類著錄。

《四庫全書總目》傳記類存目一提要曰:"是書編次其師禮部尚書豐稷事迹。《宋志》著錄一卷,與今本同。末有紹熙二年(1191)朱子《後序》,并附墓誌、本傳於後。稷歷仕神宗、哲宗、徽宗三朝,屢著讜論,時稱名臣。朴所叙錄,較史傳爲詳。書末又有稷註《孟子》三章、《幸學詩》一首及曾鞏所贈《歌行》、袁桷《祠記》,則明景泰中其十一世孫河南參政慶所搜討增入也。"

按:《四庫存目》據浙江范懋柱家天一閣藏本著錄。今所藏善本,惟臺北"國家圖書館"藏舊鈔本《遺事》一卷,附錄一卷。《小萬卷樓叢書》及《叢書集成初編》所收,亦並《遺事》一卷附錄一卷。民國二十一年(1932),四明張壽鏞輯刊《四明叢書》,第一集收錄此書,凡六卷:卷一詩文集存,卷二奏疏輯存,卷三《遺事》並附錄,卷四《遺事》新增附錄,卷五《遺事》續增附錄,卷六校勘記,則張氏所爲也。張氏跋云:"案趙希弁

《郡齋讀書志附志》,《豐清敏遺事》一卷,李朴所編,明景泰間豐布政(慶)重刻之,採輯較廣。其間布政曾得刻本於上虞,則又有洪武本,今其書不易見。余得咸豐間金山錢氏鈔本,即《小萬卷樓叢書》本也。繼又得同治間吾鄉徐柳泉先生鈔本於馮君孟顓。錢本據守山閣舊藏明刻本,即布政刻本也,稍有更定,汰去布政所增錄,以復宋本之舊。徐本則從抱經樓盧氏鈔本轉錄。大率悉據布政刻本。李氏文筆樸茂,於清敏畢生出處去就之節,鉅細無遺,足補史家及墓志之闕;然諸本各有訛脫,盧、徐二本尤甚,雖經徐氏校正八十餘則,其錯脫猶未免。今據錢本,廣參諸本,細加推校,著爲校勘記一卷,其顯然舛誤者皆不論,凡柳泉先生一言之善,不敢遺略,其有未盡,更爲辨正。庶幾紫陽《韓文考異》之例云。”張本爲今存最完善者。

豐公逸事一卷　宋喻樗撰　佚

樗,字子才,號端石,其先南昌人,後徙嚴,受業楊時。少慕伊洛之學。登建炎進士。爲人質直好議論,趙鼎與語,奇之,薦授秘書省正字,以不主和議,出知舒州懷寧縣,通判衡州致仕。秦檜死,起爲大宗正丞,轉工部員外郎,出知蘄州。孝宗即位,用爲提舉浙東常平,以治績聞。淳熙七年(1180)卒。事迹具《宋史》卷四三三、《宋史新編》卷一六四、《南宋書》卷九及《南宋館閣錄》等書。

此書《宋史·藝文志》傳記類著錄。

按:此書撰人《宋志》作喻子材。材,當作才,今正。此載豐稷事迹也。稷卒於大觀元年(1107)十二月二十九日,樗建炎進士,必得接游。

又按:《宋志》又載李朴《豐清敏遺事》一卷。今猶傳世。清張壽鏞輯刊《四明叢書》,編錄《豐清敏公遺書》,得:詩文輯存一卷,奏疏輯存一卷,《遺事並附録》各一卷,《遺事新增附録》一卷,《遺事續增附録》一卷。《遺事校勘記》一卷,於豐稷事迹蒐羅甚備。

潁濱遺老傳二卷　宋蘇轍撰　存

轍,字子由,一字同叔,眉山人,軾弟。與軾同登嘉祐二年(1057)進士,又同策制舉,以直言置下等,授商州軍事推官。累遷御史中丞,拜尚書右丞,進門下侍郎。微宗時以大中大夫致仕,築室於許,號潁濱遺老。政和二年(1112)卒,年七十四,諡文定。著有《詩集傳》《春秋集解》《孟子解》《論語拾遺》《左史》《龍川略志》《道德經解》《欒城集》等。事迹具《宋史》卷三三九本傳。

此書《宋史·藝文志》傳記類著録。

按:此轍自述生平也。篇末云:"予居潁川六年,歲在丙戌秋九月,閲篋中舊書,得平生所爲,惜其久而忘之也,乃作《潁濱遺老傳》,凡萬餘言。已而自笑曰:此世間得失耳,何足以語達人哉！昔予年四十有二,始居高安,與一二衲僧游,聽其言,知萬法皆空,惟有此心,不生不滅,以此居富貴,處貧賤,二十餘年而心未嘗動,然猶未覩夫實相也。及讀《楞嚴》,以六求一,以一除六,至于一六兼忘,雖踐諸相,皆無所礙,乃油然而笑曰:此豈實相也哉一夫！一猶可忘。而況《遺老傳》乎？雖取而焚之可也。"

又按:此編今未見單刻,多載《欒城集》中。

范太史遺事一卷范祖禹家傳八卷　宋范沖撰　佚

沖,祖禹子,字元長,紹聖進士。高宗及位,召爲虞部員外郎,俄出爲兩淮轉運使。紹興中,詔沖重修神哲兩朝實録,召爲宗正少卿,兼直史館。帝雅好《左氏春秋》,沖爲講官,敷衍經旨,因以規諷,帝未嘗不稱善。累官翰林侍讀學士。事迹具

《宋史》卷四三五本傳。

此書《宋史·藝文志》傳記類著録。

按：范祖禹《范太史集》五五卷今猶存，然不見附行此二編。

曾肇行述一卷　宋楊時撰　存

時，字中立，南劍州將樂人，神宗熙寧九年（1076）進士，歷官國子祭酒。高宗即位，除工部侍郎兼侍讀，以龍圖閣直學士提舉杭州洞霄宮卒，諡文靖。著有《二程粹言》《龜山集》。事迹具《宋史》卷四二八、《宋史新編》卷一六一、《皇朝道學名臣言行外録》卷八、《伊雒淵源録》卷一〇等書。

此書《宋史·藝文志》傳記類著録。

按：曾肇有《曾鞏行述》一卷已著録。兹編今載《曲阜集》。

譚録一卷　宋劉安世撰　存

安世，字器之，魭子，登進士第，不就選，從學於司馬光。光入相，薦爲秘書省正字，累進諫議大夫，論事剛直，一時敬憚，目之曰殿上虎，章惇惡之，安置英梅等州。卒諡忠定，著有《盡言集》。事迹具《宋史》卷三四五、《宋史新編》卷一一八、《東都事略》卷九四、《名臣碑傳琬琰集》下集卷一九、《三朝名臣言行録》及《北宋經撫年表》等書。

此書《宋史·藝文志》傳記類著録。

按：此書多載安世言論，由其門人韓瓘編纂成書。瓘，字德全，開封人，億曾孫。從游安世游，好學博雅，元豐間知秀州，政和初，爲於潛令，所至興利除弊，事無雍滯，吏不敢欺，人稱其有忠獻家法。事迹具《宋元學案》卷二〇。

又按：此書罕見單行，宋端平中閩川黃狀猷修補刊行《諸儒鳴道》叢刻，收録此書。

劉安世言行録二卷　宋不著撰人　佚

此書《宋史·藝文志》傳記類著録。

按：安世有《譚錄》一卷已著錄，考朱熹《朱文公文集》卷八載《跋劉元城言行錄》，云："元祐諫議大夫元城劉公安世，字器之，受學於司馬文正公，得不妄語之一言，拳拳服膺，終身不失，故其進而議於朝者無隱情，退而語於家者無愧詞，今其存而見於文字，若此數書者，凛然其與秋霜夏日相高也。熹之外舅劉聘君，少嘗見公睢陽間，爲熹言其所見聞，與是數書略同，而時有少異，惜當時不能盡記其説，且其俯仰抑揚之際，公之聲容猶恍若相接焉，而今亦不可復得矣。嗚呼！歲月如流，前輩既不可見，而其流風遺韻，日遠日忘，又已如此，可勝嘆哉。"

又按：安世有集二十卷，今未見傳本，今所傳《盡言集》十三卷，止收其奏箚，兹集初或附集而行，集既不傳，隨之佚矣。宋胡珵編《劉先生道護錄》一卷，錄元城語凡十九則；宋韓瓘編《劉先生譚錄》，亦多載安世言論，二書今猶存世，猶可據以考見安世言行也。

种師道事迹一卷　宋陳曄撰　佚

曄，宋代有多人，中兩人在种氏之後。一字日華，長樂人，淳熙七年(1180)知淳安縣，慶元初知汀州，爲治精明，惠政甚多，事迹具《宋詩紀事補遺》卷五七、六〇；一字孟華，寓嘉興，瓘後，嘉定進士。仕至金部郎官守劍州，事迹具至元《嘉禾志》卷一三。

此書《宋史·藝文志》傳記類著錄。

按：師道字彝叔，世衡孫。少從張載學，累官京畿河北制置使，知兵有謀，靖康中金人南下，師道將援兵，至闕入對，爲戰守之計，人心以安，時師道春秋高，天下稱爲老种，然其言不能盡用，後京師失守，帝搏膺曰："不用种師道言，以至於此。"卒，年六十七，謐忠獻。事迹具《宋史》卷三三五、《宋史新編》

卷一一一、《東都事略》卷一〇七、《皇朝名臣言行續録》卷二、《元祐黨人傳》卷四、《宋大臣年表》及《北宋經撫年表》等書。

种師道祠堂碑一卷　宋張琰撰　佚

琰，字汝玉，廣陵人，身七尺，長髯，有節概，補州牙兵，隨制置李庭芝潰圍南赴行在所，追者及之，麾下闌散，琰獨戰死。事迹具《宋史翼》卷三二、《宋詩紀事》卷七九等書。

此書《宋史·藝文志》傳記類著録。

按：師道事迹，已見本編"陳曄撰种師道事迹一卷"條。

陳瓘墓誌一卷　宋陳瓘撰　佚

瓘字瑩中，南劍州沙縣人。少好讀書，不喜爲進取學，父母勉以門户事，乃應舉，一出中甲科。紹聖初用章惇薦，爲太學博士，與惇忤，不復用。曾布爲相，薦爲諫官，又以爲忤，出之。瓘爲諫官時，極言蔡京不可用，京深恨之，屢竄責，例用赦放歸，猶隸通州，宣和中卒於楚州，年六十五，謚忠肅，學者了齋稱先生。著有《了齋易説》《中説》《責沈》《諫垣集》《四明尊堯集》《了齋親筆》《尊堯餘言》、文集等。事迹具《宋史》卷三四五、《宋史新編》卷一一八、《東都事略》卷一〇〇、《三朝名臣言行録》卷十三、《元祐黨人傳》卷六、《皇宋書録》卷中等書。

此書《宋史·藝文志》傳記類著録，注云："自撰。"

按：瓘所著泰半已佚，今所存者惟《了齋易説》一卷，乃紹興中其子正同所刊，《了齋詞》一卷，則爲近人趙萬里所輯，[①]兹編當時或附文集而行，今文集已無傳本。

了齋陳先生言行録一卷　宋陳正同撰　佚

正同，字應之，南劍州沙縣人，瓘子。歷通判婺州。賑濟有

---

①　載《校輯宋金元人詞》。

方。後權刑部侍郎，敷文閣待制，樞密院都承旨，歷知平江府、太平州，後知建寧府。事迹具《東都事略》卷一〇〇、《宋史翼》卷一〇、《宋元學案補遺》卷三五等書。

此書《宋史·藝文志》傳記類著錄。

此載陳瓘之年譜行實及著作也。按：此書《宋志》注云："陳瓘男正同編。"瓘有《了齋易説》一卷，《四庫全書總目提要》易類二謂紹興中其孫正同所刊。《提要》誤以正同爲瓘之孫也。考明《內閣藏書目錄》卷六著錄《宋陳忠肅公言行錄》三冊全，云："宋高宗朝陳瓘年譜行實及諸著作。"按：高宗朝下當補"編"字。同卷又著錄《宋忠肅公言行錄》三冊全，云："宋陳瓘言行也，其孫載興編輯。"是此書明萬曆年間猶存。

邵氏辨誣三卷　宋邵伯溫撰　佚

伯溫字子文，雍子。伯溫入聞父教，出則事司馬光、韓維、呂公著、程頤等，故所聞日博，而尤熟當世之務。元祐中以薦授大名助教，調潞州長子縣尉。紹聖初章惇爲相，惇嘗師事雍，欲引用伯溫。伯溫百計避之。徽宗即位，以日食求言，伯溫上書，言當復祖宗制度，辨宣仁誣謗，解元祐黨錮，分君子小人，語極懇至。宣仁太后之謗，伯溫既辨之，又著此書，後崇寧大觀間以元符上書人分邪正等，伯溫在邪等中，以此書也。除知果州，提點成都路刑獄，紹興中卒。著有《周易辨惑》《河南集》《聞見錄》《皇極系述》《皇極經世序》《觀物內外篇解》等。趙鼎嘗表伯溫之墓曰："以學行起于元祐，以名節居紹聖，以言廢于崇寧。"世以此三語盡伯溫出處云。事迹具《宋史》卷四三三、《宋史新編》卷一六一、《東都事略》卷一一八等書。

此書《宋史·藝文志》傳記類著錄。

《郡齋讀書志》卷六實錄類著錄《邵氏辨誣》一卷。晁氏曰：右

皇朝邵伯温撰。辨蔡卞、章惇、邢恕誣罔宣仁，欲廢哲宗立徐
邸事。

《直齋書録解題》卷五雜史類著録《邵氏辨誣》三卷。陳氏曰：
右奉直大夫河南邵伯温（子文）撰。專辨紹聖群小誣謗宣仁
事本末。紹興中其子待制博上之。

按：此書晁《志》作一卷，陳《録》及《宋志》並云三卷，殆分合不
同故也。

又按：是書雖佚不可見，然《聞見前録》二〇卷猶存。伯温藉
邵子之緒，猶及見元祐諸耆舊，故于當時朝政具悉端委，於紹
聖諸臣誣謗宣仁事，亦多述及。邵博《序》云："先君子嘗曰：
'吾自爲童子，奉康節公几杖於左右，多閱天下之士，故自富
文忠公、司馬文正公、吕正獻公而下，吾皆得從之游，其學道
淵源可尊而行之者，將終吾身焉。然吾老矣，思有以遺後之
學者，乃著其所聞見於書，自爲之序，紀述甚廣。烏乎！國以
典刑爲重，白老成人者，則又重焉。故曰：雖無老成人，尚有
典刑，蓋以言行所從來者遠矣。……先君平居如齋，淡然無
甚好，惟喜著書；此書獨晚出，雖客寓疾病中，筆削不置，其心
可悲矣。先君既不幸，上得其平生之言，有制褒揚甚備，博不
肖，終無以顯先君之令德，類次其遺書既成，於絶編斷簡之
中，得《聞見録》，爲次第二十卷，并傳於代。蓋自紹聖以來，
大臣用私意亂天下，至有所懼也，又取小夫佞人爲史官以文
之，而史法始壞矣。上不直之，下詔學士更修以出之，嗟夫！
先君已矣，則是書也尚有取焉。"是吾人猶可據以見此編大
旨也。

温陵張賢母傳一卷　宋何述撰　佚

述字明道，浦城人，元豐進士，知當塗縣，後除徽猷閣待制。
政和年間，知永興軍，又知渭州，著有《禮記解》《事類領要》

《廬江集》等。事迹具《北宋經撫年表》及《忠惠集》卷二《徽猷閣待制知永興軍何述除涇原路經略安撫史知渭州制》一文。

此書《宋史・藝文志》傳記類著録。

安燾行狀一卷　宋榮輯撰　佚

輯,字子雍,元祐八年(1093)薦爲學官,歷禮部郎官。事迹參見《范太史集》卷五五《手記》及《道鄉集》卷一八《榮輯除禮部郎官制》。

此書《宋史・藝文志》傳記類著録。

按:燾,字厚卿,開封人,幼警悟,年十一,從學里中。羞與群兒伍,聞有老先生聚徒,往師之,先生曰:"汝方爲誦數之學,未可從吾游,當群試省題一詩中選乃置汝。"燾無難色,詩成,出諸生上,由是知名。登第後,累官門下侍郎。章惇與燾布衣交,及爲相,覬其助己,燾不可,由是有隙。及燾疏救諫官常安民,惇譖其相表裡,出知鄭州,徙大名。崇寧初坐棄湟州,降端明殿學士,再貶寧國軍節度使,久之,復通議大夫,還洛卒,年七十五。事迹具《宋史》卷三二八、《宋史新編》卷一〇七、《東都事略》卷九六、《元祐黨人傳》卷一、《宋大臣年表》及《北宋經撫年表》等書。

宗澤行實一〇卷　宋吳柔勝撰　佚

柔勝字勝之,宣州人,幼聽其父講伊洛書,知持敬之學,登淳熙進士,歷太學博士,後以秘閣修撰奉祠,卒諡正肅。事迹具《宋史》卷四〇〇、《宋史新編》卷一四七、《南宋書》卷四七、《慶元黨禁》等書。

此書《宋史・藝文志》傳記類著録。

按:澤字汝霖,義烏人,哲宗元祐六年(1091)廷對陳時弊,置末甲,調館陶尉。欽宗時,官至義兵都總管副元帥,高宗即位,知開封府,屢敗金兵,中原豪俊皆響應,疏請高宗還汴,凡二十八上，不報，憂憤發疽於背而卒，贈觀文殿學士，諡忠簡。遺文散失，寧宗時樓昉綴輯成編，名《宗忠簡集》。《宋文鑑》《南宋文範》頗載其文。事迹具《宋史》卷三六〇、《宋史新編》卷一二九、《南宋書》卷一一、《四朝名臣言行録》上集卷五及《南宋制撫年表》等書。

考宋黄震《黄氏日抄》卷九一載《跋宗忠簡行實》，云：“嗚呼！余讀公《行實》，不能不爲天地之綱常哭之慟也！方金兵圍京城不下，而以和紿我也，四方勤王之師坐視不得進，公獨曰：‘既曰通和，請亟退師，設有詭謀，吾已在城下。’遂發兵大名至東平，至濟州，至衛南，直入重地，據韋城而徙南華，轉戰無前矣。斯時也，使趙野范訥協其謀，則二聖可以不北狩，而野也訥也其不然。方金人擁吾二聖而北，天下尚皆我有也，四方之勤王而不得遂者，紛紛無所向，公既尹京，尋兼留守，如王善、趙再隆、丁進、孔彦舟、馬臯、趙海、楊進、王大節之流，以兵附者百八十萬，契丹九州日附中國，且議遣辯士西使夏，東使高麗，以滅金，已二十五表，疏請回鑾京師矣，時也使黄潛善、汪伯彦不從中沮其謀，則中原固金甌無缺之天下，而潛善也伯彦也又不其然。考論至此，則二聖本不至北狩，而終不免北狩者，公之謀不遂也。中原本未嘗淪没，而終不免淪没者，公之請不行也。嗚呼！惜哉！自時厥後，雖有英雄百戰，皆不過救敗扶傷，況偏安日久乎。故我宋中興與否，係公用舍間，他尚何言？雖然，非公守磁，我高宗已先入敵國，雖江南誰與保？公雖身不及用。尚能爲我宋得一岳飛下闕。”載宗氏事迹之書，除兹編外。又有《宗忠簡遺事》三卷，《直齋書録解題》著録，爲其家子孫所爲，今《忠簡公集》卷七載之。李綱《梁谿先生集》卷三二載《哭宗留守汝霖》，於其盡瘁邦國之事。賦詩哭之，並足以考見其人之行實也。

王貴妃傳一卷　宋蔡京撰　佚

京字元長,興化仙游人,熙寧三年(1070)進士,元豐末知開封府,司馬光復差役法,爲期五日,同列病太迫,京獨如約,光許爲奉法。紹聖初權户部尚書,乃助章惇定雇役法,識者有以知其奸。徽宗時因童貫以進,累遷左僕射,兼中書侍郎,復王安石新法,進司空,拜太師,封魏國公,屢罷屢起,凡四出執國政,庫儲掃地,徧布戚黨,疾視人民,遂有靖康之變,天下罪京爲六賊之首。欽宗立,侍御史孫覿等極疏其奸,乃以秘書監分司西京,連貶崇信慶遠軍節度副使,衡州安置,又徙韶儋二州,行至潭州死,年八十。著有《崇寧鼎書》《黨人記》《政和續編諸路州縣學敕令格式》等。事迹具《宋史》卷四七二、《宋史新編》卷一八六、《東都事略》卷一〇一、《皇宋書録》卷中、《宋大臣年表》及《北宋經撫年表》等書。

此書《宋史·藝文志》傳記類著録。

按:王貴妃與鄭后俱爲押班,徽宗立,封平昌郡君。進位至貴妃,生鄆王楷,莘王植,陳王機,政和七年(1117)九月薨,謚曰懿肅,《宋史》有傳。

常諫議長洲政事録一卷　宋常安民撰　佚

安民字希古,邛州人。年十四入太學,有俊名,熙寧以經取士,學者翕然宗王氏,安民獨不爲變。春試考第一,六年(1073)登進士,選成都教授。秩滿寓京師,妻孫氏,與蔡確之妻兄弟也,確時爲相,安民惡其人,絶不相聞,確夫人使招其妻,亦不往。累遷御史,紹聖初召對,論章惇蔡京之罪,尋竄黨籍,流落二十年,政和中卒,年七十,建炎四年(1130)贈右諫議大夫。事迹具《宋史》卷三四六、《宋史新編》卷一一八、《東都事略》卷一〇〇、《元祐黨人傳》卷五等書。

此書《宋史·藝文志》傳記類著録。

按：《宋史》本傳謂安民知長洲縣時，以主信爲治，人不忍欺。縣故多盗，安民籍嘗有犯者，書其衣揭其門，約能得它盗，乃除，盗爲之息，邑民頌其政。皆稱爲古良吏。考宋葉適《水心先生文集》卷二九載《書常希古長洲政事録後》，云：“故贈諫議大夫常公安民，紹聖初任御史，所排治奸人甚多，獨言蔡京黨與已就，必亂國家，最爲先見。後竟入黨籍，以窮死。宰長洲，邑人尤愛之，至以俚語目爲生佛。……用刑如醫之愈疾，不妄投藥，可謂方略先成於心。非復隨世寬猛之偏術也。是時長州訟牒二千，青苗常平尤峻，西部屢買衣襖，蓋縣之難治久矣，豈獨今爲然。士挾苟簡因循以馭之，則其厭俗之日衰，而卒無善政，亦何怪焉。常公以節聞天下，不以吏能自名也，然必録者，官無不盡之職，而治民者古人所以示爲善之信也。今之爲善士者，皆言不能爲縣，爲縣者必不能爲善士，此又非也。余得此録於公之孫衿，因記其末。”

張忠文節誼録一卷　宋李綱等撰　佚

綱，字伯紀，邵武人，徽宗政和二年（1112）進士。歷官至太常少卿。欽宗時授兵部侍郎，尚書右丞，南渡，拜尚書右僕射，兼中書侍郎，爲御史所劾罷，爲觀文殿大學士。知潭州荆湖南路安撫卒，年五十八，謚忠定。綱忠義動夷夏，每宋使至燕山，必問李綱趙鼎安否？著有《梁谿集》。事迹具《宋史》卷三五八、《宋史新編》卷一二五、《南宋書》卷九、《四朝名臣言行録》上編卷一、《宋大臣年表》及《北宋經撫年表》等書。

此書《宋史·藝文志》傳記類著録。

按：此編載張叔夜忠義之事迹也。叔夜字稽仲，耆孫。少喜言兵，大觀中賜進士出身，累官龍圖閣學士，知青州。靖康改元，金人南下，叔夜爲鄧州南道都總管，率二子伯奮、仲熊，舉兵勤王，轉戰至都，累遷簽書樞密院。徽宗北狩，叔夜從之，道中不食粟,唯時飲湯。既次白溝,馭者曰:“進界河矣!”叔夜乃矍然起,仰天大呼,遂不復語,明日卒,年六十三。訃聞,贈開府儀同三司,謐忠文。事迹具《宋史》卷三五三、《宋史新編》卷一二二、《東都事略》卷一〇八、《皇朝名臣言行續錄》卷六、《宋大臣年表》及《北宋經撫年表》等書。

今考李綱《梁谿先生集》卷一六三載《跋張稽仲樞密遺稿》兩篇,頗載其事。其一曰:“人材因事而奮,節義臨難乃顯。蕩陰之役,血濺御衣,獨有一稽紹;安史之亂,首倡義兵,獨有一顏真卿;朱泚之變,叱三館之士,使不從賊,獨有一何蕃;豈易得哉!靖康之際,分四道總管,以衛王室,及金寇再犯闕,或擁兵坐視而不進,或棄車遠遁以自全,獨樞密張公總師西道,轉戰以達都城,所謀不從,城陷被執,猶惓惓抗章,欲立趙氏,其忠於國家,大節如此,雖古人何以加諸?某煩執筆螭坳,寓直東省,公時夕拜瑣闈,周旋甚歡,迨靖康間,宣撫兩河,辟公之子叔獻以從,嘗見所與家問,勉以忠義,固已嘆服,其後聞公遂死國事,爲之流涕。自靖康至今,十有一年,叔獻持節江東,某帥守豫章,相遇於貴溪道中,出示遺稿數軸,讀之不覺淚之承睫也。嗟乎!士固有一死,非死之難,處死之爲難也。如公之死,得其所矣。彼忘義而偷生者,得不少有愧哉!”

其二曰:“士之立名節,死國事,雖志氣有所感激。其平時胸次所養,必有大過人者,遇事而發,非偶然也。段太守以笏擊朱泚,或謂武人一時奮不顯身;柳子厚獨爲袞集遺事作傳,以明其非,真知言哉!樞密張公忠義之節著矣,臨去國日,自期必死,以書屬其友,叙平生所操守,真所中有所養,臨大節而不可奪者耶!書尾猶欲託不朽於墓表;若區區於爲名者,是不然!名固士君子之所貴也!聖人以名節砥礪天下,故士有捨生取義，不求生以害仁者。唐顔魯公知必死，李希烈自爲祭文墓誌，常置坐隅。與公用心何異？近世名節不立，而惟自全之爲務，宜乎遭國家之大變，而仗節死難之臣，不能無愧於古人也。如公卓然所自立如此，吁！可畏而仰哉！”

《跋》二中所謂“臨去國日，自期必死，以書屬其友，叙平生所操守者”，殆即兹編之所以作者歟。

吕頤浩遺事一卷　宋不著撰人　輯
吕頤浩逢辰記一卷　宋不著撰人　輯

右二書《宋史·藝文志》傳記類著録。

《宋志》於《遺事》下注云：“頤浩出處大概。”於《逢辰記》下注云：“頤浩歷官次序。”此二編頤浩孫昭問刻之廣德軍，[①]或即昭問所編次也。原書久佚，清四庫館臣自《永樂大典》裒輯，各爲一卷，《四庫全書總目提要》傳記類存目著録。

胡氏家傳録一卷　宋不著撰人　佚

此書《宋史·藝文志》傳記類著録。

按：《直齋書録解題》傳記類載《胡氏傳家録》五卷，乃曾幾記胡安國問答之語及其子寧所録家庭之訓，未審是否即此書也。

朱勝非行狀一卷　宋劉岑撰　佚

岑字季高，號柯山，能草書，董史嘗得其千文一卷，縱逸而不拘舊法，蓋有自得之趣。《誠齋詩話》言于湖嘗參書法于岑。事迹具《皇宋書録》卷下。

此書《宋史·藝文志》傳記類著録。

按：勝非，字藏一，崇寧初以上舍登第，累官尚書右僕射，卒謚忠靖，事迹具《宋史》卷三六二、《宋史新編》卷一二七、《南宋

---

① 説見《直齋書録解題》。

書》卷一〇、《四朝名臣言行録》上篇卷二、《宋大臣年表》及
《宋中興學士院題名録》等書。

趙鼎行狀三卷 宋李埴撰 佚

埴,字季允,燾子,壁弟也。紹興進士,知常德府,以安靜爲
治。改知夔州,召爲禮部侍郎,以持論侃直,出知鄂州,復與
諸司爭曲直,不相能,罷去,後累遷資政殿學士。嘉熙二年
(1238)六月二十三日卒于官,年七十八。著有《通禮》《皇宋
十朝綱要》《續帝學》《固陵録》《續補漢官儀》《悦齋文集》等。
事迹具《宋史翼》卷二五、《慶元黨禁》《南宋館閣續録》《宋中
興東宮官僚題名》《南宋制撫年表》等書。

此書《宋史·藝文志》傳記類著録。

按:鼎字元鎮,聞喜人,號得全居士,崇寧進士,對策斥章惇誤
國,隨高宗南渡,累官殿中侍御史,陳四十事,遷御史中丞,進
尚書右僕射,同中書門下平章事,兼樞密使。鼎在高宗朝,嘗
撰神宗哲宗兩朝史,高宗親書"忠正德文"四字賜之。及爲
相,高宗處分軍國機事,多其視草,力圖興復之功,與秦檜論
和議不合,謫官居興化軍,移漳州,又責清遠軍節度副使潮州
安置,後移吉陽。紹興十七年(1147),自書《銘旌》云:"身騎
箕尾歸天上,氣作山河壯本朝。"遂不食而死。史謂世論中興
賢,以鼎爲稱首云。有《忠正德文集》。事迹具《宋史》卷三六
〇、《宋史新編》卷一二六、《南宋書》卷九、《四朝名臣言行録》
上集卷四、《宋大臣年表》《南宋館閣録》等書。

埴承其家學,長於史才,嘉定六年(1213)正月,除吏部員外郎
兼國史院編修官,實録院檢討官。[①] 七年(1214)八月,遷朝議
大夫起居郎兼國史院編修官實録院檢討官兼侍講。[②] 端平二

---

① 見《館閣續録》卷九。
② 見《宋中興東宮官僚題名》。

年(1235)三月,除守吏部尚書兼給事中兼修國史兼實錄院修撰。① 是月二十二日,除吏部尚書兼給事中,兼修國史兼實錄修撰。專一提領《高宗正史》,上章乞寢恩命,詔不允。② 此書殆其修史時所撰。

又按:鼎著《忠正德文集》一〇卷久佚,清四庫館臣就《永樂大典》散見各條,案時事先後,分類裒綴;得奏議六十四篇,駢體四篇,古今體詩二百七十四首,詩餘二十五首,筆錄七篇;又據《歷代名臣奏議》增補十二篇,仍釐爲十卷:卷一《奏議》上;卷二《奏議》中;卷三《奏議》下;卷四四六;卷五五言古詩,卷六七言絕句、詩餘;卷七《建炎筆錄》;卷八《丙辰筆錄》《丁巳筆錄》;卷九《使指筆錄》《辨誣筆錄》;卷十《家訓筆錄》《自誌筆錄》。計所存者尚得二百九十六篇,其中筆錄諸篇,猶可據以考見鼎在政府中之行實及當時之事。埴所撰行狀,初或附集而行,其集既佚,《行狀》亦隨之佚而不傳矣。

趙君錫遺事一卷　宋趙寅撰　佚

寅有《韓琦事實》一卷已著錄

此書《宋史·藝文志》傳記類著錄。

按:君錫字無愧,河南洛陽人,良規子,性至孝,母亡事父不違左右,夜則寢於旁,凡衾裯薄厚,衣服寒温,藥石精粗,飲食旨否,櫛髮翦爪,整冠結帶,無不親之。元祐初官給事中,論蔡確、章惇有罪,不宜復職,拜御史中丞。君錫素有志行,後隨人低昂,初稱蘇軾之賢,遇賈易詆軾,即繼言軾負恩懷逆,無禮先帝,願亟正其罪,爲宣仁后所斥。紹聖中貶少府少監,卒,年七十二。事迹具《宋史》卷二八七本傳。

---

① 《鶴林集》卷六有制。
② 見《平齋文集》卷十四有詔。

道護録一卷　宋胡珵撰　存

珵，字德輝，毗陵人。學於楊時、劉安世，登宣和三年（1121）
進士。紹興初，召試翰林，兼史館校勘。秦檜主和議，珵與朱
松等抗疏極言不可，出知嚴州，罷職窮困死。著有《蒼梧集》。
事迹具《宋史翼》卷一一。

此書《宋史·藝文志》傳記類著録。

按：此編載劉安世（元城）語凡十九則。安世，有《譚録》一卷，
已著録。

又按：此書傳本單行者罕見，宋端平中，閩川黄壯献刊行《諸
儒鳴道》，收録此本。

無垢心傳録三卷　宋于恕撰　存

恕，字忠甫，其先諸城人，其父定遠，紹興中爲台州判官，因家
州之太平縣。爲張九成之甥，與弟憲俱從九成游。六舉禮部
不第，隱居以終。事迹具《宋元學案》卷四〇。

此書《宋史·藝文志》傳記類著録。

按：此編録九成語也。前有淳熙元年（1174）恕《序》，云："無
垢張先生，乃予之母兄，諱九成，字子韶，頃爲春官宗伯，以議
忤時相，一斥嶺下十四年，寓横浦僧舍。平生無它好，唯嗜書
不厭，雖堦庭間草花敷榮，春聲喧晝，荡流耳目，曾不動眄側
首。晚年目昏，立短簷下，展卷就明，向暮不已。石間雙跌隱
然，南安守張公見而嘆息，標記于柱，今猶在也。予與憲弟，
自幼承訓，頗以警策別於群兒，每一感念，情不自制，遂抱負
琴劍，徒步三千餘里抵嶺下。予既自喜得至，舅亦喜予之來，
朝夕得侍座席，講論經史，難疑答問，無頃息少置。從容之
暇，則談及世故，凡近人情，合事理，可爲學者徑庭者，莫不備
録，雖所説或與舊説相異，皆一時意到之語，不復自疑，故名
之曰心傳。予後以思親歸，季弟憲亦不憚勞遠，奮然獨往，其

承教猶予前日也。遂各以所得，合爲一集，初不敢以示人，止欲訓家庭子姪耳。予學生郎曄粗得數語，纂爲所録，而士大夫已翕然傳誦，信知舅氏一話一言，爲世所重如此。予老矣，守其朴學，固而不化，往往不與時習投，凡六舉於禮部而無成，遂匿影林下，時時提省此心，不致爲窮達得喪所累，以失其源流，則亦無愧於吾舅平日之教矣。故人刁仲聲來丞邑黃巖，一日訪予於山間，且道及昔時無垢講下從游之樂，意甚款通；予亦於田夫野老間，聽其歌謡，知吾仲聲能推所學，以佐百里之化，皆醇和而篤實，簡約而寬厚，使人愛而不敢慢，使而不忍詐，風猷藹然可嘉，不謂其無所自者。既逢箇中人，不復秘其藏，因出以示之，即斂袵肅容，敬誦不能已，乃卓然有言曰：‘無垢先生所學，皆醫天下士大夫良方，豈可收爲無用之藏，願公畀我，我當板行於世，與天下學士大夫共之，使胸腹間苟有所病，可隨病用方，一投即去，所濟豈不博哉！’予欣然抵掌曰：‘此予志也！’因以授之，遂書其略。”刁駿《後序》云：“侍郎張公先生，德行冠朝列，議論妙天下，凡學術之見於訓註講解者，無非發明六經之藴，而心傳先聖之道，真學者之軌範，當世之標準，此已廣行於世，人人皆得而有之。至若師弟子疑難問答，微言奧義，率皆剖決無疑，以啓迪聾瞽之言，世蓋未有聞見之者。予幼年侍官海昌，寅緣得廁師席之末，提耳之誨，語汝之言，所以作成愚不肖，而使不爲小人之歸者，實有自來，惟子稱兄，穎脱不群，議論耿耿，獨出衆人之上。先生每當暇日，招入寢室，語必移時；許以傳道，而未究其説。自兄云亡，每以其學不傳爲恨。予負丞黃山，而同舍于忠甫崑季。隱居方巖，實先生之甥，頃嘗擔簦負笈，不遠千里，皆至嶺下。其朝夕之所親炙者，所得尤更的切。籍記五六萬言，編以成書。予職事出郊，因訪其廬。忠甫以所集示

予，且序而目之曰《心傳録》。如精舍美玉，粲然溢目。予喜
見之，肅容敬讀，如親侍訓誨，拳拳服膺，不忍釋手，所以開明
昏瞶，蕩滌茅塞者多矣。方知昔日先生告亡兄之言，於是而
盡得，則理與心會，端若無間然者在。予今日安敢泯其傳
耶？雖然，昔揚子雲作《太玄》，世無知之者，弟子侯芭收而
藏之，且曰：後世有揚子雲必好之。率如其言，流傳不泯。
今先生一話一言，可以垂示永久者，顧不待予而獲傳。而忠
甫兄弟，家有記集，不以自寶，樂與賢者共之，予殊嘉其意
焉。因出俸資，且率同志，相與協力，命之鏤板，置之縣庠，
庶幾四方士子，均受先生之賜，而予與忠甫，亦無愧於先
生也。”

又按：《直齋書録解題》著録《無垢語録》十四卷《言行編遺
文》共一卷，陳振孫曰：“張九成子韶之甥于恕所編《心傳
録》及其門人郎曄所記《日新録》，近時徐鹿卿德夫教授南
安，復哀其言行，繫以歲月及遺文三十篇附于末。”今傳《心
傳録》止三卷，而《日新録》亦止載《序記》等文凡八篇，已非
陳氏所見之本。明以後，此書多附文集而行，今所藏善本，
有臺北“國家圖書館”藏明萬曆甲寅（四十二年，1614）、吴惟
明刊本及明萬曆乙卯（四十三年，1615）海昌知縣方士騏刊本
各一部。

杜滋譚録一卷　宋杜師秦等撰　佚

師秦，雷澤人，事迹待考。

此書《宋史·藝文志》傳記類著録。

《直齋書録解題》卷七傳記類著録《杜公談録》一卷，陳氏曰：
“雷澤杜師益等録其父務滋之言，王廣淵作《序》。”

按：陳《録》《宋志》所載名雖小異，當是一書。師秦、師益或係
昆仲。滋，或字務滋也。

宣和殿記一卷　嵩山崇福記一卷　太清樓特宴記一卷　筠莊縱鶴宣和圖記一卷　宴延福宮承平殿記一卷　明堂記一卷艮嶽記一卷　宋徽宗撰　佚

徽宗名吉,神宗第十一子,嗣哲宗立。深通百藝,書畫尤工,然恃其私知小慧,用心一偏,疏斥正士,群小競進。任用蔡京、梁師成、李彥、朱勔、王輔、童貫等,時稱爲六賊。籍司馬光等百二十餘人爲奸黨,刻石端禮門,又與金起釁,致金師深入。帝懼,傳位太子,是爲欽宗。在位二十五年。紀元六:建中靖國、崇寧、大觀、政和、重和、宣和。靖康二年(1127)金人虜二帝北去,紹興五年(1135)四月甲子崩於五國城,年五十四。事迹具《宋史》卷一九—二一《本紀》。

此書《宋史·藝文志》傳記類著錄。

按:徽宗崇奉道教,自稱教主道君皇帝,著有《御解道德真經》《沖虛至德真經義解》等。右諸書殆載當時祭祀祈福之事也。

嵩高樵唱二卷　宋晁公武撰　佚

公武字子正,世號昭德先生。宋丙午之變,衣冠盡南渡,公武挈家西入蜀。紹興二年(1132)舉進士第,初爲四川轉運使并度屬官,既而爲四川宣撫司總領官趙不棄錢糧所主管文字。十七年(1147),以左朝奉郎通判潼川府,二十四年(1154)知恭州,移知榮州,又知合州,轉潼川路轉運使判官。二十七年(1157)十二月,侍御史王珪劾罷之。乾道三年(1167),知興元府,七年(1171),除臨安少尹。嗣後累官吏部侍郎。公武嘗過嘉定府之符文鎮,謂山川風物似洛中,因家焉,卒葬符文鄉。著有《易話訓傳》《尚書詁訓傳》《毛詩詁訓傳》《中庸大傳》《春秋故訓傳》《昭德堂稿》《讀書志》《嵩山樵唱》《老子通述》等書。公武,《宋史》無傳,1968年兆祐肄業於臺灣師範大學國文研究所,承業師屈翼鵬先生之指導,撰成碩士論文《晁公武及其〈郡齋讀書志〉》一文,中晁公武之生平一章,參稽《宋史》《四川通志》《新修清豐縣志》《具茨晁先生詩集》《建炎以來繫年要錄》《桯史》《山東通志》《藏書紀事詩》《輿地紀勝》《南宋制撫年表》諸書,於公武之爵里、家世、事迹、著述及治學之旨趣,悉爲考訂,文載"國立臺灣師範大學"國文研究所集刊》第十三號。

此書《宋史·藝文志》傳記類著錄。

按:晁氏本澶州清豐人,元祐中黨禍起,晁氏群從多目爲黨人。元符則列之邪籍,甚則禁錮不許入國門,故晁氏有隱於嵩鄭者(見《清豐縣志》),故後世子孫,有以嵩山名集者,如公武弟公遡,號嵩山先生。其集曰《嵩山集》五四卷。嵩山又名嵩高,在今河南登封縣北。

昭德堂稿六〇卷　宋晁公武撰　佚

公武有《嵩高樵唱》二卷已著錄。

此書《宋史·藝文志》傳記類著錄。

按:《宋史·晁迥傳》云:"晁迥父子,以文章德業,受真宗仁宗知遇,繼掌內外制,賜第京師昭德坊,後世子孫,多以昭德爲號。"是以迥亦有《昭德新編》三卷。

又按:公武之著作,除《讀書志》外,餘並亡佚,宋趙聞禮輯《陽春白雪》八卷、《外集》一卷,著錄晁公武《鷓鴣天》詞一闋。或云戴平之。

壽春雜志一卷　宋馬永易撰　佚

永易,字明叟,維揚人。嘗官池州石埭縣尉。著有《異號錄》(一名《實賓錄》)、《元和錄》等書。史書無傳。

此書《宋史·藝文志》傳記類著錄。

按:永易嘗爲池州石埭尉,壽春、池州均在今安徽境內。

鄂國金陀粹編二八卷續編三〇卷　宋岳珂撰　存

珂有《鄂王行實編年錄》六卷已著錄。

《宋史·藝文志》傳記類僅著録《粹編》二十八卷，《續編》見《四庫全書總目提要》傳記類。

按：珂嘗居嘉興金陀坊，痛其祖飛爲秦檜所害，撰此編以辨其寃。《粹編》成於嘉定十一年（1218），《續編》成於紹定元年（1228）。《粹編》凡《高宗宸翰》三卷，《鄂王行實編年録》六卷，《鄂王家集》十卷，《籲天辨誣》五卷，《天定録》三卷。《續編》凡《宋高宗宸翰摭遺》一卷，《絲綸傳信録》十一卷，《天定別録》四卷，《百氏昭宗録》一十四卷。《籲天辨誣者》，記秦檜等之鍛鍊誣陷，每事引當時記載之文，如熊克《中興小歷》、王明清《揮塵録》之類，而珂各繫辨證；《天定録》者，則飛經昭雪之後，朝廷復爵哀封諡議諸事也；《絲綸傳信録》者，飛受官制詞及三省文移箚付；《天定別録》者，岳雲、岳雷、岳霖、岳甫、岳琛等辨誣復官告制詞及給還田宅諸制；《百氏昭忠録》者，飛歷陣戰功及歷官政績，經編於《國史》及宋人劉光祖等所作碑刻行實、黄元振等所編事迹，以次彙叙者也。

按：此書初刊於宋紹定元年（1228）。今則未見傳本；元至正二十三年（1363），重刊於西湖書院，陳基爲之序，又有戴洙《後序》，稱舊本佚闕，徧求四方，得其殘編斷簡，參互考訂，復爲成書，故書中脱簡闕文，時時而有。明嘉靖二十一年（1542）壬寅，兩浙鹽運使洪富刊行，仍元刻之舊。今所見之本，則多從明本也。今所藏善本：臺北“國家圖書館”有影宋鈔本一部；元至正二十三年（1363）西湖書院刊本一部，板匡高 21.2 公分，寬 16 公分，《粹編》前載嘉定戊寅岳珂《自序》。《續編》前有紹定改元珂《序》，卷末有端平元年珂《跋》，每半葉九行，行十七字，版心小黑口，上記字數，下記刻公：士元、王正、倪平山（或平山、山）、東子（或東）、施君寶（或君寶、寶）、用、子、才、帳、茅、陳、屠、方、亢、上、中，書中鈐有“慈谿

馮氏醉經閣圖籍"朱文方印,"五橋珍藏"白文方印等印記,
《愛日精廬藏書志》《滂喜齋藏書記》《鐵琴銅劍樓藏書目録》
《皕宋樓藏書志》《持靜齋藏書紀要》《五十萬卷樓藏書目録初
編》及《群書跋文》並著録此本。① 又有明嘉靖壬寅(二十一
年,1542)兩浙鹽運使洪富刊本七部,中一部殘存首二十卷。
臺北"故宮博物院"有清文淵閣《四庫全書》本一部,則據嘉靖
舊刻傳録②。

劉氏傳忠録三卷　宋劉學裘撰　佚

學裘,字傳之,崇安人,珙仲子。以父蔭補官,多歷州縣,皆以
循良爲治,吏民化之。嘗守撫州,修學校,立規約,爲學者解
説義理之學。移守邕州,秩滿召還,以疾累不復仕。事迹具
《閩中理學淵源考》卷六,考《亭淵源録初稿》卷一二、《宋元學
案補遺》卷四三等書。

此書《宋史·藝文志》傳記類著録。

按:此載其先韐、子羽、子翼、子翬及父珙之誥詞政迹銘志輓
章也。

按:韐字仲偃,紹聖進士,欽宗時累拜資政殿學士,京城不守,
遣使金營,金人命僕射韓正館之僧舍,曰:"國相知君,今用君
矣。韐仰天大呼,沐浴更衣,酌酒而縊、建炎初諡忠顯。事迹
具《宋史》卷四四六、《宋史新編》卷一七二、《東都事略》卷一
一一、《宋史翼》卷三一、《皇朝名臣言行續録》卷三、《北宋經
撫年表》等書。子羽,字彦修,韐子,建炎中張浚宣撫川陝,主
參軍事,金人窺江淮,浚合五路兵以進,子羽爭之,浚雖岬師。
卒以全蜀,子羽之功居多,仕至徽猷閣待制。事迹具《宋史》
卷三七〇、《宋史新編》卷一三四、《東都事略》卷一一一、《南

---

① 詳見《"國立中央圖書館"金元本圖録》。
② 説見《四庫全書總目提要》。

宋書》卷一四、《名臣碑傳琬琰集》下集卷二三、《四朝名臣言行録》（上集卷一二）、《南宋制撫年表》等書。子翼，字彦禮，子羽弟，以蔭補官。宣和中累遷浙東提舉茶鹽事，歷廣東轉運判官，奉祠歸，俄以循吏薦，起知撫信等州。有《心游摘稿》一卷，今猶有傳本。事迹具《東都事略》卷一一一。子翬，字彦沖，子羽弟，以蔭判興化軍，年三十以父死難，哀毀致疾，不堪吏事，醉歸武夷山，講學不倦，與胡憲、劉勉之爲道義交，學者稱屏山先生。著有《十論》一卷，《屏山集》二十卷等。事迹具《宋史》卷四三四、《宋史新編》卷一六五、《南宋書》卷一四、《皇朝道學名臣言行外録》卷一一等書。珙，字共父，子羽子，登進士乙科，紹興中遷禮部郎官，秦檜欲追諡其父，召禮官會問，珙不至，檜怒，逐之。孝宗朝拜參知政事，奏除福建鈔鹽歲額，罷江西和糴，廣西折米鹽錢。及蠲諸路積年逋欠。官終觀文殿學士，諡忠肅。著有《江東救荒録》五卷，《劉珙集》九十卷《附録》四卷等。事迹具《宋史》卷三八六、《宋史新編》卷一四二、《南宋書》卷三三、《名臣碑傳琬琰集》下集卷二二、《宋史翼》卷三一、《宋大臣年表》《宋中興學士院題名録》等書。

考子翼《心游摘稿》一卷。但載歌詩。子翬《屏山集》，臺北“國家圖書館”所藏明弘治十七年建寧刊本，卷首載紹興三十年（1160）六月朔胡憲撰《屏山集序》，慶元己未（五年，1199）朱熹撰《跋家藏劉病翁遺帖》，乾道癸巳（九年，1173）朱熹撰《跋屏山集》，乾道三年（1167）朱熹撰有《宋屏山先生劉公墓表》。其書卷一至卷四論；卷五記、序；卷六雜著；卷七表、箚子；卷八啓；卷九祭文、墓銘、墓表；卷十至卷二十賦、詩、詞。猶可據以考見子翬生平及著述之旨趣。

又考宋真德秀《真文忠公文集》卷二九載紹定五年（1232）撰

《劉氏傳忠録後序》,云:"三世傳忠,古有之乎?曰春秋之世。季友行父,皆忠於魯,而宿以權彊專國。孤突狐偃皆忠於晉,而佗以擅殺出奔。春秋世家最盛,以忠相繼者,猶無幾人,況後世乎?……建安劉氏,自忠顯公殺身成仁,而天下仰其忠節,寶學公以身扞蜀,而天下誦其忠勞,至忠肅公又以昌言直道,輔佐明王,而天下信其忠誠,由祖泊孫,若出一轍,自昔世家之盛,鮮能及之,然則,三君子之忠,果有異乎?曰三君子之心則一,而所遇不同,使忠顯當承平之朝,則盡言抗論,必能爲忠肅之事;寶學當危難之日,則捐軀殉國。必能蹈忠顯之風。忠肅所值,與二公之時同,則其所立,亦必無愧。所謂易地則皆然者也。夫忠之爲義,先儒以中心釋之,又以盡己言之,蓋本諸心而無偽者忠也,發乎己而必盡者亦忠也,然未有本諸心而不盡於己者,亦未有盡乎己而不本諸心者,其亦一而已爾。……君生於三忠之門,而恂恂謹厚,庶乎不辱其先者。……《詩》曰:'惟其有之,是以似之。'其又將以爲劉氏勉。"

按:宋劉爚《雲莊集》卷五亦載此文,蓋後人以德秀之文誤入《劉集》也。

考明《文淵閣書目》卷六著録《劉氏傳忠録》,注云:"一部一冊,完全。"《內閣藏書目録》卷六亦著録《劉氏傳忠録》一冊全,云:"宋嘉定間承議郎劉學裘輯其先忠顯公韐,忠肅公珙,少傅子羽、直閣子翼及其父文靖公屏山子翬誥詞政迹銘志輓章,分上中下三卷,倪思有序。"是此書明萬曆年間猶存,今則已佚。又倪思文集已佚,今僅存《班馬異同》及《經鉏堂雜誌》。此書之序亦已不得見矣。

贅稿三八卷　宋洪邁撰　佚

邁,字景盧,鄱陽人,遵弟。高宗紹興十五年(1145),中博學宏詞科。官至端明殿學士，卒諡文敏。邁。博極載籍，與兄适、遵先後試鴻詞科，拜中書舍人，時論榮之。著有《宋四朝國史》（與李燾同著）、《紹興以來所見記》《漢苑群書》《會稽和買事宜錄》《容齋五筆》《夷堅志》《經子法語》《南史精語》《野處類稿》《容齋題跋》《夷堅支志》等。事迹具《宋史》卷三七三、《宋史新編》卷一三五等書。

此書《宋史·藝文志》傳記類著錄。

按：《宋史·藝文志》又有邁《野處猥稿》一百四卷，《瓊野錄》三卷，今並亡佚。今所傳邁集，惟《野處類稿》二卷，《自序》云：“甲戌之春，家居臥病，因復作詩若干首，以當緩憂之一助。昔人所謂内壹鬱而外揚爲聲者也。遂取曩時所存而未棄者，錄爲《野處類稿》二卷。”是《類稿》之編錄當在《贅稿》之後。惟《類稿》一書，世頗疑其僞。清洪汝奎撰《忠宣年譜》云：“《宋史·藝文志》載洪邁《野處贅稿》三十八卷，《野處猥稿》一百四卷，未載《野處類稿》。今藏書家有僞本《野處類稿》二卷，惟卷首二詩，真膺莫辨，餘皆朱松《韋齋集》中詩。松，朱子之父也。《序》語殆亦書賈僞撰。”若然，則邁文集，無一傳世矣。

天泉河記一卷　宋王革撰　佚

革，字里未詳，嘗爲應天及大名尹，事迹略具《北宋經撫年表》。又給《諫集》卷二載王革除大理正卿制，《翟忠惠集》卷二載《户部侍郎王革除開封府尹制》、卷四載《磨勘轉朝請郎制》，《張華陽集》卷四載《追授中大夫乃落職制》等文，可考見其歷官情狀。

此書《宋史·藝文志》傳記類著錄。

按：天泉河在大名府，革在宣和六年（1124）尹大名府，此蓋當時所纂也。

劉鄜王事實一○卷　宋劉球撰　佚

球。生平待考。

此書《宋史·藝文志》傳記類著錄。

按：此纂載劉光世之事迹也。光世字平叔，保安軍人，延慶次子，初以蔭補三班奉職，累升鄜延路兵馬都監。以討河北賊有功，授奉國軍承宣使。從高宗南渡命爲制置使，屯鎮江。苗劉爲亂，光世與韓世忠討破之，遷太尉御營副使，及張浚撫師淮上，命光世由太平州移屯盧州，浚言光世不可用，遂引疾罷軍政，拜少師，後封楊國公，卒謚武僖。事迹具《宋史》卷三六九、《宋史新編》卷一三二、《東都事略》卷一○七、《南宋書》卷一六、《四朝名臣言行録》上集卷七、《宋中興三公年表》及《南宋制撫年表》等書。

考明《內閣藏書目録》卷六著録《鄜王劉公家傳》一冊不全，云："公名光世，莫詳卷數并編次姓氏。"知此書明萬曆年間時已殘闕不全矣。

趙文定公遺事一卷　宋不著撰人　佚

此書《宋史·藝文志》傳記類著錄。

按：此載趙雄之事迹也。雄字溫叔，資州人，隆興初省試第一，除正字，召見極論恢復，以中書舍人使金，與金主爭辯，金人謂之龍鬬。淳熙中累官參知政事，拜右丞相，朱熹極論時事，帝怒，雄言熹狂生，罪之適成其名，乃止。光宗初又上萬言書，陳修身齊家，以正朝廷之道，言甚剴切。卒謚文定。事迹具《宋史》卷三九六、《宋史新編》卷一四一、《南宋書》卷四三、《宋大臣年表》《南宋館閣録》及《南宋制撫年表》等書。

朱文公行狀一卷　宋黃榦撰　存

榦，字直卿，號勉齋，閩縣人，瑀子，以蔭補官，監嘉興右門酒庫，歷官漢陽軍、安慶府，所涖多善政，安慶人至以黃父稱之。

嘉定十四年（1221）卒。年七十，諡文肅。著有《書說》《六經講義》《禮記集注》《論語通釋》《論語意原》《勉齋集》等。事迹具《宋史》卷四三〇本傳。

此書《宋史·藝文志》傳記類著錄。

按：此載朱熹事迹也。幹，少受業於朱熹。熹稱其志堅思苦，以女棄之。熹病革，出所著書授幹曰："吾道之託在此。"是其所著，較史傳爲詳。今檢《勉齋集》卷三十六載此行狀。題"朝奉大夫文華閣待制贈寶謨閣直學士通議大夫諡文朱先生行狀"。黃氏《跋》云："嘉定十四年（1221）正月日，門人奉議郎主管亳州明道宮黃幹狀。行狀之作。非得已也。懼先生之道不明，而後世傳之者訛也。追思平日之聞見。參以敘述奠誄之文，定爲草稿，以諗同志。反覆詰難，一言之善，不敢不從，然亦有參之鄙意，而不敢盡從者，不可以無辨也。有謂言貴含蓄，不可太露；文貴簡古，不可太繁者。夫工於爲文者，固能使之隱而顯，簡而明，是非愚陋所能及也，顧恐名曰含蓄，而未免於晦昧；名曰簡古，而未免於艱澀，反不若詳書其事之爲明白也。又有謂年月不必盡記，辭受不必盡書者，先生之用舍去就，實關世道之隆替，後學之楷式。年月必記，所以著變，辭受必書，所以明世教，狀先生之行，又豈可以常人比，常體論哉？又有謂告上之語，失之太直；記人之過，失之太訐者。責難陳善，事君之大義，人主能容於前，而臣子反欲隱於後；先生敢陳於當世，而學者反欲諱於將來乎？人之有過，或具之獄案，或見之章奏，天下後世所共知，而欲没之，可乎？又有謂奏疏之文，紀述太繁；申請之事，細微必録，似非行狀之體者。古人得君行道，有事實可紀，則奏疏可以不述，先生進不得用於世，其所可見者，特其言論之間，乃其規模之素，則言與行，豈有異耶？事雖微細，處得其道，則人受

其利,一失其道,則人受其害,先生理明義精,故雖細故,區處
條畫,無不當於人心,則鉅與細,亦豈有異耶? 其可辨者如
此,則其尤淺陋者不必辨也。至於流俗之論,則又以爲前輩
不必深抑,異學不必力排,稱述之辭,似失之過者,孔門諸
賢,至謂孔子賢於堯舜,豈以抑堯舜爲嫌乎? 孟子闢楊墨,
而比之禽獸,衛道豈可以不嚴乎? 夫子嘗曰:'莫我知也
夫!'又曰:'知德者鮮矣!'甚矣,聖賢之難知也! 知不知不
足爲先生損益,然使聖賢之道不明,異端之説滋熾,是則愚
之所懼,而不容於不辨也。故嘗太息而爲之言曰:是未易
以口舌爭百年論定,然後知愚言之爲可信。遂書其語,以俟
後之君子。"

又按:是編多附《勉齋集》而行。今所藏單行之善本:臺灣大
學有日本正德二年(清康熙五十一年,1712)刊本一部;東海
大學有日本寬文五年(清康熙四年,1665)刊本一部。清咸豐
同治間,余肇鈞輯刊明辨齋叢書,於第四集收錄此書。同治
間,賀瑞麟輯刊西京清麓叢書,則合兹編與程頤撰《程明道先
生行狀》,爲《程朱行狀》刊行。

李氏家傳三卷　宋李復圭撰　佚

復圭,字審言,徐州豐人,若谷孫,淑子,壽朋弟也。慶曆初賜
進士出身,熙寧初累進直龍圖閣,知慶州,以貪邊功致敗,謫保
靜軍節度副使,後復召用,累官集賢殿修撰,知荊南卒。事迹具
《宋史》卷二九一、《宋史新編》卷九〇及《北宋經撫年表》等書。

此書《宋史·藝文志》傳記類著錄。

按:此書殆纂若谷、淑諸人事迹也。

胡剛中家傳一卷　宋胡興中撰　佚

興中,剛中子,事迹未詳。

此書《宋史·藝文志》傳記類著錄。

按：剛中字正夫，慶元府鄞縣人。嘉定元年(1208)鄭自誠榜進士出身，治詩賦。紹定三年(1230)十二月除，四年(1231)正月爲著作郎。事迹具《南宋館閣續録》卷七。

愛棠集二卷　宋韓漳撰　佚

漳，史無傳。

此書《宋史·藝文志》傳記類著録。

按：兹編唐以前目録未見，殆宋時人。

續家訓八卷　宋董正工撰　佚

正工，事迹待考。著有職官源流五卷。

此書《宋史·藝文志》傳記類著録。

《郡齋讀書志》儒家類著録《續家訓》八卷，晁氏曰："皇朝董政公撰，續顏氏之書。"

按：《宋志》著録《董氏職官源流》及此書，並云董氏名正工，而晁氏云政公，未審孰是？政公或正工之字歟？

黃靖國再生傳一卷　宋廖子孟撰　佚

子孟，史無傳。

此書《宋史·藝文志》傳記類著録。

按：此書《宋志》始見，殆宋時人也。

劉中州事迹一卷　宋不著撰人　佚

此書《宋史·藝文志》傳記類著録。

按：兹編唐以前目録未見，殆宋時人。

談氏家傳一卷　宋談鑰撰　佚

鑰，吳興人，官樞密院編修，所撰《吳興志》(二〇卷)今猶有傳本。事迹略具《吳興掌故集》卷二。

此書《宋史·藝文志》傳記類著録。

史越王言行録一二卷　宋周鑄撰　佚

鑄，生平待考。

此書《宋史·藝文志》傳記類著録。

按：此編唐以前目録未見，殆宋時人。

（三）雜録之屬

景命萬年録一卷　宋不著撰人　佚

藝祖受禪録一卷　宋不著撰人　佚

右二編《宋史·藝文志》不著録，見《文獻通考》傳記類。

按《郡齋讀書志》此二書入雜史類，晁公武云：“未詳撰人。記趙氏世次，藝祖歷試迄受禪事。”

三朝遺事一卷　宋不著撰人　佚

此書《宋史·藝文志》傳記類著録。

《宋志》注云：“載張説、姚崇、宋璟事，不知作者。”

按：此編兩《唐志》未著録，蓋宋人所撰。張、姚、宋三人歷官中宗、睿宗、玄宗三朝，此編殆纂此時期之事也。張説事迹具《唐書》卷九七、《新唐書》卷一二五本傳；姚崇事迹具《唐書》卷九六、《新唐書》卷一二四本傳；宋璟事迹具《唐書》卷九六、《新唐書》卷一二四本傳。

南行記一卷　宋楊棲白撰　佚

棲白，生平待考。

此書《宋史·藝文志》傳記類著録。

晉朝陷藩記四卷　宋范質撰　佚

質，字文素，大名宗城人，十三治尚書，後唐長興四年（933）進士，知制誥，後周時累知樞密院，太租時加侍中，封魯國公。質性卞急，好面折人，以廉介自持，未嘗受四方饋遺，前後所得禄賜，多給孤遺。閨門之中食不異品，身没家無餘貲。著有《桑維翰傳》、文集等。事迹具《宋史》卷二四九、《宋史新編》卷六五、《東都事略》卷一八、《隆平集》卷四、《名臣碑傳琬琰集》下集卷三等書。

此書《宋史·藝文志》不著錄，見《文獻通考》傳記類。

《郡齋讀書志》著錄一卷，晁氏云："右皇朝范質撰。質石晉末在翰林，爲出帝草降虜表，知其事爲詳，記少主初遷於黃龍府，後居於建州，凡十八年而卒。按契丹丙午歲入汴，順數至甲子歲爲十八年，實國朝太祖乾德二年也。"

《直齋書錄解題》亦載此書，陳氏云："據莆田鄭氏《書目》云范質撰，本傳不載，故館閣書目云不知作者，未悉鄭氏何所據也。"

靜亂安邦記一卷　宋不著撰人　佚

此書《宋史·藝文志》傳記類著錄。

按：此編所載或功臣義士之事迹也。

亂華編三三卷　宋劉荀撰　佚

荀，字子卿，本東平人，徙家清江，摯曾孫。淳熙中知餘干縣，未滿，適周必大入相，以荀爲首薦，改判德安，終知盱眙軍。著有《政規》《明本》《座右記》《文源》《癡兒錄》《德安守禦》《都梁記問》《邊防指掌圖》《南北聘使錄》等書。事迹具《宋元學案》卷四一、《宋元學案補遺》卷四一。

此書《宋史·藝文志》不著錄，見《文獻通考》傳記類。

馬端臨曰："知盱眙軍東平劉荀（子卿）編。其前有小序數語，云：'方石敬塘割幽燕遺契丹之日，孰知本朝造禍之原哉。逮王安石創新法爲辟國之謀，又孰知紹述者召禍之酷哉。'所集雜史傳記近三十種。荀，忠肅丞相諸孫也。"

睢陽得死集一卷　宋不著撰人　佚

此書《宋史·藝文志》傳記類著錄。以兩《唐志》未著錄，定爲宋人撰。

《宋史》注云："載張巡、許遠事。"

按：巡，鄧州南陽人，開元末擢進士第三，以書判拔萃入等。天寶中由通事舍人出爲清河令，調真源，安祿山反，巡募豪傑拒賊，與單父尉賈賁入雍邱城，守雍邱令令狐潮降賊，引衆數萬圍城，凡四月，巡衆纔千餘，每戰輒克，河南節度使嗣虢王巨屯彭城，假巡先鋒，俄東平陷賊，巨引兵東走，巡失外援，拔衆至睢陽，與太守許遠、城父令姚誾等合敗賊將楊朝宗，詔拜巡主客郎中，副河南節度使。至德二年（757），御史中丞賊將尹子奇圍之，經年城陷遇害，年四十九，贈揚州大都督。事迹具《唐書》卷一八七、《新唐書》卷一九二本傳。遠，右相敬宗曾孫，寬厚長者，明吏治，仇兼瓊鎮劍南，辟爲從事，忤兼瓊，貶高要尉。安祿山反，或薦遠素練戎事，玄宗召拜睢陽太守，累加防禦使，適張巡將兵三千至，遠與合兵拒賊，自以才不及巡，請稟軍事而居其下，專治軍糧戰具。被圍數月，糧盡，至羅雀掘鼠以食，士多餓死，外援不至，城遂陷，與巡俱被執，不屈死。事迹具《唐書》卷一八七、《新唐書》卷一九二本傳。又今《全唐文》載唐李翰所撰《進張巡中丞傳表》，《昌黎文集》載《張中丞傳後叙》，亦足供參考。

二十二國祥異記三卷　宋張觀撰　佚

觀，字仲賓，毗陵人，南唐時舉進士，歸宋爲彭原主簿，累官廣南西路轉運使，卒年五十三。事迹具《宋史》卷二七六、《宋史新編》卷七九、《史質》卷八四及《宋詩紀事小傳補正》卷一等書。

此書《宋史·藝文志》傳記類著録。

《通志·藝文略》傳記類著録此書，云：“宋朝張觀撰，起西晉，包孫吳，訖林邑國。”

按：宋張觀有二人。又有字思正者，絳縣人，事迹具《宋史》卷二九二。惟思正《傳》不云有著作，仲賓《傳》則云廣覽漢史，雅好論事,辭理切直。兹編殆仲賓所爲。

都水記二〇〇卷　宋沈立撰　佚

立,字立之,歷陽人,舉進士,僉書益州判官,遷兩浙轉運使,累判都水監,徙宣州,提舉崇禧觀卒,年七十二。著有《稽正辨訛》《河防通議》《名山記》《奉使二浙雜記》《新修審官西院條貫總例》《蜀江志》《香譜》《錦譜》《茶法易覽》等。事迹具《宋史》卷三三三、《宋史新編》卷一一〇、《蘇祠從祀議》及《北宋經撫年表》等書。

此書《宋史·藝文志》傳記類著録。

按:漢武帝元鼎二年(前 115),初置水衡都尉,①其職掌都水及林苑,後世沿之。立善治水,嘗採摭大河事迹古今利病爲書曰《河防通議》一卷,②治河者悉守爲法。《宋史》本傳又謂都水方興六塔河,召與議,立請止修五股等河及漳河,分殺水勢以省役,從之。是知其善治水者也。

名山記一〇〇卷　宋沈立撰　佚

立有《都水記》二〇〇卷已著録。

此書《宋史·藝文志》傳記類著録。

按:《玉海》卷五七"熙寧都水名山記"條云:"八年(1075)七月四日,

右諫議大夫沈立進《都水記》二百卷,《名山記》一百卷。"

導洛通汴記一卷　宋章惇撰　佚

惇,字子厚,浦城人,徙居蘇州。性豪儁,博學善文,舉嘉祐進士,恥名出從子衡下,委敕而去。再舉甲科。熙寧初,王安石秉政,悅其才,用爲編修三司條例官。哲宗親政,有復熙寧元

---

① 見《漢書·百官公卿表》。

② 見《宋史》卷三三三《沈立傳》。又《宋史·藝文志》史部故事類著録沈立《河防通議》一卷,今佚。

豐之意旨，起惇爲尚書左僕射，兼門下侍郎，於是專以紹述爲國是，凡元祐所革一切復之，引其黨蔡京、蔡卞等，盡復熙豐之政，力排元祐黨人，人民交怨。徽宗初累貶睦州卒。有熙寧新定孝贈式、熙寧新定節式、司農寺敕井卷式、元符敕令格式等。事迹具《宋史》卷四七一、《宋史新編》卷一八六、《東都事略》卷九五、《名臣碑傳琬琰集》下集卷一八、《皇宋書錄》卷中等書。

此書《宋史·藝文志》傳記類著錄。

按：導洛通汴事，《哲宗本紀》未載。

重修都城記一卷　宋李清臣撰　佚

清臣，字邦直，魏人。七歲知讀書，日數千言，舉進士，應才識兼茂科，歐陽修壯其文，以比蘇軾。哲宗朝范純仁去位，獨顓中書，亟復青苗免役諸法，激帝怒，罷蘇轍官。徽宗立，爲門下侍郎，尋爲曾布所陷，出知大名府卒。年七十一。著有《平南事覽》《元豐土貢錄》《李清臣進策》、奏議、文集等。事迹具《宋史》卷三二八本傳。

此書《宋史·藝文志》傳記類著錄。

按：《宋史》本傳曰：“清臣蚤以詞藻受知神宗，建大理寺，築都城，皆命作記，簡重宏放，文體各成一家。”

又按：《大明一統志》卷二六“開封府形勢”條引“李清臣汴都記”二條：“岡阜繚轉，龍盤虎伏。李清臣《汴都記》。”“濁水限其北，洛貫其內。同上。”《汴都記》者，疑即此書也。

復交阯錄二卷　宋不著撰人　佚

此書《宋史·藝文志》傳記類著錄。

按：宋時交趾與中國交往事，具《宋會要輯稿》蕃夷四。

錢塘平越州錄一卷　宋元宏撰　佚

宏，事迹待考。

此書《宋史·藝文志》傳記類著録。

雲南事狀一卷　宋不著撰人　佚

此書《宋史·藝文志》傳記類著録。

開成紀事二卷　舊題宋楊時撰　佚

時，字中立，南劍州將樂人。神宗熙寧九年（1076）進士，歷官國子祭酒。高宗即位，除工部侍郎兼侍讀，以龍圖閣直學士提舉杭州洞霄宮卒，謚文靖。著有《二程粹言》《龜山集》。事迹具《宋史》卷四二六、《宋史新編》卷一六一、《皇朝道學名臣言行外録》卷八、《伊雒淵源録》卷一〇等書。

此書《宋史·藝文志》傳記類著録

按：《新唐書·藝文志》雜史類著録《開成紀事》二卷，不著撰人。《通志·藝文略》亦載此書，作三卷，云：“記太和甘露事。”亦不題撰人。《宋史》本傳不謂時有此書，疑《宋志》誤題也。

東齋記事一二卷　宋范鎮撰　輯

鎮，字景仁，華陽人，舉進士第一，仁宗時知諫院，嘗請建儲，面陳懇切至泣下。後爲翰林學士，論新法，與王安石不合，遂致仕。哲宗即位，起爲端明殿學士，固辭不拜，累封蜀郡公，卒謚忠文。著有《新定樂法》《國朝事略》《正書》《宋朝蒙求》《諫垣集》《送僧符游南昌集序》、奏議等。事迹具《宋史》卷三三七、《宋史新編》卷一一二、《東都事略》卷七七、《名臣碑傳琬琰集》中集卷一八及下集卷九、《三朝名臣言行録》卷五、《宋學士年表》及《修唐書史臣表》等書。

此書《宋史·藝文志》傳記類著録。

按：此書自序云：“予既謝事，日於所居之東齋，燕坐多暇，追憶館閣中及在侍從時交游語言與夫里俗傳説，因纂集之，目爲東齋記事。”惟所記諸事，皆與熙寧新法，隱然相反，故崇觀間遭禁。[①] 迨南渡後,黨禁既解,其書復行。此書早佚,惟《永樂大典》、江少虞《事實類苑》及曾慥《類説》等書頗引之。清四庫館臣輯《永樂大典》所收,以類編次,釐爲五卷;又採《事實類苑》及《類説》所引,删除重複,爲補遺一卷,凡六卷。雖未必鎮之完書,然以《宋志》所載卷數計之,幾於得其強半矣。[②] 清嘉慶中,海虞張海鵬輯刊《墨海金壺叢書》,道光中錢熙祚輯刊《守山閣叢書》,商務印書館《叢書集成》並收録此書,皆據《四庫》輯本也。

咸寧王定難實序一卷　宋史演撰　佚

演,生平待考。

此書《宋史·藝文志》傳記類著録。

奉神述一卷　宋真宗撰　佚

真宗名恆,太宗第三子,初封壽王,以太子嗣位,在位二十五年崩。纪元五:咸平、景德、大中祥符、天禧、乾興。有《御製玉京集》《佛説四十二章经注》等。事迹具《宋史》本紀。

此書《宋史·藝文志》傳記類著録。

按:真宗朝王欽若、丁謂等倡言符瑞,真宗封泰山,祀汾陰等,皆欽若等主之,此書蓋載其事也。

西湖紀逸一卷　宋桑世昌撰　未見

世昌,字澤卿,號莫菴,淮海人。著有《回文類聚》《補遺》《蘭亭考》《蘭亭博議》及《莫菴詩集》等。事迹具《宋詩紀事》卷六三、《嘉定赤城志》卷三四,《攻媿集》卷七五有《跋桑澤卿〈蘭亭博議〉》。

此書《宋史·藝文志》不著録,見《世善堂藏書目録》《台州經籍志》傳記類雜録之屬。

---

① 説詳《郡齋讀書志》。

② 説詳《四庫全書總目提要》。

《台州經籍志》曰："考林逋事甚詳，今未見。按《兩浙金石志》《西湖重整書目碑》載有《西湖紀逸》，阮文達（元）謂近世罕覯。"

按：林逋，字君復，杭州錢塘人。少孤力學，恬淡好古，結廬西湖之孤山，二十年足不及城市，自爲墓於廬側。天聖六年（1028）卒，年七十二，仁宗賜謚和靖先生。著有和靖詩集。事迹具《宋史》卷四五七、《宋史新編》卷一七七、《錢塘先賢傳贊》等書。

玉堂逢辰録一卷　宋錢惟演撰　殘

惟演，字希聖，吳越王俶之次子，從俶歸宋，爲右神武將軍。博學能文辭，召試學士院，以筆起草立就，真宗稱善。改太僕少卿，獻《咸平聖政録》，命直秘閣，預修《册府元龜》，詔與楊億分爲之序。仁宗朝拜樞密使，後出爲崇信軍節度使，卒，謚文僖。著有《咸平聖政録》《奉藩書》《飛白書叙録》《金坡遺事》《錢俶貢奉録》《錢氏慶系譜》《家王故事》《典懿集》等。事迹具《宋史》卷三一七、《宋史新編》卷一〇一、《東都事略》卷二四及《隆平集》卷一二等書。

此書《宋史·藝文志》不著録，見《文獻通考》傳記類。

《直齋書録解題》著録此書二卷，陳氏曰："載祥符八年（1015）四月榮王宫火，一日二夜，所焚屋宇二千餘間，左藏、内藏、香藥諸庫及秘閣史館，香聞數十里。三館圖籍，一時俱盡。大風或飄至汴水之南，惟演獻禮賢宅以處諸王。以上觀之，唐末五代書籍之僅存者，又厄於此火，可爲太息也。"

按：此書久佚不完，以陳《録》所載觀之，但録"榮王宫火"一條，已非完帙。《説郛》及《五朝小説大觀》本所載，亦僅"榮王宫火"及"玉宸殿侍宴"二條而已。

烏臺詩案一卷　題宋朋九萬編　存

九萬，蜀人，事迹待考。

此書《宋史·藝文志》不著録,見《四庫全書總目》傳記類存目六。

考《宋史》卷三三八《蘇軾傳》載,熙寧中,王安石創新法,軾上書論其不便,安石滋怒,使御史謝景温論奏其過,窮治無所得,軾遂請外,通判杭州。軾又以不便民者不敢言,以詩託諷,庶有補於國,御史李定、舒亶、何正臣摭其表語,並媒蘖所爲詩,以爲訕謗,逮赴臺獄,欲置之死,鍛鍊久之,不決,神宗獨憐之,以黄州團練副使安置。此編即朋氏所輯録公案而成者也。《四庫全書總目提要》云:"舊本題宋朋九萬編,即蘇軾御史臺獄詞也。案周必大《二老堂詩話》曰:'元豐己未(二年,1079),東坡坐作詩訕謗,追赴御史獄,當時所供詩案,今已刊行,所謂烏臺詩案是也。靖康丁未歲(建炎元年,1227),臺吏隨駕,挈真案至維揚,張全真參政時爲中丞,南渡取而藏之。後張丞相德遠爲全真作墓誌,諸子以其半遺德遠充潤筆,其半猶在全真家,余嘗借觀,皆坡親筆,凡有塗改,即押字於下,而用臺印'云云,是必大親見真迹,然不言與刊版有異同。陳振孫《書録解題》載是書十三卷,胡仔《漁隱叢話》所録則三卷有奇,皆與此本不合。仔稱其父舜陟靖康間嘗爲臺端,臺中子瞻詩案具在,因録得其本,視近時所刊行烏臺詩話爲尤詳,今節入叢話。是仔書所載,已爲節本。今考《叢話》諸條,不過較此本少一二事,其餘則條目皆同,則未必仔所見本。振孫稱九萬録東坡下御史獄公案,附以初舉發章疏及謫官後表章書啓詩詞。此本但冠以章疏,而無謫官後表章書啓詩詞,則亦非振孫所見本;或後人摭拾仔之所録稍傅益之,追題朋九萬名,以合於振孫之所録,非九萬本書歟。"

又按:此書明以前刊本已罕見。清乾隆中,綿州李調元輯刊《函海》,據所得宋本收録,李氏跋云:"《烏臺詩案》一册,宋陳振孫《直齋書録解題》作《烏臺詩話》十二卷，蜀人朋九萬録東坡下御史獄公案，附以初舉發章疏及謫官後表章書啓詩詞等而成之者。今所得宋本，合爲一册，不分卷次。案《百川書志》載《烏臺詩案》一卷，云：宋祠部員外郎直史館，知湖州，遭時群小搆成詩禍，拘禁之卷案也。據此則是書流傳有二本，此本遇朝旨等字俱擡頭，其爲宋人足本無疑。謫官後文，乃後人附益之耳。蓋此爲《百川書志》所見之本，非《直齋書録》所見之本也。"又：周紫芝所編《詩讞》，亦記此事，内容略殊，可與此書參閲。①

海神靈應録一卷　宋陸維則撰　佚

維則，淳熙間永嘉人，事迹待考。

此書《宋史·藝文志》不著録，見《直齋書録解題》傳記類。

陳振孫曰："永嘉貢士陸維則撰，太守韓彦直（子温）爲之序。初元祐中，守直龍圖閣范峋夢海神曰：'吾唐李德裕也。'郡城東北隅海仙壇之上有廟，初不知其爲何代人，峋明日往謁其像，即夢中所見，自是多響應，然封爵訓詞，惟曰海神而已。"《温州經籍志》卷九傳記亦載此書，孫詒讓曰："陸維則事迹無考。韓彦直，蘄忠武王世忠子，見《宋史》卷三百六十八，其知

---

① 《詩讞》一卷，今有《學海類編》及《叢書集成初編》本。周紫芝跋云："翰林蘇公以元豐二年（1079）八月十八日屬吏，十二月二十七日獄成，有旨責授檢校水部員外郎，充黄州團練副使。公旣逮百有餘日，凡御史追捕訊鞫之辭，率坐詩語譏謗，故當時款牘好事者往往爭相傳誦，謂之《詩讞》。予前後所見數本，雖大概相類，而首尾詳略多不同。今日趙居士攜當塗儲大夫家所藏以示予，比昔所見加詳，蓋善本也。初，東坡以湖州謝表獲罪於朝，監察御史何正臣、舒亶輩，交章力詆，皆以公愚弄朝廷，妄自尊大，宜大明誅罰，以屬天下，於是始有殺公之意焉。神宗皇帝以英明果斷之資，回群議於恟恟中，賴以不死。余頃年嘗見《章丞相論事表》云：'軾十九擢重士第，二十三應直言極諫科，擢爲第一，仁宗皇帝得軾以爲一代之寶，今反置在圄圉，臣恐後世以謂陛下聽諛言而惡訏直也。'舊傳元豐間朝廷以群言論公，獨神廟惜其才不忍。大丞相王文公曰：'豈有聖世而殺才士者乎？'當時讞議，以公一言而決。嗚呼！誰謂兩公乃有是言哉？義理，人心所同，初豈有異時論事有不合焉。"

溫州,《萬曆溫州府志》秩官門列於淳熙間,則維則南宋初人也。"

紹聖甲戌日錄一卷元符庚辰日錄一卷　宋曾布撰　佚

布,字子宣,鞏弟,與鞏同登進士。熙寧爲集賢校理,與吕惠卿共創青苗助役保甲農田之法,進翰林學士,兼三司使,後以事忤王安石,出知饒州。哲宗時知樞密院,時章惇爲相,布贊惇紹甚力,冀引爲執政,惇忌之,布復攻惇罷之。徽宗立,拜布爲右僕射,獨當國,漸進紹述之説,復與蔡京不相能,爲京所構,責授舒州司户,大觀元年(1107)卒于潤州,年七十二。諡文肅。著有《三朝正論》《實相手記》《熙寧新論常平敕》《曾公遺録》等。事迹具《宋史》卷四七一、《宋史新編》卷一八六、《東都事略》卷九五等書。

此書《宋史·藝文志》不著録,見《直齋書録解題》傳記類。

《直齋書録解題》曰:"丞相南豐曾布(子宣)撰。記在政府奏對施行及宫禁朝延事。"

按:紹聖甲戌元年(1094),布同知樞密院事;元符庚辰三年(1100),布入相,此記其在政府事也。

又按:此書久佚。《郡齋讀書志》雜史類又有曾布《相手記》三卷,晁氏曰:"紹聖初元祐黨禍起,曾布知公論所在,故對上之語,多持兩端,又輒增損,以著此書云。"今亦不存。《永樂大典》録字韻中,有《曾公遺録》,止存七八九三卷,亦記元符二年至三年在政府奏對之事,繆荃孫抄出别行,收在其所輯刊《藕香零拾》中,並爲之跋云:"按曾子宣,《宋史》在《奸臣傳》。子宣於哲宗元祐八年(1093)六月同知樞密院事,元符三年(1100)十月入相,崇寧元年(1102)六月罷相,先後在政府九年,此録記在政府奏對之事,世無傳本,於《永樂大典》録字韻中抄出,止存七八九三卷,實元符二年(1099)三月起,至元符三年(1100)七月止，一年四月中事，不知原書幾卷？按晁氏《讀書記》有曾《相手記》三卷，紹聖初元祐黨禍起，曾布知公論所在，故對上之語，多持兩端，又輒增損，以著此書。陳氏書目有《紹聖甲戌日録》一卷，《庚辰日録》一卷，南豐曾布（子宣）撰在政府奏對施行及宮禁朝廷，均非九卷。此後至罷相，尚有兩年，恐不止三卷。布權譎自喜，議論多偏，然時以元祐紹聖，均有所失，欲以大公至正，消釋黨禍，較之惇卞之徒，究屬天良未昧。李仁甫《長編》，每據以删潤。錢潛研謂《宋史·奸臣傳》，宜進史彌遠、史嵩之，而出曾布，其論至公。所載多當時語氣，“夔”指章惇，“朴”指韓忠彦，“左轄”指蔡卞，“右轄”指黃履，“鳳”指許將，文筆亦爾雅。《長編》盡於元符三年(1100)二月，以後五閱月，皆《長編》所無，浙局補《長編》，未見此書，不詳者多，雖零璣斷璧，亦天壤內罕見之書也。宣統庚戌（二年，1910）天貺節江陰繆荃孫跋。”

西征記一卷　宋盧襄撰　存

襄，字贊元，初名天驥，字駿元，徽宗朝避天字，改名字。衢州人。大觀元年(1107)進士，靖康間拜吏部侍郎，推册張邦昌，建炎初安置衡州。事迹具《北宋經撫年表》《宋詩紀事》卷三八等書。

此書《宋史·藝文志》不著録，見《四庫全書總目》傳記類存目六。

按：此書乃襄赴京春試時紀行之作，末題庚辰仲春元日，《提要》謂是哲宗元符三年(1100)。《提要》云：“所叙述皆無關考據，又雜載詩歌，詞多鄙俚，頗近傳奇小説之流，雖出宋人，無可採録也。

又按：此書刻本罕見，原載《錦繡萬花谷前集》之末，後人抄出別行。今所藏善本，惟“中央研究院”歷史語言研究所有清繆

氏《雲自在龕抄宋人小説七種》本。載諸叢刻者,有《顧氏明
朝四十家小説》本、《璅探》本、《説郛》本。

乙巳泗州録一卷　宋胡舜申撰　存

舜申,績溪人,舜陟之兄。紹興間自績溪徙于吳。通風土陰
陽之術,世所傳江西地理新法,係出舜申之手。官至舒州通
判。事迹具《吳中人物志》卷十三。

此書《宋史·藝文志》不著録,見《四庫全書總目提要》傳記類
存目六。

《四庫全書總目提要》曰:"宣和乙巳(七年,1125),舜申在泗
州,親見朱勔父子往來及徽宗幸泗州事,因爲此録。紀載寥
寥,無可採擇。"

按:今所藏此書之善本,僅臺北"國家圖書館"藏有鈔本一部。

南嶽遇師本末一卷　宋夏元鼎撰　存

元鼎,字宗禹,自號雲峰散人,又號西域真人,永嘉人。博極
群書,屢試不第。寶慶中爲小校武官,棄官入道。嘗注《陰
符》《藥鏡》《悟真》三書,撰有《陰符經講義》四卷。生平具《全
宋詞》卷四、《宋詩紀事》卷九〇。又雍正《浙江通志》、高曆
《温州府志》、乾隆《永嘉縣志》等仙釋傳並有傳。

此書《宋史·藝文志》不著録,見《温州經籍志》傳記類。

按:此編述元鼎遇赤城周真人指示得道事。考《蓬萊鼓吹》附
録稱元鼎博極群書,屢試不第,應賈許二帥幕,出入兵間,至
上饒,夜感異夢,棄官入道,至南岳祝融峰,得遇異人傳授,亦
道家之言也。

又按:此書附《陰符經講義》而行,單刻者罕見。收入叢刻者
有:《寶顔堂秘笈》本及《叢書集成初編》本。

己酉避亂録一卷　宋胡舜申撰　存

舜申有《乙巳泗州録》一卷已著録。

此書《宋史·藝文志》不著録，見《四庫全書總目提要》傳記類存目六。

《四庫全書總目提要》曰："建炎己酉（三年，1129），金兵攻平江，宣撫周望出走，舜申之兄舜陟時爲參謀，舉家避難，舜申次爲此録。其言頗詆韓世忠。末後載世忠携妓一事，似有宿憾之言，未必實録。此書與《乙巳泗州録》，王明清《玉照新志》皆全載其文，蓋即後人於明清書内鈔出别行也。"

按：今此書之善本，惟臺北"國家圖書館"藏有鈔本一部。

西征道里記一卷　宋鄭剛中撰　輯

剛中，字亨仲，一字漢章，號北山，又號觀如，金華人。紹興二年（1132）進士，累官四川宣撫副使。二十四年（1154）卒，年六十七。著有《北山集》《周易窺餘》《經史專音》等。事迹具《宋史》卷三七〇、《宋史新編》卷一三四、《南宋書》卷二〇等書。

此書《宋史·藝文志》不著録，見《四庫全書總目》傳記類存目六、《金華經籍志》傳記。

按：是書乃剛中爲左宣教郎試秘書少監充樞密行府參謀時記行之作。

自序云："紹興乙未，祐按：當是己未（九年，1139）。上以陝西初復，命簽書樞密樓公諭以朝廷安輯混貸之意，某以秘書少監被旨參謀是役也，審擇將帥，屯隸軍馬，經畫用度，詢訪疾苦，振恤隱孤，表揚忠義，公皆推行如上意，故其本末次序，屬史不敢私録。至於所過道里，則集而記之。維搜覽不能周盡，而耳目所際，亦可以驗遺踪而知往古，與夫兵火凋落之後，人事興衰，物情向背，時有可得而窺者。以其年四月二十二日舟出北關，六月二十四日至永興，七月十三日進至鳳翔，越三十七日，府告無事，公率官吏以歸。水陸凡六十驛，往來七千二百

里。"同行者,有李若虚、江少虞、姚焯、樓垍、王師心、閻大鈞、
郭子欽、李孝恭、穆平、王晞韓、曹雲、宋有、葉光准、李若川及
點檢醫藥飯食凡一十五員。①

又按:此書不傳已久,清四庫館據《永樂大典》輯爲一卷;清
同治光緒間,永康胡鳳丹退補齋輯刊《金華叢書》,據《大典》
本著録;民國二十四年(1935)商務印書館所輯印《叢書集成
初編》,即據退補齋刊本著録。

英顯張侯平寇録一卷　宋不著撰人　佚

此書《宋史·藝文志》傳記類著録。

涪陵紀善録一卷　宋馮忠恕撰　未見

忠恕,字貫道,汝陽人,理子。從尹焞學。紹興初官黔州節度
判官,後知梁山軍。事迹具《宋元學案》卷二七。

此書《宋史·藝文志》不著録,見《四庫全書總目》傳記類存
目一。

《四庫全書總目提要》曰:"焞自金人圍洛,脱身奔蜀,紹興四
年(1134)止於涪。時忠恕官陝中,及遷黔州,往來必過涪。
紹興六年(1136)焞被召赴都,明年,忠恕以鞫獄來涪,因細繹
舊聞,輯而録之,以成此編。忠恕之侍焞,多在涪,涪爲程子
謫居之地,而是書之成,又適在涪,故以'涪陵紀善録'爲名。
前有忠恕自序。《宋史·尹焞傳》稱焞言行見於《涪陵紀善
録》爲詳,則修史時即採此書也。"

按:此書罕見傳本,《四庫全書存目》據浙江巡撫採進本著録,
今則未之見。

宿州事實一卷　宋尹機撰　佚

機,字里未詳。《南宋制撫年表》載其淳熙三年(1176)知荊南

---

① 　《四庫全書總目提要》云九十五人,誤。

帥。《朝野雜記》載淳熙三年楊太尉俠爲荆南帥，八月知辰州，尹機代。《誠齋集》載知武陵縣武臣掠士族女，帥臣尹公機上聞。《東窗集》卷一三有循右從事郎制。

此書《宋史·藝文志》傳記類著録。

避戎夜話一卷　宋石茂良撰　存

茂良，字太初，事迹略具《吴興掌故集》卷四。

此書《宋史·藝文志》傳記類著録。

按：此書或題避戎夜話，或題避戎嘉話，記載紹興初虜人南侵時遷轉遭時之艱危。

又按：此書單刻者罕見，明嘉靖間長洲顧元慶輯刊《明朝四十家小説》，收録此書二卷，今臺北"國家圖書館"及臺北"故宫博物院"各有明刊本一部；又《説郛》及明李栻編《歷代小史》，亦收録此書，則爲一卷。

靖康録一卷　宋朱邦基撰　佚

邦基，太學生，事迹待考。

此書《宋史·藝文志》傳記類著録。

《直齋書録解題》卷五雜史類著録此書，陳氏曰："太學生朱邦基撰。"陳録又載《靖康要録》五卷，曰："不著撰人名氏，自欽廟潛邸，迄靖康元年（1126）十二月事。"

按：此書《宋史·藝文志》不著撰人，蓋偶疏也，兹據《直齋書録解題》補正。

中興禦侮録一卷　宋不著撰人　存

此書《宋史·藝文志》傳記類著録。

《四庫全書總目提要》曰："紀宋南渡後與金人搆兵及和議之事。書中稱高宗爲太上皇帝，蓋孝宗時人所作。藝文志載此書作一卷，而此本實二卷，疑後人所分析也。書中於金人初起事迹，記載頗略。至於紹興三十二年（1162）金海陵王南侵及孝宗初年張浚出兵撓敗始末,則節目具詳。自乾道元年(1165)魏杞使回,和議既成以後,則不復具載。前後皆系日編次,於朝廷拜罷禋祀諸大事,亦閒及焉,似從日曆、國史諸書節採而成。中間如劉彥宗在遼官僉書樞密院事,國破降金,未嘗事宋而稱爲吾叛臣;金世宗由東京留守即位,而以爲燕京;此類皆爲失實,知爲鄰國傳聞,不盡實録也。"

按:《四庫全書》據浙江鄭大節家藏本著録,置於雜史類存目,今則刊本罕見。臺北"國家圖書館"藏有清穴硯齋編穴硯齋鈔雜史鈔本一部。收宋代雜史二十一種,著録此書,作二卷。清咸豐四年(1854),南海伍崇曜輯刊《粵雅堂叢書》,得亡友黃石溪鈔本,以之著録,伍氏跋云:"《四庫提要》著録附存目中,無中興兩字,謂紀宋南渡後與金人搆兵及和議之事,即是書也。於紹興三十二年金海陵南侵及孝宗初年張浚出師撓敗始末獨詳。然虞允文實中興名相,且有戰功,而於允文犒師至采石道遇亂兵,命官軍力戰大破之,且再敗亮師後還京口修戰備等事迹,均未之及。又符離之敗,實南渡盛衰全局所關,於李顯忠力卻金兵,邵宏淵按兵不動,師至符離遂大潰,張魏公甘寢晏然稱是心學等語,亦未之及,則亦未足傳信。然古今野史,傳聞異詞,原不必意爲軒輊,是在讀史者折衷之耳。屬樊樹等《南宋雜事詩》引用書目於南渡野史,搜羅略備,而《襄陽守城録》與是書均未見,殆亦罕覯之帙。此亡友黃石溪明經鈔存本,亟付剞劂,以廣其傳。其於魏杞使回,和議復成以後事不復載,殆附於絶筆之義。噫!古來中外交爭,戰和異議,一時事勢,原各有是非,獨南宋與金,則決不可和,乃秦檜則竟主和議矣。湯思退實秦檜替人,心摹手追,即壽皇亦積重難返,而謂張魏公、胡澹菴、王梅溪諸君子能沮之哉！又況陳康伯、周葵等從而附和之也。"見之叢刻本者，尚有《筆記小説大觀》《叢書集成初編》等。

皇華録一卷　宋不著撰人　佚

此書《宋史·藝文志》傳記類著録。

南北歡盟録一卷　宋不著撰人　佚

此書《宋史·藝文志》傳記類著録。

按：此編殆載宋與契丹誓約之事。

裔夷謀夏録二卷　宋汪藻撰　存

藻，字彦，饒州德興人，徽宗崇寧二年(1103)進士，欽宗授起居舍人，高宗擢中書舍人，官至顯謨閣學士。著有《青唐録》《世説叙録》《浮溪集》等。事迹具《宋史》卷四四五、《宋史新編》卷一七一、《南宋書》卷二五、《四朝名臣言行録》下集卷七、《皇宋書録》卷下及《宋中興學士院題名録》等書。

此書《宋史·藝文志》傳記類著録。

胡潛序云："裔夷者，夷狄之裔，生長沙漠，食腥羶而衣皮，居草處而野寢，聚廬托處，咸以戎馬鳥獸爲事。其地則鋒烟四起，嘯叫成群，飲河貉之浆，習夷狄而中國無與，且不知中國有教也。羈縻勿絶，相與安之，何啻天淵之隔。不意契丹再世，所出有輕中夏之心，金人騷動，潛窺中夏，幾欲問鼎，其謀四出，性雖夷而心則甚鶩也。于是中國謀臣智士，往往盡忠王室，俾無樂生之念，徒有徇國之誠，昔文起山所以有言曰：'妾婦生何益，男兒死未酬。'壯哉言乎！使中國縱際式微之運，猶存徇國之臣，使彼不得玩忽我朝者，未必非斯人力也。嗚呼！天祚不延，使干戈日循，蛇豕之僭實甚，而得志於中國醜類惡日彰，佐命之身，必罹大患，雖鼎鑊不顧也。竊嘗思之，《周書》云：'皇天無親，惟德是輔。'世際艱難，主仍孱弱，而遽爲虜人肆虐者，抑何德之從耶？若天幸有土，非人力所能支,蓋氣運之説,雖聖主不能挽其造,撫心王室,咸欲動天,而彼蒼漠有轉于其間也。自二聖蒙塵,天下鼎沸,兀尤撫心,使名將功成逐北之舉,一旦可興,其間若書生輩,何以竟留惡囂之釁;所以人謀實關天數。女真阿骨打,親提兵數萬,自其國來會之,乃先遣人烏歇橫行中夏,金國緣朝廷大敵方臨,彼先占雲中,士民之樂生者,什無三四,卅縣殘破,百有九十。酋議竟取燕,守關之人,逐爲彼弒,雖主上日賚金帛,賚賜勇智之臣,徒費無益,引登明堂,入龍德宮、寶籙宮、離宮,無所不至,禮過數倍,而皇帝遂北,神人共憤,雖中外爲恭順、頌德之輩,悉皆殄滅也。八月十三日,完顏不花八米,升堂講賓主之禮,面授回書,遜聞風義,深慰悅誠,所謂邊釁之起,外應內合,河北、河東、契丹,軍聲早震,童貫等勒兵相應,累爲之害。趙良嗣計議國書所載,上親御翰墨,丁寧夾攻,本國軍務契丹欺虜人,而有四軍不能制盟心于中國,謀中恣而態益驕,中國日疲而計左也。進師未暇,而中國竟爲丘墟,悲夫。草莽臣胡潛序。”按:潛,崇寧初選人,坐元符上書,言多詆譏,衝替不得改官。三年入黨籍,五年吏部注在外差遣,事迹具《元祐黨人傳》卷五。

按此書所藏善本,僅有臺北“國家圖書館”藏清光緒戊子(十四年,1888)順德李文田讀五千卷書室鈔本一部,一卷一冊,上有李氏以朱筆批校,並有李氏題識一則,云:“光緒戊子十一月,予典試江南,回京晤萍鄉文芸閣孝廉,云:‘頃從杭州來時,在杭肆見此書,問索錢若干,書賈云:“此乃殘缺不足之書,不用錢也,如愛之,直携去可耳。”’文欣然得之,尋諸家書目,罕有此書,亟假歸,鈔一分,手校訖,記於卷端。五千卷堂主人。”又云:“考之《三朝北盟會編》,此錄乃汪藻撰也。”

北行日録一卷　宋樓鑰撰　存

鑰，字大防，舊字啓伯，自號攻媿主人，鄞縣人。隆興元年
（1163）進士，歷知溫州。光宗時擢起居郎，兼中書舍人，繳奏
無所迴避。遷給事中，乞正太祖東向之使。朱熹以論事忤
韓侂冑，除職與郡，鑰請還講筵，不報。彭龜年攻侂冑，出知
外郡，鑰奏留不得，尋告老。侂冑誅，起翰林學士，歷同知樞
密院，參知政事。嘉定六年（1213）四月卒，年七十七，謚宣
獻。著有《范文正年譜》《樂書正誤》《攻媿集》等。事迹具
《宋史》卷三九五、《宋史新編》卷一四七、《南宋書》卷四一
等書。

此書《宋史·藝文志》不著錄，見《文獻通考》傳記類。

按：大防於乾道五年（1169），待次溫州教授，以書狀官從其舅
汪大猷使虜，此編即紀其行也。十月十八日出發，迄次年三
月六日還家止。

又按：此編多附載於《攻媿文集》，單行者罕見。清乾隆年間，
鮑廷博輯刊《知不足齋叢書》，始自文集中析出別行。

入蜀記六卷　宋陸游撰　存

游，字務觀，號放翁，山陰人，佃之孫，宰之子，以廕補登仕郎。
孝宗隆興初賜進字土出身，官至寶謨閣待制。游立朝頗著風
采，後以爲侂冑作《南園閱古泉記》，見譏清議，然忠愛出於天
性，其詩爲宋大家稱首。文章法度謹嚴，亦爲南渡有數作家。
著有《南唐書》《老學庵筆記》《劍南詩集》《渭南文集》等。事
迹具《宋史》卷三九五、《宋史新編》卷一四七、《南宋書》卷三
七、《皇宋書録》卷下、《南宋館閣續録》《宋詩鈔》《宋人軼事彙
編》等書。

此書《四庫全書總目提要》傳記類著錄。

按：乾道五年（1169）游授夔州通判，次年閏五月十八日晚自

山陰啓行,十月二十七日早至夔州,因記其道路所經成此編。
《四庫提要》云:"游本工文,故於山川風土,叙述頗爲雅潔,而
於考訂古迹,尤所留意。如丹陽皇業寺,即史所謂皇基寺,避
唐玄宗諱而改;李白詩所謂新豐酒者,地在丹陽鎮江之間,非
長安之新豐;甘露寺狠石、多景樓,皆非故迹;真州迎鑾鎮乃
徐温改名,非周世宗時所改;梅堯臣題瓜步祠詩,誤以魏太武
帝爲曹操;廣慧寺祭悟空禪師文石刻,保大九年乃南唐元宗,
非後主;庾亮樓當在武昌,不應在江州,白居易詩及張舜民南
遷志並相沿而誤;歐陽修詩'江上孤峰蔽綠蘿'句,綠蘿乃溪
名,非泛指藤蘿;宋玉宅在秭歸縣東,舊有石刻因避太守家諱
毀之。皆足備輿圖之考證。他如解杜甫詩長年三老字及攤
錢字;解蘇軾詩'玉塔卧微瀾'句;解南方以七月六日作七夕
之由;辨李白集中《姑孰十詠》《歸來乎》《笑矣乎》《僧伽歌》
《懷素書歌》諸篇,皆宋敏求竄入,亦足廣見聞。其他搜尋金
石,引據詩文以參證地理者,尤不可殫數,非他家行記,徒流
連風景記載瑣屑者比也。"

胡玉縉《四庫提要補正》曰:"陸以湉《冷廬雜識》三云:'湖北
有西塞山,一名道士磯,湖州亦有西塞山,亦名道士磯,張志
和《漁父詞》所云'西塞山前白鷺飛',乃在湖州時作,而放翁
《入蜀記》指爲湖北之西塞山,《廣輿記》等亦沿其誤。'玉縉
案:湖北西塞山在黄州,余曾到過。"

又按:繆荃孫《藝風藏書記》卷四著録《入蜀記》六卷,影抄宋
本,每半葉十行,行十七字。今所藏此書單行之善本,惟臺北
"故宫博物院"所藏文淵閣《四庫全書》本,餘均爲叢書本,有:
《知不足齋叢書》本、《筆記小説大觀》本、《叢書集成初編》本,
並六卷;《寶顔堂秘笈》本、《詒經堂藏書》本,並四卷;又有
《續百川學海》本及《説郛》本,則僅一卷,非完本也。

中興十三處戰功録一卷　宋李壁撰　輯

壁，字季章，號雁湖居士，又號石林，丹稜人，燾第六子。少穎悟，日誦萬餘言，屬辭精博。紹熙元年（1190）第進士，爲正字。寧宗時附和韓侂胄用兵，拜參知政事。後謫居撫州，又起知遂寧府，嘉定十五年（1222）卒，年六十四，謚文懿。著有《雁湖集》《消塵録》《中興奏議》《内外制》《臨汝閑書》《王荆公詩註》等。事迹具《宋史》卷三九八、《宋史新編》卷一四六、《南宋書》卷四七等書。

此書《宋史·藝文志》不著録，見《文獻通考》傳記類。

《文獻通考·經籍考》曰："參政眉山李壁（季章）撰。中興以來，禦寇立功，惟此十三處，編爲一書，所謂司勛藏其貳者也。開禧乙丑（元年，1205）北事將作，其書成。"

按：此書早佚。清繆荃孫從《永樂大典》中，輯得"張俊高橋之役""陳思恭太湖之役""吴玠和尚原之役""吴玠饒風嶺關之役""吴玠殺金平之役""韓世忠大儀鎮之役""劉錡順昌府之役""張俊柘皋之役""劉錡阜角林之役""李寶唐島之役""虞允文采石磯之役""趙搏蔡州之役""張子蓋海州之役"等條，彙爲一卷，收入其光緒宣統間所刊《藕香零拾》中。繆氏跋云："《中興十三處戰功録》一卷，據李心傳《朝野雜記》，乾道二年（1166），蔣子禮執政，遂以明州城下、和尚原、殺金平、大傷鎮、順昌、阜角林、胥浦橋、唐島、采石、蔡州、茨湖、碻山、海州爲十三處戰功，而前序諸將抗金實迹，則明州城下之後，有陳思恭太湖一役；大傷鎮之後，有藕塘一役；順昌之後，有柘皋一役，而後斷以藕塘所捷，乃僞齊，非金兵，故不與。而馬端臨《經籍考》云：'參政眉山李壁（季章）撰。開禧乙丑北事將作，其書成。'是撰書之旨，發於蔣子禮，而成於李季章，北事將作，以激厲將帥耳。是書自明《文淵閣書目》著録在宙字號,以後失傳,今於《大典》一萬一九百七十卷錄字韻,與《曾公遺録》同鈔出,首尾完善,惜無序跋。無胥浦橋、茨湖、確山三處,而有太湖、饒風關、柘皋三處;確山附見於蔡州,自以此録爲定。論者謂岳鄂王朱仙鎮一役,至今嘖嘖人口,而《北盟會編》不載其事,遂疑秦氏所惡,史官不敢直書。至開禧元年(1205)始撰是録,正值定議伐金,追封飛爲鄂王之時,如果實有戰績,焉有不叙入之理。昔人亦有言倦翁所記,過於鋪張,孝子慈孫之由心,有不盡實事者。予觀此録,亦不敢以此言爲過刻矣。光緒乙巳(三十一年,1905)夏至江陰繆荃孫跋。"

福華編不著卷數　宋廖瑩中、翁應龍撰　佚

瑩中,字群玉,號藥洲,邵武人。登科,爲賈似道客,嘗除太府丞,知某州,皆不赴。咸淳間,命善工翻刻淳化閣帖、絳帖,皆逼真。似道還越待罪,瑩中相從不捨,一夕與似道痛飲,悲歌雨泣,五更歸舍,服冰腦而死。事迹具《宋史翼》卷四〇。

應龍,生平待考。

此書《宋史·藝文志》不著録,見《浙江通志》《西湖游覽志》及《台州經籍志》。

《台州經籍志》云:"記天臺賈似道平鄂之功。(蒙古)憲宗時元兵南侵,至鄂州,拜似道左丞相禦之。會憲宗崩,似道請和,元人許之,兵解,遂上表以肅清聞,帝以其有再造功,寵用日盛,似道乃使門客廖瑩中、翁應龍撰此書。"

按:元兵攻鄂州,似道割地納幣請和,詭以鄂州圍解表聞事,具《宋史》卷四七四《賈似道傳》。

金亮講和事迹一卷　宋張棣撰　佚

棣,官奉承郎,本金人,淳熙中入宋,述其見聞,著《正隆事迹記》《金圖經》等書。

此書《宋史·藝文志》傳記類著録。

按：《正隆事迹記》，記金海陵煬王之事；《金圖經》，一名《金國志》，記金國事頗詳，二書今猶如存傳本，《四庫全書總目提要》雜史類存目著録。日本三上次男撰《張棣〈金國志〉即〈金圖經〉的探討》一文，疑《正隆事迹》爲《金圖經》之一部份，而本編即《正隆事迹》之別名，惟疑不敢定。

浸銅要録一卷　宋張甲撰　佚

甲，生平俟考。

此書《宋史·藝文志》傳記類著録。

唐年經略志一〇卷　宋張涉撰　佚

涉，史無傳，著有《晉略》《里訓》等書。

此書《宋史·藝文志》傳記類著録。

按：《玉海》卷五七"唐經略志"條引《書目》云："《唐經略志》十卷，張涉撰，始征伐四夷，終朝貢，皆唐時事。

飛龍記一卷　宋趙普撰　佚

普，字則平，幽州薊人，初事太祖爲書記，太祖北征至陳橋，被酒臥帳中，衆軍推戴，普與太宗排闥入告，太祖欠伸徐起，而衆軍擐甲露刃，誼擁麾下。及受禪，以佐命功授右諫議大夫充樞密直學士。乾德二年（964），范質等三相同日罷，以普爲門下侍郎平章事集賢殿大學士。太宗時拜太師，封魏國公。歷相兩朝，決事如流。普少習吏事，寡學術，及爲相，太祖常勸以讀書，晚年手不釋卷，每歸私第，闔户啓篋取書讀之竟日，及次日臨政，處決如流，既薨，家人發篋視之，則《論語》二十篇也。淳化三年（992）七月卒，年七十一，封韓王，諡忠獻。有奏議。事迹具《宋史》卷二五六、《宋史新編》卷六九、《東都事略》卷二六、《隆平集》卷四、《名臣碑傳琬琰集》上集卷一、《五朝名臣言行録》卷一、《宋大臣年表》及《北宋經撫年表》等書。

此書《宋史·藝文志》傳記類著録。

按:《郡齋讀書志》卷六雜史類著録《龍飛日曆》一卷,晁氏曰:"右皇朝趙普撰。記顯德七年(960)正月藝祖受禪事。是年改元建隆,三月普撰此書,普時樞密學士。"《玉海》卷四七云:"《建隆龍飛日曆》一卷,趙普記顯德七年(960)正月藝祖受禪事。是年改元建隆,三月普撰此書,普時爲樞密學士。"又卷五一"宋朝龍飛故事"條引《書目》云:"《龍飛故事》一卷,集賢殿大學士趙普記載太祖龍飛事迹。"

又按:此書或題龍飛日曆,或題龍飛故事,或題飛龍記,一書異名也。

戊申英政録一卷　宋錢儼撰　佚

儼,初名信,俶異母弟也。歸宋,歷官愼隨金等州觀察使。儼博涉經史,少夢人遺以大硯,自是樂爲文辭,頗敏速富贍,當時國中詞翰,多出其手。著有《光聖録》《吳越備史》《備史遺事》《皇猷録》《忠懿王勳業志》《貴溪叟自叙傳》《前集》《後集》等。事迹具《宋史》卷四八〇、《宋史新編》卷一九〇等。

此書《宋史·藝文志》傳記類著録。

《通志·藝文略》載《錢氏戊申英政録》一卷,錢儼編。

《直齋書録解題》卷七傳記類著録此書一卷,陳氏曰:"婺州刺史錢儼撰,記其兄俶事迹。俶以戊申(948)正月嗣位。"

按:戊申即乾祐元年(948)也。俶,元瓘之子,倧之異母弟也。倧既爲軍校所幽,時俶爲溫州刺史,衆以無帥,遂迎立之,時漢乾祐元年(948)正月十五日也。其年八月,始授檢校太師兼中書令,充鎮海鎮東等軍節度使,東南面兵馬都元帥,周廣順中累官至守尚書令中書令,吳越國王,建隆初復加天下兵馬大元帥。事迹具《五代史》卷一三三、《新五代史》卷六七本傳。

唐末汎聞録一卷　宋閻自若撰　佚

自若，常山人，事迹待考。

此書《宋史·藝文志》傳記類著録。

《郡齋讀書志》卷六雜史類著録《唐末汎聞録》一卷，晁氏曰：
"右皇朝閻自若纂。乾德中王普《五代史》成，自若之父觀之，
謂自若曰：'唐末之事皆吾耳所及，與史册異者多矣。'因話見
聞故事，命自若誌之。"

《直齋書録解題》卷七傳記類著録《唐末汎聞録》一卷，陳氏
曰："題常山閻自若撰，記五代及諸僭僞事，其序自言乾德中
得於先人及舅氏聞見，且曰：傳者難驗，見者易憑，考之史策，
不若詢之耆舊也。然所記亦時有不同者，如李濤納命事，本
謂張彦澤，今乃云謁周高祖，未詳孰是？"

按：李濤，字信臣，京兆萬年人。唐天成初舉進士甲科，自晋
州從事拜監察御史，遷右補闕，天福年間改刑部郎中。宋初
拜兵部尚書，卒年六十四。考《宋史·李濤傳》謂：涇帥張彦
澤殺記室張式，奪其妻，式家人詣闕上訴，晋祖以彦澤有軍
功，釋其罪，濤伏閣抗疏，請寘於法。晋祖召見諭之，濤植笏
叩階，聲色俱厲，晋祖怒叱之，濤執笏如初，晋祖曰："吾與彦
則有誓約，恕其死。"濤厲聲曰："彦澤私誓，陛下不忍食其言，
范延光嘗賜鐵券，今復安在？"晋祖不能答，即拂衣起，濤隨之
諫不已，晋祖不得已，召式父鐸，弟守貞，子希範等，皆拜以
官，罷彦澤節制。濤歸洛下，賦時自悼，有"三諫不從歸去來"
之句。又謂晋祖崩，濤坐不赴臨停，未幾起爲洛陽令，遷屯
田職方郎中，中書舍人。會契丹入汴，彦澤領突騎入京城，
恣行殺害，人皆爲濤危之，濤詣其帳，通刺謁見，彦澤曰：
"舍人懼乎？"濤曰："今日之懼，亦猶足下昔年之懼也，向使
先皇聽僕言，寧有今日之事。"彦澤大笑，命酒對酌，濤神氣

自若。知濤納命事乃詣張彥澤,非周高祖也。是閻書所載,未必盡可據。

又按:此書各本《宋史》並作《唐宋汎聞録》,"宋"當作"末"。清武英殿本《宋史》"閻自若"誤作"高自若",今並正之。

西州使程記一卷　宋王延德撰　存

延德,大名人。少給事晉邸,太平興國初補殿前承旨,再遷供奉官。使高昌國還,撰爲此書以獻。真宗時以左千牛衛上將軍致仕。延德以攀附得官,傾險奴進,時人惡之。景德三年(1006)卒,年六十八。事迹具《宋史》卷三〇九、《宋史新編》卷八五、《北宋經撫年表》等書。

此書《宋史・藝文志》傳記類著録。

按:此編即延德使高昌紀行之作,今載《宋史・外國傳》中,單行者罕見。王國維嘗據《宋史》所載,校以揮塵録,今收入《海寧王靜安先生遺書》中。

奉使二浙雜記一卷　宋沈立撰　佚

立有《都水記》二〇〇卷已著録。

此書《宋史・藝文志》傳記類著録。

按:《宋史》本傳謂立遷兩浙轉運使,此編蓋當時所記也。

乘軺録一卷　宋路振撰　存

振,字子發,其先永州祁陽人,避地湘潭。幼穎悟,五歲通《孝經》《論語》,淳化中舉進士。通判邠州,大中群符初遷太常博士,左司諫,擢知制誥。大中祥符七年(1014)卒,年五十八。著有《九國志》及文集。事迹具《宋史》卷四四一、《宋史新編》卷一七〇、《史質》卷四〇、《東都事略》卷一一五等書。

此書《宋史・藝文志》傳記類著録。

按:大中祥符元年(1008),振官知制誥,十二月,受詔充契丹國主生辰使,録所經關驛爲此編。崇寧五年(1106),晁伯宇鈔録此書,跋云:"按録是歲振受詔充契丹國主生辰使,故其録如此。契丹今改其國號大遼,見宋使無常處,不皆在中京也。自虎北口以南,皆漢唐故地,因續鈔之,以備他日遼人歸我幽薊輿地之考索。"

又按:此書單行者罕見,收入叢刻者有《指海》本、《粵雅堂叢書》本、《十萬卷樓叢書》本、《叢書集成初編》本。

蜀寇亂小録一卷　宋張逵撰　佚

逵,成都人,與同邑張及,同郡李畋,同舉進士,皆有時名。逵歷官職方。《全蜀藝文志》卷四一載《酒亭群公畫像記》及《宋元學案補遺》卷九,可略知其事迹。

此書《宋史·藝文志》傳記類著録。

平蜀録一卷　宋康延澤撰　佚

延澤,延詔弟,天福中以蔭補官。廣順間遷内染院副使。宋初從平湖湘,又從征蜀,爲鳳州路馬軍都監,破白水閣子二砦,延澤以百騎先入成都,安撫軍民,盡封府庫而還,就命爲成都府都監。會全師雄作亂,延澤大破之,事平,命爲東川七州招安撫檢使,後坐與諸姪爭家財失官。開寶二年(969)卒,年五十八。事迹具《宋史》卷二五五、《宋史新編》卷六八、《名臣碑傳琬琰集》上集卷一七等書。

此書《宋史·藝文志》傳記類著録。

《直齋書録解題》卷七傳記類著録《平蜀實録》一卷,陳氏曰:"右藏庫副使康延澤撰。平蜀之役,延澤以内染院使爲鳳州路馬軍都監,王全斌等既得罪,延澤亦貶唐州團練使。按本傳載蜀軍二萬七千人,諸將慮其爲全師雄内應,欲盡殺之,延澤請簡老弱疾病七千人釋之,餘以兵衛浮江而下,諸將不能用,此書叙述甚詳,《邯鄲書目》云不知作者,《館閣書目》亦然,考王元之所撰延澤墓誌,知其所爲也。"

此書雖佚,延澤平蜀之事,《宋史》本傳紀之頗詳。《宋史》卷二五五《康延澤傳》云:"……會全師雄復亂,徙爲晉州刺史,時有降兵二萬七千,諸將懼爲内應,欲盡殺之,延澤請簡老幼疾病七千人釋之,餘以兵衛浮江而下,賊若來劫奪,即殺之未晚,諸將不能用。俄出兵敗賊黨劉澤三萬人,復有王可瓊率數郡賊兵來戰,延澤擊走之,追北至合州,又破可瓊餘黨謝行水等,擒羅七君,事平,優詔嘉獎。"

按:此書《宋志》云不知作者,陳振孫據王元之所撰《延澤墓誌》,以爲康氏所撰,今從之。惟《延澤墓誌》今不得見。

議盟記一卷　宋不著撰人　佚

此書《宋史·藝文志》傳記類著録。

按:此編殆載宋與北人議和之事。

梁益記一〇卷　宋任升撰　佚

升,天禧中人,官著作佐郎益州知録事參軍。

此書《宋史·藝文志》傳記類著録。

《郡齋讀書志》卷八地理類著録《梁益志》十卷,晁氏曰:"右皇朝任弁撰。天禧中游宦於成都,以蜀記數家,其言皆無所據依,乃引書傳,刊正其事。(《蜀中廣記》卷九六引晁氏語)。

《直齋書録解題》卷八地理類著録《梁益記》十卷,陳氏曰:"著作佐郎益州知録事參軍任弁撰,天禧四年(1020)自爲序。"

《玉海》卷一五"天禧梁益記"條引《書目》云:"天禧中任升以蜀書有數家,皆穿鑿誕妄,於是刪次十卷。"

按:此書之作者,《宋志》及《玉海》作任升,晁《志》及陳《録》作任弁,未知孰是。

又按:梁州,古九州之一,宋梁州治南鄭,今四川省及陝西省南部地。益州,今四川省也。

歷來記蜀地之書甚多,今依其成書時代,條列唐以前較著之數家於左，以見任書之所承：

《蜀本紀》，漢司馬相如撰，見姚振宗《漢書藝文志拾補》，佚。

《蜀本紀》，漢嚴君平撰，見《漢書藝文志拾補》，佚。

《蜀王本紀》一卷，漢揚雄撰，見《隋書·經籍志》，有輯本。

《蜀本紀》，漢陽成子玄撰，見《華陽國志》，佚。

《蜀本紀》，漢尹貢撰，姚振宗《後漢藝文志》據《南中志》著錄。

《蜀郡鄉俗記》，漢趙寧撰，侯康《補後漢書藝文志》、顧櫰三《補後漢書藝文志》、姚振宗《後漢藝文志》、曾樸《後漢書藝文志》等，據《華陽國志》著錄，佚。

《益州志》，蜀譙周撰，顧櫰三《補後漢書藝文志》、丁國鈞《補晉書藝文志》、文廷式《補晉書藝文志》、秦榮光《補晉書藝文志》、黃逢元《補晉書藝文志》、章宗源《隋書經籍志考證》、汪師韓《文選理學權輿》等據《文選》注著錄，佚。

《蜀志》一卷，晉常寬撰，見《隋書·經籍志》，佚。

《刪補蜀記》七卷，晉王隱撰，見《唐書·經籍志》及吳士鑑《補晉書藝文志》，佚。

《華陽國志》十二卷，晉常璩撰，存。

《益州記》三卷，梁李膺撰，見《隋書·經籍志》，佚。

《益州記》三卷，隋李充撰，見《唐書·藝文志》，佚。

《蜀記》二卷，唐鄭暐撰，見《唐書·藝文志》，佚。

他如《太平寰宇記》《輿地紀勝》《太平御覽經史圖書綱目》《玉海》等，亦多所著錄，然今則泰半已佚矣。

錢俶貢奉錄一卷　宋錢惟演撰　佚

惟演有《玉堂逢辰錄》二卷已著錄。

此書《宋史·藝文志》傳記類著錄。

《直齋書錄解題》卷七傳記類著錄《秦王貢奉錄》二卷，陳氏曰：“樞密使吳越錢惟演（希聖）撰，記其父俶貢獻及錫賚之物。"

按:俶,字文德,元瓘九子,晋開運中爲台州刺史,胡進思既廢俶兄倧,迎俶嗣吴越國王,累授天下兵馬大元帥。宋太祖時入朝,平江南有功,太平興國中以所管十三州來獻闕下,恩禮甚至,累封鄧王,卒謚忠懿。事迹具《五代史》卷一三三、《新五代史》卷六七本傳。

奉使録一卷　宋寇瑊撰　佚

瑊,字次公,汝州臨汝人,生而眉目美秀,擢進士,授蓬州軍事推官,權領施州,募人入米而償以鹽,軍食逐足,民力亦紓。復平溪南蠻,爲梓州路轉運使。仁宗朝擢樞密直學士,權知開封府,天聖間二度出使契丹。事迹具《宋史》卷三〇一、《宋史新編》卷九四及《北宋經撫年表》等書。

此書《宋史·藝文志》傳記類著録。

《郡齋讀書志》卷七僞史類著録《生辰國信語録》一卷,晁氏曰:"右皇朝寇瑊與康德輿,天聖六年(1028)使契丹,賀其生辰,往返語録,并景德二年(1005)至天聖八年(1030)使副姓名及雜儀附於後。"

按:《生辰國信語録》,當即此書之異名也。康德輿,字世基,河南洛陽人,贊元子。天聖中使夏州,夏人謂曰:"前康將軍戰靈武者非先世邪?"德輿懼其復讐,紿曰:"非也。"復知趙州,有告雲冀卒謀以上元夜劫庫兵爲亂,德輿會賓屬燕飲自若,陰遣人捕首謀誅之。徙陳州鈐轄卒。事迹具《宋史》卷三二六、《宋史新編》卷一〇五及《北宋經撫年表》等書。

西行記一卷　宋劉渙撰　佚

渙,字仲章,文質子。有才略,尚氣不羈,臨事無所避,初以父任爲將作監主簿,監并州倉。天聖中章獻太后臨朝久,渙謂天子年加長，上書請還政。仁宗親政，擢爲右正言。郭后廢，浼與孔道輔、范仲淹等伏闕爭之。後知遼州，夏人叛，朝廷議遣使通河西唃氏，浼請行，間道走青唐，諭以恩信，唃氏大集族帳，誓死扞邊，遣騎護出境，得其誓書與西州地圖以獻，加直昭文館，遷陝西轉運使。熙寧中以工部尚書致仕，卒年八十一，有詩集。事迹具《宋史》卷三二四、《宋史新編》卷一〇四、《東都事略》卷六一等書。

此書《宋史·藝文志》傳記類著録。

《直齋書録解題》卷七傳記類著録《劉氏西行録》一卷，陳氏曰："直昭文館保塞劉浼（仲章）撰。按康定二年（1041）朝廷議遣使通河西唃氏，浼以屯田郎知晋州請行，以十月十九日出界，慶曆二年（1042）三月十日回秦州，此其行紀也。唃氏自此與中國通，而元昊始病於牽制矣。浼後擢刺史，歷典數州，至留後，以工部尚書致仕。"

奉使語録二卷　奉使别録一卷　宋富弼撰　佚

弼，字彦國，河南人。少篤學有大度，范仲淹以爲王佐才。任宗復制科，舉茂材異等，授將作監丞。慶曆中知制誥，再使契丹，力拒割地，辨和戰之利害，使北之民，不見兵革者數十年。還拜樞密副使，至和中拜中書門下平章事，與文彦博並相，天下稱富文。以母憂去位。英宗立，召爲樞密使，封鄭國公。熙寧中再入相，會王安石用事，弼度不能爭，稱疾求退。加拜司空，進封韓國公致仕。元豐六年（1083）八月卒，年八十。著有《前漢書綱目》《契丹議盟别録》《救濟流民經畫事件》《富鄭公詩集》等。事迹具《宋史》卷三一三、《宋史新編》卷九六、《東都事略》卷六八、《名臣碑傳琬琰集》上集卷五等書。

此書《宋史·藝文志》傳記類著録。

《郡齋讀書志》卷七僞史類著録《富公語録》一卷，晁氏曰："右皇朝富弼使虜時所撰。"

《直齋書録解題》卷七傳記類著録《奉使別録》一卷,陳氏曰:
"丞相河南富弼(彦國)撰。慶曆使契丹歸,爲語録以進。機
宜事節,則具於此録。又一本有兩朝往來書附於末。"

宋王楙《野客叢書》卷一五"富公奉使語録"條曰:"東坡撰《富
公神道碑》載公奉使語曰:'北虜與中國通好,則人主專其利,
而臣下無所獲。若用兵,則利歸臣下,而人主任其禍。故北
朝諸臣爭勸用兵者,此皆其身謀,非國計也。'予按:唐鄭元璹
謂頡利曰:'漢與突厥風俗各異,漢得突厥,既不能臣,突厥得
漢,復何所用?且抄掠皆入將士,在可汗一無所得,不如和
好,國家必有重資,幣帛皆入可汗,坐受利。'頡利納其言,乃
知鄭公之言,出於元璹。"

按:弼,慶曆二年(1042)爲知制誥,會契丹屯兵境上,遣使臣
蕭英、劉六符來求關南地,朝廷擇報聘者,皆以其情叵測,莫
敢行,夷簡因是薦弼。弼使契丹始末,具《宋史》本傳。弼又
有《契丹議盟別録》五卷,《宋史·藝文志》故事類著録。

又按:明《文淵閣書目》卷六載《富鄭公使北語録》一部一册,
闕。是明正統間《語録》傳本已罕見。

戴斗奉使録一卷　宋王曙撰　佚

曙,字晦叔,河南人。第進士,成平中舉賢良方正科策入等,
遷秘書省著作佐郎,知定海縣,還爲郡牧判官,考集古今馬
政爲《群牧故事》六卷上之。累官樞密使,同中書門下平章
事,卒諡文康。著有《群牧故事》。事迹具《宋史》卷二八六、
《宋史新編》卷八七、《東都事略》卷五三、《隆平集》卷一〇、
《五朝名臣言行録》卷四、《宋大臣年表》及《北宋經撫年表》
等書。

此書《宋史·藝文志》傳記類著録。《郡齋讀書志》卷七僞史

類著錄《戴斗奉使錄》二卷，晁氏曰：“右皇朝王曙撰。景德三年（1006）爲契丹主生辰使，祥符三年（1010）爲弔慰使所錄也。”

按：此書晁《志》云二卷，《宋志》則僅一卷。

又按：戴斗謂北方也。《爾雅·釋地》：“北戴斗極爲空桐。”郭璞注：“戴，值。”邢昺疏：“斗，北斗也。……極，中也。北斗拱極，故云斗極。值北斗極之下，其處名空桐。”

燕北會要錄一卷　宋不著撰人　佚

此書《宋史·藝文志》傳記類著錄。

虜庭雜記一四卷　宋趙志忠撰　佚

志忠，本華人，自幼陷虜，仕契丹爲中書舍人，後來歸。

此書《宋史·藝文志》傳記類著錄。

《郡齋讀書志》卷七僞史類著錄《虜廷雜記》十卷，晁氏曰：“右契丹降人趙志忠撰，記虜廷雜事。始於阿保謹，迄邪律宗真。李清臣云：‘志忠仕虜爲中書舍人，得罪宗真，來歸，上此書及契丹地圖，言契丹事甚詳。’”

按：《宋志》此書云不知作者，今據陳《錄》補正。卷數不同者，殆分合不同故也。

契丹須知一卷　宋不著撰人　佚

此書《宋史·藝文志》傳記類著錄。

《通志·藝文略》地理朝聘著錄《契丹須知》一卷，不著撰人。

按：此書殆使契丹者纂其見聞之事也。

陰山雜錄一五卷契丹實錄一卷　宋趙志忠撰　佚

志忠有《虜庭雜記》一四卷已著錄。

此書《宋史·藝文志》傳記類著錄。

《直齋書錄解題》卷五僞史類著錄《陰山雜錄》十六卷，陳氏曰：“不著名氏。莆田鄭氏（樵）《書目》云：‘趙志忠撰。’志忠者,遼中書舍人,得罪於宗真,挺身來歸。歐公歸田録云:'志忠本華人,自幼陷虜,爲人明敏,在虜中舉進士,至顯官,歸國述虜中君臣世次、山川風物甚詳。'今觀此書,可概見矣。"又有《契丹録》一卷,云:"即《陰山雜録》之首卷也。"

按:《契丹録》疑即《契丹實録》也。此書本十六卷,其後首卷《契丹實録》別行,《宋志》遂分兩書著録。

征南録一卷　宋滕甫撰　存

甫,字元發,東陽人,以避高魯王諱,以字爲名,更字達道。皇祐五年(1053)進士。神宗時歷官御史中丞,除翰林學士。知開封府,論議讜直,在帝前論事,如家人父子,言無文飾。歷知鄆州、定州諸郡,被擠貶居筠州。哲宗時除龍圖閣直學士,復知鄆州,徙真定、太原,治邊凜然,威行西北,號稱名帥。元祐五年(1090)十月卒,年七十一,諡章敏,贈銀青光禄大夫。著有文集。事迹具《宋史》卷三三二、《宋史新編》《史質》卷三五、《東都事略》卷九一等書。

此書《宋史·藝文志》傳記類著録。

按:皇祐四年(1052)夏四月,廣源州蠻儂智高寇邕州,守臣陳珙死之,遂擊破橫、貴、龔、潯、藤、梧、封、康、瑞九州,朝廷命江南西路荆湖南路安撫使孫沔平之,惟余靖歸美於狄青,甫以爲非實,乃作此編記其事也。《四庫全書總目提要》云:"其時沔爲安撫,狄青爲宣撫使,沔與青會兵計議,進破智高於歸仁鋪,沔留治後事。及師還,余靖勒銘長沙,專美狄青,朝廷亦以青爲樞密使,賞賚甚厚,沔止加秩一等。甫以爲南征之事,本出沔議,其措置先備,又能以身下狄青,卒攘寇難,因述爲此書,以頌沔之績。蓋知杭州時,嘗奇甫才,授以治劇,守邊方略,具有知己之分,故力爲之表暴如此。考《宋史》載征儂智高事,亦於狄青傳爲詳,而沔傳頗略,然此書備見於《宋

史・藝文志》、陳振孫《書録解題》，當時皆不以爲誣，殆必有
説，是亦考史者所宜兼存矣。"

按：今所藏此書之善本，惟臺北"故宫博物院"藏文淵閣《四庫
全書》本。收入叢刻者，有《續金華叢書》本，《藝海珠塵》本、
《墨海金壺》本。

皇祐平蠻記二卷　宋馮炳撰　佚

炳，官殿中丞，字里待考。《蔡忠惠集》卷一〇載《右贊善大夫
馮炳可授殿中丞制》。

此書《宋史・藝文志》傳記類著録。

《郡齋讀書志》卷七僞史類著録《皇祐平蠻記》一卷，晁氏曰：
"右皇朝馮炳撰，記儂智高叛，朝廷遣狄青討平之事。"

《直齋書録解題》卷七傳記類著録《皇祐平蠻記》二卷，陳氏
曰："殿中丞馮炳撰，記儂智高事。"

按：狄青平儂智高事，具《宋史》卷二九〇《狄青傳》。《玉海》
卷一八七"平蠻碑"條云："余靖於桂州北門之外，就崖石磨刻
出師平賊受箓凱旋年月，以宣示皇朝威令，用肅遠方。又撰
《京觀記》，刻石於邕州歸仁鋪蠻塚之側。殿中丞馮炳掌機
宜，撰《平蠻記》二卷。"

使北録一卷　宋劉敞撰　佚

敞，字原父，臨江新喻人，舉慶曆進士，廷試第一。編排官王
堯臣，其内兄也，以親嫌自列，乃以爲第二。歷右正言，知制
誥，奉使契丹，素知山川道徑及異獸形狀，遼人嘆服。改集賢
院學士，判御史臺。敞學問淵博，自佛老卜筮天文方藥山經
地志，皆究知大略。長於《春秋》，有《春秋權衡》《春秋傳》《春
秋意林》《公是集》等書。世稱公是先生。事迹具《宋史》卷三
一九本傳。

此書《宋史・藝文志》傳記類著録。

按：《宋史》本傳謂敞奉使契丹，素知山川道徑及異獸形狀，遼人嘆服。又《公是集》卷四三載《擬朝廷報契丹書》。此編蓋其使遼既歸，纂其見聞之事也。

春明退朝錄三卷　　宋宋敏求撰　　存

敏求，字次道，趙州平棘人，綬子，賜進士及第。嘗預修《唐書》，治平中爲仁宗實錄，起居注、知制誥，累遷龍圖閣直學士，元豐初卒。敏求家藏書三萬卷，皆略誦習，熟於朝廷典故，士大夫疑議，必就正焉，補唐武宗以下六世實錄百四十三卷。著有《唐大詔令集》《長安志》等。事迹具《宋史》卷二九一、《宋史新編》卷九〇、《東都事略》卷五七、《名臣碑傳琬琰集》中集卷一六等書。

此書《宋史・藝文志》傳記類著錄。

按：此書《文獻通考》凡兩出其名，一在故事類，一在雜家類，《四庫全書總目提要》以其所記雜說雜事，錯出其間，以之入雜家類，今以此書所載，多涉當時人生平事迹，據《宋志》厠於此。自叙云："熙寧三年(1070)，予以諫議大夫奉朝請，每退食，觀唐人泊本朝名輩撰著以補史遺者，因纂所聞見繼之。先廬在春明里，題爲'春明退朝錄'云。"

又按：今所藏此書單行之善本，臺北"國家圖書館"有舊鈔本一部，乃前國立北平圖書館寄存者；臺北"故宮博物院"有清文淵閣《四庫全書》本一部；載諸叢書者有：《百川學海》本、《説郛》本、《學津討源》本、《學海類編》本、《反約篇》本、《榕園叢書》本、《畿輔叢書》本及《叢書集成初編》本等。

入番錄二卷　　宋宋敏求撰　　佚

敏求有《春明退朝錄》三卷已著錄。

此書《宋史・藝文志》傳記類著錄。

按：此編諸家書目罕見。

歸田後録一〇卷　宋朱定國撰　佚

定國，字興仲，其先成都人也，後寓無爲郡之廬江。慶曆二年（1042）進士，授池州、貴州主簿，遷饒州軍事判官，歷梓州觀察推官，以朝散郎致仕，元祐四年（1089）卒，年七十九。《宋史》無傳，事迹具楊傑《無爲集》卷一三《故朝散郎致仕朱君墓誌銘》。

此書《宋史·藝文志》傳記類著録。

按：《墓誌銘》云：“至老不釋卷。凡論漢魏以下至國朝人物，賢愚忠佞言行之迹歷歷可聽。尤好爲詩。喜愠悲憂，一於詩發之，格尚平淡，在編軸者數百首。著《歸田後録》，皆耳目所接朝野可載事，以備史氏之遺，士大夫多傳之。”

北庭須知二卷　宋陳昉撰　佚

昉，字叔方，號節齋，温州平陽人，峴子。以父任知浦城縣，真德秀薦立朝，與劉克莊等號端平八士。累遷吏部尚書，拜端明殿學士致仕，卒謚清惠。著有《潁川語小》《雲萍録》等書。事迹具《南宋館閣録》卷七及《南宋制撫年表》等書。

此書《宋史·藝文志》傳記類著録。

《直齋書録解題》卷五僞史類著録此書，作《虜廷須知》一卷，陳氏曰：“左藏軍副使知安肅軍陳昉撰，熙寧元年（1068）集賢校理鄭穆爲之序，凡二十一條目。”

雲萍録不著卷數　宋陳昉撰　佚

昉有《北庭須知》二卷已著録。

此書《宋史·藝文志》不著録，見《温州經籍志》傳記類雜録之屬。

按：此蓋記其宦游所見聞也。《文山全集》卷一四載《題陳書昉〈雲萍録〉》，云：“公守建陽，人和政成；皇曰來歸，從槖斯榮。我時在館，望公珮珩；公不我遐，我德公誠，公録班如，友

朋公卿,維公下氏,敬附氏名。"《溫州經籍志》云:"節齋陳清
惠公昉,萬曆《溫州府志·宦業傳》、雍正《浙江通志》、乾隆
《平陽縣志·名臣傳》並有傳。"

劍南須知一〇卷　宋宋如愚撰　佚

如愚,眉山人,游場屋有俊聲,不第以死。

此書《宋史·藝文志》傳記類著録。

《文獻通考》卷二〇五《經籍》三二載《劍南須知》十卷,引李燾
曰:"宋如愚撰,第一第二卷,但編集舊史,拼取或不倫。第三
第四第五第六凡四卷,盡出唐樊綽《蠻書》。第七卷以下,乃
如愚自爲之文,及所畫計策耳。如熙寧買馬事,誠西南要害,
異時或可補國史之闕云。如愚,眉山人,游場屋有俊聲,不第
以死,亦可哀者。"

按:唐以益州置劍南道,宋仍之,今四川省西部地。

又按:唐樊綽《蠻書》十卷,多記南詔事,今有清四庫館臣據
《永樂大典》輯本。

雞林記二〇卷　宋吳栻撰　佚

栻,字願道,甌寧人,舉進士,歷知江寧、鄆州、河南,累官龍圖
閣直學士,徽宗稱其清謹循良,後知中山府卒。著有《蜀道紀
行詩》《菴峰集》等。事迹略具《北宋經撫年表》。

此書《宋史·藝文志》傳記類著録。

按:高麗,宋時或稱雞林,哲宗年間,其國有雞林公熙者爲國
王。《宋史》卷四八七《外國列傳》"高麗"條云:"崇寧二年
(1103),詔户部侍郎劉逵、給事中吳栻往使。"此書蓋載出使
之見聞也。

雞林志三〇卷　宋王雲撰　佚

雲,字子飛,澤州人,舉進士,從使高麗,撰雞林志以進,擢秘
書省校書郎,宣和中爲兵部員外郎,起居中書舍人。靖康初

議割三鎮，固言康王宜將命，及王受命，雲爲之副。行至磁州，民以爲奸，譟而殺之，王見事洶洶，乃南還相州。是役也，雲不死，王必北行，議者以是驗天命云。建炎初贈觀文殿學士。著有《文房纂要》。事迹具《宋史》卷三五七、《宋史新編》卷一二四、《東都事略》卷一〇九及《宋季忠義録》卷九等書。

此書《宋史·藝文志》傳記類著録。

《郡齋讀書志》卷七僞史類著録《雞林志》三十卷，晁氏曰：“右皇朝崇寧中王雲編次。崇寧中劉逵、吳栻使高麗，雲爲書記官，既歸，攟輯其會見之禮，聘問之辭，類分爲八門。”

《直齋書録解題》卷七傳記類著録《奉使雞林志》三十卷，陳氏曰：“宣德郎王雲撰，崇寧元年，祐按：《宋史》云二年。雲以書狀從劉逵、吳栻使高麗，歸而爲此書以進，自元豐創通高麗以後事實，皆詳載之。”

按：此書與前書當是一書。先是栻編爲二十卷，後雲又益爲三十卷以進也。

宜春傳信録三卷　宋羅誘撰　殘

誘，生平待考。

此書《宋史·藝文志》傳記類著録。

《郡齋讀書志》地理類著録此書，晁氏云：“皇朝羅誘述，載其地古今人物及牧守政績、山川靈異云。”

按：此書久已殘缺不完，今《説郛》所載，僅六條而已。

東北諸蕃樞要二卷　宋李季興撰　佚

季興，史無傳，生平待考。

此書《宋史·藝文志》傳記類著録。

中山麟書一卷　宋汪若海撰　存

若海，字東叟，歙人。靖康中爲太學生，建炎中官至直秘閣，知江州，丁父憂歸。紹興三十一年（1161）卒，年六十一。著有《若海集》。事迹具《宋史》卷四〇四、《宋史新編》卷一三八、《史質》卷五五、《南宋書》卷三〇等書。

此書《宋史・藝文志》傳記類著録。

按：史稱若海生而岐嶷，美姿挺特，豁達高亮，深沉有度。靖康初以金人侵擾，詔求知兵者，若海應詔上書，請立康王爲大元帥，鎮撫河北。及京城失守，若海復述麟爲書以獻，即此本也。其書託麟爲喻，以儷詞作韻語，詭言鴟夷子授之磐固侯，盤固侯授之若海，遂以獻之。大旨主用兵之是，斥和議之非，以當時金人已破京城，不敢顯言，而以廋詞寄其意。鄧肅跋云："南方有黑魚，懼物之得己，則吐墨以自蔽，然漁者視墨之所在，則知魚之所潛矣。是自蔽者乃所以自媒也。靖康丙午(元年，1126)冬，王城失守，太學汪君東叟寫以麟書，俾一時廢興之迹，昭若日星，且曰未平定，吾不可以求進也，故託名鴟夷子，將以自蔽。然作如是文，書如是事，安得以自蔽邪？罩罩以求者，將不免於于矣。雖然，子其謹之。願子從九罭，不願子從敝笱。"呂本中跋云："司馬長卿作大人賦，詼詭譎怪，不可致詰，然意實有在，漢武帝蓋未之知也。汪子之爲麟書，蓋得法於此，予固知之矣。"汪藻跋云："此吾家千里駒也，以文滑稽而非滑稽也。嗚呼！孰司帝閑，收此駔駿也。"

又按：此書罕見單行，今所見者皆叢刻本，有《續百川學海》本、《寶顏堂秘笈》本、《蔵古介書》本及《説郛》本。

使高麗事纂二卷　宋不著撰人　佚

此書《宋史・藝文志》傳記類著録。

按：《通志・藝文略》地里朝聘載《奉使高麗記》一卷，不著撰人，未知是否即此書也。

平燕録一卷　宋不著撰人　佚

此書《宋史・藝文志》傳記類著録。

安南邊説五卷　宋趙世卿撰　佚

世卿,史無傳,生本待考。

此書《宋史·藝文志》傳記類著録。

海道記一卷　宋馮忠嘉撰　佚

忠嘉,字獻道,汝州梁縣人,紹興十八年(1148)進士,事迹見《紹興十八年同年小録》。

此書《宋史·藝文志》傳記類著録。

淮西記一卷　宋不著撰人　佚

此書《宋史·藝文志》傳記類著録。

按:唐宋時淮西,即今河南省東南部地。唐李吉甫有《淮西地圖》,今佚。

又按:《四庫全書總目提要》雜史類存目一著録《淮西從軍記》一卷,提要云:“不著撰人名氏。據書中所言,蓋劉錡幕客也。叙錡自紹興十年(1140)春赴東都留守,中途戰於順昌,十一年(1141)戰於柘皋,及張俊、楊沂中濠州之敗,錡全軍得歸事。”此書所載,未審是否亦此事? 置疑於此,俟更詳考。

嵩嶽記三卷　宋張景儉撰　佚

景儉,史無傳,生平待考。

此書《宋史·藝文志》傳記類著録。

北遼遺事二卷　宋史願撰　佚

願,燕山人,張擴《東窗集》卷六載《史願除敷文閣待制制》,稱其“智術疏通,吏能敏健。頃預軍謀之列,每輸籌畫之良,備著勤勞。”

此書《宋史·藝文志》傳記類著録。

《郡齋讀書志》著録《北遼遺事》二卷,晁氏曰:“右不題撰人,蓋遼人也。”記女真滅遼事。序云:‘遼國自阿伯機創業,於其初德光恢廓,於其後吞滅諸番,割據漢界,南北開疆五千里,東西四千里,戎器之備,戰馬之多,前古未有,子孫繼統二百三十餘年,迨至天祚失馭,女真稱兵,十二年間,舉國土崩,古人謂得之難而失之易,非虛言耳。'"

《直齋書録解題》卷五僞史類著録《金人亡遼録》二卷,陳氏曰:"燕山史愿撰,或稱遼國遺事。"

按:此書晁公武謂不題撰人,蓋偶疏也。又此書或題"金人亡遼録",或題"遼國遺事"。名雖略異,實一書也。

郴州記一卷　宋不著撰人　佚

此書《宋史·藝文志》傳記類著録。

殊俗異同集一卷　宋不著撰人　佚

此書《宋史·藝文志》傳記類著録。

按:此編殆載域外見聞之事也。

契丹機宜通要四卷　宋不著撰人　佚

此書《宋史·藝文志》傳記類著録。

契丹事迹一卷　宋不著撰人　佚

此書《宋史·藝文志》傳記類著録。

按:《通志·藝文略》地里蠻夷載《契丹夏州事迹》一卷,不著撰人,書名略異,疑即此書。

南嶽要録一卷　宋不著撰人　佚

此書《宋史·藝文志》傳記類著録。

燕北雜録一卷　宋武珪撰　殘

珪,字思卿,事迹待考。

此書《宋史·藝文志》傳記類著録。

按:《宋志》不著撰人,《直齋書録解題》僞史類著録《燕北雜録》五卷,附《西征塞地圖》,題"思卿武珪記"。今據以補正。

陳振孫曰:"嘉祐六年(1061)宮苑使知雄州趙某進於朝,珪亦自契丹逃歸,事見國史傳。"

兹編陳《録》作五卷,《宋志》僅一卷,已非完本。曾慥《類説》録載十九條,名《燕北雜記》;臺北"國家圖書館"藏藍格舊鈔本《説郛》一〇〇卷,卷七七戴此編,亦作《燕北雜記》,則僅四條而已。

奉使語録一卷　宋金富軾撰　佚

富軾,高麗人,富佾之弟,高麗丽宗時登第,累官集賢殿大學士,太子太師,高麗毅宗五年(1151)卒,年七十七,諡文烈。著有文集二十卷,《三國史記》五十卷。事迹具《高麗史》卷九八。

此書《宋史·藝文志》傳記類著録。

按:《高麗史》本傳云:"宋使路允迪來,富軾爲館伴,其介徐兢見富軾善屬文,通古今,樂其爲人,著《高麗圖經》,載富軾世家,又圖形以歸奏于帝,乃詔司局鏤版,以廣其傳,由是名聞天下。後奉使如宋,所至待以禮。"

此書殆其奉使中國既歸所纂也。

北征録七卷　宋倪思撰　佚

思,字正父,歸安人,孝宗乾道二年(1166)進士,淳熙五年(1178)中宏詞科,爲著作郎,官至禮部尚書,以忤史彌遠罷,卒諡文簡。著有《易訓》《中庸集議》《論語義證》《合宮嚴父書》《歷官表奏》《翰林奏草》《翰林前稿》《翰林後稿》等。事迹具《宋史》卷三九八、《宋史新編》卷一四九、《南宋書》卷四二、《慶元黨禁》《宋中興學士院題名録》及《南宋館閣續録》等書。

此書《宋史·藝文志》傳記類著録。

按:紹熙二年(1191)七月,金遣使來賀重明節,思爲館伴,因紀問答之詞爲《重明節館伴語録》一卷,當時金強宋弱,而思書多粉飾之詞,故《四庫全書總目提要》譏其虛夸浮誕。此書殆載二帝北擄之事,名曰北征者,當時苟掩之風率如此。

郴行録一卷　宋張舜民撰　存

舜民,字芸叟,自號浮休居士,又號矴齋,邠州人。治平二年(1065)進士,爲襄樂令。元祐初,以司馬光薦,爲監察御史。徽宗時,進吏部侍郎,旋以龍圖閣學士知定州,改同州。崇寧初坐元祐黨,謫楚州團練副使,商州安置,復集賢殿修撰,卒。著有《畫墁録》《畫墁集》等。事迹具《宋史》卷三四七、《宋史新編》卷一一七、《史質》卷三四、《東都事略》卷九四等書。

此書《宋史·藝文志》傳記類著録。

按:兹編乃舜民謫監酒税時紀行之書,多紀山川古迹,往往足資考證。檢元戴表元《剡源集》卷一八載《書張浮休〈彬行録〉後》,云:"元豐靈州之役,士大夫不得其位而不能諫止,則有之矣,又可攘臂踴躍於其間哉。余讀浮休公自序此篇之辭,軒軒然如喜事少年,不以三數萬不得同歸之人爲戚,而以其身得周游縱觀爲快。初甚疑之,久而知公之爲長者人也。師之初出,朝廷貴臣,自吕公公著、孫公同而下,皆嘗引大體爭之不得,張公於時一陳留縣令耳,被敕從軍,辭受之節,行留之責,皆非力所能及,及既在行,實隸高遵裕帳下,而靈州傅城之戰,沮劉昌祚軍,使不得奪關而入者,敗形自遵裕始。遵裕固非公所素事,然乘其敗而訐之,則虧爲人僚屬之誼,且既皆受罪於朝,疏之則近怨,故一不敢置辭,而但載經行交際、寒暑變遷、風土異同、以爲好事之助。西羌爲中國患,幾數百年,患不善攻,不患不可攻,故又激發言之,以啓後來者,此仁人志士之所喜聞者也。世之人食焉而共其禄,勝焉而分其功,小有戾責,揭於書,暴於人,曰:我不與,我不與。是尚可立足於公之下風哉。"

又按：是編傳本久佚。舜民所著《畫墁集》一百卷，自明以來，亦久佚不傳，惟《永樂大典》尚間載之。四庫館臣據《大典》所載，蒐輯排比，釐爲八卷，附此編於集末。今見諸本，並從《四庫》本抄出者也。

建隆垂統略一卷　宋關耆孫撰　佚

耆孫，字壽卿，零陵人，進士及第，乾道間知簡州。事迹具《南宋館閣録》卷八。

此書《宋史·藝文志》傳記類著録。

按：兹編殆叙宋太祖禪位事。

建炎復辟平江實録一卷　宋張浚撰　佚

浚，字德遠，棉竹人，欽宗靖康初以進士爲太常簿，金人立張邦昌，獨浚與趙鼎不書議，苗劉之亂，高宗反正，浚力居多，官至右僕射。孝宗即位，除少傅，封魏公，爲樞密使卒，贈太師，謚忠獻。著有《中興備覽》《春秋中的》等。事迹具《宋史》卷三六一、《宋史新編》卷一二六、《南宋書》卷一四、《名臣碑傳琬琰集》中集卷五五、《四朝名臣言行録》上集卷三、《宋大臣年表》《南宋館閣録》及《南宋制撫年表》等書。

此書《宋史·藝文志》傳記類著録。

《直齋書録解題》卷五雜史類著録《建炎復辟記》一卷，但云："無名氏。"

《四庫全書總目》卷五二雜史類存目一著録《建炎復辟記》一卷，提要云："不著撰人名氏，書録解題亦不知爲何人作，但稱其叙苗傅、劉正彦始末，文頗繁冗。末叙世忠戰功特詳，疑即韓氏之客所爲，理或然歟？"

按：陳録及《四庫存目》所著録，雖不能定與兹編同爲一書，然所載事迹，當是相同。張浚爲高宗復辟及平定苗傅、劉正彦事，始末具《宋史》卷三六一《張浚傳》。

游洛陽宮記一卷　宋僧祖秀撰　存

祖秀,蜀人,事迹待考。

此書《宋史・藝文志》傳記類著録。

按:此一名《華陽宮紀事》,《四庫全書總目》入地理類存目,提要云:"靖康元年(1126)閏十一月汴京陷,祖秀隨都人避兵艮兵,因紀其邱壑池館之勝,叙述極詳。末歸其過於朱勔、梁師成,而推原禍本於蔡京。王偁《東都事略》全載之,此本蓋即從偁書録出也。"

又按:此書單刻者罕見,載諸叢刻者有《芝園秘録》本、《學海類編》本。

靖蜀編四卷　宋安丙撰　佚

丙,字子文,廣安人,淳熙間進士,調大足縣主薄。秩滿詣闕,陳蜀利病十五事,言皆剴切。歷知大安軍,有惠政,以誅吳曦功,授四川宣撫使,後以才傅致仕,卒謚忠定,著有《晶然集》。事迹具《宋史》卷四〇二、《宋史新編》卷一五〇、《南宋書》卷四八及《南宋制撫年表》等書。

此書《宋史・藝文志》傳記類著録。

按:此編蓋纂其平吳曦之事也。其始末具《宋史・安丙傳》。

青唐録三卷　宋汪藻撰　佚

藻有《裔夷謀夏録》二卷已著録。

此書《宋史・藝文志》傳記類著録。

《郡齋讀書志》卷八地理類著録《青唐録》二卷,晁氏曰:"右皇朝汪藻撰。青唐,吐蕃遺種也。崇寧中命童貫取湟廓西寧州,擒趙懷德,上爲之御樓受降,宰臣蔡京以下進官有差。"

按:童貫取青唐事,具《宋史》卷四六八《童貫傳》。

又按:考《浮溪文粹》末載孫覿撰《汪氏墓誌銘》,云:"公之文有集六十卷行於世,《裔夷謀夏録》二卷、《青唐録》三卷、《古今雅俗字》四十四篇。"又云:"……崇寧二年(1103)進士,除九域圖志所編修官。"此書或當時所纂也。藻之文,明初已多亡佚不存,嘉靖中,有胡堯臣者,以舊傳浮溪文六十五篇、詩二十七首、詞三首,合爲十五卷,名曰《浮溪文粹》,刊行於世。清四庫館以《永樂大典》各韻内所載藻詩文甚夥,乃重爲編綴,題曰《浮溪集》,視《文粹》所收爲多,然終不見此編,蓋可惜也。

吳門志五〇卷　宋范成大撰　存

成大,字致(至)能,號石湖居士,吳縣人,雱子。紹興二十四年(1154)進士,官禮部員外郎,兼崇政殿説書,假資政殿大學士,充國信使使金。初進國書,辭氣慷慨,不辱命而返,除中書舍人,累擢參知政事,終資政殿大學士通議大夫。紹熙四年(1193)卒,年六十六。著有《石湖集》《攬轡録》《桂海虞衡志》《范村梅菊譜》《吳船録》《驂鸞録》等。事迹具《宋史》卷三八六、《宋史新編》卷一四二及《南宋書》卷三三等。

此書《宋史·藝文志》傳記類著録。

此書一稱《吳郡志》,《四庫全書總目》以之入地理類,惟其中頗載吳中人物事迹,故《宋史·藝文志》以之入傳記類,今從《宋志》。此書乃成大末年所作,郡人龔頤正、滕宬、周南相與贊成之①,書未行,時有求附於籍不得者。會成大歿,乃騰謗謂不出於成大手,遂寢不行。故至元《嘉禾志》郭晦序謂《吳郡志》以妄議不得刊也。紹定元年(1228)冬,廣德李壽朋以

---

① 趙汝談紹定二年(1229)序及陳振孫《直齋書録解題》並作龔頤正、滕宬,《四庫全書總目提要》據毛氏汲古閣刊本脱正字,又誤宬爲茂。胡玉縉《四庫提要補正》已正之。

尚書郎出守，其先度支公(嘉言)，石湖客也，始爲鋟版，趙汝
談爲之序，以周必大所撰成大墓誌，定是書實所自爲，並申明
龔、滕、周三人常爲成大蒐訪，故謗有自來，[1]其論乃定。又此
書止紹興三年(1133)，壽朋乃復令其僚屬汪泰亨，用褚少孫
補《史記》例，將其後諸大建置，如百萬倉、嘉定新縣、許浦水
軍、顧逐移屯等事實補入。全書分三十九門：沿革、分野、戶
口稅租、土貢、風俗、城郭、學校、營寨、官宇、倉庫、坊市、古
迹、封爵、牧守、題名、官吏、祠廟、園亭、山、虎邱、橋梁、川、水
利、人物、進士題名、土物、宮觀、府郭寺、郭外寺、縣記、冢墓、
仙事、浮屠、方技、奇事、異聞、考證、雜詠、雜志等。《四庫全
書總目提要》謂其"徵引浩博，而叙述簡核，爲地志中之
善本。"

按：此書初刊於紹定二年(1229)，今臺北"國家圖書館"藏有
宋刊本一部，版匡高 22.5 公分，寬 17 公分，首載紹定二年趙
汝談序，目錄後列校勘人銜名四行；每半葉九行，行十八字。
版心白口，下記刻工：余政、陳彬、馬松、楊潤、吳椿、金榮、馬
良、朱梓、徐琪、徐珣、蔡仁、馬良臣、王震、蔣宗、蔣榮、史俊、
蔣祖、金忠、蔣榮祖、蔣嗣宗等。卷十五、十九、廿二等三卷抄
配，鈐有"徐印乾學"白文方印、"健庵"朱文方印、"白沙翠竹
江邨"朱文長方印、"方氏家藏"白文方印、"樂琴書以消夏"白
文方印、"汪士鐘藏"白文長方印、"石銘收藏"朱文方印、"張
印鈞衡"白文方印、"吳興張氏適園收藏圖書"朱文長方印、

---

　　① 　趙汝談序云："客有問余曰：'或疑是書不盡出石湖筆，子亦信乎？'余笑曰：
'是固前譁者云也。昔八公徒道術數萬言，書標淮南；通典亦出衆力，而特表杜佑；自
古如《呂氏春秋》《大》、《小戴禮》，曷嘗盡出一手哉？顧提綱何人耳。余聞石湖在時，與
郡士龔、滕、周厚，三人者博雅善道古，卽州之雋民也，故公數咨焉，而龔薦所聞於公尤
多，異論由是作。子盍亦觀益公碑公墓乎？載所爲書，篇目可考，子不信碑，而信
誕乎？'"

"吳興張鈞衡石銘氏收藏舊槧石銘之記"朱文方印、"擇是居"朱文橢圓印等印記。此本《百宋一廛賦》注、《藝芸書舍宋元版書目》《振綺堂書目》《鐵琴銅劍樓藏書目》及《書影》《愛日精廬藏書志》均著録。^① 今所藏善本，又有臺北"國家圖書館"明末海虞毛氏汲古閣刊本四部，其中一部係前國立北平圖書館寄存者，經清宋定國手校及無名氏朱筆校注；一部朱墨合校，過録黃丕烈跋，云："是書得自余友張秋塘，同日，又得《吳都文粹》，二書皆校自賓王，忽於兩地得之，喜甚，有跋語詳載《吳都文粹》後。先是有書友攜舊鈔本來，衹有二十八卷，所少者在刻本十九卷至四十卷，舊抄竟以四十一卷起即續于十八卷後，以二十八宿排卷，竟無從知其殘闕，豈宋版彫殘，故影抄之卷數若是耶？因其不全，還之，及得是書，知賓王所校，亦據舊抄本，復假以相對。惟十一卷吳淵名下小注及鄭霖等云云，刻本缺者，舊抄本皆有之，不獨如賓王所補也。今照舊抄本足之，亦一快事，其餘大約相同，間有讐校，附行末云。乾隆辛亥（五十六年，1791）冬季，郡人黃丕烈跋。"^②復載近人吳湖帆、彭清華觀款。"中央研究院"歷史語言研究所及臺北"國家圖書館"臺灣分館各藏毛氏汲古閣本一部；臺北"故宮博物院"有清文淵閣《四庫全書》本一部。此外，清嘉慶間張海鵬（若雲）以汲古閣本當日從殘宋本開雕，多所殘闕脱葉，屬黃廷鑑假屈軼家藏毛刊本，校勘繕梓，其後其從子金吾購得士禮居校宋本及殘宋本三册，於是訛者正之，闕者補之，

---

① 參見《"國立中央圖書館"宋本圖録》。

② 此跋亦見《蕘圃藏書題識》卷三。

並以之刊入《墨海金壺叢書》。[①]　清道光己亥十九年(1839)，金山錢熙祚輯刊《守山閣叢書》，亦收録此書，復以《墨海金壺》本爲底本，以毛刻本、士禮居校宋本、文瀾閣本及《吴都文粹》之刺取范志者相校，撰成“校勘記”附諸卷末。

攬轡録一卷　宋范成大撰　存

成大有《吴門志》五〇卷已著録。

此書《宋史·藝文志》傳記類著録。

此編乃乾道六年(1170)閏五月戊子，成大以資政殿大學士奉使金國，因記所聞。自八月戊午至十月戊午止，所記山川、古績、風俗、物産等，稍具其略，尤詳於金宫殿、制度。

按：此書今所見者均作一卷，與《直齋書録解題》《文獻通考》所載者合，惟趙希弁《讀書附志》則作二卷，清周中孚嘗讀《知不足齋叢書》本，以爲是編僅七頁，斷無分析之理，趙氏之作二卷，字之誤也。[②]　陳繼儒《寶顔堂秘笈》本跋云：“按使金事，於公生平甚偉，其所記不應止此。此録從《説郛》中鈔出，文

---

①　張氏刊刻此書之經過，黄廷鑑嘉慶戊寅二十三年(1818)跋叙之甚詳，云：“范文穆公繼《圖經續記》作《吴郡志》，繁簡得中，嗣後公武、文恪續有撰著，皆祖此本。然是書毛氏重雕後，板經文毁，迄今毛刻且罕覯，無論宋槧。若雲張君，既刊《圖經續記》，思并刊此書，以成合璧，屬鑑假嚴廣文(軼)家藏毛刊本繕梓。第汲古當日從殘宋本開雕，如牧守題名卷尾脱去一二葉，又書中空文未刊，自一二字至十餘字者，展卷有之。校刊既竣，君猶以未見宋本，庋置以俟，逮君謝世，尚未摹印。昨秋，君從子金吾，購得郡城士禮居校宋本，又續得殘宋本三册，重界讐勘，訛者正之，闕者補之，並命君孫準據以補刊。惟書中所引，如《北海鬥鴨賦》《天隨採藥賦》《錢儼觀音禪院碑銘》諸篇，昔據《松陵集》《文苑英華》諸家文集是正者，今讀宋槧，脱誤亦同；蓋此書刊於文穆卒後四十年，當時校官又續有增修，非盡公之初本。追汲古重刊，更多殘闕，今距汲古又一百七十餘年，一旦復見紹定完帙，俾吾吴文獻，不至久而無徵，當必有爭先快覩者。君之嘉惠桑梓，其功固足垂諸不朽，而金吾與準之善成先志，亦有足多者已。金吾以鑑曾與校讐，屬爲誌其顛末如此。”

②　周中孚《鄭堂讀書記》卷二四“攬轡録一卷”條云：“《讀書附志》《書録解題》《通考》《宋志》俱著録，趙氏作二卷，字之誤也。僅七頁，斷無分析之理。”

多節略，俟别求全本刻之。"陳氏謂所記不應止此，甚確；昌瑞卿先生謂徐夢莘《三朝北盟會編》及胡三省《資治通鑑注》頗引此書，多不見於今本，[①]知今傳非完本。今所傳諸叢書之本，如《續百川學海》《寶顔堂秘笈》《稗乘》《重編説郛》《知不足齋叢書》及《叢書集成初編》諸本，並從《説郛》出。涵芬樓排印海寧張宗祥校一百卷本《説郛》，於此書注云"卷全"，昌瑞卿先生據此以爲當年陶氏未予删節，當係全録，而陳録已載一卷，然則今傳删節之本，尚出宋人之手。[②]

又按：今所藏此書之善本，皆係明清所鈔刊叢書本：臺北"國家圖書館"有舊鈔本《説郛》本、清順治刊本《説郛》本、明萬曆刊《稗乘》本、明萬曆間繡水沈氏尚白齋刊《寶顔堂秘笈》本及明末刊《續百川學海》本等多部；臺灣大學有清順治刊《説郛》本及明末刊《續百川學海》本；"中央研究院"歷史語言研究所有明萬曆間刊《稗乘》本。

驂鸞録一卷　宋范成大撰　存

成大有《吳門志》已著録。

此書《宋史·藝文志》傳記類著録。

按：乾道壬辰八年(1172)，成大自中書舍人出知靜江府，紀途中所見爲此編。起十二月七日發吳郡，迄次年二月二十八日至滑石鋪。名曰《驂鸞録》者，卷末云："桂林自唐以來，山川以奇秀稱，韓文公雖不到，然在潮乃熟聞之，故詩有'參天帶水，翠羽黄甘'之語，末句乃曰：'遠勝登仙去，飛鸞不暇驂'蓋歆艷之如此，故余紀行，以驂鸞名之，[③]若其風土之詳，則有

---

① 説見昌先生撰《説郛考》下篇"攬轡録"條。

② 説見《説郛考》。

③ 韓愈詩題"送桂州嚴大夫同用南字"，云："蒼蒼森入桂，茲地在湘南；江作青羅帶，山如碧玉篸。月多翰翠羽，家自種黄甘；遠勝登仙去，飛鸞不假驂。"與成大所引不同，今附注於此。

《桂海虞衡志》焉。"《四庫全書總目提要》云："中間序次頗古
雅,其辨元結浯溪中興頌一條,排黃庭堅等之刻論,尤得詩人
忠厚之旨。其載仰山孚忠廟有楊氏稱吳時加封司徒,竹册尚
存,文稱保大元年;又稱向得吳江村寺石幢,所記亦以保大紀
年。因疑錢氏有浙時,或曾用揚氏正朔,以此二物爲證。然
考之於史,錢楊屢相攻擊,互有勝負,其勢殊不相下,斷無臣
事淮南之理。而楊氏亦自有武義、順義、乾貞、太和諸年號,
其吳越之保大,正當順義四、五年,亦不應有一國兩元之事。
成大所見,或出自後人僞造也。吳任臣作《十國春秋紀元
表》,於此事不加辨證,當由未檢此書歟。"

又按:此書宋刊本已罕見。明嘉靖間,吳郡盧襄曾合《攬轡
錄》《吳船錄》與此編爲《石湖紀行三錄》,刻於建安書坊。① 清
嘉慶間,鮑廷博得盧刻本,以之收入《知不足齋叢書》中,鮑氏
嘉慶乙丑(十年,1805)跋云:"《石湖三錄》,明嘉靖間吳郡盧
襄曾合刻於建安書坊,去今二百餘年,流傳絕少,此本其僅
見也。外此,惟寶顏堂先後刻入《秘笈》,傳世尚多。然《秘
笈》所刊書,草率誤人,往往失昔人面目,是爲古書一厄,有
識者恨之。此三錄中,《吳船錄》尤繆戾,有脫去數行者,予
得是本,即刊正之矣。今並《攬轡》《驂鸞》二錄,補入叢書,
而附以《桂海虞衡志》,仍盧氏之舊也。惟《攬轡錄》元本二

---

① 盧氏刻三錄之經過,具其嘉靖丁亥(六年,1527)二月所撰跋,云:"右紀行三
錄,宋參知政事石湖范公所作也。公隆興中,以起居郎使金,有《攬轡錄》;乾道中赴帥
桂林,有《驂鸞錄》;淳熙中,自蜀帥還吳,有《吳船錄》。凡山川、風俗、物產、古迹與所游
從論述,可喜可感,隨筆占記,事核詞雅,實具史法,讀之若履其地,覩其人有不知曠數世
隔千里者,前輩臥游之説,有足徵已。予家石湖,與公別業相望,少從提學家兄往来湖
上,撫其遺址,思欲有所興理。比兄爲御史,在告,特扐書院以俎豆公;既手摹公之象與
所書《田園雜興》刻之石,又手校此三錄,欲并刻,未果。予来京師,借他本校寫,以寄同
年項建陽(秉仁)、夏建安(國符),即書坊刻焉,承兄志也。二君飾政以文,公之文其又弗
傳矣乎。"

卷，晁氏《讀書志》著錄；今盧氏所刻，卷帙寥寥，與《秘笈》本相同，視二錄詳略迴殊，眉公蓋云鈔自《說郛》，則元本之亡，由來舊矣，惜哉。"此外，收入叢刻者尚有：《續百川學海》本、《稗乘本》、《小重山房叢書》本、《古今說部叢書》本、《古今游記叢鈔》本、《叢書集成初編》本等。《四庫簡明目錄標注續錄》云："華亭張詩齡刊本，極精。"今未之見。今所藏此書之善本，除諸叢刻外，臺北"故宮博物院"有文淵閣《四庫全書》本。

吳船志一卷　宋范成大撰　存

成大有《吳門志》五〇卷已著錄。

此書《宋史·藝文志》傳記類著錄。

茲編乃成大於淳熙丁酉四年（1177），自四川制置使召還，取水程赴臨安，因隨日記所閱歷，作爲此書。自五月戊辰離成都，迄十月己巳晚入盤門，於古迹形勝，言之最悉。陳士業題詞云："范石湖《吳船錄》二卷，自成都至平江數千里，飽歷飫探，具有夙緣，其紀大峩八十四盤之奇與'銀色世界''兜羅綿''雲攝身''清光現'諸異幻，筆端雷電轟掣，如觀戰於昆陽，呼聲動地，屋瓦振飛也。蜀中名勝，不遇石湖鬼斧神工，亦虛施其伎巧耳。豈徒石湖之緣，抑亦山水之遭逢焉。"《四庫全書總目提要》云："釋繼業紀乾德二年（964）太祖遣三百僧往西方求舍利貝多葉書路程，爲他說部所未載，頗足以廣異聞。又載所見蜀中古畫，如伏虎觀孫太古畫李冰父子像，青城山丈人觀孫太古畫黃帝及三十二仙真，長生觀孫太古畫龍虎及玩丹石寺唐羅漢一版，皆可補黃休復益州名畫記所未及。又杜甫戎州詩"重碧拈春酒"句，印本"拈"或作"酤"，而成大謂敘州有碑本乃作"粘"字，是亦註杜集者所宜引據也。"

按：《宋志》《直齋書録解題》《文獻通考》著録此書，並作一卷，《四庫全書》所著録，則作二卷，昌瑞卿師以爲明人所分。① 今所藏此書之善本，臺北"國家圖書館"有烏絲欄鈔本一部，不分卷，一册，有墨批，乃前"國立東北大學"舊藏，今寄存該館。臺北"故宫博物院"有文淵閣《四庫全書》本一部，二卷，一册。見於叢刻者，有《續百川學海》本、《稗乘》本、《説郛》本均作一卷，非完本也。又有《寶顔堂秘笈》本、《知不足齋叢書》本、《筆記小説大觀》本、《叢書集成初編》本，均作二卷。

蘇黄押韻三二卷　宋不著撰人　佚

此書《宋史·藝文志》傳記類著録。

按：宋張孟嘗輯《六藝諸子三史韻語》，依韻編入，爲《押韻》五卷，以備舉子試詩賦之用。楊咨又編《古今詩人警句》，附於韻之首，爲《歌詩押韻》五卷。此編或纂蘇軾、黄庭堅二人之詩，②依韻編類，以備檢閲者也。

見聞録五卷　宋張綱撰　佚

綱，字彦正，自號華陽老人，潤州丹陽人。徽宗大觀政和試舍法，五中首選，由太學正歷官至徽猷閣待制，忤蔡京王黼，歸。南渡試給事中，與秦檜不合，復歸。檜死，起用，官至參知政事，後以資政殿學士知婺州，尋致仕，卒年八十四，謚章簡。著有《尚書解義》《六經辨疑》《六經確論》《列聖孝治類編》《華陽集》等。事迹具《宋史》卷三九〇、《宋史新編》卷一四二、《南宋書》卷二三、《京口耆舊傳》及《宋大臣年表》等書。

此書《宋史·藝文志》傳記類著録。

按：綱歷仕徽、欽、高宗諸朝，此殆纂其在朝廷見聞之事。又

---

① 説見《説郛考》。
② 宋稱蘇軾與黄庭堅爲蘇黄，説見劉克莊《後村詩話》。

綱嗜讀書，著述無虛日，建炎中金人南渡犯浙東，所過焚剿無
噍類，綱平日手稿亦悉爲煨燼殆盡。迨其卒後，子堅裒集遺
文，以類編次，僅得外制二百二十二，表疏九十八，奏劄六十
八，故事十九，講義十九，啓八十四，雜文七十六，古律詩二百
三十九，樂府三十四，釐爲四十卷，目曰《華陽集》，然殘編斷
簡，十不存一二。[①]　然則，此編蓋亦不幸焚於兵火矣。

儂智高一卷　宋曹叔卿撰　佚

叔卿，生平待考。

此書《宋史·藝文志》傳記類著錄。

按：智高，廣源州蠻人，儂氏自唐初即雄於西原，世爲州首領，
唐末知儻猶州儂全福，爲交人所殺，其妻改適商人，生智高，
冒姓儂，交人使知廣源州，智高遂襲安德州，據廣南攻邕州，
建國曰南天國，僭號仁惠皇帝，年號啓歷、景瑞、瑞懿、大曆。
皇祐中狄青夜渡崑崙關，大敗之於邕州，智高走大理死，廣
南平。

又按：儂氏事迹，除具《宋史》卷四九五外，日本小川博撰《宋
代儂智高之事迹》及河源正博撰《儂智高之叛亂及交址》等
文，考證頗詳。

（四）年譜之屬

陶靖節(潛)年譜一卷　宋吳仁傑撰　存

仁傑，字斗南，一字南英，自號蠹隱，其先洛陽人，居崑山。博
洽經史，登淳熙進士第。著有《易圖説》《西漢刊誤補遺》《廟
制罪言》《郊祀贅説》《離騷草木疏》等書。事迹具《宋史翼》
卷八。

---

①　見《華陽集》張堅跋。

此書《宋史·藝文志》不著録，見《直齋書録解題》卷十六。

按：陳《録》既著此編，又有蜀人張縯所作《辨證》一卷，[①]今《辨證》但見李公煥《箋注陶淵明集》中。此書考證精覈，爲宋人所撰陶譜中之最善者。清陶澍嘗以之與王質所撰《栗里年譜》並列，撰爲《年譜考異》，頗多增補。[②]

又按：此書罕見單刻，今多附載宋紹興刊《陶淵明集》、明萬曆四十七年(1619)楊時偉刊《陶靖節集》及清吳瞻泰所撰《陶詩彙注》中。

栗里(陶潛)年譜一卷　宋王質撰　存

質，字景文，號雪山，其先鄆州人，後徙興國。早游太學，與九江王阮齊名。紹興三十年(1160)進士，爲太學正。孝宗屢易相國，質上疏極論，有忌之者，尋罷去。虞允文當國，薦質可右正言，時中貴用事，憚質，陰沮之，終奉祠。淳熙十六年(1189)卒，年五十五。著有《紹陶録》《詩總聞》《雪山集》等。事迹具《宋史》卷三九五、《宋史新編》卷一四五及《南宋書》卷三四等書。

此書《宋史·藝文志》不著録，劉師培《歷代名人年譜大成》收之。

---

① 陳《録》云："《陶靖節年譜》一卷、《年譜辨證》一卷、《雜記》一卷，吳郡吳仁傑(斗南)爲《年譜》，蜀人張縯(季長)辨證之，又雜記前賢論靖節語。此蜀本也，卷末有陽休之、宋庠序篇私記，又有治平三年(1066)思悦題，稱永嘉示以宋丞相刊定之本。思悦者不知何人也。"

② 清陶澍撰《靖節先生年譜考異》云："宋李巽巖撰《靖節新傳》三卷，今其書已佚。陳振孫《書録解題》有吳仁傑(斗南)《年譜》，蜀人張縯(季長)爲作《辨證》。今吳《譜》獨傳，而《辨證》僅見李公煥注中。先是王雪山(質)著《紹陶録》，亦撰《栗里年譜》，陶南村載入《輟耕録》。國朝新安吳東巖(瞻泰)撰《陶詩彙注》，以二《譜》並冠卷首，今按二《譜》各有發明，而考覈之精，王不如吳。余於先生出處之際，嘗事搜討，偶有一孔之見，竊仿季長《辨證》之例，以王、吳二《譜》並列於前，參考宋元以來諸家所説爲《考異》。"

按：質於淳熙中奉祠山居，以陶潛、陶弘景皆棄官遺世，其同時唐汝舟、鹿何可繼其風，乃摘四人之遺文遺事及質山居所作詩爲《紹陶録》二卷，此譜即載上卷中。

又按：此書除《紹陶録》所載外，民國三年（1914），趙藩、陳榮昌等輯刊《雲南叢書初編》，收録清吳瞻泰撰《陶詩彙注》四卷，以此譜附載卷末。

萊陽（陶弘景）年譜一卷　宋王質撰　存

質有《栗里年譜》一卷已著録。

此書《宋史·藝文志》不著録，見《紹陶録》。

按：質撰《書陶通明譜》云：“通明高風，發于梁、齊、宋去就之際。君祖父皆食宋禄，身又生宋代。自齊高祖代宋，旋引去；梁武帝代齊，益退藏。平時以師待君，然大節有定操，豈復以恩禮推移。暫至丹陽，應簡文之命，不少至京都，慰武帝之懷，抑何其堅忍。壯年果于遺世炤之審故判之不疑。”

又按：此譜單行者罕見，多附載《紹陶録》。

顔魯公（真卿）年譜一卷　宋留元剛撰　存

元剛，字茂潛，晋江人。博聞強記，爲文奇峭，負盛名。開禧元年（1205）試博學宏詞科，嘉定初爲秘閣校理，累遷起居舍人。已乃築圃北山，號雲麓子，有《雲麓集》。事迹具《宋史翼》卷二十九。

此書《宋史·藝文志》不著録，附載明刊本《顔魯公文集》。

按：此譜載真卿歷官及著作。留元剛《顔魯公文集後序》云：“予後公三百九十四年而生，又三十五年而守東嘉，訪公之來孫自五代徙居於此，本朝皇祐紹興間，嘗録其後，官者六人，忠義之澤，滲漉悠久，有自來矣。求公文而刊之，將以砥礪生民，而家無藏本。得劉原父所序十二卷，即嘉祐中宋次道集其刻于金石者也。篇簡漫漶,字義舛訛,乃以史傳諸書、碑迹雜記,銓次年譜,繫以見聞,參異訂疑,搜亡補失,其涉於公之筆缺而無考,則不敢及焉。故書遺亡,網羅未備,尚俟後人。”

又按:兹編單行者罕見,今並附明刊本《顏魯公文集》而行。

杜工部(甫)年譜一卷　宋趙子櫟撰　存

子櫟,字夢授,太祖六世孫。元祐六年(1091)進士,紹興中官至寶文閣直學士。事迹具《宋史》卷二四七本傳。

此書《宋史・藝文志》不著録,見《四庫全書總目》傳記類。

《四庫提要》曰:“子櫟與魯訔均紹興中人,然子櫟撰此譜時,似未見訔譜,故篇中惟辨呂大防謂甫生於先天元年(712)之誤。考宋人所作年譜,又有蔡興中、黃鶴二家,皆以甫五十九歲爲大曆庚戌(五年,770),獨子櫟持異議,以爲卒於辛亥之冬,不知辛亥甫年六十矣。且子櫟以五年庚戌《晚秋長河送李十二》爲甫絶筆,甫生平著述不輟,若以六年冬暴疾卒,何至一年之内竟無一詩? 此又其不確之證也。其所援引亦簡略,不及魯譜之詳,以其舊本而存之,以備參考焉爾。”

按:此書所藏善本,有臺北“故宮博物院”所藏清文淵閣《四庫全書》本。近世所刊《杜工部草堂詩箋》,亦附載此譜。

杜工部(甫)詩年譜一卷　宋魯訔撰　存

訔,字季欽,嘉興人,紹興五年(1135)進士。授餘杭主簿,官至福建提點刑獄公事。周必大平園集有訔墓誌,述其官階始末甚詳。諸書或云字季卿,或云海鹽人,或云仕至太府卿,皆誤也。[1] 淳熙三年(1176)卒,年七十七。著有《易説》二〇卷、《論語解》一〇卷、《蒙溪已矣集》四十五卷、《後集》二〇卷、

---

[1]　説見《四庫全書總目提要》。

《須江雜著》六卷、《會稽酬唱》二卷、《當獨集》一〇卷、《匑堯編》一〇卷、《南征録》二卷、《自警録》四卷，又編有《祖宗訓典》五〇卷、《編注杜少陵詩》十八卷等書。事迹具周必大撰《直敷文閣魯公墓誌銘》。

此書《宋史·藝文志》不著録，見《四庫全書總目》傳記類。

《四庫全書總目提要》曰：“篇首有訔《編次杜工部詩序》，末有王士禎跋，謂甫年譜創始於吕汲公大防，訔以甫生於睿宗先天元年壬子(712)，卒於大曆五年庚戌(770)，蓋承吕譜之舊也。考甫生卒之歲，諸書往往錯誤。《舊唐書》謂甫卒於永泰二年(766)，永泰在大曆之前，甫詩有大曆三年(768)以下諸作，則舊書爲誤，王觀國辨之是也。然觀國云甫生於先天元年癸丑，卒於大曆五年辛亥，不知癸丑乃先天之二年，即開元元(713)，辛亥乃大曆六年(771)；則觀國亦未深考矣。元積作《甫墓誌》云享年五十九，王洙(原叔)《註子美詩序》曰：”大曆三年，甫下峽入湖南，游衡山，寓居耒陽。五年夏，一夕，醉飽卒。”大曆五年爲庚戌歲，上距先天元年壬子適五十有九年，則甫生於壬子無疑，訔此譜根據吕譜，未嘗誤也。姚桐壽《樂郊私語》云：“杜少陵集自游龍門至過洞庭，詩目次第爲季卿編定，一循少陵平生行迹，可以見其詩法。”①近時滏陽張氏、吳江朱氏所注杜詩，其年譜大率仿此而推拓之，知密於趙子譜多矣。雖間有附會，又烏可以一眚掩乎！”

———————————

①　此節録自《樂郊私語》“魯訔杜詩注”條。全文曰：“《杜少陵集》，自游龍門至過洞庭，詩目次第，爲此州先正魯訔(季欽)編定。大都一循少陵生平行迹，亦可以見其詩法升降，亦隨其年自少而壯而老，愈入于細而化也。註脚多所補益，極爲後學借資，第音切類多吳音。其他註如以‘鐵馬汗常趨’爲昭陵石馬常有汗；以‘空同小麥熟’爲不近武威；‘林間踏鳳毛’，踏字爲跨字之誤；‘汝與山東李白好’以山東爲東山；‘天閼象緯逼’，以天閼爲天閶；‘江月滿江城’，以江月爲秋月，‘赤驥頓長纓’，以纓爲轡之類。不免爲杜集增累。”

按：此書所藏善本，臺北"故宮博物院"有清文淵閣《四庫全書》本。又：宋建安蔡夢弼箋注《草堂詩箋》，以魯《譜》冠之卷首，後世刊刻草堂詩箋，皆題"嘉興魯訔編次"，則誤以撰譜之人爲箋注之人也。① 惟今臺北"國家圖書館"所藏南宋末年建安坊刊《杜工部草堂詩箋》殘本，不見魯譜，殆已殘損不完。清光緒中，遵義黎庶昌在日本東京使署輯刊《古逸叢書》，收録《杜工部草堂詩箋》，則據宋麻沙本影刊，附載魯《譜》。民國八年(1919)，張元濟等輯刊《四部叢刊》，收録《分門集注杜工部詩》二五卷，亦附載此譜。

杜工部(甫)年譜一卷　宋梁權道撰　未見

權道，生平待考。

此書《宋史·藝文志》不著録，見《錢注杜詩略》例。

按：《杜詩略例》云："吕汲公(大防)作《杜詩年譜》，以謂次第其出處之歲月，略見其爲文之時，得以考其辭力，少而鋭，壯而肆，老而嚴者如此，汲公之意善矣，亦約略言之耳。後之爲年譜者，紀年繫事，互相排續，梁權道、黄鶴、魯訔之徒，用以編次後先，年經月緯，若親與子美游從而藉記其筆札者，其無可援據，則穿鑿其詩之片言隻字而曲爲之説，其亦近于愚矣。"今黄、魯諸譜尚存，此譜則已罕見矣。

又按：王德毅先生《中國歷代名人年譜總目》誤題梁權撰，今正。

杜工部(甫)年譜一卷　宋不著撰人　存

此書《宋史·藝文志》不著録，附載《集千家註批點無杜工部詩集》。

---

① 今臺北"國家圖書館"所藏宋末建刊本《杜工部草堂詩箋》，即誤題"嘉興魯訔編次，建安蔡夢弼會箋"。

按：此譜首著杜子世系考。繫年部份以表列著之。表分四欄，首標紀年，次帝王大事，次歷官，次事迹。考《集千家注註詩》二〇卷，本不著編輯人名氏，前載王洙、王安石、胡宗愈、蔡夢弼四序，其句下篇末諸評，悉劉辰翁語，朱彝尊謂夢弼所編入，然夢弼所撰本名《草堂詩箋》，其自序内標識註例甚詳，與此本不合，《四庫提要》辨之矣。宋犖謂杜詩評點自劉辰翁始，劉本無註，元大德間有高楚芳者，删存諸註，以劉評附之，明嘉靖己丑（八年，1529）刊本，遂題“劉辰翁評點，高楚芳編”。王德毅先生《中國歷代名人年譜總目》，復據以題劉辰翁撰譜，今正。

又按：此譜未單刻，今多附集《千家註批點杜工部詩集》而行。

杜工部（甫）年譜一卷　宋黄鶴撰　存

鶴，字叔似，號牧隱，宜黄人，希子。著有《北窗寓言集》，已佚。事迹具《宋詩紀事補遺》卷六〇。

此書《宋史‧藝文志》不著録，附載《集千家注分類杜工部詩集》。

按：希以杜詩舊註每多遺舛，嘗爲隨文補輯，未竟而殁。[①] 鶴因取槧本集註，即遺稿爲之正定，又益以所見，積三十餘年之力，至嘉定丙子（九年，1216）始克成編。書首原題“補千家集註杜工部詩史”，元刊廣勤堂本，改題“集千家注分類杜工部詩集”。是書大旨在於案年編詩，故冠以年譜而詩中各以所作歲月註於逐篇之下，使讀者得考見其先後出處之大致。

又按：黄氏所補注杜詩，宋刊本前題“臨川黄希（夢得）補注，

---

① 希，字夢得，宜黄人。乾道二年（1166）進士，官終永新令。事迹具《宋詩紀事》卷五三。

臨川黃鶴(叔似)補注"。① 元皇慶元年(1312)建安余氏勤有堂刊元末葉氏廣勤堂印本,則改題"東萊徐居仁編,臨川黃鶴補注"。② 王德毅先生《中國歷代名人年譜總目》據元刊本誤題此譜爲徐居仁、黃鶴同編,今正。

韓文公(愈)年表一卷　宋方崧卿撰　未見

崧卿,字季申,莆田人。隆興元年(1163)進士。知信州上饒縣,累官至京西轉運判官,所至皆有惠政。所得祿賜,半爲抄書之費,家藏書四萬卷,皆手自校讐。嘗校正《韓昌黎文集》,又爲《韓詩編年》十五卷,《韓集舉正》十卷。紹熙五年(1194)卒,年六十。事迹具《宋史翼》卷二一、《莆陽比事》卷四等書。此書《宋史‧藝文志》不著錄,附載宋慶元刊本《五百家注音辯昌黎文集》。

按:魏仲舉於慶元中輯刊《五百家註音辯昌黎先生文集》,今則宋刊本已罕見。而諸目所著錄,各本多寡亦不同:《天禄琳琅書目》宋版集部載有二部,一本《正集》四十卷、《外集》十

---

　　① 臺北"國家圖書館"藏有宋嘉定壬午(十五年,1222)刊黃氏《補千家集注杜工部詩史》一部,全書三十七卷,殘存目録一卷,又卷四至卷七、卷十三、卷二十一至卷二十三,共九卷,八册。板匡高 19.4 公分,寬 13.2 公分。目録後有木記一方,云:"書肆所刊詩集甚多,而工部詩史尚缺。本堂因得公庫善本,詳加校正。歲在辛巳之季'今工綉梓,文成乃壬午之春節,因書以記歲月云。"每半葉十一行,行十九字,小註雙行,行二十五字。卷末附刻傳序碑銘一卷、黃氏補註杜工部年譜辨疑一卷,年譜辨疑後有嘉定丙子黃鶴跋。書中鈐有"東宮書府""寶應劉氏嶽雲字佛脚""食舊德齋藏書""寶應劉氏食德齋藏書之記"等印。《國立中央圖書館》宋本圖録》著録。

　　② 臺北"國家圖書館"有元皇慶元年建安余氏勤有堂刊元末葉氏廣勤堂印本三部,一部二十五卷二十四册,一部二十五卷十六册,一部存文集二卷三册。此本爲勤有堂原刻,版後歸廣勤堂,改易木記印行,見《書林清話》卷四。每半葉十二行,行二十字;小註雙行,行二十六字。二十四册之本,首附《杜工部傳序碑銘》一卷,後有"廣勤書堂新刊"長方木記。次列《目録》《集註杜工部詩姓氏》《集千家注杜工部詩門類》,次附黃鶴撰《杜工部年譜》一卷。十六册之本,缺傳序碑銘及年譜。《國立中央圖書館"金元本圖録》著録。

卷、《引用書目》一卷、《諸儒名氏》一卷、《韓文類譜》七卷，一本多《昌黎先生序傳碑記》一卷、《看韓文綱目》一卷、《別集》一卷、《論語筆解》十卷、《文集後序》五篇，而無《韓文類譜》。《曝書亭集跋》是書稱《訓詁》四十卷、《外集》十卷、《別集》一卷，附《論語筆解》十卷；《延令宋版書目》列《五百家註音辯昌黎文集》四十卷二十本；蓋宋槧輾轉流傳，全璧爲難耳。丁氏《善本書室藏書志》卷二四著錄宋慶元六年（1200）春所刻《新刊五百家註音辯昌黎先生文集》四十卷、《外集》十卷，附《評論詁訓音釋諸儒名氏》一卷、《昌黎先生序記碑銘》一卷、《韓文類譜》十卷。其中《韓文類譜》視今傳七卷之本多潁人王銍（性之）撰《韓愈傳》一卷、東蜀樊汝霖（澤之）撰《韓文公年譜》一卷、莆陽方崧卿撰《韓文年表》一卷。惜此本今不知在何所？

韓文公（愈）年譜一卷　宋樊汝霖撰　未見

汝霖，字澤之，溫州永嘉人。善治書，年四十二登寶祐四年（1256）三甲第九名進士。事迹略具《寶祐四年登科錄》。

此書《宋史·藝文志》不著錄，附載宋慶元刊本《新刊五百家註音辯昌黎文集》。

按：參見前條。

韓吏部（愈）文公集年譜一卷　宋呂大防撰　存

大防，字微仲，由進士及第，歷監察御史裏行。元豐初知永興軍，元祐初封汲郡公，拜尚書左僕射，兼門下侍郎，與范純仁同心輔政，後爲章惇等所構，紹聖四年（1097）遂貶舒州團練副使，安置循州，至處州信豐而病卒，年七十一。事迹具《宋史》卷三四〇、《宋史新編》卷一一四、《東都事略》卷八九、《名臣碑傳琬琰集》下集卷一六、《元祐黨人傳》卷一及《宋大臣年表》等書。

此書《宋史·藝文志》不著録,見《韓文類譜》。

按:元豐七年(1084)吕氏跋云:"予苦韓文杜詩之多誤,既讎正之,又各爲年譜,以次第其出處之歲月,而略見其爲文之時,則其歌時傷世、幽憂竊嘆之意,粲然可觀;又得以考其辭力,少而銳,壯而健,老而嚴,非妙於文章,不足以至此。"

又按:此書今罕見單行者。南宋慶元中,建安魏仲舉刊《韓集五百家注》,輯吕、程、洪三家所撰譜記爲七卷,名曰《韓文類譜》,後無繼刊者。清雍正間,廣陵馬曰琯得此譜,因亟付梓,今所見《粤雅堂叢書》本,即據馬氏刊本著録。

韓子(愈)年譜一卷　宋洪興祖撰　存

興祖,字慶善,鎮江丹陽人。少讀《禮》至《中庸》,頓悟性命之理,續文日進。紹興中與孔端明、張炳、周林四人俱召試,帝覽策曰:"興祖讜直當第一。"遂除秘書省正字,出典州郡,興學闢荒,所至有治績。忤秦檜,編管昭州卒,年六十六。興祖好古博學,自少至老,未嘗一日去書,著有《易古經考異釋疑》《尚書口義發題》《論語説》《聖賢眼目》《語林》《楚辭補注》《楚辭考異》《韓文年譜》《韓文辨證》《杜詩辨證》等。事迹具《宋史》卷四三三、《宋史新編》卷一六四、《南宋書》卷六三等書。

此書《宋史·藝文志》傳記類著録。

洪氏序云:"歐陽文忠公言天聖以來學者多讀韓文,而患集本訛舛,惟余家本屢更校正。後集録古文,得石刻如羅池、黃陵之類,以校余家本,舛謬尤多,若田宏正碑,則又尤甚,蓋由諸本不同,往往妄加改易,而印本初未必誤。乃知文字之傳久而轉失其真者多矣,則校讎之際,決於取捨,不可不慎也。顏之推云:'觀天下書未遍,不得妄下雌黄。'信哉斯言!予校韓文,以唐本、監本、柳開、劉燁、朱台符、吕夏卿、宋景文、歐陽公、宋宣獻、王仲至、孫元忠、鮑欽止及近世所行諸本參定,不敢以私意改易。凡諸本異同者兼存之，考歲月之先後，驗前史之是非，作《年譜》一卷。其不可以歲月繫者，作《辨證》一卷。所不知者闕之。”

按：此書亦在《韓文類譜》中，有《粵雅堂叢書》本。

韓文公（愈）歷官記一卷　宋程俱撰　存

俱，字致道，號北山，開化人。以外祖鄧潤甫恩補官，宣和二年（1120），進頌賜上舍出身。高宗時爲秘書少監，上《麟臺故事》，擢中書舍人，兼侍講，後除徽猷閣待制。紹興十四年（1144）卒，年六十七，所著尚有《北山小集》。事迹具《宋史》卷四四五本傳。

此書《宋史・藝文志》傳記類著録。

程氏自序云：“予友彭城陳傳道（師仲）少時嘗稿具韓文公歷官出處之概，凡傳不載而見於他書者，將一一以記。比出舊稿示予，予疑未廣，因補次其遺，十增七八。其所考訂，微言小節，纖悉畢具，蓋得於文公之文者爲多。至其論辨是非，與夫坎壈之致，則著之尤詳，蓋古之賢士，信道堅篤，其出身從仕，下不爲卑賤之所詘塞，既貴，不爲高官厚祿之所誘制，而唯辨不苟已，事不苟隨，雖關摧節沮而終不撓者，如文公可得見耶！故樂記其事而傳之。若本傳所載，此則略云。”

按：此編今亦載諸韓文類譜。臺北“國家圖書館”藏劉師培編《歷代名人年譜大成》清稿本，亦收録此書。

韓文公（愈）歷官記一卷　宋張敦頤撰　佚

敦頤，字養正，新安人。紹興八年（1138）進士，由南劍州教授歷知舒、衡二州致仕。著有《柳集音辯》《韓柳文音注》《六朝事迹編類》《衡陽圖志》等。事迹具《宋史翼》卷二一、《宋元學案補遺》卷三九及《宋詩紀事補遺》卷四二等書。

此書《宋史・藝文志》不著録，見《直齋書録解題》傳記類。

陳振孫曰："新安張敦頤撰。頗疏略,其最誤者,序言擒吳元濟出牛元翼爲一事,此大謬也。爲裴度行軍司馬在憲宗元和時。奉使鎮州王廷湊在穆宗長慶時。"

韓文類譜七卷　宋魏仲擧編　存

仲擧,建安人,慶元中書賈也。嘗編刊《五百家注昌黎文集》四○卷及《五百家詮音辯柳先生文集》四五卷等書。①

此書《宋史·藝文志》不著録,見《四庫全書總目》傳記類存目一。

按:此魏氏編刊《韓集五百家注》時,輯吕大防《韓吏部文公集年譜》一卷、程俱《韓文公歷官記》一卷、洪興祖《韓子年譜》五卷爲此書,冠於集首。今《韓集五百家注》所藏善本:臺北"故宫博物院"有清文淵閣《四庫全書》本及《四庫薈要》本《五百家注昌黎文集》四○卷各一部;日本舊刊本《五百家註音辯昌黎先生文集》四○卷一部。臺北"國家圖書館"有日本舊刊本《五百家注昌黎文集》四○卷一部,缺卷二十四至卷二十八凡五卷。清雍正七年(1729),廣陵馬曰璐輯刊《宋本韓柳二先生年譜》,收録此書。光緒間南海伍崇曜輯刊《粤雅堂叢書二編》、涇縣洪汝奎輯刊《洪氏公善堂叢書》,所收《韓文類譜》,即據馬本著録。

白香山(居易)年譜一卷　宋陳振孫撰　存

振孫,字伯玉,號直齋,安吉人。端平中爲浙西提擧,改知嘉興府,終侍郎。嘗仕於莆田,傳録夾漈鄭氏、方氏、林氏、吳氏

---

① 　仲擧生平事迹待考。其所編刊《韓柳二家文集》,今藏有善本數部:臺北"故宫博物院"有文淵閣《四庫全書》本及《四庫薈要》本《五百家注昌黎文集》四○卷各一部;日本舊刊本《五百家註音辯柳先生文集》四○卷一部;文淵閣《四庫全書》本《五百家註柳先生集》二一卷、《外集》二卷、《新編外集》一卷、《龍城集》二卷、《附録》八卷一部;日本舊翻宋刊本《五百家詮音辯柳先生文集》四五卷一部。臺北"國家圖書館"有日本舊刊本《五百家注昌黎文集》(四○卷)一部,缺卷二十四至卷二十八凡五卷。

藏書，置五萬一千一百八十餘卷。著有《直齋書録解題》二十二卷。事迹具《宋史翼》卷二九、《南宋文範作者考》卷下及《宋元學案補遺》卷二二等書。清陳壽祺撰《宋目録學家晁公武陳振孫傳》。① 今人陳樂素撰《〈直齋書録解題〉作者陳振孫》，②最爲詳贍.

此書《宋史·藝文志》不著録，附載《白香山詩集》。

按：白氏詩集，自宋李伯珍刊之吴郡，何友諒刊之忠州，二本均有年譜。其後坊刻雜出。漸失其舊，或以譜非其要，置而不録。康熙年間，古歙汪立名以未見陳譜，因仿國史表，撰爲年譜一卷梓行。其後，朱彝尊自常熟毛氏假得陳譜，與汪譜相覈，二譜互有發明，乃勸汪君並刊陳譜，陳譜得重行於世。汪氏撰題記云：“歲在玄黓敦牂四月，余方編刻《白香山詩》，購宋槧年譜未得，乃妄爲考據，撰次年譜一卷。明年五月，剞劂既竣，復從朱檢討竹垞先生所得琴川汲古閣毛氏故所藏香山宋譜，即直齋陳氏撰本。不特編年繫事，與余譜略同，而其辨論《海圖屏風詩》爲諷王承宗事作及元白隙終之繆之類，無不暗合，相去數百年，如與古人晤對質疑，亦大快事也。始余爲譜，頗極駁史傳紀事諸書訛誤，或者怪之，獲見是書，自幸可藉以白穿鑿杜撰之疑，遂欲削去所撰，獨留陳本，而竹垞先生以爲二譜一縱一横，體格本異，且互有詳略，不嫌並存，又因其得諸既刻之後，遂附次新譜，非敢進今而退古也。譜既曰未嘗賜謚，而猶稱白文公年譜者，從新史耳。若其引據詩話，雖已采録，重惜古本，未忍裁節，並仍其舊。”

又按：此書單行者罕見，今所見者，附載《四部備要》本《白香山詩集》。又劉師培所編《歷代名人年譜大成》亦著録是本，

---

①　載《國粹學報》六卷六期，清宣統二年(1910)刊行。

②　載民國三十五年(1946)十一月二十日《大公報文史》副刊。

今藏臺北"國家圖書館"。

柳先生(宗元)年譜一卷　宋文安禮撰　存

安禮,紹興中知柳州事。

此書《宋史·藝文志》不著録,見劉師培編《歷代名人年譜大成》。

文氏紹興五年(1135)撰《柳文年譜後序》云:"昔之論文者,或謂文章以氣爲主,或謂文窮而益工,先生與楊憑書亦曰:'凡爲文以神志爲主。'又云:'自貶官來無事,讀百家書上下馳騁,乃少得知文章利病。'先生自妙齡秀發,連中異科,繼登臺省,旋遭斥逐,故予以先生文集與《唐史》參考,爲時年譜,庶可知其出處與夫作文之歲月,得以究其辭力之如何也。"

按:是編初附柳集而行,清廣陵馬曰琯既購得韓譜,未久復收宋槧柳集殘帙,其中年譜完好,乃諸本所無,因與韓譜同梓,題曰《韓柳年譜》八卷,雍正庚戌(八年,1730)長洲陳景雲爲之序,云:"是譜辨柳奭爲柳子高伯祖,非曾伯祖,足訂前賢之疏。又陽城自國子司業出刺道州,唐史無年月,通鑑考異據柳子所作司業《遺愛碣》,謂在貞元十四年(798),譜則以《遺愛碣》及與太學諸生書並繫貞元十五年(799),與通鑑異,然諦觀碣文,則譜爲是也;集中與太學諸生書題下注貞元十四年,乃後人承通鑑之文而失之,當據譜釐正。至於譜文甚簡,蓋仿呂汲公韓譜體例,略具作者梗概,讀者更詳考可之也。"
《四庫全書存目》及《粵雅堂叢書》所著録者,並據馬氏刊本。

梅昌言(詢)年譜一卷　宋陳天麟撰　存

天麟,子季陵,宣城人,紹興十一八年(1148)進士,累官集緊殿修撰,歷知饒州、襄陽、贛州,並有惠績,未幾罷,起集英殿修撰,卒。著有《易三傳》《前漢六帖》《游山唱和》等。事迹略具《宋中興東宮官僚題名》《紹興十八年同年小録》等書。

此書《宋史·藝文志》不著録，見《四庫全書總目》傳記類存目一。

按：此譜本單行，明萬曆中，梅一科合元張師曾所撰《梅堯臣年譜》刊之，名《二梅公年譜》，而單行本罕見矣。《四庫存目》據兩淮鹽政採進本著録。

范文正(仲淹)年譜一卷補遺一卷　宋樓鑰撰　補遺不著撰人　存

鑰，字大防，舊字啓伯，自號攻媿主人，鄞縣人。隆興元年(1163)進士，歷知温州。光宗時擢起居郎，兼中書舍人，繳奏無所迴避。遷給事中，乞正太祖東向之位。朱熹以論事忤韓侂胄，除職與郡，鑰請還講筵，不報。彭龜年攻侂胄，出知外郡，鑰奏留不得，尋告老。侂胄誅，起翰林學士，歷同知樞密院，參知政事。嘉定六年(1213)四月卒，年七十七，謚宣獻。著有《樂書正誤》《攻媿集》等。事迹具《宋史》卷三九五、《宋史新編》卷一四七、《南宋書》卷四一等書。

此書《宋史·藝文志》不著録，見《四庫全書總目》傳記類存目一。

《四庫全書總目提要》曰："《年譜》一卷，宋樓鑰撰，《補遺》一卷，不知何人所作。前有自識一條，謂取舊譜所未載者，見之各年之下，所摭前譜闕遺頗多，亦足以互相考證。"

按：此書之傳本，《四庫存目》據浙江巡撫採進本著録，末附《義莊規矩》一卷，今未之見。民國二十四年(1935)，張壽鏞輯刊《四明叢書》第三輯，收録此編。餘則多附文集而行。

歐公(修)本末四卷　宋吕祖謙撰　佚

祖謙，字伯恭，金華人。孝宗隆興元年(1163)進士，復中博學宏詞科，官至直秘閣著作，國史院編修，卒謚曰成，郡人祀之。

祖謙以關洛爲主,而無門户之見,浸淫經史,言必有宗。朱子同時諸儒,品學足與相匹者,惟祖謙與張栻耳。著作宏富,有《古周易》《周易音訓》《周易繫辭精義》《書説》《家塾讀詩記》《春秋集解》《左傳類編》《左氏博議》《左氏説》《少儀外傳》《大事記》《吕氏家塾通鑑節要》《東萊先生西漢財論》《新唐書略》《閫範》《紫微語録》《觀史類編》《讀書記》《宋文鑑》《十七史詳節》《東萊集》等。事迹具《宋史》卷四三四、《宋史新編》卷一六五、《南宋書》卷一〇、《皇朝道學名臣言行外録》卷十三、《南宋館閣録》《南宋館閣續録》等書。

此書《宋史·藝文志》傳記類著録。

《直齋書録解題》卷七傳記類著録此書,陳振孫曰:"吕祖謙編。蓋因觀歐陽公集,考其歷仕歲月同官同朝之人,略著其事迹,而集中詩文亦隨時附見,非獨歐公本末,而時事時賢之本末,亦大略可觀矣。故以入傳記類。"

按:明《内閣書目》卷六猶載此書,云:"歐公本末十册,全。宋歐陽修生平撰述及其行實,吕祖謙編次,金石録附後。"知此書萬曆年間猶存,今則亡佚矣。

六一居士(歐陽修)年譜一卷　宋薛齊誼撰　佚

齊誼,桐川人,事迹待考。

此書《宋史·藝文志》傳記類著録。

按:熙寧四年(1071),修六十四歲,更號六一居士,自爲傳曰:"吾集古録一千卷,藏書一萬卷,有琴一張,棋一局,而常置酒一壺,以吾一翁老於其間,是爲六一。"

又按:《宋史·藝文志》别集類又著録薛齊誼《六一先生事證》一卷,今亦不傳。

歐陽修年譜　宋孫謙益撰　佚

謙益,字彦撝,廬陵人,事迹待考。

此書《宋史·藝文志》不著録,見胡柯《廬陵歐陽文忠公年譜後記》。

今檢《歐陽文忠公文集》,卷首載胡柯撰《廬陵歐陽文忠公年譜》,胡氏慶元二年(1196)二月十五日後記云:"文忠公年譜不一,惟桐川薛齊誼、廬陵孫謙益、曾三異三家爲詳,雖用舊例,每歲列其著述,考文力之先後。"

按:胡柯所撰年譜,元刻《歐陽文忠公文集》,附刊本而不復單行。清乾隆壬子(五十七年,1792)惇叙堂刻本,將撰人姓名及後記並删去。設元刊本不存,則不僅後人不得知其爲胡氏所撰,謙益、三異之嘗撰歐公年譜,亦將不爲世人所知也。

歐陽修年譜不著卷数　宋曾三異撰　佚

三異,字無疑,廬陵人。淳熙中鄉貢,少有時名,尤尊經學,屢從朱熹問辨,端平中授承事郎,主管華州雲臺觀,能作小楷,號雲巢先生。著有《宋新舊官制通考》《宋新舊官制通釋》《因話録》等。事迹具《南宋館閣續録》卷九。

此書《宋史·藝文志》不著録,見胡柯廬陵歐陽文忠公年譜後記。

參見前條。

廬陵歐陽文忠公(修)年譜一卷　宋胡柯撰　存

柯,廬陵人,官登仕郎。

此書《宋史·藝文志》不著録,附載《歐陽文忠公集》。

按:胡氏慶元二年(1196)二月十五日跋云:"《文忠公年譜》不一,惟桐川薛齊誼、廬陵孫謙益、曾三異三家爲詳,雖用舊例每歲列其著述,考文力之先後,然篇章不容盡載,次序寧免疑混,如公曾孫建世以告勅宣劄爲編年,尚多差互,況餘人乎?今參稽衆譜,傍採史籍,而取正於公之文。凡《居士集》《外集》,各於目録題所撰歲月而闕其不可知者;奏議表章之類,則隨篇注之,定爲《文集》一百五十三卷:《居士集》五十卷,公所定也,故實於首,《外集》二十五卷次之,《易童子問》三卷(《詩本義》別行於世)、《外制集》三卷、《内制集》八卷、《表奏書啓四六集》七卷、《奏議》十八卷、《雜著述》十九卷、《集古録跋尾》十卷又次之,《書簡》十卷終焉。考公《行狀》,惟《闕歸榮集》一卷,往往散在《外集》,更俟博求,別有《附録》五卷,紀公德業。此譜專叙出處,詞簡而事粗備,覽者當自得之。"

又按:此書未單刻,多附文集而行。

三蘇(洵、軾、轍)年表二卷　　宋孫汝聽撰　　殘

汝聽,官右奉儀郎,爵里待考。

此書《宋史·藝文志》不著録,見《四庫全書總目》傳記類存目一。

《四庫全書總目提要》曰:"陳振孫《書録解題》載《三蘇年表》三卷,右奉議郎孫汝聽編,即此本也。然《永樂大典》所載惟存蘇洵一卷、蘇轍一卷,蘇軾則別收王宗稷年譜而汝聽之本遂佚,蓋當時編録不出一手,故去取互異如是。今仍以"三蘇年表"著録,從其本名也。"

按:《四庫存目》據《永樂大典》本輯録。清代所刊及諸叢刻所收者,亦並據《大典》本傳刻。

東坡(蘇軾)年譜一卷　　宋王宗稷撰輯

宗稷,字伯言,五羊人。

此書《宋史·藝文志》不著録,見《四庫全書總目》傳記類存目一。

《四庫全書總目提要》曰:"自紀稱紹興庚申(十年,1140)隨外祖守黄州,到郡首訪東坡先生遺迹,甲子一周矣。思諸家詩文皆有年譜,獨此尚闕,謹編次先生出處大略,叙其歲月先後

爲年譜云云。今刻於《東坡集》首者，即此本也。迨國朝查慎行歲註蘇詩，於此譜多所駁正，皆中其失。蓋創始者難工，踵事者易密，固事理之自然耳。"按：此書多附《東坡全集》而行，《四庫存目》所收者，則據《永樂大典》輯録。

東坡（蘇軾）紀年録一卷　宋傅藻撰　存

藻，仙谿人，事迹待考。

此書《宋史·藝文志》不著録，附載《增刊校正王狀元集註分類東坡先生詩》。

按：《增刊校正王狀元集註分類東坡先生詩》二十五卷，舊題宋王十朋撰。卷末載《增刊校正王狀元集註分類東坡先生詩姓氏》，云："傅氏藻，字薦可，撰紀年。"傅氏跋云："公自齠齔知讀書，始入鄉校，便有大志，及游場屋，爲名進士，試館閣、應制科，皆中高等。臨事以正，不能與時卷舒，而名益重，天下翕然宗師之。平生出處、游歷、悲歡、感嘆、一寓於詩與其雜著。其文集行於世者，不但《東坡集》與《後集》，又有《蘭臺毗陵》，備成大全者矣。其間詩文顛倒錯亂，不可勝紀，攬者病焉，汴陽叚仲謀編爲行紀；清源黃德粹撰爲系譜，一則擇焉而不精，一則語焉而不詳，予於暇日，因二家之述，徧訪公之文集，採其標題與其歲月，芟夷繁亂，翦截浮辭而質諸名士大夫，以求其當，足以觀公宦游窮達之節，吟詠著作之時，名之曰'東坡紀年録'。"

又按：此書未單刻，皆附《增刊校正王狀元集註分類東坡先生詩》二五卷而行。

東坡（蘇軾）先生年譜不著卷數　宋施宿撰　未見

宿，字武子，長興人。紹熙四年（1193）進士，知餘姚縣，百廢俱興。累官紹興府通判。著有嘉泰會稽志。事迹具《宋史翼》卷二九。

此書《宋史・藝文志》不著録,附載日本昭和四十年(1965)同朋舍刊《蘇詩佚注》。

按:清乾隆癸丑(五十八年,1793),桐鄉馮應榴編刊《蘇文忠公詩合註》,以王宗稷所撰《譜》載卷首,並附以傅藻《紀年録》,馮氏云施《譜》已不存,是此譜罕見已久。王德毅先生《中國歷代名人年譜總目》云日本昭和四十年同朋舍所刊《蘇詩佚注》附載此譜,未之見。

周子(敦頤)年譜一卷　　宋度正撰　存

正,字周卿,號性善,合州人,登紹熙元年(1190)進士,歷官。國子監丞。累遷禮部侍郎致仕,卒贈四官。著有《夷白齋詩話》《性善堂稿》等。事迹具《宋史》卷四二二、《宋史新編》卷一五六、《南宋書》卷五八、《宋史翼》卷二五等書。

此書《宋史・藝文志》不著録,見《四庫全書總目》傳記類存目一。

《四庫全書總目提要》曰:"是編乃嘉定十四年(1221),正官於蜀時所作,自云於周子入蜀本末爲最詳,其他亦不能保其無所遺誤。此本前有像贊,後附行録誌銘及《宋史》本傳,蓋後人又有所增入,非正原本矣。明張元幀嘗與《朱子年譜》合刻之。"

按:此書《四庫存目》據浙江鄭大節家藏本著録,今所見者多附《濂溪集》及《周子全書》而行。

古靈先生(陳襄)年譜一卷　　宋陳曄撰　存

曄,襄五世侄孫,官將仕郎。

此書《宋史・藝文志》不著録,附載《古靈集》。

按:襄之詩文集,爲其子紹夫所編,以襄居侯官之古靈村,因名"古靈集"。載古律詩賦雜文凡二百六十餘篇,釐爲二十五卷,里人徐世昌梓於閩,李綱爲之序。紹興年間,四世從孫

輝,復刻於贛,並命子曄撰年譜,載諸卷末。輝紹興三十一年
(1161)十月跋云:"四世從祖密學公平日所爲文章,不知其
幾,厥後裒綴爲卷者,僅二十有五,目曰古靈先生文集,以聖
天子詔冠之,預有榮焉。里人大夫徐君世昌嘗摹刻于家,其
間頗有舛訛,歷歲漸久,且將漫漶,輝竊有意于校正,因仍未
遑,每以爲恨。楬來章貢,屬數僚士,參校亥豕,因命仲子曄
推次年譜,並鋟之木,庶幾有以慰子孫瞻慕之心也。"曄跋云:
"家君重刊先正密學遺文于贛之郡齋,俾曄次第年譜以冠之,
庶幾生平游宦歲月之先後與夫壯志晚節詩文之辭力,曉然可
見。曄謹承命恭考三朝實録暨文集、行狀、墓誌、家譜諸書,
參校有可據者,乃繫于歷歲之下云。"

又按:《四庫全書》所著録之《古靈集》,係據徐世昌初刻本傳
鈔,故不載此譜。陳輝所刊者,傳本罕見,清拜經樓吳氏有陳
刻本,每半葉二十行,行十八字。[①] 今未之見。前國立北平圖
書館有清雍正十一年(1733)常熟陳氏鈔本,據陳本傳録,附
《年譜》一卷,今寄藏臺北"國家圖書館"。

丹淵(文同)年譜一卷　宋家誠之撰　存

誠之,字宜父,曲沃人,嘗守邛州。

此書《宋史·藝文志》不著録,附載丹淵集。

按:同遺文五十卷,其曾孫鼇編爲四十卷。慶元中,曲沃家誠
之守邛州,以同嘗三仕於邛,多遺迹,因取其集重加釐正,卷
帙仍舊,惟增《拾遺》二卷,卷首《年譜》,卷末《附録》。誠之慶
元元年(1195)五月既望《丹淵集拾遺跋》略云:"誠之既爲立
祠堂,上以致邛人不忘之意。又刊其集,以廣於世,庶幾因其
文以知其人,勁正豪邁,不獨在于區區之疏篁怪木也,雖然,

---

① 　見《四庫簡明目録標註》。

湖州之父散落不存者多矣……今但掇拾其遺亡數篇，以附于後。"

《年譜》則多據范百禄所撰墓誌銘爲之，並繫其作品。

又按：此書未見單行，多附家誠之所編《丹淵集》而行。

王荆公（安石）年譜一卷　宋詹大和撰　存

大和，一作太和，字甄老，嚴州遂安人。政和八年（1118）進士，爲楊子縣尉，監泗州糧料院，遷尚書水部員外郎，淮南路轉運使，歷知江、虔、撫三州，官終左朝請大夫直顯謨閣。紹興十年（1140）卒，年四十八。《宋史》無傳，《鴻慶居士文集》卷二四載《除水部郎官制》，《浮溪集》卷二八載《詹太和墓誌銘》。

此書《宋史·藝文志》不著錄，附載《元刊本王荆公詩註》。

按：《王荆公詩註》五〇卷，乃宋李壁撰。壁爲李燾第三子，字季章，號雁湖居士，《詩註》乃其謫居臨川時所作，劉克莊《後村詩話》嘗譏其疏漏，《四庫提要》則謂其大致捃摭蒐採，具有根據。《四庫簡明目錄標注續錄》謂有宋刊大字殘本，又有宋撫州本，十四行十五字，今則罕見。臺北"國家圖書館"藏有元大德辛丑（五年，1301）安城王常刊本，《天禄琳瑯書目後編》《善本書室藏書志》《"國立中央圖書館"金元本圖錄》著錄。是本題"鴟湖李壁箋注，須溪劉辰翁評點"卷首附此譜。《年譜》署"桐録詹大和（甄老）譜"，譜甚簡略，但記歷官，偶繫作品。

劉忠肅公（摯）行年記一卷　劉摯撰　佚

摯，字莘老，東光人，居東平。嘉祐中擢甲科，歷冀州南官令，以治行稱。遷御史裏行，王安石一見器異之，顧不附安石，上疏極論新法之弊，謫監衡州鹽倉。哲宗立，擢侍御史，論罷蔡確、章惇，累遷尚書右僕射。以觀文殿學士知鄆州，紹聖初落職，爲讒所中，連貶鼎州團練副使，新州安置。四年（1097）卒，年六十八。著有《忠肅集》。事迹具《宋史》卷三四〇、《宋史新編》卷一一四、《東都事略》卷八九、《名臣碑傳琬琰集》下集卷十三等書。

此書《宋史·藝文志》不著録，見《直齋書録解題》傳記類。

陳振孫曰："丞相東平劉摯莘老撰。"

按：摯所著《忠肅集》，《宋史·藝文志》著録四十卷，久無傳本。清四庫館臣從《永樂大典》各韻中，裒輯編綴，共得文二百八十五首，詩四百四十三首，釐爲二十卷，仍以劉安世原序冠之於首。此編或載集中，今則亡佚不得見矣。

伊川先生（程頤）年譜一卷　宋朱熹撰　存

熹，字元晦，一字仲晦，婺源人。中紹興十八年（1148）進士，主同安簿。孝宗時，官至兵部郎中。光宗時，官秘閣修撰。憲宗時，焕章閣待制，除宫觀。沈繼祖誣熹十罪，罷祠，卒。韓侂冑死，賜謚元文。理宗寶慶三年（1127）追封信国公，改徽国公。淳祐元年（1241）詔周、張、二程及熹從祀孔子廟。朱子品望理學，今古推崇，即文章，亦能奄有韓曾所長，爲南宋大宗。著《周易本義》《詩集傳》《儀禮經傳通解》《大學中庸章句》《論語孟子集註》《四書或問》《論孟精義》《通鑑綱目》《伊雒淵源録》《紹熙州縣釋奠儀圖》《延平問答》《近思録》《楚詞集註》《韓文考異》《晦庵集》等。事迹具《宋史》卷四二九、《宋史新編》卷一六二、《南宋書》卷四四、《皇朝道學名臣言行外録》卷一二、《慶元黨禁》及《南宋館閣續録》等書。

此書《宋史·藝文志》不著録，附載《二程全書》。

按：此編雖題曰年譜，實則行狀也。多據《語録》《實録》《文集》《涪陵記義録》《胡氏論語譯説》、馬永卿撰《劉諫議語録》

《龜山語録》《王公繫年録》《吕申公家傳》《記善録》等書
纂成。

又按：此書未單刻，今多附《二程全書》《二程語録》《朱子文
集》《新安文獻志》而行。

清江三孔先生（文仲、武仲、平仲）列傳譜述一卷　宋龔頤正撰　佚

頤正，字養正，原名敦頤，因避諱改名。光宗時爲國史檢討
官，歷宗正丞。著有《符祐本末》《宋特命録》《中興志議忠録》
《續稽古録》《芥隱筆記》等。事迹具《南宋館閣續録》及《宋中
興東宮官僚題名》等書。

此書《宋史·藝文志》傳記類著録。

按：《直齋書録解題》卷五雜史類著録龔頤正《元祐黨籍列傳
譜述》一百卷，陳振孫曰：“……以諸臣本傳及誌狀家傳遺事
之類集成之。其事迹微晦史不可見者，則採拾諸書，爲之補
傳，凡三百九人，其闕者四人而已。淳熙中史院取其書以修
四朝國史。”疑此一卷之書，即百卷中者也。

山谷（黃庭堅）年譜三〇卷　宋黃𥅆撰　存

𥅆，字子耕，號復齋，分寧人，庭堅從孫。嘗從郭雍、朱熹學，
以道自任，反覆論辨，必無所疑然後止。舉進士，知盧陽縣，
獠人感悅。遷知台州，繼知袁州，嘉定五年(1212)卒，年六十
三。著有《復齋集》。事迹具《宋史》卷四二二、《宋史新編》卷
一五七、《南宋書》卷五五等書。

此書《宋史·藝文志》不著録，附見《山谷内集》。

按：據葉夢得《避暑録話》載黃元明之言曰：“魯直舊有詩千
餘篇，中歲焚三之二，存者無幾，故名《焦尾集》，其後稍自喜，
以爲可傳，故復名《敝帚集》，晚歲復刊定，止三百八篇，而不
克成，今傳於世者尚幾千篇。”云云，是庭堅詩文，當時未及編

定刊行也。今所傳《山谷内集》三十卷，建炎二年(1128)，庭堅之甥洪炎所編；外集十四卷，李彤所編，其編刊年月，《四庫全書總目提要》以《外集》第十四《送鄧慎思歸長沙詩》慎字空格，註云今上御名，定爲在孝宗時；《別集》二十卷及《年譜》三十卷，則嶅分别於淳熙九年(1182)及慶元五年(1199)所編。《年譜》專爲考證詩文集而作，嶅自序云："文集之有年譜尚矣，先太史詩文徧天下，而年譜獨闕，近世惟傳蜀本詩集舊註，援據爲詳，第循洪氏所編退聽之舊，自元豐戊午(元年，1078)以上，無所稽焉，觀者病之，此固家之子孫，不容不任其責。嶅不揆少日，過庭粗聞舊事，竊嘗有志於是，中間多病廢志，十遺七八。日復老矣，懼將泯没，蓋嘗編次遺文爲《別集》二十卷，然於編年無所考證，因悉收豫章文集、外集、別集、尺牘、遺文、家藏舊稿、故家所收墨迹與夫四方碑刻、它集議論之所及者，旁羅博搜，系諸歲月。獨恨嶅生晚，距先太史之殁，今已百年，一時裒次，豈敢妄謂無所差舛，姑俟博聞君子，質而正之。昔房山李彤季敵於《豫章外集》有言：雖先生晚年删去，後學安敢棄遺？此則嶅今日掇拾之意。其或真迹既亡，别無考證，則寧略之，尚幾不滋異時之疑。至於見聞單淺。排纘無叙，此則孤陋不學之罪，又奚敢辭。歲在屠維協洽日南至諸孫嶅謹序。"

又按：此譜原本三十卷，明嘉靖丁亥(六年，1527)寧州知州喬遷刊本，猶依舊次。至萬曆間刊本，則改三十卷爲十五卷，而近世刊本，則或删節，或删併，已非其舊。今臺北"國家圖書館"藏有嘉靖刊本二部，猶得見原譜面目。民國初年烏程張鈞衡輯刊《適園叢書》，所收此譜，即據嘉靖本梓行。

山谷(黄庭堅)年譜一卷　宋任淵撰　存

淵，字子淵，新津人。紹興十五年(1145)四川類試第一。仕至潼川提邢。著有《註山谷後山詩》及《沂菴集》。事迹具《宋蜀文輯存作者考》。

此書《宋史·藝文志》不著録,附載《山谷内集注》。

按:《内集》之詩,起元豐元年戊午(1078),是歲山谷在北京,時年三十四;迄崇寧四年乙酉(1105),是歲山谷在宜州,九月三十日卒,年六十一。此譜附目録而作,使讀者知每詩所作之歲月。

又按:此譜未單刻,多附《山谷内集注》而行。

山谷(黄庭堅)年譜不著卷數　宋史容撰　存

容,字公儀,號蓮室居士,青衣人,仕至太中大夫。

此書《宋史·藝文志》不著録,附載《山谷外集注》。

按:容所注《山谷外集》十七卷,所載詩起嘉祐六年(1061),時庭堅年十七,卷前載目録,附載此譜。史氏自序云:"山谷自言欲仿莊周分其詩文爲内外篇,意固有在,非去此取彼。今《内集》詩已有註,而外集《未也。疑若有所去取焉者,兹豈山谷之意哉?秦少游《與李德叟簡》云:'黄魯直過此,爲留兩日,其《弊帚》《焦尾》兩編,文章高古,邈然有二漢之風。今時交游中,以文墨自業者,未見其比。'又簡參寥云:'魯直近從此赴太和,今得渠新詩一編,高古絶妙,吾屬未有其比。僕頃不自揆,妄欲與之後先而驅,今乃知不及遠甚。'赴太和,蓋元豐庚申歲,而《焦尾》《弊帚》即《外集》詩文也,其爲時輩所推如此。建炎間,山谷之甥洪玉父爲胡少汲編《豫章集》,獨取元祐入館後所作,蓋必有謂,未可據依,此續註之所不得已也。因以少游語冠於篇首,其作詩歲月,別行銓次。有不可考者,悉皆附見。舊多舛誤,略加是正,餘且從疑,以俟博識。"此譜起嘉祐六年(1061),是歲山谷從其母舅李公擇游學淮南;止崇寧三年(1104),是歲山谷自潭州歷衡永全州、靜江府以趍貶。《四庫全書總目提要》謂史註《外集》，其大綱系於目録每條之下，使讀者考其歲月，知其遭際，因以推求作詩之旨。

又按：今此譜未單刻，多附《山谷外集註》而行。

黃文節公（庭堅）年譜一卷　宋不著撰人　存

此書《宋史・藝文志》不著録，附載《豫章黃先生集》。

按：此譜每歲記所作詩，起元豐元年（1078）戊午，是歲山谷在北京，作《古詩二首上蘇子瞻》，止崇寧四年（1105）乙酉《乞鍾乳於曾公袞》詩，是歲山谷在宜州，九月三十日卒。

又按：此書未見單行本，多附文集而行。

後山（陳師道）詩注目録（附年譜）一卷　宋任淵撰　存

淵有《山谷年譜》已著録。

此書《宋史・藝文志》不著録，附載《後山詩集註》。

按：《後山詩文集》二十四卷，爲門人彭城魏衍所編。據衍記稱以甲乙丙稿合而校之，得詩四百六十五篇，分爲六卷；文一百四十篇，分爲十四卷；詩話、談叢，則各自爲集云云。其後，淵爲六卷之詩作註，每卷釐爲二，是今本《後山詩註》均爲十二卷也。淵生南北宋間，去元祐諸人不遠；佚文遺迹，往往而存，即同時所與周旋者，亦一一能知始末，故所註排比年月、鉤稽事實，多能得作者本意。[1] 任氏序云：“讀後山詩，大似參曹洞禪，不犯正位，切忌死語，非冥搜旁引，莫窺其用意深處，此《詩註》所以作也。近時刊本參錯繆誤，政和中，王雲（子飛）得後山門人魏衍親授本，編次有序，歲月可考，今悉據依，略加緒正。詩止六卷，益以註，卷各釐爲上下，作之有謂，而存之可傳，無怪夫詩之少也。衍字昌世，作《後山集記》，頗能道其出處，今置之篇首，後有學者，得以覽觀焉。”

---

①　參見《四庫全書總目》“後山詩註十二卷”提要。

又按：此編未單刻，多附《詩註》而行。

參見《四庫全書總目》"後山詩註十二卷"提要。

游定夫(酢)年譜一卷　宋不著撰人　存

此書《宋史·藝文志》不著錄，附載《游鷹山先生集》。

按：此譜多載歷官，並附記著作。

又按：此編未見單刻，多附文集而行。

龜山先生(楊時)年譜一卷　宋不著撰人　存

此書《宋史·藝文志》不著錄，附載《龜山先生集》。

按：此譜不著撰人，卷前載宋知縣黃去疾及明豫章張賓二序，可考見修譜及梓行之始末。黃序云："龜山先生之書，其《文集》《經說》《論語解》《語錄》已刊于延平郡齋；《中庸義》已刊于臨汀，獨《年譜》閩中尚缺。去疾試令先生闕里，亦既建精盧，聚簡册，與學子誦習其間，念此書不可無傳，訪故家得寫本，因訂正其紀年，增補其書文，又取梁溪李丞相《祭文》《謚議》及水心東澗所作《舊宅記》而附入之，於是《年譜》遂爲全書，而先生之嘉言善行，開卷可得我大概矣。然則此書之功於世教，豈但以記歲月，誌出處，備本末而已哉？"張序云："道出於天，而備于聖人，聖人不世出而道不傳，則學者無所從適，道與學不幾於息乎？孔孟既沒，異端競起，秦漢而下，求道者或自外於日用彝倫，或自畫於辭章訓詁，又安在其所請道與學哉！濂溪周子後千二百年而生道學之源，神會心得，著《太極圖》，必先之以無極，明太極兩儀四象之所出，論爲學，必先之以主靜，明仁義中正之所由定，兼三才總兩儀之則，天人之道備，而爲學之理得矣。聖門高弟，得聞道而知學者，河南二程子而已。二程子能明道以爲學，又能行道以教人，龜山楊中立，不遠數千里，立雪於程門，領會其旨，既有所得，告別而歸，先生曰：'吾道南矣！'非誠有所得，程夫子易而

許之乎？先生既歸。倡東南之士，晚得沙陽羅仲素，遂語以
傳心之秘。仲素傳之李延平，延平傳之朱子，集群公大成，大
明斯道於世，先生啓之也。嗚呼！先生之道德文章，溫和純
粹，固非後學之敢管窺，而其生平出處，三已三仕，年逾七十，
甫見大用。既居言路，當朝正色，無所顧忌，明天理，正人心，
辯異端，闢邪説，凜然不可奪。節操德言，功烈赫赫，照人耳
目，實大有功於名教也。自宋至元，先生之書院，郡守縣令，
皆常捐資修葺廢墜，遺書具存；喪亂以來。雖書院堂宇，創製
略備，而《年譜》諸書，散亂漫不可紀，邑文學王文通、儒士余
時彦，同猷協議，旁求遺書，掇捨于民間得完，而年譜一書，尤
爲朽落，時彦恪精謄録，間有訛舛，復求同志之士，相與訂正，
刊于學宫，而邑尹田本有德，少尹吳銓子衡、幕僚劉鉉成玉，
皆好古博雅君子，聞而嘉之，各推俸以相成其事，時賓適以公
事來三華，時彦求予序之。予非知道者，而奚敢僭爲之説。
竊聞先生長者之餘論，而喜是書有成，樂先生之道，傳於無窮
焉，於是乎書。”

又按：《龜山集》宋刊三十五卷本，今已罕見。明弘治壬戌（十
五年 1502）將樂知縣李熙重刊，併爲十六卷；後常州東林書
院刊本爲三十六卷；宜興刊本又併爲三十五卷；萬曆辛卯
（十九年，1591）將樂知縣林熙春重刊定爲四十二卷。然以上
諸本並不載《年譜》。清順治庚寅（七年，1650）、裔孫令聞重
刊本，一仍熙春之舊，析爲四十二卷，後附《年譜》一卷，附餘
五卷，最爲完備。

宗忠簡公（澤）年譜一卷　　宋喬行簡撰　　存

行簡，字壽朋，東陽人，學於吕祖謙，登紹熙四年（1193）進士，
歷淮西轉運判官，理宗時累疏論時政，拜參知政事，兼知樞密
院事。時議收復之京，行簡上疏陳利害，不從。尋拜右丞相，

嘉熙間,拜平章君國重事,加少師,封魯國公。淳祐元年
(1241)卒,年八十六,謚文惠。著有《周禮總説》《孔山文集》
等。事迹具《宋史》卷四一七、《宋史新編》卷一五一、《史質》
卷二八及《南宋書》卷五三等書。

此書《宋史·藝文志》不著録,附載《宗忠簡公集》。

按:此譜甚簡,但著歷官及事迹。未見單刻本,今附載《宗忠
簡公》卷八,題"浙西提點刑獄兼知鎮江軍府婺州喬行簡著"。

吕忠穆公(頤浩)年譜一卷　宋不著撰人　輯

此書《宋史·藝文志》不著録,見《四庫全書總目》傳記類存
目一。

《四庫全書總目提要》曰:"不著撰人名氏。中頗載頤浩詩句,
與他家年譜體例小異。"

按:此書傳本罕見,《四庫總目存目》據《永樂大典》本著録。
光緒《台州府志》及《台州經籍志》則據《四庫存目》著録。

尹和靖(焞)年譜一卷　宋不著撰人　輯

此書《宋史·藝文志》不著録,見《四庫全書總目》傳記類存
目一。

《四庫全書總目提要》曰:"不著撰人名氏。和靖,尹焞謚也。
據書中稱謂,蓋其門人所編。焞講學以存養爲先,著述無多,
又立朝不久,亦無所表現,故是譜所紀事迹,殊甚寥寥,又不
及《涪陵記善録》矣。"

按:《四庫全書存目》據《永樂大典》本著録,刻本則罕見。

李忠定(綱)年譜一卷　宋不著撰人　存

此書《宋史·藝文志》不著録,附載《梁溪全集》。

按:此譜著綱歷官及事迹。未見單刻,今附載《梁溪全集》卷
末。王德毅先生《中國歷代名人年譜總目》題李綸撰,誤。
綸,綱弟,撰綱《行狀》,非撰《譜》者也。

朱勝非年表一卷　宋朱昱撰　佚

昱，勝非孫，事迹待考。

此書《宋史·藝文志》傳記類著録。

按：勝非，字藏一，蔡州人，崇寧初以上舍登第，建炎中爲中書舍人，權直學士院，草制辭氣重嚴，上疏論仁義大柄，高宗嘉之。累官尚書右僕射，兼御營使，平苗傅、劉正彦之亂，保護之力居多，卒謚忠靖。其事迹除具《宋史》卷三六二、《宋史新編》卷一二七、《南宋書》卷一〇、《四朝名臣言行録》《宋大臣年表》《宋中興學士院題名録》《南宋館閣録》《南宋制撫年表》《宋人軼事彙編》等書外，宋綦崇禮《北海集》載《除朱勝非特授依前左宣奉大夫守尚書右僕射同中書門下平章事兼知樞密院事加食邑食實封制》《賜朱勝非辭免監修國史命不允詔》《賜新尚書右僕射同中書門下平章事朱勝非辭免恩命不允詔賜觀文殿學士左宣奉大夫知紹興府事充兩浙東路安撫使朱勝非辭免新除同都督江淮浙諸軍事恩命不允詔》《賜觀文殿學士左宣奉大夫知紹興府朱勝非乞改一外任宮觀差遣不允詔》《賜朱勝非辭免依舊知紹興府乞除授一外任宮祠差遣不允詔》《賜新除提舉萬壽觀兼侍讀朱勝非辭免恩命乞改授一外任官祠不允詔》《賜新除建康府撫大使兼知池州吕頤浩乞給假將治不允詔》。胡寅《斐然集》載《繳朱勝非從吉宮祠》《再論朱勝非》；劉才劭《樋溪居士集》載《辭免恩命不允詔》；沈與求《龜溪集》載《辭免新除右僕射不允批答》《辭免右僕射恩命不允口宣》；孫覿《鴻慶居士集》載《除直龍圖閣東道副都總管制》；劉一止《苕溪集》載《除觀文殿學士知洪州制》；張守《毗陵集》載《賜江西安撫大使朱勝非詔》；洪适《盤州文集》載《封魯國公制》；汪藻《浮溪集》載《乞就近別行差官不允詔》等，並可考見朱氏之事迹。

綦崇禮年譜一卷　宋綦焕撰　輯

焕，崇禮孫也，仕至通直郎，知饒州德興縣，主管勸農事。

此書《宋史·藝文志》不著録，見《四庫全書總目》史部傳記類存目。

按：此譜詳叙歷官，而繫以所作詩文，崇禮著作年月之前後，可藉此譜考知。

又按：崇禮有《北海集》六十卷久佚，《永樂大典》中，頗載崇禮詩文，清四庫館臣分體排訂，輯爲三十六卷；又《兵籌類要》一書，乃其在翰苑時所撰進，亦編爲十卷，次之於後。其歷官除授告詞及吕頤浩書啓、李邴祭文、《宋史》本傳等，彙爲附録三卷著於録，此書亦附載焉。

宣撫資政鄭公(剛中)年譜一卷　宋不著撰人　存

此書《宋史·藝文志》不著録，附載《北山集》。

按：剛中文集曰《北山集》三〇卷，一名《腹笑編》，凡《初集》十二卷，《中集》八卷，《後集》十卷。初集起宣和辛丑(三年，1121)至紹興乙卯(五年，1135)；《中集》起紹興乙卯(五年，1135)至甲子(十四年，1144)；皆剛中所自編；《後集》起紹興戊辰(十八年，1148)至甲戌(二十四年，1154)，爲其子良嗣於乾道癸巳(九年，1173)所編。[①] 良嗣跋云："北山《初》《中》二集，先君所自名，且手所分類也，蓋録宣和辛丑至紹興甲子歲所作之文，良嗣因以第其卷，不敢有變易。後集則遷簑中號藁稿者，良嗣放初、中而編次之，自戊辰至甲戌，歲無遺焉，總三集爲三十卷，凡一千二百一十四篇，仍以年譜冠於篇首，庶幾覽者按譜玩辭，得以見出處之大致。"是譜甚簡略，但著歷官，不及著述。

---

① 見《北山集》卷末《鄭剛中初集》自序及良嗣跋。

又按：兹編未單刊，今附《北山集》而行。王德毅先生《中國歷代名人年譜總目》誤題鄭世成撰，今正。

簡齋先生（陳與義）年譜一卷　宋胡穉撰　存

穉，字仲孺，竹坡人。

此書《宋史·藝文志》不著錄，附載《增廣箋注簡齋詩集》。

按：《簡齋集》本十六卷，紹熙間，穉作注時，去雜文，每卷復釐爲二卷，又撰與義年譜冠諸卷首。譜於每歲之下，繫其歷官及詩文，甚略。鄭因百先生撰《陳簡齋詩集合校彙注》，末附《陳簡齋年譜》，序云：“年譜舊有二本：一爲宋人胡穉編，其一爲近人夏敬觀編。胡譜雖有若干原始資料，而簡略殊甚，僅具大綱，夏譜較詳，而考訂叙述仍多未盡。”鄭先生所撰譜，博採群書，大端細節，遺事軼聞，增益者十數倍於胡夏。

鄂王（岳飛）行實編年錄六卷　宋岳珂撰　存

珂，字肅之，號亦齋，又號倦翁、東儿，湯陰人，霖子。寧宗朝權發遣嘉興軍府，兼管勸農事，有惠政，官至户部侍郎淮東總領。著有《寶真齋書法贊》《愧郯錄》《桯史》《王楮集》《棠湖詩稿》等。事迹具《宋史》卷三六五本傳。

此書《宋史·藝文志》不著錄，附載《金佗粹編》。

按：珂痛其祖飛未秦檜所害，乃撰《金佗粹編》二八卷辨其冤，其中卷四至卷九即載此編。起崇寧二年（1103），迄紹興十一年（1141），末附遺事、秦國夫人李氏遺事、諸子、昭雪廟謚等。珂跋云：“臣生最晚，然實夙知先世事。自幼侍先臣霖膝下，聞有談其事之一二者，輒强記本末，退而識之，故臣霖亦憐其有志，每爲臣盡言，不厭諄復。在潭州時，令國子博士臣顧杞等嘗爲臣霖搜剔遺載，訂考舊聞，葺爲成書，會臣霖得疾不克上，將死，執臣之手曰：‘先公之忠未顯，冤未白，事實之在人耳目者,日就湮没。幼罹大禍,漂泊縲囚,及仕而考於聞見,訪於遺卒,掇拾參合,必求其當,故姑俟搜摭,而未及上,苟能卒父志,死可以瞑目矣。'臣親承治命,號慟踊絶,自年十二三,甫終喪制,即理舊編。然臣思頃爲兒時,侍臣霖游宦四方,帥廣州日,道出章貢,見父老帥其子弟來迎,皆泣洟曰:'不圖今日復見相公之子!'時臣在侍側,感泣曰:'先公遺德猶在此。'臣霖亦泣曰:'豈特此地爲然,昔將漕湖北,武昌之軍士百姓,設香案,具酒牢,哭而迎,有一嫗哭尤哀,曰:'相公今不復此來矣!'家人念之者,呼而遺之食,問其夫何在？嫗舍食哭曰:'不善爲人,爲相公所斬矣!'問其子若壻,皆然。當時特以爲老嫗之哭,與章貫父老之情等,爲懷舊念思耳,曾未知匹夫匹婦之心,輕怨易怒,至於殺其夫子若壻而猶念之,非有大服其心者,疇克爾! 因是微有所覺。竊意舊編所載,容有闕遺,故姑緩之。逮臣束髮游京師,出入故相京鏜門,始得大訪遺軼之文,博觀建炎、紹興以來紀述之事,下及野老所傳,故吏所録,一語涉其事,則筆之於册,積日累月,博取而精覈之,因其已成,益其未備,其所據依,皆條列于篇首,而事之大者,則附其所出於下,蓋五年而僅成一書,上欲以明君父報功之誼,中欲以洗先臣致毁之疑,下欲以信後世無窮之傳,其敢忽諸？謹昧死上。嘉泰三年(1203)冬十有一月乙丑朔。"

又按:此編又題"岳飛事實",《直齋書録解題》著録六卷,今則單行本已罕見。清咸豐同治間,余肇鈞輯刊《明辨齋叢書》,著録此編,題宋少保岳鄂王行實編年,二卷。餘則多載《金佗粹編》中。

盱江(李覯)年譜一卷　宋不著撰人　存

此書《宋史·藝文志》不著録,附載《直講李先生文集》。

按:此本載覯生平事迹及著作,末附《直講李先生門人録》。

王德毅先生《中國歷代名人年譜總目》題陳次公撰。檢"嘉祐四年"（1059）條云："按陳次公作先生《墓誌》云：'臨終無他言，惟執次公手以明堂圖爲託，三禮未成爲恨。'是先生又作《三禮論》未成而絶筆也。"是此譜非次公所撰也。

又按：此書未見單行本，今多附文集而行。

鄭忠肅公（興裔）年譜一卷　宋鄭竦撰　未見

竦，字敬叔，號退耕，賜上金釋褐，通判揚州，歷知泰、邵、韶三郡，封崑山開國男。致仕里居，顔其堂曰"止足"，又築退耕軒於馬鞍山陽，水竹環茂，植洛花數百本，皆吳中所無者，葉丞相夢鼎扁爲"玉峰佳處"，年八十餘而卒。著有奏議、《退耕一二集》《五經衍訓》《歷代統系考》等。竦，《宋史》無傳，此據舊鈔本《崑山鄭氏家集》所繫小傳。

此書《宋史·藝文志》不著録，附載舊鈔本《鄭忠肅公奏議遺集》。

按：興裔，字光錫，顯肅皇后外家三世孫，由成忠郎歷官江東路鈐轄，遷均州防禦使，保靜軍節度使，贈太尉，謚忠肅。累任以來，凡一百九十餘奏，而召對面陳者不與焉。其中如請起居重華宫及論淮西荒政諸疏，詞意劻摯，他如蠲稅、禁羨、恤刑等諸奏，所列紹興間一切弊政，皆《宋史·食貨志》及《文獻通考》所未載，足補史志之闕。惜南北播遷，家乘淪亡，所存奏疏狀表僅三十餘首，裔孫竦纂爲《遺集》二卷刊之，並附《年譜》於前。《遺集》宋刊本已罕見，《四庫全書》據江蘇巡撫採進本著於録，已不載《年譜》，《善本書室藏書志》卷三〇著録舊鈔本，卷前附載《年譜》，惜之未見。

周益國文忠公（必大）年譜一卷　宋周綸撰　存

綸，必大子，紹興二十六年（1156），慶元三年（1197）倅臨川，必大作《十以箴》送行。

此書《宋史·藝文志》不著録,附載《周益國文忠公集》。

按:今傳《文忠集》二○○卷,乃開禧中其子綸所手訂,並撰年譜一卷,載諸卷首。綸跋云:"右先公丞相文集二百卷,初與先友免解進士曾無疑(三異)纂集校正,篇帙既定,又得免解進士許志伯(凌)、鄉貢進士彭清卿叔夏、羅次君(堯宜)相與復校,敬鋟木以傳。惟日記自紹興戊寅(二十八年,1158)訖嘉泰甲子(四年,1204),録頗詳,而書稿尤多,皆未容盡刻,寶藏惟謹,當俟他日。開禧丙寅(二年,1206)中秋子綸謹書。"

又按:此譜未單刻,今多附《文忠集》而行。《中國歷代名人年譜總目》既著此譜,復載不著編人之《周文忠公年譜》一卷,附刊西圃蔣氏校鈔本《周益國公全集》,實則一書,誤以爲二,重複著録,今正。

紫陽(朱熹)年譜三卷　宋李方子撰　佚

方子,字公晦,號果齋,邵武人,朱熹門弟子。登嘉定七年(1214)進士,授泉州觀察推官。累官國子録,通判辰州。著有《禹貢解》《傳道精語》等書。事迹具《宋史》卷四三○、《宋史新編》卷一六二等書。

此書《宋史·藝文志》不著録,見《郡齋讀書志附志》。

趙希弁曰:"右先生門人李方子所編也。盧壯父刻之於瑞陽者爲三册,倪灼刻於康廬者爲一册,今兩存之。"

檢魏了翁《鶴山大全集》卷五四載此書序,云:"天生斯民,必有出乎其類者,爲之君師,以任先覺之責,然而非一人所能自爲也。必並生錯出,交修互發,然後道章而化成,是故有堯舜,則有禹皋陶;有湯文,則有伊尹萊朱,太公望散宜生各當其世,觀其會通,以盡其所當爲之分然後天衷以位,人極以立,萬世之標準以定,雖氣數詘信之不齊,而天之愛人,閲千古如一日也。自比閭節授之法壞,射飲讀法之禮無所於行,君師之枋移於孔子，則又有冉閔顏曾群弟子，左右羽翼之，微言大義，天開日揭，萬物咸覩。自孔子没，則諸子已有不能盡得其傳者，於是子思孟子，又爲之闡幽明微，著嫌辯似，而後孔氏之道，歷萬世而亡敝，嗚呼，是不曰天之所命，而誰實爲之秦漢以來，諸儒生於籍去書焚，師異指殊之後，不惟孔道晦蝕，孟氏之説，亦鮮知之。千數百年間，何可謂無人？則往往孤立寡儔，倡焉莫之和也，絶焉莫之續也。乃至國朝之盛，南自湖湘，北至河洛，西極關輔，地之相去，何翅千有餘里，而大儒輩出，聲應氣求，若合符節，曰極，曰誠、曰仁、曰道、曰忠、曰恕、曰性命、曰氣質、曰天理、曰人欲、曰陰陽鬼神，若此等類凡，昔聖門講學之樞要，而千數百年，習浮踵陋，莫知其説者，至是脱然如沈痾之間，大寐之醒，至於呂謝游楊尹張侯胡諸儒，切磋究之，分别白之，亦幾無餘藴矣。然而絶之久，而復之難，傳者寡，而咻者衆也。朱文公先生，始以強志博見，凌高厲空，自受學延平李子，退然如將弗勝，於是斂華就實，反博歸約，迨其蓄久而思渾，資深而行熟，則貫精粗，合外内，群獻之精藴，百家之異指，毫分縷析，如視諸掌。張宣公，吕成公，同心協力，以閑先聖之道，而僅及中身，論述靡竟，惟先生巍然獨存。中更學禁，自信益篤，蓋自《易》《詩》《中庸》《大學》《論語》《孟子》，悉爲之推明演繹，以至三禮、《孝經》，下迄屈韓之文，周程邵張之書，司馬氏之史，先正之言行，亦各爲之論著，然後帝王經世之規，聖賢新民之學，粲然中興。學者習其讀，惟其義，則知三才一本，道器一致，幽探乎無極、太極之妙，而實不離乎匹夫匹婦之所知；大至於天地、育萬物，而實不外乎暗室屋漏之無愧。蓋至近而遠，至顯而微，非若棄倫絶學者之慕乎高，而譁世取寵者之安於卑也，猗其盛歟！吾友李公晦方子，嘗輯先生之言行，今高安洪使君友成爲之

鋟木,以壽其傳;高安之弟天成屬余識其卷首。嗚呼!帝王
不作,而洙泗之教興,微孟子,吾不知大道之與異端,果孰爲
勝負也。聖賢既熄,而關洛之學興,微朱子,亦未知聖傳之與
俗學,果孰爲顯晦也。韓子謂孟子之功,不在禹下;余謂朱子
之功,不在孟子下。余生也後,雖不及事先生,而與公晦及輔
漢卿廣,昔者嘗共學焉,故不敢以固陋辭。"

又按:此書久無傳本。明洪武二十七年(1394),朱子裔孫境
別刊一本,汪仲魯爲之序,已非方子之舊。正德元年(1506)
婺源戴銑又刊《朱子實紀》十二卷,惟主於鋪張褒贈,以誇講
學之榮,殊不足道。至嘉靖壬子三十一年(1552),建陽李默
重編年譜五卷,自序謂猥冗虛謬不合載者,悉以法削之,視舊
本存者十七,然默之學源出姚江,陰主朱陸始異終同之説,多
所竄亂,彌失其真。清廉熙三九年(1700)有婺源洪氏續本,
又有建寧朱氏新本及武進鄒氏正訛本,或詳或略,未爲精確。
清雍正年間,王懋竑取李本洪本互相參考,根據《語録》《文
集》,訂補舛漏,撰爲《朱子年譜》四卷,[①]以魏鶴山序冠於卷
首,以存其舊。是李譜雖佚,猶可藉王譜覘知各譜相沿之
情狀。

朱子(熹)年譜一卷　宋袁仲晦撰　未見

仲晦,生平待考。

此書《宋史·藝文志》不著録,見《四庫全書總目》史部傳記類
存目。

《四庫提要》曰:"案朱子年譜宋洪友成刻者爲洪本,閩省別刻
者爲閩本,明李默刻者爲李本。此本前有朱子後裔懷慶序,
謂因各本不同,乃訂正重刊。然校以王懋竑本,此本猶多漏

---

① 參見《四庫全書總目》"朱子年譜四卷考異附録二卷"提要。

略，不能一一精核也。”

按：《四庫總目》存目據江西巡撫採進本著錄，今則傳本罕見矣。

朱子（熹）繫年録不著卷數　宋王柏撰　佚

柏，字會之，號長嘯，更號魯齋，金華人。少從何基游，質實堅苦，工詩善畫，著述甚富。嘗主麗澤、上蔡二書院，咸淳十年（1274）卒，年七十八，謚文憲。著有《讀易記》《書疑》《魯齋集》《研幾圖》《可言集》等。事迹具《宋史》卷四三八、《宋史新編》卷一六七、《南宋書》卷四四等書。

此書《宋史·藝文志》不著錄，見《金華經籍志》傳記類。

按：《魯齋王文憲公文集》卷一三《朱子繫年録跋》云：“《朱子繫年録》者，録朱子之遺事而繫之以年也。先生舊有年譜，門人各以意裒集，往往詳其出處者，或略於講學；備其著述者，或缺於事實，殊恨未周。某生也晚，曾不獲侍滄洲之杖屨，高山景行，癙寐不忘，近年以來，得先生遺書一二而潛心焉。每欲考先生著述之前後，以驗其進德之序，文字缺略，力所未能，暇日搜掇，姑以其可考者，類爲此篇。先之以師友之淵源，次之以致君澤民之事業，而以易簣淵冰之戒終之，故於此三節，特加詳焉。置之几格，時備參訂，後有可考，又將續之，是亦魯鈍者之拙工，不足爲他人觀也，因識其歲月于后。”

東萊吕太史（祖謙）年譜一卷　宋不著撰人　存

此書《宋史·藝文志》不著錄，附載《東萊集》。

按：今存祖諒詩文，乃其歿後，由弟祖儉及從子喬年先後刊補遺稿，釐爲文集十五卷；又以家範尺牘之類爲別集十六卷，程文之類爲外集五卷；年譜、遺事則爲附録三卷；又附録拾遺一卷；即今所見四十卷之本也。其中年譜不著撰人，嘉泰四年(1204)喬年跋云："右太史文集十五卷,先君大府寺丞所次輯也。喬年聞之先君曰:太史之於文也,有不得已而作,故今所傳,詩多輓章,文多銘志,餘皆因事涉筆,未嘗有意於立言也,是以平生之作,率無文稿。……自太史之没,不知何人刻所謂東萊先生集者,真贗錯糅,殆不可讀,而又假託門人名氏,以實其傳。流布日廣,疑信相半,先君病之,乃始與一二友,收拾整比,將付之鋟木者,以易舊木之失。會言事貶,不果就。喬年追惟先緒之不可墜,因遂刊補是正,以定此本。凡家範、尺牘、讀書雜記之類,皆總之别集,策問宏辭之類爲世所傳者,皆總之外集,年譜遺事與凡可參考者,總之附録,大凡四十卷。"

又按:此譜未單刻,多附文集而行。劉師培編《歷代名人年譜大成》,收録此譜,今存臺北"國家圖書館"。

象山(陸九淵)先生年譜一卷　宋不著撰人　存

此書《宋史·藝文志》不著録,附載《象山全集》。

按:此譜前叙其家世,每歲多繫其事功。起生之年,迄淳祐十一年(1251)春三月望日包恢撰三陸先生祠堂記。

又按:此譜未單刻,附載《象山全集》卷三十六。王德毅先生《中國歷代名人年譜總目》云李伯恭編,不知何所據。

陸象山(九淵)年譜一卷　宋不著撰人　存

此書《宋史·藝文志》不著録,附載《象山全集》。

按:此譜每歲繫事迹及作品。此書之作者,《中國歷代名人年譜總目》題袁燮撰。燮嘗撰《象山先生文集序》,時在嘉定五年(1212)九月,十七年(1224)燮卒,年八十一。[1] 而是譜止淳祐十一年(1251),是歲春三月望日包恢撰三陸先生祠堂記,

----

① 燮,字和叔,號絜齋,一云潔齋,鄞人,事迹具《宋史》卷四〇〇本傳。

知此譜非燮所撰。

又按：此譜未見單刻，多附載《象山全集》而行。

雲莊劉文簡公（爚）年譜一卷　宋沈儞撰　存

儞，字仲莊，永嘉人，學於朱熹，精地理。事迹略具《宋元學案》卷六九。

此書《宋史・藝文志》不著録，附載明弘治劉熥刊本《雲莊集》。

按：今傳《雲莊集》十二卷有二本，一爲明天順間其十世孫梗所編，一爲其十世孫穩所重刻。明弘治劉熥刊本，則據穩本所重刻者也，前載年譜一卷，題"雲莊先生劉文簡公年譜，莆田鄭京校正，門人永嘉沈儞仲莊述"。明丘錫撰《雲莊先生劉文簡公年譜叙》，云："予弱冠，謁先哲孟秉熊先生，請問道南之傳授。先生曰：吾建之學，雖啓于游廣平，而集其大成者，朱子也。考亭書院配享而以黃文肅、蔡文節、劉文簡、真文忠四公，而能擴充其道者，文簡、文忠也。及參以科目，進編摩文淵，於《宋史》得稽諸公列傳文集諸書，而年譜則未之獲見。老而歸休，博求其譜，而但得楊文靖公、子朱子、文簡公之譜而已，以予聞公名於五十年之前，而方見於五十年之後，托天之佑，斯文何其幸歟。夫文簡公以進士登用，歷孝宗、光宗、寧宗之三朝，受任中外，累積善功，最孝於親，忠於君，惠於民，請開學禁，以白鹿洞規頒示太學，於太學而刊朱子四書，非特能行朱子之學，而乃有功於朱子之道者大也。真文忠公與公同時作《讀書記》《大學衍義》《文章正宗》，亦羽翼朱子之學，而得同配享也宜矣。公之八世孫顯、十世孫穩，特以其年譜托予爲序，而其義不可辭也。然公之道德文章事業，天下後世之所尊仰，而年譜體製，仿史記年表，而公之言行出處，至爲詳備，非如史記年表，但有其略而有不可得而考者也。

公之孫顯、穩等祖敬宗之仁,水木在源之義,亦可嘉也。已遂書此爲序而示於來者。"

又按:此譜單刻本罕見,多附載明刊本《雲莊集》。《中國歷代名人年普總目》作者題沈間,間,當作偶。又既録沈《譜》,復載不著撰人之《雲莊劉公年譜》一卷,見弘治刊本《雲莊集》內,實即一書,誤爲二編而複出也。

勉齋(黃榦)年譜不著卷數　宋潘植撰　佚

植,字立之,福州懷安人。世業儒,植承家學,聞朱熹講道武夷,與弟柄往從之。工文,尤嗜史學,卒年五十九。著有《忘筌書》《觀象元契圖》《性理書》等。事迹具《閩南道學源流》卷一三、《閩中理學淵源考》卷一七、《宋元學案》卷六九等書。

此書《宋史·藝文志》不著録,見《福州通志》卷六十八。

按:植與榦同里,後同從游朱子。今檢黃榦《勉齋集》卷三十七有處士潘立之行狀,卷三九有祭潘立之文,是植先榦卒,何得撰爲此譜?疑《福州通志》誤載。又榦之年譜,《中國歷代名人年譜總目》著録鄧元肅撰《黃文肅公年譜》一卷,載《黃勉齋集》及《考亭淵源録》,今檢三書,並未之見,《年譜總目》偶疏誤載也。

饒雙峰(魯)年譜一卷　宋不著撰人　輯

此書《宋史·藝文志》不著録,見《四庫全書總目》史部傳記類存目。

《四庫提要》曰:"不著撰人名氏,雙峰,饒魯。魯自稱從黃榦、李燔游,距朱子僅再傳,當時重其淵源,多相趨附,歷主講於東湖、白鹿、西澗、安定諸書院。故是譜所記亦惟講學之事爲詳。案周密《齊東野語》深致不滿於魯,且稱其自詭黃榦弟子,疑以傳疑,蓋莫能明,然亦不足深辨也。"

按：此書罕見傳本，清四庫館臣據《永樂大典》輯爲一卷。

葉信公（夢鼎）年譜一卷　宋葉應有撰　佚

應有，寧海人，夢鼎子。官朝請郎、太社令、監中嶽廟。事迹具《宋史》卷四一四、《宋元學案補遺》卷七九等書。

此書《宋史·藝文志》不著録，見《台洲經籍志》卷十。

按：元黄潛《黄文獻集》載《葉信公年譜書後》，云："宋制文臣少卿監，武臣正刺史以上，在先朝薨卒者，實録内例有附傳，國史列傳之所本也。今言者方建白重修《宋史》，而丞相信國葉工之薨在德祐失國後三年，無附傳之可據。某嘗過公故弟，而拜公遺像於删忠堂，退又得故禮部尚書王公所撰公墓誌銘，而知公生平大節，歷官行事之概。兹獲觀公家所述年譜，視墓誌銘爲尤詳，竊意當時名卿大夫相繼淪没，於德祐以後者，宜不止公一人，未必皆如公之有後而能以儒世其家也。文獻之不足徵者既如彼，幸其猶有存者，宜謹襲藏之，以俟有司之詢訪焉。若夫考其時事而著論贊之辭，則有秉史筆者在，非吾徒所敢知也。

紀年録一卷　宋文天祥撰　存

天祥，初名雲孫，字天祥，以字貢於鄉，改字履善，又字宋瑞，號文山，吉水人。寶祐四年（1256）舉進士第一，累官湖南提刑，改知贛州。德祐初元兵入寇，天祥應詔勤王，拜右丞相，後進左丞相。衛王立，加少保，封信國公，進屯潮陽。元將張弘範掩至，被執，拘燕三年，元世祖知其終不屈，乃殺之，年四十七，謚忠烈。著有《文山集》《文山詩史》等。事迹具《宋史》卷四一八、《宋史新編》卷一七五、《南宋書》卷六一等書。

此書《宋史·藝文志》不著録，附載《文山全集》。

按：此書原題"宋少保右丞相兼樞密使信國公文山先生紀年

録”，起宋理宗端平三年丙申（1236），迄至元十九年壬午（1282），天祥卒之前一年。正文乃天祥獄中手書，後人復以鄧光薦所撰丞相傳及遺老話舊事迹，列疏各年之下。此書單行本罕見，明人刻《文山先生全集》，以之載入，今所見者，並附録全集之本。